Research on the Evolution and
Operation of Accountability in American
Public Universities and Colleges

美国公立大学问责的
演进与运行研究

柳 亮 / 著

知识产权出版社
全国百佳图书出版单位
—北 京—

图书在版编目（CIP）数据

美国公立大学问责的演进与运行研究/柳亮著. —北京：知识产权出版社，2020.7
ISBN 978-7-5130-6645-7

Ⅰ.①美…　Ⅱ.①柳…　Ⅲ.①公立学校—高等学校—学校管理—研究—美国
Ⅳ.①G649.712

中国版本图书馆 CIP 数据核字（2019）第 283298 号

内容提要

以问责为切入点，探究大学与外部环境关系这一高等教育研究的基本问题，有助于使问责的范畴在高等教育研究中得到拓展，使高等教育理论在问责分析中走向深入。参考美国公立大学问责的实践经验，可以为我国高等教育问责体系的构建与推进开阔思路和提供借鉴。

| 责任编辑：韩婷婷 | 责任校对：王　岩 |
| 封面设计：郑　重 | 责任印制：孙婷婷 |

美国公立大学问责的演进与运行研究
柳　亮　著

出版发行：知识产权出版社 有限责任公司	网　　址：http://www.ipph.cn
社　　址：北京市海淀区气象路 50 号院	邮　　编：100081
责编电话：010-82000860 转 8359	责编邮箱：176245578@qq.com
发行电话：010-82000860 转 8101/8102	发行传真：010-82000893/82005070/82000270
印　　刷：北京九州迅驰传媒文化有限公司	经　　销：各大网上书店、新华书店及相关专业书店
开　　本：720mm×1000mm　1/16	印　　张：16.75
版　　次：2020 年 7 月第 1 版	印　　次：2020 年 7 月第 1 次印刷
字　　数：292 千字	定　　价：79.00 元

ISBN 978-7-5130-6645-7

感谢我的导师谢维和教授

献给我的父母和妻儿

国家社会科学基金教育学青年课题"美国公立大学问责机制：一项社会学的研究"（课题批准号：CIA140192）成果；武汉理工大学研究生院"2018年教材及专著资助"项目资助

目 录 | Contents

导　论

"问责"（Accountability）观念在西方有着深厚的历史渊源和文化土壤，并随着近现代社会的民主化进程而得到不断发展。在现代社会治理中，问责成为了一条令人着迷的价值准则，代表了一切形式的良好管理与治理；相比合法性与权威性这类艰深晦涩的抽象术语，问责更能在公众话语和日常事务中引发关注和共鸣（Koppell，2011）。问责思想弥散于社会各领域，深刻影响着责任政府、企业责任、教育问责等诸多实践，并引发了学术界的广泛关注和持续思考。对高等教育而言，可问责要比行为良好和负责行事更重要，不被问责就等同于自私自利、失去控制和敷衍塞责（Zemsky，2009）。

2008 年经济合作与发展组织（OECD）主持召开的"面向 2030 年的高等教育"（Higher Education to 2030）国际研讨会发布了题为《高等教育的四种远景》（Four Future Scenarios for Higher Education）的报告。该报告指出，高等教育未来发展的场景之一，就是大学需要承担"新的公共责任"：对政府和其他资助者更加负责，对所有年龄阶段学生及其广泛的学习需求更加关注；问责、绩效、效益、透明度与回应性等，将成为驱动大学持续变革的重要力量。世界银行（World Bank）在 2009 年出台的《第三级教育中不断扩大的问责议程：进步还是好坏参半》（The Growing Accountability Agenda in Tertiary Education：Progress or Mixed Blessing）工作报告也认为，尽管许多大学在口头上抱怨问责的要求过多，但在行动中却也对透明与问责日益接受。Castiglia & Turi（2011）形象地指出，无论大学是否心甘情愿，但是问责的火车已然启动，大学要么登上它并努力驾驭之，要么就只能站在轨道上任其从自己身上碾压过去。可以说，问责成为当代美国高等教育改革与发展的重要议题和社会广泛卷入的论争焦点。

一、研究背景

(一) 当代大学的社会地位与主导观念发生深刻变革

大学被誉为现代社会发展的"轴心组织"。伴随着大众化的进程，大学在向社会中心位移的同时，不仅与国家民族的发展战略休戚与共，而且与普通民众的切身利益息息相关。大学承载着无可回避的多重期望和责任，在越来越深地卷入外界各种利益纠葛之时，社会群体也在逐步向大学事务渗透。这两股双向作用的力量共同驱使问责呼声高涨。大学是如此意义重大，以至于必须对其采取外部控制而不能放任自流。

自 20 世纪 70 年代中期以来，使美国公立大学合法化的主导理念，由高等教育作为一种"社会机构"向作为一种"产业"急遽转变（Gumport，2000，2001a，2001b，2005）。"社会机构"与"产业"具有不同的隐喻。作为"社会机构"，高等教育需要维持、再生产或实现为社会广泛接受并稳固结构化的价值，并与其他社会机构相互依赖，承担社会期望的多种功能。主导社会机构观点的一种考虑是，适应市场力量和竞争气质会将满足短期需求置于优先，从而损害广泛的教育责任和知识追求，并危及社会的长期利益。作为"产业"，公立大学被看作在竞争市场中提供商品和服务的准企业实体，遵循经济理性和供求法则。主导产业观点的一种考虑是，高等教育欠缺适应当前要求的能力和意愿就会导致其失去在社会的中心地位，甚至最终丧失活力。公立大学的理念由社会机构滑向产业，划出的是一道功利主义的轨迹。F. King Alexander（1998）从跨国比较中得出的结论是，美国与欧洲诸多国家"对效率的无尽追求"（Endless Pursuit of Efficiency）形成了要求强化高等教育问责与绩效的"国际运动"，并共同反映出对高等教育更加功利化的见解：经济准则至上，大学必须以功利性的措辞来定义和展现教育目标与业绩。

(二) 美国高等教育面临着诸多危机

与高等教育问责发展相伴随的是，美国大学在历史上取得的非凡成就与在现实境遇中遭受到的广泛不满所形成的强烈反差。著名经济学家 Bowen（1975）曾不禁疑惑并发问，对于在过去 30 年间为美国综合国力提升和国际竞争制胜贡献良多的高等教育，为何现在会引起强烈的民怨？这到底是社会的言语错乱，还是我们对于教育的传统信仰被误导错置？抑或规模不断膨胀的高等教育，不仅无助于社会问题的解决，反而加剧了种族不公、性别歧视、环境污染、毒品滥用、犯罪肆虐以及通货膨胀等社会痼疾？时至今日，这些问题依然困扰着美国社会和高等教育界。

高等教育问责的发展还具有深厚的经济根源。Massy（2008）认为，高等教育系统的功能失调在不断加重：随着政府资助的减少和学费的上涨，生均成本的增长速度超过通货膨胀或家庭收入的增长速度；公众对不断增长的成本的关注也许最终可归结为对高等教育的信心在衰退。在与医疗卫生、福利事业、公立学校等之间的预算争夺战中，曾经在政府预算中占据优先地位的高等教育，现在变成了竞争的失败者；曾经被认为是不可触动的公立高等教育，在 20 世纪 90 年代的前期就变成了一个极易为预算减缩和外部批评所针对的目标。不断增长的成本和批判以及日益压缩的资源和资助，共同导致了对高等院校不断翻新的问责要求（Burke & Minassians，2002）。由于政府在引入市场机制、让渡权力、强化评估的同时不断削减对高等教育的经费投入，这就难免有政府借口推卸责任之嫌，使得大学与政府之间的关系变得更加微妙。

美国高等教育处于世界知识生产体系和人才培养网络的中心。但近年来，美国中学以上学位获得率的全球排名急剧滑坡，高级读写能力在国内和跨国评估中下降，这些反映在 OECD 有关报告中并得到实际数据支撑，引起了美国政策制定者和广大企业雇主的深切忧虑。人力资源开发所遇到的困境，不仅影响着美国高校毕业生的国际市场竞争力，而且降低了广大在校学生作为未来纳税人的经济收入水平，潜在地动摇了高等教育公共投入的社会根基和整个美国大学系统的优势地位。美国社会对失去全球经济领导力的危机感日益增强，形成了空前强大和广泛蔓延的问责大学的公共话语。要求高等教育在学生学习和院校绩效方面增强透明和问责并非一时的风尚，以真实和具体的方式展现教育质量以及院校资源有效使用于教学，处于政府和公众未来支持高等教育的核心（Middaugh，2007）。

（三）美国高等教育进入问责时代

在 1969 年 12 月 4 日由明尼苏达大学教育学院主办的教师教育研讨会上，来自美国联邦教育主管部门的官员发表了一篇有关高等教育问责的主题演讲。他颇有预见性地指出，作为一种新颖的概念，问责会颠覆人们对于所有层次教育人士和教育机构的传统意象。他强调，精确的教育目标和对于学生发展的测量，意味着以实际绩效而非口头承诺来评判大学；许多人将为之战栗不安（Davies，1969）。Millard（1976）也坦言，对于美国大学来说，游戏规则已经改变：大学被要求更加有效地使用资源，同时取得的结果要加以测量和详细记录；大学进入了一段更加艰苦的岁月。

如果以 20 世纪 60 年代末美国大学"黄金时代"的终结以及与此同时兴起的"问责运动"（Brubacher & Rudy，1976）作为起点，经由 90 年代的"问责时代"（Grantham，1999），以及延续至今而形成的问责"评估丛林"（Business-Higher Education Forum，2004）和"拥挤不堪的问责格局"（Robinson，2013），美国高等教育的问责进程已历经近半个世纪。同时，大学与外界之间裂开了共识的"缺口"，并演变成争吵的"战场"：大学认为由外部施加的问责只不过是社会归咎以及政府推卸财政责任并强化控制的工具，而政府和公众却认定既有的教育投资和问责系统没能产生预期的良好结果，只有强化外部约束和干预，才能刺激大学不断进步。然而无论如何，大学的复杂性、差异性与多样性都不能成为其推卸承担问责责任的借口；美国大学的问责时代已经来临，并将延续下去（Millett，1974）。

二、国内外文献综述

（一）国外相关研究

从总体来看，高等教育问责得到国外学者的长期关注，产生了一批有影响力的学术成果。McConnell（1971）在《问责与自主》（Accountability and Autonomy）一文中，系统阐述了立法、行政、司法等政府力量对美国大学不断扩张的干预趋势及其背后的发展动因，厘清了高等教育问责的主要关系结构，并探讨了分析和评价大学教育环境对学生发展的影响与"价值增值"方面所面临的难题。Hartnett（1971）撰写的论文《高等教育问责：一项对大学影响评价中存在问题的思考》（Accountability in Higher Education：A Consideration of Some of the Problems Assessing College Impacts），针对美国高等教育问责的兴起，在对问责与评价之间的联系与区别进行概念澄清的基础上，重点探讨了开展"教育影响"（Educational Impact）测量所面临的诸种困境。Fieldhouse（1971）发表的《大学中的问责或自主：一些引导性观察》（Accountability or Autonomy in the Universities：Some Introductory Observations）报告中，以英国与新西兰的大学为研究对象，探讨高等教育问责的属性、缘起以及对大学功能与学术自由的影响。他认为，大学能够取得良好绩效和学术发展的前提恰是拥有学术自由与大学自主，推进问责政策应当考虑到大学与外界之间深层次的相互理解和信任问题。

作为早期研究的典范，Mortimer（1972）在《高等教育问责》（Accountability in Higher Education）的研究报告中，建立起内部—外部二元分类的框架，并针对高等教育问责的多维类型、实践影响与未来走向进行了系统的学理分析，产生了深远的学术影响。Bailey（1973）在一篇题为《问责的限度》（The Limits of Accountability）的演讲报告中，一方面指出高等教育问责兴起的原因以及追求效率的合理性，另一方面则提醒大学教育是关乎人类自由和个体解放的宏大事业，应当认识到高等教育问责自身所具有的局限性。Casey & Harris（1979）在《高等教育问责：作用力、反作用力与院校认证的作用》（Accountability in Higher Education：Forces，Counterforces，and the Role of Institutional Accreditation）的研究报告中，探讨了美国高等教育面临的问责压力及其对认证机构与州政府部门的意义，指出了大学回应问责可能面临的选择难题以及通过认证来实现大学自我管理的策略。此外，Sheldrake & Linke（1979）主编的《高等教育问责》（Accountability in Higher Education）一书，以澳大利亚高等教育为考察对象，详细分析了在联邦、州、院校以及课程与专业等诸多层面上问责的实践形式和效果。

Curry & Fischer（1986）合撰的《公立高等教育与州政府：资助、预算与问责的诸种模式》（Public Higher Education and the State：Models for Financing，Budgeting，and Accountability）会议论文中，梳理了20世纪60~80年代州政府与美国公立大学之间资助与预算关系的演变，论证了大学问责发展的轨迹，以及在此趋势下公立大学财务治理的四种模型。Jones & Ewell（1987）合撰的《高等教育问责：意义与方法》（Accountability in Higher Education：Meaning and Methods）研究报告，在阐述问责概念的基础上，探讨问责与美国州政府运用总体规划、项目审查、预算分配等调控过程之间的相互关系，并进一步提出在州级层面如何开展问责行动的具体建议。

Loder（1990）主编的《高等教育中的质量保障与问责》（Quality Assurance and Accountability in Higher Education），以英国高等教育为背景，着重论述了外部质量保障系统的结构与过程，并将问责、质量与资源分配等议题联系起来。在评估活动与问责诉求不断交织的背景下，Astin（1991）出版了《导向卓越的评估：高等教育评估与评价的哲学和实践》（Assessment for Excellence：The

Philosophy and Practice of Assessment and Evaluation in Higher Education）一书，可谓是这一时期众多论著中的代表之作。此书梳理了评估的哲学与逻辑，重点关注学生评估，在"投入（Inputs）—环境（Environment）—产出（Outputs）"概念模型（I-E-O Model）的基础上，对学生评估的流程、评估数据的分析、评估结果的使用等具体活动展开系统论述，并对评估中的公平问题、评估对于公共政策的影响以及评估未来发展趋势等主题进行学理分析。由 Graham et al.（1995）合撰的《论大学问责》（Accountability of Colleges and Universities: An Essay）报告，检视了美国高等教育问责运行中的管理体制缺陷与市场机制限度，并针对公立大学陷入的过度复杂和臃肿的"问责矩阵"（Accountability Matrix）提出了脱困策略。

在世纪之交，Trow（1996）就美国与欧洲大学的问责实践发表论文《高等教育中的信任、市场与问责：一种比较的视角》（Trust, Markets and Accountability in Higher Education: A Comparative Perspective）；随后 Trow（1998）在聚焦研究对象和拓展理论分析的基础上，撰文《论美国的高等教育问责》（On the Accountability of Higher Education in the United States），并收录于 Bowen & Shapiro 合编的《大学及其领导力》（Universities and their Leadership）一书。Trow 在文中就高等教育问责的界定、分类与特性等基本理论问题展开深入探讨，富有创造性地提出了以信任和市场机制作为正式问责替代方案的观点，并结合美国大学的实践，从外部问责和内部问责两个方面具体剖析问责的构成和运行。Trow 的研究可以视为是对过去 30 年来围绕美国高等教育问责的探讨在理论上的一次总结和升华，产生了广泛的影响。此外，Zumeta（1998）在《20 世纪晚期的州政府大学问责：到了反思的时候?》（Public University Accountability to the State in the Late Twentieth Century: Time for a Rethinking）一文中，回顾了美国公立大学问责运动的历史，并重点阐述了 20 世纪 90 年代由州政府发起的作为问责创议的绩效资助政策。

进入 21 世纪以来，Shore & Wright（2000）合撰的《强制性问责：高等教育中审计文化的崛起》（Coercive Accountability: The Rise of Audit Culture in Higher Education）一文中，对大学审计的意义和价值进行了探讨，认为作为政府干预大学的工具，审计运行的重点在于对大学质量控制系统的控制。Heller（2001）撰写的专著《州与公立高等教育：可负担性、入学和问责》（The States and Public Higher Education Policy: Affordability, Access and Accountability）提出，可负担性、入学与问责是美国公立大学进入 21 世纪以来所面对的三大关键问题；高等教育的问责运动对公立大学的负担能力和入学政策形成了潜在的严峻挑战。在 1992 年出版的《质量的证据：强化对学术与管理效能的测试》（The Evidence for Quality：Strengthening the Tests of Academic and Administrative Effectiveness）基础上，Bogue & Hall（2003）合著的《高等教育中的质量与问责：改进政策和提高绩效》（Quality and Accountability in Higher Education：Improving Policy，Enhancing Performance）一书，对认证、大学排名、学术审计、全面质量管理等美国高等教育问责的不同运行机制进行集中探讨，强调调和公众与院校之间不同的问责文化，建构一种对于学术质量的"战略视野"（Strategic Vision）。由 Burke（2005）主编的《实现高等教育问责：平衡公共、学术与市场的需求》（Achieving Accountability in Higher Education：Balancing Public，Academic and Market Demands），汇聚了 21 世纪以来美国高等教育学界一批知名学者有关问责的论著，可以视为美国高等教育问责研究的集大成之作。此书在建立高等教育问责"三角协调模型"（Accountability Triangle）解释框架的基础上，系统梳理了问责的基本理论问题与多样化实践；强调问责运行应当在政府优先事务、市场力量与学术诉求三者之间保持动态平衡。

　　在学习评估逐渐占据大学问责优先地位的背景下，Shavelson（2010）在《负责任地测量大学学习：新时代中的问责》（Measuring College Learning Responsibly：Accountability in a New Era）中，建构出一套较为完整的"学生学习评估框架"（Framework for Student Learning Outcomes），并进一步论证和阐述其理论基础、评估优势与操作标准。Carey & Schneider（2010）主编的《美国高等教育问责》（Accountability in American Higher Education），将研究的范围进一步拓展，探讨高等教育财政、成本控制、终身教职制度等与问责的相互关系。Stensaker & Harvey（2011）主编的《高等教育问责：信任与权力的全球视野》（Accountability in Higher Education：Global Perspectives on Trust and Power），对澳大利亚、非洲、中国、东欧、西欧与拉丁美洲等不同国家和地区的高等教育问责实践展开跨国分析，将美国高等教育的"问责图式"（Accountability Schemes）置于全球视野中进行比较考察和整体反思，并初步探讨了国际高等教育问责创议的发展趋势与面临的挑战。

　　随着大学排名制度的全球扩张，排名与问责之间的联系得到各国学者的高度重视。其中的代表性成果之一，就是由 Hazelkorn（2011）独撰、被称为"首次从全球视野对高等教育排名现象进行综合考察"的《排名与高等教育的重塑：争夺世界一流的战争》（Rankings and the Reshaping of Higher Education：

The Battle for World-Class Excellence) 一书。它对大学排名的兴起与发展、排名的不同类型与指标、排名对大学的影响与改造作用等，进行了系统深入地分析。此外，Marope et al. (2013) 主编的《高等教育中的排名与问责：运用与误用》(Rankings and Accountability in Higher Education: Uses and Misuses) 一书，同样立足于跨国视野，对大学排名的方法论、意义与应用、区域与国家实践，以及潜在局限和替代方案等议题，开展了国际对话和集中讨论。

　　问责实践持续拓展的同时，理论分析也在不断推进。Green (2011) 在《教育、专业主义与对问责的寻求：击中目标但错失重点》(Education, Professionalism and the Quest for Accountability: Hitting the Target but Missing the Point) 中，就管理主义、实践理性、透明度、应答性、责任、信任与问责的相互关系，从学理上进行了较为完整的梳理和深入的探究。Aleman (2012) 在《问责、实用目标与美国大学》(Accountability, Pragmatic Aims and the American University) 中，运用杜威的实用主义哲学，探寻当前美国大学和教师面临的问责压力和专业自由等现实问题的历史和文化根源。Secolsky & Denison (2012) 主持汇编的《高等教育测量、评估与评价手册》(Handbook on Measurement, Assessment and Evaluation in Higher Education)，集中论述了高等教育中有关考试与评估的主要实践类型、考试工具的建构与发展、评估活动与评价结果对于院校决策与改进的影响等基本理论与操作技术问题，代表了高等教育在面临结果评估的问责压力之下，学术界推动院校研究发展的重要里程碑。在这本书收录的 James C. Palmer 撰写的《问责的持续挑战》(The Perennial Challenges of Accountability) 一文中，集中论证了高等院校在持续收集与公开学生学习信息方面所遇到的困境，以及外部公众对这些信息产生误解与误用的潜在风险，并提出了深化问责研究的四种理论视角。Letizia (2015) 在《高等教育中的绩效拨款：信息时代的真相》(Performance-Based Funding in Higher Education: The State of Truth in the Information Age) 一书中，论证了新自由主义对美国高等教育问责运动发展的影响，并基于社会学的批判理论，以堪萨斯州和田纳西州高等教育绩效拨款政策的演变和运行为例，深入剖析了问责政策的"话语"(Discourse) 及其背后的"真相"(Truth)。

　　此外，Blumenstyk (2015) 撰写的《美国高等教育处于危机中？每个人都需要知道的事实》(American Higher Education in Crisis? What Everyone Needs to Know)，从分析当前人们谈论美国高等教育中问责运动的含义入手，进而集中讨论了问责运动造成的影响，学生学习的测量与报告，以及联邦政府最新的大学问责政策和问责压力能否进入联邦立法议程等主题。Dowd & Bensimon (2015) 合著的《关注种族问题：美国高等教育中的问责与公平》（Engaging the "Race Question"：Accountability and Equity in U. S. Higher Education），基于南加州大学城市教育中心主持的"公平计分卡"（Equity Scorecard）研究项目，依据正义的三种理论，针对美国高等教育中少数族裔学生群体的教育平等问题展开研究，进而倡议专业问责以促进大学各方努力减少教育中的种族主义。Kuh et al. (2015) 合撰的《运用学生学习的证据以改进高等教育》（Using Evidence of Student Learning to Improve Higher Education），致力于在高等教育问责的情境下，从概念与路径上重新框定学生学习结果评估，强调院校从服从性的结果报告向主动性的有效沟通转变，在增强评估透明度的同时，积累并使用学生发展的证据以切实改进教学质量与院校决策。Stevens & Kirst (2015) 编撰的《再造大学：变革中的高等教育生态》（Remaking College：The Changing Ecology of Higher Education），聚焦于社区学院、综合性公立大学、营利性高等教育机构所共同提供的本科教育及其学生收获，探讨不断兴起的"问责革命"（Accountability Revolution）、效益与生产率的更高诉求、在线教育的爆炸式增长等生态变化，对美国高等教育的命运与未来产生的深刻冲击和影响。Arum et al. （2016）主编的《改进美国高等教育质量：面向 21 世纪的学习结果与评估》（Improving Quality in American Higher Education：Learning Outcomes and Assessments for the 21st Century），采取了不同以往的对于学习结果宽泛定义的思路，聚焦于在学科背景下学生学习中最为重要的概念和能力，并分别以历史学、经济学、社会学等 6 个学科为例展开论述，进而反思未来改进教学与评估可能面临的挑战。

近年来，Orfield & Hillman （2018）主编的《高等教育中的问责与机会：公民权利的维度》（Accountability and Opportunity in Higher Education：The Civil Rights Dimension），关注美国联邦政府现行的大学问责政策对教育机会平等和种族平等所造成的消极影响，提出了重新设计与评估问责政策的思路与方案，从而保护和发展低收入家庭学生与少数族裔学生的公民权利。Kelchen （2018）在《高等教育问责》（Higher Education Accountability）一书中，探究了驱动美国高等教育问责发展的深层原因，对联邦与州政府、认证组织、私营企业以及院校自身等内外部力量逐步卷入大学问责事务的发展过程及其不同作用形式，进行历史梳理和案例分析，并在此基础上提出了十条经验总结和面向未来的五项改革议题。Hazelkorn et al. （2018） 编撰的《高等教育质量、绩效与问责研究手册》 （Research Handbook on Quality, Performance and Accountability in Higher Education） 一书，收集了全球众多学者有关理解、评估与改进高等教育中的质量、绩效与问责的最新研究成果，强调将宏大视角的理论分析与情境性的国家和区域案例分析结合起来，为学术研究人员和政策制定者提供了极具价值的文献参考与实践指导。

值得注意的是，美国政府机构与民间组织以前所未有的热情共同卷入高等教育问责的讨论之中，并发布一系列有重要影响的研究报告。例如，代表官方意见的声音主要有：由联邦教育部任命的"全国卓越教育委员会"（National Commission on Excellence in Education） 1983 年提出的《国家在危机中》 （A Nation at Risk） 报告，"全国州长协会"（National Governors Association, NAG） 1986 年发布的《追求结果的时代》（Time for Results） 报告，"州高等教育行政官员协会"（State Higher Education Executive Officers Association, SHEEO） 2002 年公布的《为更好结果的问责》（Accountability for Better Results） 报告，由联邦教育部任命的"高等教育未来委员会"（Commission on the Future of Higher Education, CFHE） 2006 年出台的《领导力的考验》（A Test of Leadership） 报告等。来自民间的协会组织与研究智库的声音主要有：由"全国独立学院与大学联合会"（National Association of Independent Colleges and Universities, NAICU） 1994 年提出的《自主的责任：通过自我管理实现适当问责》（The Responsibilities of Independence：Appropriate Accountability through Self-Regulation） 报告，"商业—高等教育论坛"（Business-Higher Education Forum, BHEF） 2004 年提出的《高等教育学生学习的公共问责》（Public Accountability for Student Learning in Higher Education） 报告，"国家公共政策与高等教育中心"（National Center for Public Policy and Higher Education, NCPPHE） 自 2000 年发布的作为高等教育全国报告卡的《测量报告》（Measuring Up），由"公共议程"（Public Agenda） 主持的社会公众意见调查系列报告，以及由"教育考试服务中心"（Educational Testing Service, ETS） 于 2006~2008 年发表的《证据文化》 （A Culture of Evidence） 系列报告等。

（二） 国内相关研究

作为一种舶来品，问责概念随着 2003 年"非典"引发的公共卫生服务体系危机而进入我国公共话语范畴和高等教育学界研究的视野。国内学者关于美国高等教育问责的研究，尚处于起步阶段。蒋凯（2008）在《全球化背景下的高等教育责任制》一文中提出，高等教育问责具有关注效率与效果、注重结果与产出的特征；评估是问责的实施形式，保障和提高质量是目的。借鉴 Joseph C. Burke 的"问责三角模型"作为立论基础，在公立院校—州政府的关系结构中，王淑娟（2010）撰写的《美国公立院校的州问责制》专著，将"州问责制"界定为"美国政府公共行政改革在高等教育领域的表现，是政府借助管理主义的手段提升公共高等教育服务公共性的一项制度设计"，重点分析绩效报告与绩效拨款等州政府问责形式及其施用效果。陈欣（2014）在其专著《高等教育问责制度国际比较》中，分别考察英国、美国、澳大利亚、荷兰与韩国的高等教育问责实践，重点剖析美国高等教育以院校内部的审查和评估为主要实施方式的内部问责。

美国高等教育体系的复杂性、卷入问责活动群体的广泛性，以及问责目标与形式本身的多样性，既为高等教育问责研究提供了宏大的分析空间，也在无形中极大地增加了相关研究的难度。从国内外学术史的梳理来看，围绕美国高等教育问责，研究成果可谓卷帙浩繁，为后续探讨的展开提供了重要的资料积累和思想参考，并表现出以下发展特点。

（1）由早期的注重基本概念与一般关系的分析，转向理论研究与实践研究相互结合与平衡，在强调缩小两者之间"缺口"（gap）的同时，也主张在研究宽度与深度上不断探寻高等教育问责的属性与特点，加深对高等教育问责（类型、边界、限度、改革等）的理解与认识。

（2）由早期的侧重于中观（国家层面、州级层面、院校层面）研究，转向研究视野的上移（区域层面、全球层面）与下移（课程层面、专业层面）并行。这并不意味着中观层面不再重要，而是反映出随着高等教育问责的国际扩张与实践深入，对于问责的考察立场和分析层次变得多样化。一方面，体现出将高等教育问责纳入全球学术系统进行考察的整体化；另一方面，也体现出处于多重问责压力之下的美国院校，在自我管理与持续改进方面进行深刻变革的立体化。

（3）由早期的个体自主式研究（独撰或少数学者合撰学术著作和发表论文）为主导，转向个体研究与跨学科、跨地域的集体协作式研究（具有不同学科背景、研究视角与国别的众多学者合作研究或研究成果汇编成册）并重。同时，针对美国高等教育问责的探讨处于学术研究的中心地位，并且评估活动尤其是面向学生学习的评估，在问责分析中得到越来越多的重视。此外，在研究对象上，直接或间接指向公立大学。公立大学在角色地位、管理体制、经费来源、运作方式诸方面更多地受到政府部门的控制，同时与普通民众受教育权利及其教育投入回报的联系也更为紧密，因此成为目前学术关注的主体。在关注范围上，以大学本科教育为重点，本科教育的就读学费、入学门槛、培养过程、教育质量等领域，均被纳入问责之列。

可以说，上述对已有研究的初步回顾和梳理，只是高等教育问责研究的冰山一角，还有大量相关成果淹没于浩瀚的文献中，有待于进一步挖掘。同时，在笔者目前能够搜集和阅读的范围内，依然可以发现以下研究不足。

（1）理论视角和分析框架相对欠缺，研究主线较为模糊。过于关注表象层面的事实介绍和描述，依据一定的理论基础做深层的学理分析尚不多见。教育研究者在借鉴和吸收公共管理等其他学科产生的问责理论和观点方面也颇为欠缺，并且国内学者往往将问责视为政府管理大学的制度安排，极易窄化问责研究的关系结构。此外，国外学者往往将注意力集中于公立大学，私立大学问责被包裹在高等教育问责这一非常宽泛的提法之中，专门研究非常少见。针对在线学习、移动学习等非传统教育形式以及非传统学生学习的问责研究，依然较为欠缺。

（2）存在不同程度的"断层"与"碎片化"问题。没有对美国高等教育问责的历史发展进行整体把握，不同问责形式和类型的研究"条块分割"，对相互之间的关系与关联探讨不够，存在问责研究的"空心化"与"漂移"问题。"空心化"意味着在理论研究层面上关注不够，力度不足。虽然关于美国高等教育问责的实践形式研究轰轰烈烈，但研究主题过于发散，回归与收敛到对美国高等教育问责的概念界定、发展逻辑、复杂性、特殊性等基本问题的探究依然较为薄弱。"漂移"意味着虽然很多著述的标题和行文中镶嵌着"问责"，但纵观全文来看，其主旨往往是论述教育质量保障、学费或拨款政策等事务，游离或偏离于"问责"之外。总体而言，美国高等教育问责的全貌，可谓是一幅需要持续关注和逐步填充才能得以完整的"问责拼图"。

三、研究设计

（一）"问责—自主"的研究主线

在社会学意义上，行动与结构之间的张力是西方社会学理论的重要议题。[1] 作为"人类经验的悖论"的体现，"人类条件"的突出特征是其"双重的、矛盾的与内在分裂的特征"。我们被两种相反的压力所撕扯，其一是对自主的反对和约束。我们所有的生活都能感受到社会压制的存在，感到被规范、规则、传统、期望以及要求所束缚，并且偶尔"我们的脑袋会撞到社会约束的铜墙"。同时，我们又将自己视为拥有一定身份、品格、独立与自由的独特个人，宣称对自己行动某种程度的控制，并对我们的决定、骄傲或愧疚负有责任。由此，形成了一种"两面"的世界，一个我们既是创造者又是被造物，既是建立者又是囚徒，既由我们的行动所建构又强有力地约束我们的世界。在现代社会学的习语中，就是指向结构与行动的两难。对这二者不同点的强调形成了社会学的不同流派，并与"连续与变革"问题的分歧联系起来。现在的发展趋势则是越来越关注行动与结构的连接，朝向建立统摄二者的"综合框架"，并逐渐聚合于将社会视为动态过程的"共同镜像"。在这一过程中，人们通过自己的行动持续生产和再生产他们存在的脉络，而社会结构变成为约束或推动进一步行动的初始条件（Sztompka，1994）。

"自从内部自主成为大学的重要传统以来，大学的自主权已经成为论述大学和社会关系的一个关键性焦点。"（Altbach，1985）大学自主是高等教育机构最为重要的核心价值，也是其赖以生存和发展、良好发挥功能和履行使命

---

[1]　在帕森斯（2012）看来，"行动"在逻辑上包含以下要素：a. 一个当事人，即"行动者"；b. 行动必须具有"目的"，即"该行动过程所指向的未来事态"；c. 行动在一种"处境"中开始，处境又可以依据行动者能否根据"自己的目的加以改变或者防止它们被改变"而区分为不能控制的"条件"与能够控制的"手段"两类；d. "只要该处境允许对于达到目的的手段有所选择，在那种选择中就存在着行动的一种'规范性'取向"。帕森斯在对这种"规范性"概念进行解释时认为，人类行动中规范性因素作用的逻辑出发点，就在于人们"不仅对刺激作出反应，而且在某种意义上力求使他们的行动符合行动者和同一集体其他成员认为可取的模式"这样一种事实。对于这种事实的表述，就涉及一套"概念体系"以及作为其最重要组成部分的"手段—目的图式"。帕森斯强调，"行动"中包含多种含义：行动总是一个"时间过程"；存在未能达到目的或未能选择"正确"手段的"谬误"的可能性；作为研究对象的行动事实的"客观性"以及对其理解与研究的"主观性"等。或者说，"人需要也只能在所谓既定的结构模式中做有限的选择，因此，他基本上是受限的，没有完全的自由。假若追求个人的自由与解放是人之所为人应当肯定的生命目标的话，这样的结构制约观，无疑会为人带来一个明显的两难困境。基本上，这正是长期以来西方社会理论所碰到的根本问题"（叶启政，2004）。

的必要基础。本书将自主、自主权以及"自治"（Autonomy）作为同一概念加以使用。Shils（1997）提出："大学自主的核心是由大学自身安排处理内部事务的独立决断。这种内部事务的处理有两个方面：其一是大学治理的制度化模式，其二是由内部机构所作出的决定。"相对于强调个人自由和智力独立的学术自由而言，大学自主侧重于学者群体的集体自由与院校的管理独立。随着大学不断趋向开放，政府和公众在资助高等教育的同时，要求对大学运作和内部事务施加更大的影响和控制，高等教育问责就是这种外部干预的集中体现。学术自由、院校自治等传统价值与外部问责、质量评估等之间的紧张和对抗逐渐显现出来，也使得大学自主面临着多重参照群体、不同力学"组合主义"① 及其作用向度的问题。

许多具有卓识的管理者和教师都坚持认为，学术事务不应当由向多数的、发散的以及变幻无常的一般公众负责的方式来进行定义，学术和研究完整性的价值以及整个社会的长期利益，只有在大学独立于公共意见的纷扰之外，才能得到最好的满足。"象牙塔"的称谓并不仅仅是一种浪漫的理想，也是学术系统的价值核心和作为教学与科研机构的比较优势，它是久负盛名的大学独立的形象体现，也是大学能够抵御外部意见和干预的潮汐不断冲刷的坚固外壳。

毫无疑问，问责之于高等教育，首要的是对高等教育施加外部刺激和约束，在价值取向上常常与院校自主相背离。Burke（2005a）将自主与问责之间的张力概括为以下几组关系内的二元对峙：院校改进相对于外部问责，同行评议相对于外部管理，投入与过程相对于产出与结果，名气相对于回应性，协商相对于评价，声誉相对于绩效，信任相对于证据，以及质化证据相对于量化证据。

大学保持超然独立的哲学依然具有生机，但是它与问责的概念并非不相兼容（Kearns，1998）。今天的高等教育是经济与社会进步的引擎，与政府和产业保持着千丝万缕的联系，因此大学不能既置身于资助和项目支持的体系之中，又同时从这一体系所施加的问责标准中得到豁免。毫无疑问，问责压力可能会让大学董事、行政人员和教师感到生疏和疲于应付，但这也为许多院校在新的环境中增进自身利益提供了契机。问责也包含了高等教育机构通

---

① Perkin（1984）认为，"组合主义"（Corporatism）存在两种形式。其一是国家或威权主义的组合主义，它通过强制使非政府团体合作，Pahl & Winkler 所谓的"带着人性面孔的法西斯主义"就是典型。其二是自发的民主组合主义，其典型是 Colin Crouch 所谓的"交易组合主义"，它更加响应成员的要求；非政府团体采取自愿合作并与政府双向交易。当然，随着社会利益的分化，这种"组合主义"会产生更多的变项。

过内部有效运作和优异表现以回应外界压力，赢得社会支持的本体能力诉求。"问责虽然是一个有争议和复杂的概念，但其中心是大学管理其环境的能力"（Baird，1997），这是坚守自主与自治等传统价值的现实条件。或者说，"问责可被视为是自主的前提"；① "大学自主不应该被误用，学术共同体应当演化出属于自己的评价问责的方式"；在自主与问责紧密联系的意义上，"欠缺内部自主就会导致问责的丢失"（Kumar，1987）。同时，"我们无须诧异，现代高等教育系统为什么自 1980 年以来会展现出一幅开放与封闭、精英与民主、弹性与僵硬、传统与现代相混合的令人费解景象"（Clark，1983）。鉴于现代高等教育系统自身及其与外界联系所具有的高度复杂性，进行高等教育问责研究，有必要建立"问责—自主"关系分析这一基本的、统摄性的研究主线，在探讨相对具体化的美国公立大学问责的基础上，进而对现代大学自主的边界及其意义作出新的诠释。

（二）理论基础

1. 理论脉络

本书主要以社会学功能主义分析流派为理论基础。功能主义发轫于孔德（Auguste Comte）、斯宾塞（Herbert Spencer）等人的"社会有机论"思想。作为美国社会学界历史上的领军人物，塔尔科特·帕森斯（Talcott Parsons）创建的功能主义分析的经典理论与研究范式，曾经一度成为美国社会学的代名词。经过默顿（R. K. Merton）、卢曼（Niklas Luhmann）、芒奇（Richard Münch）、亚历山大（J. C. Alexander）等学者的理论贡献，功能主义分析不断发展，并在与其他理论流派长期的碰撞和对话中表现出一种逐渐"融合"的趋势。

"结构"与"功能"是功能主义理论流派的核心概念。"结构"（Structure）体现了系统中各构成要素与要素间的恒常模式或状态。"结构"的观念体现了六个方面的内容：要求详述某类由"部分"或"要素"组成的"分析的基本单元"（Basic Units of Analysis），结构的概念是"多部分"与"多要素"的；基本单元之间具有某种特殊或非随机的关系；分析的基本单元之间的互动在空间与时间上不断重复；结构内部基本单元的关系与结构外部单元之间关系的相互

---

① M. Paloma Sánchez. , Susana Elena. Changing Patterns of Governance and Management in European Universities: Emerging Paradoxes in Spanish Universities. http://web. uam. es/docencia/degin/catedra/documentos/2_sanchez_elena. pdf.

区别；结构与外部具有某种结构形式的环境力量或影响相互封闭或开放；结构指涉自身维系并持续从环境中分化出来的理由或原因（Smelser，1988）。

"功能"（Function），是指既定系统"可观察的客观结果"（Merton，2006），反映了构成要素对其他要素与系统的影响或后果。基于社会生活与生物有机体的类比，社会科学中的功能概念具有丰富的意义（Radcliffe-Brown，1935）。功能假定了一些生存条件对于人类社会的必要性，体现了局部行为之于整体内部一致性运行的贡献或协调性；功能与单元实体之间关系组成的结构观念相联系，并强调依靠和通过功能运行的连续性才能保持结构的持续。与功能相联系的基本问题有：社会结构如何分类的社会形态学问题，社会结构如何运行的社会生理学问题以及新的社会形态如何产生的发展问题。

Jeffrey C. Alexander（1985）在《新功能主义》（Neofunctionalism）一书中指出，尽管"功能主义"（Functionalism）的概念在帕森斯的社会学理论中，"从来都不是一个特别令人满意的词语"，[①] 但可以对其"传统"进行如下凝练。

（1）"功能主义"将社会视为一种由不同要素组成、具有开放性和多元化特点的知识系统。这些要素之间通过符号性的相互关联和互动，形成了可从其周围环境中明显分化出来的稳定模式。

（2）"功能主义"不仅关注结构也关注行动，不仅关注表意性活动与行动的目的，也关注行动的实践性与手段，并且特别重视行动的目标能够在多大程度上有效规制与限定手段。

（3）"功能主义"重点关注实现社会整合的可能性，同时也不否认产生异常行为与社会控制的事实。均衡在理论探讨而非现实卷入的意义上，可视为是进行功能主义系统分析的重要指涉和参照，并具有多重意义，既可以指向一种具有自我平衡和自我矫正能力的稳定均衡，也可以指向一种用以勾勒

---

① "功能主义"的术语最早出现于 20 世纪 30 年代哈佛大学心理学家亨德森（L. J. Henderson）所领导的研究团队，它最初带有浓厚的生物学功能主义和帕累托（Vilfredo Pareto）经济学的色彩。Henderson 的研究对其时同样身处哈佛大学的帕森斯、默顿等学者产生了重大影响，帕森斯本人亦随后在 30 年代末开始使用这一提法，并在 1945 年"美国社会学联合会"（American Sociological Association, ASA）上发表的题为《社会学中系统理论的当前位置与展望》（The Present Position and Prospects of Systematic Theory in Sociology）报告中，对功能主义的特征进行了集中和详尽地论述。虽然功能主义在 20 世纪 40 年代末逐渐成为一种主要的理论趋势，但由于具有多重涵而饱受争议。此外，帕森斯和默顿都不赞同使用"结构—功能主义"（Structural-Functionalism）这一提法，而倾向于使用"功能分析"（Functional Analysis）这一描述性措辞。在 Parsons（1975）看来，结构的概念与功能的概念并不处于同一层次上。结构的概念处于更低的分析层次，与"过程"的概念联系；而功能的概念处于更高的理论一般性层次，与"系统"的概念联系。

结构发展与变革的动态均衡，还可以指向一种揭示系统内在张力的部分均衡。

（4）"功能主义"假定人格、文化与社会之间的区别对于社会结构而言至关重要，它们之间相互渗透所产生的张力是造成变迁与控制的持续根源。除了热衷于社会的或制度的分析之外，功能主义还聚焦于文化的相对自主性和人格的社会化等主题。

（5）"功能主义"承认分化是社会诸方面产生变迁的主要模式，也是在此历史进程中形成个性化和制度张力的主要模式。

（6）"功能主义"致力于在社会学分析中自身概念化与理论化的独立性。它不应承受诸如反个人主义、抵制变革、保守主义、理想主义、反经验主义等偏见与批判。

就此而言，功能主义作为一种广义的学术趋向，相对其他的社会学理论传统来说具有更大的包容性，可以成为综合现代社会学理论的基础。本书以帕森斯为代表的社会学功能主义作为理论主干，并根据研究需要尝试吸收和补充其他理论流派的思想观点。

2. 帕森斯的解释理论

"四功能范式"（Four-Function Paradigm）理论，或称 AGIL 理论，是帕森斯提出的用以解释结构类型与运行动力的整体框架。社会系统如同生物体一样，如果要保持自身的良性运转并持续生存下去，就需要处理四类普遍存在的关键性功能问题：对环境的适应（Adaptation），即如何从环境中获取资源并进行有效配置以保障未来行动的能力；目标达成或目标满足（Goal-Attainment/Goal Gratification），即如何通过协调努力以使系统与环境之间关系实现预期改变的过程；关系整合（Integration），即如何调整系统内部诸组成部分以形成功能整体；潜在模式的维持与张力管理（Latent Pattern-Maintenance and Tension Management），即如何基于一定的规范以确保系统中行动的连续性与稳定性。

与功能系统对应，整个社会系统可划分为经济、政治、社会控制与信托四个子系统。各子系统之间的互动与交换分别依靠货币、权力、影响与"价值承诺"（Value-Commitments）四类"象征性流通媒介"（Symbolic Circulating Medium）或"一般化象征性媒介"（Generalized Symbolic Medium）来实现。在政治子系统是权力（Power），即"使具有约束力的义务得以履行的一般化能力"（Parsons，1963a）；在社会控制子系统是影响（Influence），即说服他人的能力与社会共识（Parsons，1963b）；在信托子系统是价值承诺（Value-Commitments），即"与一定的道德约束相联系并能够得以激活的一般化义务"（Parsons，1968）；在经济子系统是货币（Money），它是用以阐述权力、影响与价值承诺三者基本性质的类比对象与理论原型。一般化媒介与结构成分的结合，为分析社会关系和过程提供了一种动力要素；媒介在高度分化系统的内部运转以及相互交换过程中发挥着调节和整合作用，各种象征性流通媒介也会出现类似通货"膨胀"与"紧缩"的现象，这些矛盾正是社会体系产生活力的重要源泉。[①]

从总体上看，所有的流通媒介具有一定的共同特征或性质（Münch，1982）。流通媒介在性质上是象征性的，它们是其他对象的符号，在一定条件下人们可以通过介质来唤起；媒介是一般化的，人们可以在独立于具体环境的情境下通过它们而再现不同的对象；每一种媒介都建立在"媒介编码"的制度化之上，与设定获取与使用条件的规范性规则相联系；通过制度化的编码，每一种媒介都被给予特别的意义，基于此不同媒介相互区别并划定了有效运用的区域边界；媒介可以在不同行动者之间进行传递，也可以跨越不同子系统进行流通；媒介流通不会导向"零和"，一个行动者增加某媒介的数量，并不会减少该媒介对其他行动者的可获得性。由此，"四功能范式"为透视社会机体结构提供了一种整体性的解释框架或"骨架"，而"象征性流通媒介"则为深入剖析社会机体的生理过程提供了分析的"脉络"。

3. 理论基础适切性的说明

（1）功能主义分析的普遍解释力

随着整个社会的结构功能分化，不同子系统的逐渐分离并不意味着彼此

---

① 需要注意的是，帕森斯提出的"社会系统""社会"等概念与人们通常的理解有所不同。帕森斯将"四功能范式"运用于分析行动子系统、环境以及微观—宏观分类，从而形成了三种基本分析层次，其中每一层次又内部分化为一定的微观—宏观层级。这三种分析层次是：a. 人类条件（Human Condition），包括 L—目的系统（Telic System），I—行动系统（Action System），G—人类有机系统（Human Organic System），A—物理化学系统（Physicochemical System）；b. 行动系统（Action System），包括 L—文化系统（Cultural System），I—社会系统（Social System），G—人格系统（Personality System），A—行为系统（Behavioral System）；c. 社会系统（Social System），包括 L—社会—文化或信托系统（Social-Cultural or Fiduciary System），I—社会共同体（Societal Community），G—国家组织（Polity），A—经济系统（Economic System）。帕森斯认为，社会（Society）的概念是指一种特殊类型的社会系统，这种系统在其与环境的关系中实现最高层次的自足（Self-Sufficiency）；社会的自足是指社会对其同终极现实（Ultimate Reality）、文化系统（Cultural Systems）、人格系统（Personality Systems）、行为机体（Behavioral Organisms）以及物理—有机环境（Physical-Organic Environment）这五种环境之间关系的控制与社会自身内部整合状态的平衡结合的功能（Parsons，1966；Münch，1982）。由于分析的层次不相同，所以帕森斯（1963b）提出的流通媒介有八种，包括一般行动层次（General Action Level）上的智力（Intelligence）、绩效—能力（Performance-Capacity）、情感（Affect）和情境界定（Definition of the Situation），以及社会—系统层次（Social-System Level）上的货币、权力、影响和价值承诺。本书所涉及的流通媒介主要是对"社会系统"这一层次而言的。

失去关联。帕森斯继承了涂尔干"集体良知"的思想，认为整个社会的良好运行需要共同遵循一定的共识性规范与价值，而且强调不同子系统之间的区分只是具有分析意义上的可辨识性，在实际层面上是不可分离的。在重视社会结构分析的同时，帕森斯在自己的学术生涯中没有忽略或轻视对社会变迁、演进以及冲突等主题的思索（Parsons，1949，1951，1954，1960，1963c，1964a，1966，1971a，1977a，1982），并提出和阐述"社会进化变迁的范式"。通过考察科学技术制度化产生的大规模变迁过程，Parsons（1951）提醒读者注意"作者意识到我们生活在'动态'社会的事实"以及对于强调"静态"与"动力"之间两难困境的虚谬，认为"如果一种理论是好的理论的话，无论它最为直接应对的是何种类型的问题，都没有理由相信它不会平等面对变革问题以及稳定系统中的过程问题"。

Jeffrey C. Alexander（1978）指出，帕森斯的分化理论在原则上提出了分化过程以及由此形成的结构与个体独立性的增长会导致一般层次上社会冲突的增加。通过描述对紧张的反应连续体及其产生条件，帕森斯发展出了一种解释与评价冲突的综合视角。Mitchell（1967）也认为，帕森斯并不相信社会能够自然地导向秩序与和谐，恰恰相反，他认为冲突是无处不在的，只不过相对于解释冲突而言，他的研究旨趣更多地聚焦于如何避免失序。

（2）功能主义分析适用于美国高等教育研究

虽然致力于建构解释社会秩序的宏大理论体系处于帕森斯学术研究的中心，但美国高等教育以及包括科学、专业、知识分子在内的学术系统也是帕森斯关注的重要主题（Parsons，1937，1939，1965，1967b，1969a，1969b，1971b，1971c，1974，1978，1993，2007；Parsons & Platt，1968a，1968b，1970，1973；Platt et al.，1976）。考虑到教育对社会整体不同子系统的作用与影响，作为研究典范，Parsons & Platt（1973）合著的《美国大学》（*The American University*）一书，在理论意义上将帕森斯的社会系统与功能分析的框架应用于理解美国高等教育，并在实践意义上描述了美国大学及其面临的现实冲突与危机（Gusfield，1974），体现了"将帕森斯式的结构功能主义和知识社会学运用于高等教育的一次重要尝试"（Delanty，2001）。其中许多观察、定义与论断是极具洞察力、挑战性与才华横溢的，许多假设以及经验关系值得深入研究（Gaston，1975）。兴趣各异的读者都能在书中找到极富价值的内容：社会学家会发现帕森斯理论的权威陈述及其在具体社会现象中的运用，与高等教育相关的管理者及其他人士，会感受到书中充盈着令人信服的真知灼见（Beyer，1974）。可以说，功能主义的分析范式为研究美国高等教育提供了重要的理论视角。

帕森斯（1970a，1971b）提出，之所以将高等教育作为自己研究的"中心"（Focus），是基于多方面的综合考虑。首先，关注现代社会，尤其是美国现代社会的发展趋势，就会自然而然地涉及内嵌其中的高等教育系统的属性与地位的问题；其次，现代高等教育研究功能的突起与社会变革之间存在紧密联系，推进知识的过程及其影响，会波及几乎整个社会；再次，研究高等教育提供了对大学生的社会化过程进行跟踪分析的契机；最后，以高等教育为支点，使得包括帕森斯在内的社会科学家，在满足自身进行一般化理论思索的偏好之时，也可以兼顾美国社会对于坚实的经验性研究的要求。

此外，帕森斯的社会学理论与美国公立大学问责研究之间，还存在多重内在关联，主要表现在以下几个方面：

①文化同构性。帕森斯将美国高等教育置于整个西方社会的历史演进之中进行考察。发端于17世纪欧洲国家的"现代社会"，包含了前后相继的三大结构性变革，即工业革命、民主革命与教育革命。在帕森斯看来，"教育革命"（Educational Revolution）是英国"工业革命"与法国"民主革命"在20世纪美国的汇流，它为考察美国高等教育的发展转型与现实境遇提供了共同的宏大情境。同时，帕森斯兼具美国高等教育系统"局内人"与"局外人"的双重角色。他既曾长期执教于哈佛大学，又从自己的社会学理论视角出发，与自己的弟子普莱特（Gerald M. Platt）合作撰写《美国学术职业：一项初步研究》（The American Academic Profession：A Pilot Study，1968）及其姊妹篇《美国大学》（*The American University*，1973）两本著作。在这两本著作中，前者曾获得过美国"国家科学基金会"（NSF）的资助，但未公开出版，后者是前者研究的延续，也是帕森斯在世之时出版的最后一本专著，因而可以视为是帕森斯社会学思想与高等教育研究相互融合的集中体现。① 由此，运用美国本土产生的社会学理论来解释美国高等教育的发展与改革，既有帕森斯本人的亲身垂范，又可以依循二者共同的历史背景与文化语境而降低研究错位的风险。

②解释竞争力。从现有研究来看，无论是 Clark（1983）所提出且在当今国际学界产生广泛影响的国家权力—市场—学术权威"三角协调模型"（Triangle of

---

① 奇怪的是，不论是在社会学界还是高等教育学界，最后这本书一直以来被遗忘或漠视。这可能是由于学术界将大部分的注意力仍然放在了帕森斯较早期的"学术生涯上升阶段"思想的缘故（Vanderstraeten，2015）。

Coordination），还是基于 Clark 的思想由 Burke（2005a）提出的政府优先事务—市场力量—学术关注 "问责三角模型"（Accountability Triangle），还是 Middlehurst（2011）从跨境高等教育的视角出发建构的政府优先事务—市场力量—学术关注—超国家利益（Supra-National Interests）"问责菱形"（Accountability Diamond），都无法构成严密的解释理论，只是一种相对凝练的分析框架或学术观点。例如，作为框定高等教育问责的政府优先事务、市场力量与学术关注三类核心概念，其上位的理论源头和学理脉络不甚清晰，其下位的概念体系与阐述逻辑十分薄弱，其解释效用较为有限。与此相对，帕森斯的功能主义理论在承续涂尔干（Emile Durkheim）、韦伯（Max Weber）等社会学家研究传统和思路的基础上进行了美国式的融合和创造，形成了十分完备的解释框架与学术体系；自 "二战" 之后的二十余年间成为美国社会学的主流，并在与其他理论流派长期的对话中不断发展，对世界范围内诸多学科与研究领域产生广泛影响。

理解功能主义的内部张力及其解释效用，打破由一致和均衡观而产生的和谐乌托邦的传统意象，需要从理论的完整性来把握。帕森斯在自己的整个学术生涯中都在不懈推动和完善功能主义理论。例如，1968 年帕森斯在《社会行动的结构》（The Structure of Social Action）一书的再版序言中，对自己的研究经历作了总体概括。[①] 帕森斯可谓是古典社会学理论的集大成者与现代社会学理论的开拓者。继承和发展帕森斯功能主义分析的学术传统，可以使我们拥有 "站在巨人的肩膀上" 以审视高等教育当下挑战的格局和视野。

---

① 第一阶段是 "结构—功能"（Structural-Functional）理论阶段，在概念体系中逐步从经济学和物理学的主导模式向生物学和人类学的主导模式转移，大力吸收和整合心理学与社会人类学中的人格理论，并从中演化出 "模式—变项图式"（Pattern-Variable Scheme）。这一时期的代表作有《朝向一般行动理论》（Toward a General Theory of Action，1951）与《社会系统》（The Social System，1951）。第二阶段是将 "四功能范式" 和一般化流动媒介应用于作为社会子系统的经济之中，并扩展到对于政治权力和社会影响的分析，进而试图发展出能够包容和解释社会体系整体的宏大抽象理论。这一时期的代表作有《行动理论研究报告》（Working Papers in the Theory of Action，1953）和《经济与社会：一项整合经济学与社会理论的研究》（Economy and Society：A Study in the Integration of Economic and Social Theory，1956）。第三阶段是 "后结构"（Post-Structure）的理论发展阶段，聚焦于社会的整体转型和渐进变迁等理论问题，建构出一般性的进化范式并用以分析具体的模式化变迁过程。这一时期的代表作有《社会：进化的与比较的视角》（Societies：Evolutionary and Comparative Perspectives，1966）与《现代社会系统》（The System of Modern Societies，1971）。

柯林斯和马科夫斯基（2006）也认为，自《社会行动的结构》一书试图对帕累托、涂尔干和韦伯进行综合的努力开始，20 世纪 40 年代帕森斯的研究旨趣在于为所有的社会科学建立起一个 "普遍性基础"；到了 50 年代，帕森斯则模仿斯宾塞百科全书式体系的方式，试图推动创立一种理解一切事物的极其抽象的分类体系；进入 60 年代，帕森斯将自己的研究视野放低，复兴作为自己出发点的韦伯式的历史社会学，并提出关于政治运动的新理论。

③研究连续性。虽然帕森斯于 1979 年离世，但从 20 世纪 90 年代开始，一股复兴帕森斯理论、探寻帕森斯理论遗产当代意义的热潮在国际学术界悄然兴起。或者说，帕森斯理论已经超越了帕森斯自身，成为后继者持续推进理论研究的思想宝藏。Lidz（2011）指出，帕森斯所留下的理论遗产，大体上可以归纳为三方面。在方法论层面上，通过聚焦"指涉框架"（Frame of Reference）和遵循理论分析的内在逻辑和证据，对社会学中的理论假设和基本问题进行批判与反思。这种对基本理论问题的强烈关注，为其后的社会学家，尤其是美国的学者，树立了一种强有力的研究典范。在主要概念和研究主题的层面上，持续吸收其他社会学流派的思想和观点，并将经验研究和理论研究结合起来。在行动理论层面上，以行动理论为基础，将系统理论与四功能范式、控制论的社会学应用、象征性媒介、双重交换以及交换的类别等融为一体，开创性地建构多种层次、多重维度的整合性理论体系。Lidz 强调，虽然帕森斯在其理论陈述上存在着论证不足等瑕疵，但在社会学历史上，将毕生精力倾注于发展一种综合性与精致化兼备的理论方面，没有人能够与帕森斯相提并论；自韦伯和涂尔干之后，在深刻洞察社会学理论方面，也没有人能够与帕森斯同日而语。①

（三）研究内容

1. 研究对象

"公立大学"（Public Universities and Colleges）是美国高等教育系统的中坚力量，一般由联邦、州政府投资兴办或支持，每年吸纳的入学数量占到总体规模的 3/4。参考"美国州立学院与大学协会"（American Association of

---

① 此外，帕森斯将美国大学置于"专业复合体"（Professional Complex）的框架下进行考察，认为专业复合体的"问责机制"（Mechanisms for Favoring Accountability）主要包括三对形式：其一是"市场规则"（Discipline of the Market），以及规制市场行为的"法律惩罚"（Legal Sanctions and Mechanisms）；其二是直接行使制裁权力的"行政管理"（Operation of Administrative or Executive Agencies），以及制衡公共权力的"选举制度"——行政人员对选任官员负责、选任官员对选民负责的责任链条和约束机制；其三是基于劝服与意见动员的"大众传媒"（Mass Media），以及范围更加狭窄，倾向于忠诚技术能力的专业性"资格认定"（Qualification）。这六种问责机制都应当视为是理想类型，在现实中大多数情境往往会涉及其中的多种形式。帕森斯指出，自己的主要目的，一方面，在于强调基于信托关系背景下的专业责任以及作为保障机制的专业问责的不可或缺性；另一方面，若仅仅依靠专业责任并不足以实现问责的情形下，承认其他的替代或补充的问责机制能够导入和结合的可能性（Parsons，1969a）。因此，参考帕森斯的问责分类框架，尤其是专业问责的思想，有助于指引对于美国公立大学问责发展与改革的探讨，同时也有助于延续和发展帕森斯的问责观。在这个意义上，帕森斯的学术观点和理论遗产相对于本书的主题而言，形成了一种"双重嵌套"，它不仅提供了维度更高的理论框架，更在"美国学术系统"，尤其是"问责机制"这些直接相关的具体领域中产生"交集"。

State Colleges and Universities，AASCU）会员准入标准，"公立大学" 主要是指经过地区认证组织认证，具备授予学士及其以上学位资格的高等教育机构，并在部分或整体意义上接受政府资助或控制。广义上，公立大学既包括横向联系的多校区大学系统，也包括各州纵向沟通的多类型、多层次的大学体系；狭义上，公立大学指向具备独立法人资格、自主履行其教育服务职能的个体院校。鉴于美国大学的多样性和开放性，作为研究对象的 "公立大学" 除了应当体现在上述两个层面之外，还与两年制的公立学院系统相互衔接。

2. 研究问题

NCAHE（2005）指出，对现行问责恰如其分地描述是：笨重、过度设计、混乱和无效率。它既使政策制定者处于过度的和误导性的材料的重压之下，也使得广大院校为报告它们而不堪重负。在一定意义上，问责不仅没有成为化解公立大学与外部系统之间矛盾的有效方案，反而本身遭到指责和诟病，成为有待解决的棘手难题。作为现实发展的理论投射，学者们对大学问责研究倾注了极大的热情。然而 Burke（2005b）指出，虽然许多高等教育领域的学术著作青睐于在标题上使用问责概念以吸引人们的眼球，但它往往沦为了穿插在可负担性、入学机会、质量或标准等研究主题之间可有可无的点缀。鉴于理论与实践层面遭遇的尴尬和困境，回归和探究美国公立大学问责的基本问题，就显得尤为必要。

事实上，与问责相联系的基本问题，许多学者的措辞方式却保持了大体上的相似或一致。① 时至今日，这种疑惑依然困扰着学术界。② 从利益相关者

---

① 例如，NEA（1970）提出，问责的意义是复杂的，需要在较为宽泛的背景下来理解问责。必须考虑问题的是：问责是在何种条件下进行的，由谁来发起问责（Accountability by Whom），向谁负责（Accountability to Whom），对什么样的行动和结果进行问责，以及问责到何种程度和持续多长时间。Shami et al.（1974）也指出，有必要弄清以下问责维度的问题：教育应对何种目标负责，问责方式是什么，谁应当对何事担责和向谁负责，不同层次的问责之间有何差别，问责系统中应收集何种类型的数据，问责结果如何使用。Singletary（1975）认为，建立一种合适形式的问责，应当直率地回答如下问题：对何事负责（Accountable for What），对谁负责（Accountable for Whom），由谁来负责测量绩效并决定成功或失败的标准，在何处并由谁来作出价值判断，问责的边界何在。

② Rabrenović（2009）就认为，为深入探究问责的内涵，需要区分不同维度之间的问题：谁应当负责，向谁负责，对什么负责，如何保障问责进行并进行测量。Kearns（2011）也认为，从当下对问责的讨论中，可以抽取出三个基本问题：对何事问责（Accountability for What），向谁负责，通过何种机制以问责。Adelman（2010）指出，要破解高等教育问责的神话，就需要从 "关系"（Relationships）的角度和框架进行分析，这些关系中包括的基本问题是：谁应当负责，对什么负责以及为什么要对某些特别的事务而不是其他事务负责，问责关系中的互惠性程度如何，这种关系中是否内在地包含着奖励或惩罚，问责关系如何持续。可见，这种提问方式依然延续下来，这既意味着问责的诸多基本问题远未达成共识性意见，具有持续研究的价值，但也从侧面反映出问责研究本身所具有的难度。参见 Clifford Adelman. The White Noise of Accountability. https://www.insidehighered.com/views/2010/06/24/Adelman.

的角度出发，Trow（1996，1998）认为，所谓问责，是指对他人报告的责任，就资源如何使用以及达到何种效果此类问题作出解释、证明和回答。与问责相连的基本问题是：为什么要问责，为什么要履行报告的义务以及它们发挥什么样的功能，谁应当承担责任，对何事承担责任，向谁承担责任，通过什么方式以及会产生什么后果。本书将类似特罗的这种提问方式规定为高等教育问责的"特罗之问"，它为开展美国公立大学问责研究提供了一种提挈性的"问题意识"。

总体而言，本书主要研究和尝试解答的问题是，美国公立大学问责的机制及其背后的机理是什么？具体而言，这一研究问题的逻辑展开，可以细化为：①美国公立大学问责有着什么样的关系结构与运行类型？它是如何发生和出现的？②这种关系结构是如何推动美国公立大学问责不断发展的？③在这种关系结构之下美国公立大学问责是如何实现和运行的？④美国公立大学问责的发展经验与借鉴意义何在？如何在问责的脉络下审视现代大学自主？

3. 分析框架

帕森斯 AGIL 理论不仅适用于解释宏观结构，也适用于解释微观组织，可以实现宏观与微观之间的贯通与联结，如图0-1所示。[①]

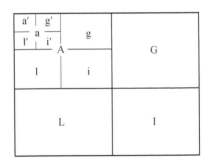

图0-1　四功能范式的细致分化

"一般意义的高等教育，尤其是大学，代表了与认知问题相关的制度化"（Parsons & Platt，1973）。"认知理性"（Cognitive Rationality）是帕森斯分析

---

① 参见 Parsons & Platt（1973）与青井和夫（2002）。需要注意的是，随着功能分化的进行，与之相互联系的分析层面也会随之变化。这也就意味着，图0-1所描述的并非是处于同一平面的静态图形，而是一种动态化的立体图形。

美国大学的核心概念。具体而言，认知理性是由知识、理性、学习、能力以及智力等要素组成的"认知复合体"（Cognitive Complex）所表现出的价值成分或价值模式，它与更一般的"工具行动主义"（Instrumental Activism）价值导向相联系（Parsons & Platt，1968，1970，1973）。

现代大学保持、培养与创造潜藏于现代社会智力与能力之中的认知文化，并且通过创造一种道德—评价性的承诺使认知复合体结构化；认知复合体的"中心性"被作为一系列能力的技术必要性与增加大学社会投资的说服力而被接受（Gusfield，1974）。现代大学是推动认知复合体结构化的核心机构，体现了认知理性的制度化。这种"制度化"使得大学在传递认知理性之时，具有约定俗成的模式恒常性、内化于自我的价值正当性和制裁失范行为的规范约束性。"认知"的概念具有文化指涉，意味着教师需要将知识视为文化目标并担负起通过研究创造新知识的义务；"理性"的概念则是社会系统意义上的，意味着教师需要遵守获取与传递知识的特殊标准（Parsons & Platt，1973；Platt，1981）。认知理性是文化系统中的认知子系统与社会系统中信托子系统中的理性子系统的相互连接，这种相互联系与渗透的关系可视化为图 0-2 所示（Parsons & Platt，1973）。

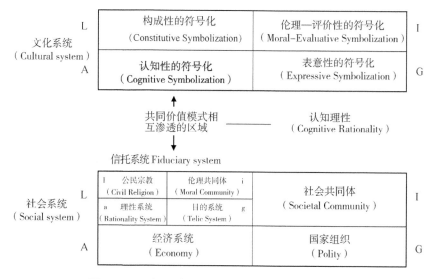

图 0-2　文化系统与社会系统的相互渗透与认知理性

美国大学系统的总体功能是通过大学对"认知理性"价值观念产生影响，进而对"受托的"亚系统产生影响。与帕森斯四功能范式相对，美国大学必须从事四类学术活动，① 具体结构如图 0-3 所示。

		自为目的的知识 (Knowledge for Its Own Sake)	为了解决问题的知识 (Knowledge for Problem-Solving)	
认知复合体的制度化 (Institutionalization of Cognitive Complex)	L	认知首位核心（科研与研究生训练） (The Core of Cognitive Primacy)	对于情境的社会定义的贡献 (Contributions to Societal Definitions of the Situation)	I
认知资源的实用化 (Utilization of Cognitive Resources)	A	公民的本科通识教育 (General Education of Citizenry)	专业从业者的训练 (Training of Professional Practitioners)	G

图 0-3　认知理性在大学组织结构中的制度化

这四类活动或功能可以在所有院校中得到不同程度的体现，但其中某种功能所占优先性的差异，可以将高校区分为四种类型和层次：第一类是以 L 功能为主导的研究导向型大学，第二类是注重 G 功能的精英型文理学院，第三类是强调 A 功能的普通本科院校，第四类是偏向 I 功能的社区学院。第一类院校能够较好容纳和平衡全部四种功能，并且高质量地发挥作用，居于学术系统的顶层，其他类型院校在履行功能的重心、范围与表现方面存在差异，形成了自上而下的分层序列。由于四种功能在不同大学内部有机排列和组合，从而建构了一种新颖和独特的大学模式，极大地推动了美国高等教育在院校层面和系统层面的功能与结构多样化。

基于以上理论和解释框架，结合美国高等教育问责的演进和运行，本书研究的展开思路与主要内容如图 0-4 所示。

---

① A（对环境的适应）代表着试图将认知学习功能与社会化功能综合起来的本科通识教育，它源于"认知资源实用化"（Utilization of Cognitive Resources）形成的"自为目的的知识"（Knowledge for Its Own Sake）；G（目标达成）代表着不同专业以及对专业从业者的训练，它源于认知资源实用化形成的"为了解决问题的知识"（Knowledge for Problem-Solving）；I（关系整合）代表着知识分子所发挥的校外功能或大学对于服务社会发展所作出的智识贡献，它源于认知复合体制度化形成的为了解决问题的知识；L（潜在模式维持）代表着研究生院以及与之相关的研究制度化，它源于认知复合体制度化形成的自为目的的知识（Parsons & Platt, 1973；Gaston, 1975）。

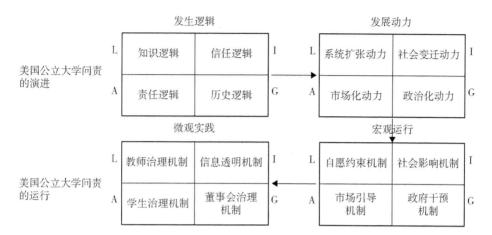

图 0-4　研究内容

第一章

高等教育问责的多副面孔

问责是一个复杂和多维的概念，虽然在多种语境中经常被使用，其内涵和意义往往却是"捉摸不定"（Sinclair，1995；Bovens，2007）。它具有"类似变色龙"（Chameleon-Like）的易变性（Sinclair，1995），并趋向"不断膨胀"（Mulgan，2000），本身就需要"救赎"（Dubnick，2002a，2007）。同时，Accountability 这一术语本身就存在繁杂的翻译。我国学界就存在着当责、责信、考责、课责、权责、问责制、问责性、绩效责任等多种译法，因此，无论是从理论还是实践层面来看，在探究"高等教育问责"之前，回归到更加上位的"问责"维度，① 并对其概念、类型以及特点等基本问题展开分析，就显得格外重要。

一、高等教育问责的概念分析

（一）从问责到高等教育问责

Dubnick（1998，2002a，2008）认为，现代问责概念可以追溯到 1066 年"诺曼征服"（Norman Conquest）、威廉一世（William I）建立对英格兰的合法统治时期。1085 年，威廉一世要求所有在王国境内的领主呈报自己所拥有的财产数额（Render a Count），并允许皇家调查人员开列与评价其所有资产，在此基础上形成的"英国土地志"（Domesday Books），为征税以及领主效忠王权奠定了基础。在这个意义上，问责本身并不仅仅是一个词语，更像是一个"表述性的短语"（Descriptive Phrase）；它在英语语境下最初表达的是一种某人能够就某事向他人提供账目的理念。在现代政治话语中，问责与"负有责任"（Accountable）不再传递一种"簿记"（Bookkeeping）与财务管理的板

---

① 本书所涉及的不加任何限定的"问责"，主要是在"国家—公民社会"二分的解释框架下来进行探讨的。

滞形象，而是带有公正与公平治理的强烈承诺。由此，问责的关系出现了转换，即由传统意义上的臣民向君主负责转变为现代意义上的执政当局向公民负责。

在美国早期的政治思想与政府组建过程中，就贯穿着公共问责的理念。民主政府中的政策制定者应当就自己的行为向民众承担责任；问责的概念并不仅仅意味着民众对"被管理"的默许，而且意味着对公共官员的管束机制和对公共预期的执行方式。这些原则既体现在包括汉密尔顿（Alexander Hamilton）、麦迪逊（James Madison）等美国建国时期政治家与思想家的论著合编《联邦党人文集》（The Federalist Papers）之中，也体现在确保总统和选任官员对选民负责的选举程序，以及总统和国会对行政人员的控制与监督体制等制度设计之中。随着现代政治问责运动的发展，政府部门不仅要公开行事，而且公众有权获取政府信息，能够证实或评论行政规定与规范提案；现代民主政府受到来自媒体、利益团体和更广泛公众的公开监督，要比以往任何时候更加强烈。这种发展趋势也表明一种愈来愈稳固的共识——追求问责无须外在证明。这一行动本身即可视为是"终极目的"（an End in Itself）和"绝对之善"（an Unmitigated Good）。

虽然问责思想具有悠久的历史传统与实践历程，但并非意味着问责本身的内涵、形式与价值等就确定无疑。不无讽刺的是，如果问责是一切问题的解决之道，那么也许它就什么都解决不了，问责就像是全息投影一样，容易看见却几乎不能将它抓住。问责成了现代治理中的一道"元问题"（Meta-Problem）——隐藏在人们长期探讨和实践的帷幕之后，并能够在任何特定的时间和场合对社会与政治生活的基本假设和制度安排构成持续挑战（Dubnick，2008）。Schedler（1999）也曾指出，问责的术语听起来是非常诱人的，但问责依然是一个尚未深入探究和"开发不足"（Underexplored）的概念，它的含义飘忽不定，它的边界模糊不清，它的内在结构令人困惑。

"委托—代理关系"（Principal-Agent）是探讨问责发生和发展的重要理论假设。代理人代表委托人的利益执行任务并向委托人汇报完成情况。就公共部门问责而言，这种关系包含以下内容：①代表—分离关系。在代议制民主下，代表关系造成了公民法理权力和实际权力的分离。问责要解决的核心问题是如何在承认政治机构和选民之间存在缝隙的同时，又能规范和缩小这种缝隙。民主作为一种普遍的统治权意味着普通公民是最终的委托者。代议民主使得政治权力的制度框架与确保权威机构的代表性及问责结合在了一起。②授权—制衡关系。委托—代理理论的核心问题是确保代理方依据委托方的授权而行事。公民应当有权利知道以他们名义而采取的行为，当政府的作为不合法、不道德或不正义，公民应当有力量予以矫正，要求某人证明其行为合法性的能力（要求信息的权利）和对低劣绩效施加制裁的能力。因此，严格来说，问责聚焦于委托人与代理人订立契约之后所保留的权利和约束（Strom，2003）。Mulgan（2003）也认为，问责不仅意味着质询与回应的交换以及对透明度的追求，代理人需要被要求或呼吁作出回应，还必须被控制或强制以产生应答。没有有效的矫正措施，问责就不完整，它涉及报应正义（Retributive Justice）的要素和原则，即需要让错误行为付出相应的代价。在这个意义上问责是一个"强有力的概念"（Rabrenović，2009），不仅具有要求回答的权利，也具有惩罚或奖励的可能。

在公共行政和治理研究中，不同学者从各自的立场出发，提出了理解问责概念的不同"要素"（Elements）。Jenkins（2007）认为，问责包含"应答性"（Answerability）和"强制性"（Enforcement）两个重要方面，应答性是指解释和信息，强制性是指裁定绩效的性质与制裁。与此相似，Perrin et al.（2007）提出，问责包含两个要素，即"提供解释"（Rendering Account）与"承担责任"（Holding to Account），这种责任既可以是惩罚，也可以是奖励。Koppell（2005）认为，目前流行使用的问责概念缺乏明确的意义，这导致了"概念模糊"（Conceptual Fuzziness）和"多重问责失序"（Multiple Accountabilities Disorder），需要从五个维度上进行澄清和把握。①

从历史发展来看，问责范式及其基本思想处于变迁之中。传统意义上的问责关注过程，尤其是遵守行政规则和程序，强调问责的层级性和下属部门对上级负责，同时侧重问责的归咎功能。与此相对，"问责的新视点"（New Vision for Accountability）主张以结果而非过程为导向、持续性和响应性学习，以及动态而非静止的问责方式（Perrin et al.，2007）。进一步讲，传统问责的逻辑是惩罚而不是改进。问责的主要政治收益是将政治官员的不法行为或玩忽职守曝光，

---

① a. 透明度（Transparency）：一个负责任的官僚机构和组织必须解释或说明其行为，它既是评估组织绩效最为重要的工具，又是对问责所有其他维度的关键要求；b. 义务（Liability）：要求个体和组织面对与绩效相联系的结果，将"责任追究"（Culpability）与透明度联系起来，个体和组织应当为它们的行为负责，有过失则受罚，成功则受赏；c. 可控性（Controllability）：问责概念是以控制为主导的，负责任的官僚机构受制于委托人的要求；d. 责任（Responsibility）：官僚机构和组织受到法律、规则和规范的约束，责任可以采取正式和非正式的专业标准或行为规范的形式，并可与行为和绩效的标准相联系；e. 回应性（Responsiveness）：强调再造政府改革所指向的顾客导向路径，关注被服务者的要求，考虑公民或选民的偏好，同时关注其需求，评估组织应当追求的公共政策目标。

而不是确认问题进而加以矫正。因此，传统问责关注异常事件而不是组织及其项目的平常绩效，对传统问责形式中政治困境的强调阻碍了对项目及其绩效的坦率讨论，问责承担了政治涉入而不是客观分析的功能（Peters，2007）。

尽管问责在过去数年获得了学界广泛关注，却忽略了对它在现代治理中地位与作用的探究。这一个概念在修辞、批判与分析等多种意义情境下被随意地使用，极大地削弱了其包含的丰富的内在价值，转而蜕变为漫无目的和四散漂浮的标签。在这种背景下，问责本身很可能就成了需要解决的问题。例如，在一个由多元行动者结成的关系网络中，问责也存在风险，因多种要求而形成的"负责过度"（Overaccount），以及与每一个问责监督权威假定他者正在密切关注行动和结果而出现"负责不足"（Underaccount）的可能（Edwards & Hulme，1996）。Callahan（2007）也认为，人们面临着"问责超载"（Accountability Overload）与"问责赤字"（Accountability Deficits）并存的问题。前者源于过多且沉重的问责机制与严厉监视，后者源于缺少必要的约束机制与行政傲慢。

Cook（1996）对多重问责中的内在悖论做了进一步说明。他认为，对于控制与问责的焦虑催生出了更广泛与更复杂的控制机制，这反过来会不断增加行政人员与其所服务的公众之间的层级距离。这种相互疏离又会进一步加重对控制与问责的担忧，从而导致控制层级与问责方式的不断叠加与扩散蔓延。在这种恶性循环中，问责的实际效果会逐渐偏离以更加有效的方式服务公众的改革初衷，甚至与之背道而驰。一种解释就是，对于不断膨胀的问责机制的需要，在很大程度上是由于将个人私利置于公共利益之上的人类自然品性所致使的结果（Mulgan，2003）。

因此，要从这种混乱的状况中解救问责，就必须在一定的学科理论框架下加以定位和分析。Dubnick（2002a，2007）将问责概念进行了多维细分，如图1-1所示。

		在产生意义中的作用	
		被动的（Passive）	主动的（Active）
标记表达 （Representation of Notation）	符号 Sign	作为字词的问责 （Accountability-as-word，A_W）	作为概念的问责 （Accountability-as-concept，A_C）
	信号 Signal	作为唤起性的问责 （Accountability-as-evocative，A_E）	作为施为性的问责 （Accountability-as-performative，A_P）

图1-1　问责的多种形式

在图 1-1 中，纵向维度在标记的表达方式上，区分为"符号"与"信号"两类。前者代表了外在于自身形式的某种意义，后者则代表了不具有内在或明确意义的标记。横向维度在产生意义中发挥作用方面，区分为"被动"与"主动"两类。前者表明了某种符号或信息需要施加外力作用才能生成意义，后者则表明具有形成意义的内在动力因素。由此，可以划分问责的不同形式和属性。①

Dubnick（2002b）进一步指出，问责在实现正义、绩效、民主或伦理行为中良好发挥作用，离不开改革者建立与培育作为必要条件的道德共同体，仅仅创建提醒应答性与回应性的实践机制并不足够，问责要求得更多。Callahan（2007）认为，今天公共部门面临的挑战就是如何发展出能够提升深彻反

---

① a. 作为唤起性的问责（A_E）。A_E 强调作为一种功能性术语，强调引发一种责任，特别是与保持忠实尽责相联系的情感，而非责任本身的意义。这种情感的影响，取决于在一定的文化背景下，对这一术语的理解或解释应当如何言说（Utterance）。在这个意义上，如果说当代政府的问责改革目标在于提升行政人员负责行事的能力与贡献，那么培育一种由 A_E 激发的情感依恋，就变得至关重要。理解这种情感依恋的文化与心理维度，就成为评价改革设计成效的关键因素。b. 作为施为性的问责（A_P）。与关注情感性质的 A_E 有所不同，A_P 的重点在于，其言说的目的是引起他人行为的改变或者行动情境的改造。如果说 A_E 体现的是一种文化情境，那么 A_P 则是对这种文化情境的建构。因此，A_P 由人们定义自己以及履行责任与义务的方式展示出来。人们将自己建构为是他律和自律结合的行动者，并由此获得对问责在现代治理中发挥作用的深刻理解。c. 作为字词的问责（A_W）。首先，具有"同义"（Synonymic）属性并发挥"象征"（Symbol）作用。A_W 能够成为代表责任（Responsibility）、应答性（Answerability）、忠实尽责（Fidelity）等其他术语的工具，并且可以作为一种象征性姿态，从而有助于在目标受众中产生预期效果。同时，这也会导致问责意义的模糊以及与类似措辞之间相互联系与区别的问题。例如，A_W 由于依赖于其他词语来阐释自己的意义，那么它们之间就会存在 A_W 有可能处于下位、水平或上位等权变关系。其次，具有"索引"（Indexical）属性并发挥"指标"（Indicator）作用。在这个意义上，A_W 成为善治的必要条件，成为民主良好运转、实现社会正义、保障伦理行为或提高行动绩效的重要指示与表征。最后，可以发挥"图标"（Icon）作用，将 A_W 的形象具体化并引发政治行动与改革。例如，在美国国会 2001—2006 年提交的议案中，就有 50~70 项明确使用了问责这一词语。虽然这些"问责提案"涉及个人、产业、部门、专业，甚至国会自身等广泛领域，但却几乎都是"名实不符"，其主要内容鲜有关乎问责的。这也意味着，A_W 可能会导致其赋予的意义或引发的行动变得模棱两可、背离初衷或破裂离散。d. 作为概念的问责（A_C）。如果说 A_W 主要依靠相似概念才能呈现意义，那么 A_C 就需要考虑其反映民主价值、社会正义与道德准则的历史意义与现实境遇。问责作为一种概念，对其研究有必要放置在以下四种具体的情景下加以讨论：制度框架（Institutional Frame）、社会交易（Social Transaction）、组织化/组织框架（Organizing/Organizational Frame）以及复杂环境（Complex Environments）。A_C 强调问责的产生基于"道德共同体"（Moral Community）的假设。这种道德共同体与上述四种情景相互作用，并认为在共同体中的任何社会关系都与一种道德要求或关系适当性的情感相联系；或者说，A_C 是在共同体成员之间合法期待的认同感背景下，成为现代治理的首要特性。在这个意义上，A_C 可被视为是一种特殊的治理形式，即代理方能够根据委托方的要求，遵从对自己行为负责的道德义务和道德判断；或者说，这种治理形式依赖于在道德共同体之中所建立的动态性社会互动与机制。

思并能在运行中推进道德共同体与民主治理的问责体系，这种体系应当围绕着相对宽泛的问责概念，而不是狭隘的管理驱动的问责字词。

综合 Dubnick（1998，2002a，2006，2014）的研究，以及 Sulkowski（2016）对 Dubnick 思想在高等教育问责中的应用，作为概念的问责，可以在如表 1-1 中，对其话语和意义作进一步多维分析。

表 1-1　问责概念的多维分析

背景 （Settings）	法律的 （Legal）	组织的 （Organizational）	专业的 （Professional）	政治的 （Politcal）
外在道德拉力 （Moral Pulls）	责任 （Liability）	应答 （Answerability）	责任 （Responsibility）	回应 （Responsiveness）
内在道德推力 （Moral Pusher）	义务 （Obligation）	服从 （Obedience）	尽责 （Fidelity）	顺从 （Amenability）
话语关注 （Discourse）	司法化 （Juridicization）	机制化 （Mechanization）	诱导化 （Incentivization）	制度化 （Institutionali-zation）
价值承诺 （Promise）	正义承诺 （Justice）	控制承诺 （Control）	绩效承诺 （Performance）	民主承诺 （Democracy）
互动规则 （Orders）	调控性的 （Regulatory）	管理性的 （Managerial）	嵌入性的 （Embedded）	施为性的 （Performative）
问责理解 （Understanding）	在制度框架下以正式化的规范与程序形式呈现，使用潜在的威慑以保障代理方可被控制和适当行事	在组织框架下，以正式与非正式的机制处理预期与不确定性问题，强调通过说明解释机制以导出合目的性行为	在社会交易情境下开展作出说明与进行接受之间的交互过程，强调道德责任感的内化，以发展和维持合法性与信任	在充满多样、差异与冲突期待的复杂环境情境下，运用明确与直接的制度规则管理混乱状况；限制权力被随意行使，增强代理方公开解释的敏感性和准备度
讨论主题 （Topics）	正式程序、制定规则、强制等	行政控制、规范、审计等	全面质量管理、绩效测量等	自我约束政府、问责论坛、水平问责等

结合对 2007—2010 年全球经济衰退的分析，Dubnick & O'Brien（2011）探讨了人们对问责的"迷恋"（Obsession）以及为提高可问责行为的改革策略，如图 1-2 所示。

可问责行为的明确性（具体化）

	低　Specificity of Accountable Activity　高	
可问责代理方的自主 Autonomy of Accountable Agent　高	**构成性的**（Constitutive）创建将规范与标准内部化的"可问责空间"（Accountable Space）	**管理性的**（Managerial）设定代理需要负责的事务或目标，但允许其决定实现手段和方式
低	**调控性的**（Regulative）创建并外部化对"可问责空间"中代理方行为的监督机制	**施为性的**（Performative）既设定代理需要负责的事务或目标，又决定其实现手段和方式

图 1-2　问责与改革设计

图 1-2 中的四类改革策略与前述 A_c 中所包含的四种互动规则相互贯通，为将公共问题与问责概念相互结合并进行相应政策调整，提供了富有启示性的思路和选项。值得注意的是，20 世纪 70 年代以来随着新公共管理运动的兴起和在西方国家出现行政改革的浪潮，高等教育亦受到强烈冲击。"新公共管理的核心特征就在于，在那些没有被私有化的公共服务部门中，尝试导入或模仿那些业已存在于市场环境中的绩效激励和规训"（Larbi，1999）。由"改造政府"所产生的政策话语，具有强烈的政策外溢性，改造大学和问责大学成为由行政问责向高等教育领域的合理渗透。"只有达到公众对问责的期望，高等教育机构才能维持为它们所珍视的自主，这对于实现诸如学术自由、回应不断改变的社会需要以及投身高质量的知识生产和传播等核心价值至关重要"（Zumeta，1998）。

（二）高等教育问责的概念界定

问责概念的复杂性和学者们理解的莫衷一是，同样出现在对高等教育问责的分析之中。[①] 在狭义上，Hüfner（1991）提出："问责意味着对活动作出

---

① Ohmann（1999）提出，问责概念最早可以追溯到 1794 年，在接下来的将近 200 年时间里，它包含了"负责任的状态、责任感以及使某人对其行为负责"的宽泛含义，但与教育并没有特殊的关联。1970 年是问责出现在教育领域之中的关键时间节点。1970 年 6 月，它首次被"教育索引"（Education Index）收录，两年后国会图书馆（Library of Congress）将"教育问责"（Educational Accountability）作为图书分类的主题。此外，1970 年 Leon M. Lessinger 撰写的《每个小孩都是成功者：教育中的问责》（*Every Kid a Winnner：Accoountability in Education*）被誉为是"问责圣经"。在随后的 5 年内，以问责为标题的教育类研究呈现出井喷之势，仅学术专著就多达数十本。似乎在转瞬之间，问责就变成了教育领域中的固有观念，它成为学界公认的研究领域、一场声势浩大的教育运动，甚至是不同观点直接交锋的战争。

解释，意味着对运用最有效的手段达到一定目标的证明责任。问责与效率和效益有关，与绩效评价有关，与诚实提供有关达到特定目标的行为信息相关。"Hoffer（2000）认为，问责系统聚焦在学校与环境的相互连接上，其意图是作为质量控制机制。Business-Higher Education Forum（2004）将高等教育问责定义为大学公开展示和沟通有关目标达成情况的绩效证据，并且这种绩效证据必须在反映公共议程的院校与社会目标的情境下加以界定。Hubbell（2007）提出，高等教育问责与创造和使用资源以及公开测算使用效果的"照管责任"（Stewardship with Responsibility）相关联。此外，Heaphey（1975）提出，从广义来看高等教育问责是指公立高等教育系统证明自身作为由"州政府支持事业"（State-Support Enterprise）合法性与价值的实践、政策与程序。El-Khawas（2006）也提出，在最宽泛的意义上，问责这一术语是指由政府发起的，旨在对高等教育机构施加新责任努力的一般趋势。

从要素分析的视角出发，Schedler（1999）认为问责传递出来的是对权力行使进行抑制、监督、管制与制度约束的持续关注，但"应答性"（Answerability）是问责最为接近的同义词。Hendry & Dean（2002）也提出，高等教育问责意味着整个机构或组织的应答性。Leveille（2005）认为，高等教育问责包含三种主要要素，即绩效、透明度与证据文化。McPherson & Shulenburger（2006）则认为，公立大学问责包含三大要素，主要是指消费者信息、大学学习氛围与教育结果。从关系分析的角度来看，Alkin（1972）认为，教育问责可以视为是一种"协商关系"（Negotiated Relationship），参与者在达成特定目标的评价结果上产生共识，并在此基础上能够接受特定奖励与成本。Prather（1993）则提出，院校问责是某种"权力关系"（Power Relationship），它为个人或院校对其行为向他人承担责任创造条件或强制机制。

可以说，高等教育问责是一种多样化与情景化的概念。探讨的具体环境不同，研究的切入视角殊异，最后得出的结论也就难以趋向一致。诚如Burke（2005a）所言，高等教育问责是一个被最多鼓吹却最少分析的词语，每个人都在使用这个术语，但都带有多重含义。不仅如此，从高等教育问责的价值关切与实现形式来看，也体现出了强烈的多样化和分散化的倾向，如表1-2所示（Salmi，2009）。

表 1-2　高等教育问责的价值维度与实现形式

维度 工具	学术完整性	财务完整性	资源使用效率	质量与相关性	公平
战略计划				×	×
关键绩效指标			×	×	
预算			×		
财务审计	×		×		
公共报告			×	×	×
颁发许可	×				
认证/学术评估	×			×	
绩效合同			×	×	×
学生贷款/教育券			×	×	
排名/基准				×	

具体而言，"学术完整性"（Academic Integrity）与"财务完整性"（Fiscal Integrity）是指大学在保持较高学术或财务标准（可持续性）的同时，拥有使院校持续发展的学术能力或财务能力；"质量"（Quality）是指教学与研究的标准；"相关性"（Relevance）是指大学毕业生能够获得符合劳动力市场需求的教育程度；"公平"（Equity）则是指向社会中所用群体提供入学机会的范围。从总体来看，高等教育问责的诸种工具在质量与相关性、资源使用率两项上交集较多，关注程度较高。[①]

本书认为，"可控性"（Controllability）或"约束性"（Constraint）是高等教育问责的基本要义。问责的主导方面是围绕着控制问题的（Koppell，2011），或者说"控制承诺处于所有问责承诺的核心"（Dubnick，2006）。在问责理解的"社会学视野"与"关系"论之下（Dubnick，2003），问责并非作为一种稳固的制度形式，而是强调作为过程与机制的问责施于承受说明行为压力之下社会行动者的多种形式和功能。问责本身成为更大社会过程与机制的一部分，以修补或控制因意外行为造成的损害关系。在这种社会性过程的逻辑中，问责不是一种绝对概念，应将其视为包含"多向度与权变关系的体系"（a System of Multidirectional and Contingent Relations）（Ebrahim，

---

① 除此之外，Salmi（2009）还提出了高等教育问责另外两种价值关涉，即对地方与国家经济发展的贡献，以及对公民身份和国家建设的价值影响。不过上述问责工具并没有反映这些价值维度。

2005），或者说"问责就是具有高度权变性的关系以及确保这些关系的实现机制"（Ebrahim，2007）。

综合上述诸种视角和观点，本书对高等教育问责给出的规定性（Stipulative）定义是：在宽泛意义上，围绕人才培养质量这一核心事务，不同利益相关者对高等教育机构施加约束的多种关系结构与动态机制，以促进其对自身行为向外界进行合理证明并承担相应责任的同时，推动院校自我审查和持续改进。这一界定体现了"多中心而非命令的模式"（a Multicentric Rather than a Command Model）理念（Barberis，1998）。"多中心"就意味着，问责需要面向不同的监督者，依据不同的标准并在不同程度上实现不同的目的。或者说，需要考虑到问责所具有的多功能、多形态、情景化与混杂性的属性（Dubnick，2008）。

同时，这种问责关系结构还同时兼顾了"事后/后置"（Ex Post）和"事前/前置"（Ex Ante）的范畴两种意义，或者说体现了"追溯性"（Retrospective）和"前瞻性"（Proactive）两种属性（Bovens，2007；Rabrenović，2009）。这就意味着，委托方与代理方之间的关系，不仅仅是只有在代理方取得相应绩效之后才能发生，委托方能够在问责行动发生之前和进行中产生影响，从而对代理方形成持续性的监视；一方面，"事前"的范畴涉及对问责活动的期待和对预期不利的避免，涉及规范的再生产、内部化以及在问责过程中的动态调整；另一方面，"事后"意义的问责可以成为"事前"决策的重要反馈或投入。由此，"事后"与"事前"的问责范畴形成了一种流动的循环圈。

二、高等教育问责的类型分析

（一）问责的多种分类与研究动向

Romzek & Dubnick（1987）基于控制的视角，从对代理方期待或控制的来源（内部/外部）、对代理方行动的控制程度或代理方自主程度（高/低）两个维度出发，提出了一个在学术界具有广泛影响的经典分类框架，即官僚、法律、专业与政治四种问责类型，如图1-3所示。[①]

[①] 不同的问责类型也体现了不同的价值侧重和行为期待（Romzek，2000；Romzek & Ingraham，2000）。具体而言，"官僚问责"是指对处于较低工作自主的个体施加严密监督的层级节制关系，包括法规、规章、组织指令等。"法律问责"强调遵守各种具有法律意义的法令规章与规范，以及对绩效表现进行缜密与外在的监督。"专业问责"聚焦于特定领域中的行为准则与平行的同辈审查，遵从源于专业社会化、个人信念、组织训练或工作经验的专业规范；个体拥有高度的自主，并以内化的专业

图1-3 问责系统的类型

在综合不同学者观点的基础上，Erkkila（2004）提出了一个更为精细化的问责分类框架，如表1-3所示。

表1-3 问责的不同类型

问责类型	特征	问责机制	情境/结构
政治问责	民主的，外在的	民主选举，问责链条	民主国家
官僚问责	层级的，法律的	规则，规章，监督	官僚体制
个人问责	内在的，规范的，道德的	文化，价值，伦理	集体行动
专业问责	复杂的，顺从专家，同行导向	专家审查，同行评议，专业作用	专家组织
绩效问责	产出或客户导向	竞争，自我调控	市场环境
商议问责	互动的，商议的，公开的	公开辩论，透明，知情权	公共领域

此外，Blind（2011）在控制力量的来源（内部/外部）、控制方式（正式/非正式）两个维度上，对行政问责所包含的类型，提供了一种解释框架，如图1-4所示。

（接上注）

规范作为适当行为的指导。也就是说，组织根据该专业领域内业已建立共识并共同信守的规范、流程与作业标准来界定问责准则。"政治问责"从广义上讲是指政府要对纳税人（公共服务的消费者）负起责任，强调顾客服务导向，依照关键利益相关者的意愿而行事。同时，根据需要完成的核心任务和采取的管理策略的不同，这些类型为进行合理化的问责组合开阔了思路。

	内部的	外部的
正式的	**行政/基于市场的/制度的问责** 层级，规则与规章，预算，个人管理，绩效评价，审计，项目监督，行为指令	**政治/法律/制度的问责** 立法审查，咨询委员会，司法行动，巡视员，审查法庭，评价研究，信息自由
非正式	**规定性（Prescriptive）问责领域** 个人伦理，专业化，代议官僚，承诺，对监督者的预期反应	**社会问责** 公开评论，利益群体压力，同行评议，媒体监督，政治团体

图1-4　行政问责的类型

　　这一针对行政问责做深入示例分析的努力，其意图在于强调某种问责类型自身所具有的多样性，以及不同类型之间具有跨界和相互交叉的特点。这意味着，对于问责的类型研究，往往都是理想型的，是为了条分缕析其内在结构而进行的人为建构。但在现实运行中，不同类型之间的边界往往是模糊的，它们是相互混合与交织在一起的。

　　在两分法的视野下，Thomas（2003）归纳出在公共行政分析中出现的 12 种问责类型。[①] 此外，Bovens（2007）认为，根据所在情景的性质，可以将问责区分为政治问责、法律问责、管理问责、专业问责与社会问责；根据行动者自身的属性，可以将问责区分为企业问责、层级问责、集体问责与个体问责；根据实施的属性，可以将问责区分为财务问责、程序问责与产品问责；根据义务的属性，可以将问责区分为垂直问责、对话问责与水平问责。从总体来看，对于问责的类型研究，体现了以下几种重要的研究动向。

---

　　① 主要包括政治问责相对于行政问责（Political Accountability versus Administrative Accountability），正式的、客观问责相对于非正式的、主观问责（Formal, Objective Accountability versus Informal, Subjective Accountablity），程序的/顺从问责相对于绩效/结果（Procedural/Compliance Accountability versus Performance/Results），层级问责相对于诸如外包/伙伴关系等非层级问责（Hierarchical Accountability versus Non-Hierarchical Accountability, e. g. Contracting out/Partnerships），追溯性的问责相对于预期性的问责（Retrospective Accountability versus Prospective Accountability），归咎/惩罚问责相对于学习/补救问责（Blaming/Punitive Accountability versus Learning/Remedial Accountability），内部的相对于外部的问责（Internal versus External Accountability），集中化的相对于下放的问责（Centralized versus Devolved Accountability），作为的问责相对于不作为的问责（Accountability for Actions versus Accountability for Inaction），自上而下的官僚问责相对于诸如向政治官员与公民负责的自下而上的官僚问责，相对于诸如向客户和顾客负责的顾客问责（Top-Down Bureaucratic Accountability versus Bottom-Up Bureaucratic Accountability, e. g. Answerable to Politicians and Citizens versus Customer Accountability, e. g. Answerable to Clients and Customers），法律的相对于道德的问责（Legal versus Moral Accountability），象征性的相对于实质性的问责（Symbolic versus Real Accountability）。

1. 关注非正式问责

中肯地讲，制度形态的问责是正式问责的重要表现，也是问责研究的重要方面，但问责的非正式形式与非官方建制同样应当引起学术研究的重视，以避免对问责理解的狭隘化。Jenkins（2007）认为，人们关于正式问责与非正式问责区别的讨论，是源于对于政治机构为何对普通民众尽责失败以及应该如何矫正失败等问题的疑问。他提出了四种意义上的非正式问责，其一，"作为实际存在的非正式问责"（Informality as Actually Existing Accountability）。在问责的发生基础上，存在基于法律或程序的"法理问责"（De Jure Accountability）与基于制裁权力的"实然问责"（De Facto Accountability）。这二者的差异意味着需要将从政人员应当负责的关系结构与实际负责的关系结构区分开来，以避免后者可能带来的潜在危害。其二，"作为半结构化的非正式问责"（Informality as A less Structured Form of Accountability）。这种用法不是指通过非官方的关系颠覆官方管束，而是在垂直或水平问责制度中半结构化机制的有限运行。在垂直渠道上，公民组织发起的政治家游说团体与调查性质的新闻业界所施加的压力，都有助于发展更深层次的应答性；在水平渠道上，水平问责的非正式维度由官僚文化呈现。在此过程中，官员据此行事，并形成专业认同。其三，"作为道德主张的非正式问责"（Informality as "Moral" Accountability Claims）。它并不依靠正式的规则，而是出于道德的考量，例如制药企业对于大众健康所应担负的责任。其四，"作为超越公民—国家关系领域的非正式问责"（Informality as Arenas beyond the Citizen-State Relationship）。它涉及人权和转型中的公共廉洁标准超越公共领域，渗透到诸如家庭事务、宗教仪式等私域。

长期以来国内外学术界对问责的讨论和理解是以强制与惩罚作为基调的（Peters，2014），往往将问责视为一种客观责任，将问责机制作为在行动目标和完成手段之间存在清晰和直接关联的"理性—线性"（Rational-Linear）控制模式，却忽视了在现代问责实践过程中所充满的大量不确定性、模糊性与权变性（Gregory，2003）。随着"网络"（Networks）和"治理网络"（Governance Networks）逐渐在公共行政领域中占据主导地位（Klijn & Koppenjan，2014），非正式问责的地位和作用逐渐凸显。Deleon（2003）提出了现代问责运行的组织结构框架，如图1-5所示。

	目标或对可能结果的偏好	
	清晰	模糊或冲突
手段 确定	背景1：层级（Hierarchy） 由常规进行决策，官僚制结构	背景2：竞争多元（Competitive Pluralism） 由协商进行决策，代议制结构
不确定	背景3：共同体（Community） 由共识进行决策，共治式结构	背景4：无政府状态（Anarchy） 由"灵感"进行决策，网络式结构

图1-5　问责的背景、决策与组织结构

在传统问责的视野下，背景4中的无序状态和网络结构，恰是需要治理的问题，网络的松散联结属性可能会导致正式组织化问责的削弱和问责标准的模糊（Klijn & Koppenjan，2014）。或者说，正是这种网络化背景，使得网络成员的相互关系高度复杂，问责地带较少透明。Romzek et al.（2011）认为，在政府服务传递由层级化的单一部门向网络化的提供者转变中，主要的协调机制也会由官僚体制向通过跨组织和跨个人之间的协商与合作转变，即使是被正式结构化的网络，也包含了自我治理的要素，并由包括规则、信任、互惠性规范、可信赖的承诺，以及非正式的奖惩机制等构成的非正式系统作为保障。非官方期待和自主性行为从网络成员承认彼此依存以追求共同目标的反复互动之中得以形成，并且非正式规范（如专业规则、人际间的忠诚以及彼此合作的共同期望等）与组织间动力可以导致互惠关系和"同伴问责"（Partner Accountability）情感的发展。通过提供或收回诸如密切沟通、声誉、合作、领导力等网络资源，网络关系中的同伴能够就绩效在相互之间要求作出解释和说明，非正式问责则在上述基础上不断孕育和发展。在社会服务领域，不论是何种部门，置身网络关系的个体一般都是具有相同职业或专业的相同行业中的一员，因而专业问责（Professional Accountability）可以看作是非正式问责中的代表。同时，非正式问责也面临着一系列潜在的挑战，例如组织之间的"地盘争夺"，相互冲突的期待，离散化的组织议程和管理文化，在绩效标准设定与监控方面的张力，以及对稀缺资源的竞争等，这些都会对网络的凝聚力和实效性构成威胁。

2. 关注自反性问责

"自反性问责"（Reflective Accountability）与其说是一种新的问责类型，不如说是一种新的认识和思考问责问题的研究视角与批判性的价值取向。Ebrahim（2005，2007）指出，现行问责体制在运行中出现的突出问题之一，可以归结为"问责近视症"（Accountability Myopia）。它主要表现在：关注短期的绩效测量而忽视长期的社会变化，并且这一状况为聚焦资助者、牺牲客户需求和组织自身使命的问责思路而得以强化，采取服从驱动的和形式化的参与逻辑，偏离了真正增加公共问责与权力分享。由此，解决的思路就是要将短期与长期、局部与整体、评价与学习之间建立联系。具体而言，在短期的、规则导向的问责机制与更加长期的评估方式和组织学习之间找到平衡，特别是要注意发展与组织使命和愿景相互关联、能够回应客户需求的问责机制，以及建立鼓励赋权而非形式化和符号化的参与机制，以切实提升而非抑制组织的批判性反思和学习能力。

事实上，Lawley（1983）就曾指出，问责实践中存在太过封闭而欠缺参与维度的问题。这种参与的本意，并不仅仅是增加一种制度安排，更是要在问责实践中注入一种价值承载。参与的前提也并非是一定需要满足在某种价值与程序上先期取得的共识，而是强调问责应当是一种对不同观点开展相互竞争并不断确认的持续过程与机制。在这个意义上，参与也就具有了"适用性学习"（Adaptive Learning）的意味。

此外，Dubnick（2011）就当前学术界和改革倡议者围绕问责的论调进行了严厉批评，鲜明地提出了"改革者悖论"（Reformist Paradox）的症结，希望通过改革以增进问责的任何努力，其结果往往不过是改变甚至损害既有问责形式而已，并让问责所包含的价值承诺落空。Flinders（2014）评论指出，Dubnick的本意，并不是反对改革议程本身，而是相对许多其他学者，对于"更多问责就是更好治理"这一信条背后的价值与可靠性，抱有更为深刻的怀疑，同时也进一步提醒人们，现代问责的实践是处于多样化、差异化并且经常相互冲突的价值期待之中的。

3. 关注个体问责

一般而言，"个体问责"（Personal/Individual Accountability）反映了一种内部控制的理念，主要是指将个体的价值与伦理作为服务公共利益的行动指导。个体的人格完整性主要由其所处的组织或某种集体的共享价值、伦理和信念所塑造。在公共行政中，个体问责机制与主流的行政文化和价值紧密相连。问责实践所遭遇到的现实难题之一就是，通过正式渠道贯彻的问责往往太过有限，难以充分体现尽责要求（Gregory，2003）。在这种背景下，作为"规范约束"（Normative Constraints）的个体问责，就不再仅仅是过去所认为的作为提高行政控制的制度化安排的辅助措施，而是具有自己的独特地位与价值。

Deleon（2003）认为，不论问责处于何种组织背景，也不管使用何种外在控制将行为约束在可接受的范围之内，都必须依靠控制的内部化和个体责任感。就高等教育而言，Trow（1994）就曾提出，大学内部几乎所有的事情都要依靠教师的内在动机，这些学术动机往往独立于那些不可预测的外部评估、遥远的刺激以及与之相联的惩罚。只有学者们的特殊动机、价值和组织定向被理解，真正的学术绩效改进才会发生（McInnis et al.，1995）。或者说，只有协调和打通个体问责与外部问责，将外在约束与现实中个体的生活经验相互结合，获得处于一线行动者的真正接纳和认可，才能真正提高问责的完整性和实效性。

不可否认的是，个体问责的发展同样面临着诸多挑战。Callahan（2007）就指出，负责任地解释和应用外部问责要求，需要依靠能够支持个体作出良好判断的德行养成，但是用以传递外在标准、施加服从压力的问责制度和机制，又会经常对作出负责任判断的道德品质构成威胁。在 Bovens（1998）看来，个体责任可以划分为五种类型，即忠诚于自己监管者的层级责任，忠诚于自我良心的个人责任，涉及正直规范和忠诚于同伴的社会责任，忠诚于自己专业团体的专业责任，以及忠诚于议会和公共事业的公民责任。但是当这些责任相互竞争甚至相互冲突时，个体问责也就面临着作出何种选择的"道德困境"。此外，个体问责与专业问责都可以被视为是某种"内在问责"（Inner Accountability），但二者之间存在差异。前者更多涉及诚实与公共利益等事务，而后者往往更多展现出的是一种正直和公事公办的面貌。二者的相似之处在于，作为内部化的问责，它们并不如外部问责那样边界清晰，有时更像是行动者的某种概念依托。他们的确认为自己应当向别人负责，只不过他们也并不能确定这些"别人"到底指向何人（Mulgan，2000）。

（二）高等教育问责的分类

Hüfner（1991）提出，在层次上高等教育问责包括高等教育系统问责和高等教育组织问责，在功能上包括学术群体相关的教学、研究与社会服务问责，与学生群体相关的学习问责，与管理群体相关的行政和财政问责。Burke（2005a）从原则和行动者两个方面对高等教育问责进行分类。[①] Trow（1996，

---

①　向上的问责代表了下级服从上级的传统关系，包括程序的、官僚的、合法的或垂直的问责；向下的问责关注高等教育中的管理者在参与性的意见决定中对下属的责任或社团的问责；内在的问责集中于那些按照专业的或伦理的标准行事且常常出现在由专业人士所主导的组织中的人员，在这类组织（学院或大学）中，内在的问责就成了专业的问责；外在的问责意味着回应外部的顾客、参与者、支持者的要求，在一个民主社会里，最终是要回应大多数公众的要求，它包括市场和政治的问责。

1998）提出了两个维度，其一是外部与内部问责，其二是法律和财政问责与学术或道德问责。①

Kearns（1994，1995，1998，2003）提出了一个可以包含高等教育问责在内具有较强解释力的分类框架。他认为，问责概念具有内在的"病态结构"（Ill Structured），它充满了彼此竞争的假设和高度情景化的复杂要素，使得概念自身最终成为被攻击的移动靶子。就美国高等教育而言，它被视为直接或间接接受公共财政支持、参与公共物品生产的公共服务型组织，因而活动应当保存公共信任，服务公共利益。其结果是，问责概念成为指向从成本控制到专业伦理的几乎无所不包的术语，因此，应当超越服从逻辑的传统理解，从一个较为宽泛的视角来界定和认识问责，尤其是在社会服务传递私有化和分散化的当前背景下，更有必要认识到问责概念所包含的"模糊性"（Fuzziness）；它不仅仅是报告机制和命令链条，还包括由对社会要求的回应、对社会需要的预期、对个人和专业行为标准的坚持等构成的问责"领域"（Realm）。基于此，可以从问责标准的清晰程度（明确的/隐含的），以及组织的反应方式（战术性的/战略性的）两个维度上，进一步剖析问责的维度和类型，如图1-6所示。②

---

① 在某种意义上，外部问责类似于审查，学院和大学对支持者并最终对社会中的多数公众担当责任，为获得外界信任和持续支持提供基础；内部问责则表现为一种自我研究的形式，身处一所学院或大学中的人们相互审视各自部门的使命完成与表现情况，通过组织发起对自身运作的调查和行动以实现改进。法律和财政问责是指组织依法报告资源使用情况的责任，而学术问责是指告知组织机构内外的相关群体有关这些资源是如何被用来促进教学、学习和社会服务以及达到何种功效的责任。

② 具体而言，明确的标准是在法理（De Jure）意义上而言的，一般在法律条文、行政规定或合同责任中得到编码体现，而隐含的标准是在事实（De Facto）意义上而言的，它涉及由社会价值、信念和假设所界定的合理行政行动和组织行为的一般观念。从组织的内部反应来看，战术反应一般是消极性的和被动响应式的，而战略反应则是自主自愿性的和主动出击的。在法律问责中，院校需要服从绩效、运行程序、产出测量或报告要求的明确标准；服从是重要的回应性属性。例如，私立的非营利大学需要填写"美国国税局"（Internal Revenue Service）所要求的年度报告，才能保持自己的免税地位；大多数院校需要公开发布教师义务和责任的公开声明，以概述绩效的最低可接受标准。在协商问责中，最为重要和困扰的特征是其"无固定结构"（Ad Hocracy），并且判断问责标准松散编码，协商安排的结果变动不居。例如，政治正确性和大学氛围、教师雇用事务、传统自由教育与职业课程设计的平衡、公共服务与社区关系等问责标准，虽然模糊不清但却非常强大，以至于可以强迫组织作出短期回应。在预期问责或"定位问责"（Positioning Accountability）中，组织一方面可以对问责标准的形成和定义产生富有意义的前摄作用，另一方面可以为最终遵循问责标准而先期作好自身定位。其中最为典型的是由院校对政策议程发起的游说活动与倡议引导。在自主问责或专业问责中，组织需要同时应对两种标准，其一为社会期待所定义，其二是由专业规范、程序以及实践所定义。当二者之间可能出现冲突时，组织需要主动选择和坚持，即使是在技术上不具有强制性，但却是自己认为正确的事情。同时，问责标准和报告机会是含蓄的，问责力量既不足够强大也不足够充分，院校机构可以依靠自己的自主判断行事以应对外部环境的要求。

	明确（Explicit）	隐含（Implicit）
战术的 （Tactical）	法律问责（Legal Accountability）： 服从（Compliance）	协商问责（Negotiated Accountability）： 回应（Responsivenesss）
战略的 （Strategic）	预期问责（Anticipatory Accountability）： 倡议（Advocacy）	自主问责（Discretionary Accountability）： 评判（Judgment）

图1-6　高等教育问责的维度

Massy（2011）从显著性（Saliency）和权力（Power）两个维度出发，探讨了高等教育机构回应外部问责创议的两种类型及其具体策略，如图1-7和图1-8所示。[①]

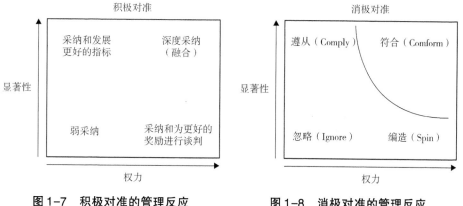

图1-7　积极对准的管理反应　　　**图1-8　消极对准的管理反应**

基于帕森斯 AGIL 理论，本书认为，美国公立大学问责的宏观结构运行和微观院校实践，分别可以区分为四种主要类型，如图1-9和图1-10所示。

---

①　显著性是指高校承受奖励与惩罚的性质。高显著性意味着奖励与惩罚在种类和量级上意义重大并引起高校的兴趣，低显著性意味着高校漠不关心。权力是指用于分配奖励与惩罚的测量标准的决定性。权力强意味着测量活动是强有力的和可靠的，并且具有良好的数据和清晰的标准，院校难以编造或弄虚作假。权力弱则意味着测量活动容易受到多重解释的影响而导致院校可以规避消极后果。对准（Alignment）是指外部问责与院校目标和文化的一致性。积极对准意味着问责安排的目标和过程与院校目的、优先事务以及看待事情的方式保持一致，消极对准则相反。由此，在积极与消极的管理反应中，均包含了4种不同策略。在消极对准的管理反应图形中是一条"无差异曲线"（Indifference Curve），即曲线上任一点所包含的显著性与权力组合带来的效用程度是相同的，更高程度的"负效用"（Disutility）会推动曲线向右上方移动，而较低程度的负效用会推动曲线向左下方移动。

L	自愿约束机制	社会影响机制	I
A	市场引导机制	政府干预机制	G

图1-9　美国公立大学宏观运行类型

L	教师治理机制	信息透明机制	I
A	学生治理机制	董事会治理机制	G

图1-10　美国公立大学微观实践类型

具体而言，在美国公立大学的外部问责层面，主要包括：

（1）基于权力约束的政府干预机制。要求大学与国家利益紧密联系，顺从政府管理并服务于政府设定的优先事务和目标。联邦政府和教育部以及各州政府和高等教育协调组织形成了对公立大学问责的治理结构。在政府对公立大学的干预中，权力"流通"于每一项政治决议和管理活动，体现了鲜明的外在性和权威性。

（2）基于资源约束的市场引导机制。要求大学富有效率地参与资源交换和竞争，具备回应高等教育市场需求的能力，使消费者投资收益最大化，体现了市场力量对公立大学适应力与应答性的考验。资源是一个宽泛的概念，既指一般意义上的办学经费和资金等有形资本，又指大学的声誉、名望等无形资本和办学质量、人才产出等信息和符号。

（3）基于影响约束的社会影响机制。要求大学体现社会公正和平等精神，与社会形成良性互动，发挥美国公立大学社会"熔炉"的作用，促进社会发展进步。社会的发展诉求与影响力量以问责的形式加以表达与综合，直接或间接地作用于公立大学，使之在承载民主价值、增进社会流动、服务社会公共福祉等方面作出实质性贡献。

（4）基于价值承诺（道德）约束的自愿约束机制。要求大学依据专业组织的标准和要求，明确并兑现自身的义务和承诺，激发公立大学的专业自律、文化自觉和道德承担，为维护学术自由、院校自治和价值完整性作出合法性与合理性证明，担负起高质量地传播知识和培养人才的文化使命，高标准地践履保障自身学科专业水准和推进内部改进的责任承诺，并接受专业组织的评议与审查。

作为外部约束力量在大学组织中的贯通和投射，在美国公立大学的内部问责层面，主要包括：

（1）基于院校管理权力运行的董事会治理机制。董事会制度的建立和以校长为首的行政阶层，通过管理和规制等，发起对院校发展目标和社会服务价值的实践和证明。

（2）基于参与和选择的学生治理机制。学生及其家长作为教育消费者，对大学事务产生影响，具体表现为学生的择校行为、学生参与院校管理和教学评价、学生学习的满意度调查和校友调查等。

（3）基于公开的信息透明机制。公开及其"报告机制"（Reporting Mechanism）是院校层面问责的核心要义。欠缺了开放透明，院校内部问责就有可能蜕变为传统的封闭性自我管理。在公开的信息中，能够体现学生进步和收获（Progress & Achievement）的学习结果占据重要地位，同时也包括体现院校收支状况的财务报告。

（4）基于专业调控的教师治理机制。高校教师作为专业人员，既可以通过同行评议体现专业团体的自我治理和标准维持，也可以通过集体谈判制度对院校管理施加影响，维护教师权益。更为重要的是，教师处于教学与研究的最前线，他们直接面向学生，从事课堂教学、课程开发和学术探究。在这个意义上，能否激发教师个体对于问责的认同感和教育的责任感，对于提高教育质量意义重大。

此外，Kearns（2006）对美国基础教育问责改革的类型分析，对于探讨公立大学问责具有重要的参考价值，如图1-11所示。[①]

	高标准	低标准
高风险	A	B
低风险	C	D

图1-11　美国教育问责改革的类型

---

① 在D区间，问责标准和风险均低，其典型例子是在课程设计中强调一般信息的积累，并用于确定课程模式和发现可能存在的问题。在B区间，问责标准低但风险较高，它一般涉及在评估中设定最低的知识或能力标准，并在达标之后确保能够进入下一个学习阶段或取得某种文凭证书。在C区间，问责标准高但风险较低，取得较差的绩效表现并不会承受严厉的惩处。例如，众多美国高中生自愿参与的富有挑战性的"初步学业能力倾向测试"（Preliminary Scholastic Aptitude Test, PSAT），其成绩状况能够较好反映一所学校的绩效水平，但同时也只会让学校的声誉处于风险之中。在A区间，高标准和高风险的绩效测量处于今天美国基础教育问责运动的中心。它体现了自20世纪90年代以来，以市场驱动的问责（Market-Drive Accountability）来改进绩效和基于考试的绩效问责（Test-Based Performance Accountability）两种思路和趋势的合流，并体现了由D区间向A区间迁移的发展路径。

三、高等教育问责的基本特征

（一）以外部干预为主导，价值取向多样且极具内在张力

外部控制或约束是高等教育问责的基本属性。外在性表现为问责主体是来自于问责对象之外的组织或群体，它拥有要求作出回答以及实施奖惩的权力。没有对高校行为的干预和校正，问责的链条就不完整。可以说，正是因为仅仅依靠组织的内部管理并不会必然导致对公共需求的良好回应，从而进一步凸显了问责外在性的重要和必要（Sinclair，1995）。同时，开放性也是外部干预的应有之意。在问责的启动与运行过程中，在相关数据、信息与结果的处理上，强调曝光和透明以及基于此的外部知情权、参与权、选择权与调控权。因此，即便是院校自身主导的"内部问责"，倘若不能体现"基于参与逻辑的自反性"（Ebrahim，2007），也会变得目光短浅和没有成效，甚至异化为"内部管理"。需要注意的是，由于大学与外部环境的边界趋向模糊，加之许多第三方组织的介入，使得问责也具有"准"外部约束的色彩，即使是以院校的组织边界为依据而划分的"内部问责"，也应该是在外部问责压力的促动下形成的组织反应，是"处于外部/垂直问责阴影之下的内部/水平问责"（Internal/Horizontal Accountability in the Shadow of External/Vertical Accountability）。[①]

在一般意义上，高等教育问责具有多副面孔，综合体现了诸如强调层级、统一与规则的科层精神，代表、参与和对话的民主精神，顾客满意、效益与产出、竞争与选择的市场精神，专业主义、量化与证据的科学精神，伙伴关系、网络安排、调控与评估的治理精神等价值取向和时代精神。高等教育问责就是多种时代性价值与精神的有机复合体，它要求考察高等教育问责从总体上进行完整把握而不可偏执一面，否则就会丧失问责的本来意义和面目，陷入怀特海（Alfred North Whitehead）所谓的"误置具体性的谬误"（Fallacy of Misplaced Concreteness），即抽空某一概念或理论的具体背景和时代条件，将其置于并不相宜的背景条件下而引发的谬误。同时，高等教育问责中所包

---

① 按照 Clark（1984）"学科—事业单位矩阵"（Discipline-Enterprise Matrix）的观点来看，教学科研人员既栖身于地方性的院校，又忠诚于超越院校的学科。在这个意义上，内部与外部的边界是相对的。外部干预的最终目的并不是干预这一手段本身，不是为了让高校变得唯唯诺诺、束手束脚以致于窒息改革创新和甘愿沦落平庸，而是为了平衡大学组织自身的封闭性和保守性，刺激高校在向外公开自证的基础上为促动内部变革和追求卓越提供动力和平台。

含的多种价值取向之间，也存在内在冲突和紧张。①

（二）关系结构高度复杂和情景化

对高等教育问责所包含的基本关系需要进一步厘清。①问责包含但不只是政府对大学的干预，也包括除政府部门之外的市场力量、专业组织、社会环境对其的影响与作用。②问责不仅包含组织化的发起者和操作化的运行机制，人口发展、经济波动、社会心理等宏观因素同样会对大学形成问责压力和"问责文化"。③问责的启动包含但不只是突发事件与冲突，其重心更多的是与教育教学相联系的常态性诱因。④问责包含但不只是正式的政策、制度、规范、标准等实现方式或运作形式，也包含各种非正式关系、文化、价值、道德等因素。⑤问责包含但不只是质疑、批评和责任归咎，也包括对良好行为与结果的赞赏和奖励。⑥问责认知具有鲜明的地域性和文化差异性，在移植国外问责系统之时，需要在保存问责的核心价值与进行本土化改造之间，做好精巧的平衡。

同时，高等教育问责研究还存在大量亟待突破的基本理论问题。其中的核心议题之一，就是问责与透明的关系问题。长期以来，学术界将问责与透明等量齐观，认为问责就是一种透明机制。然而随着大学问责的实践不断遭遇阻滞和挫折，学术界有必要认识到它们之间关系的不确定性，从而解答"在何种条件下，到底是哪种类型的透明会导致哪种类型问责"的疑问（Fox，2007）。与此类似，问责与自主、责任、信任等关系的基本理论问题，也有待于突破

---

① 例如，为解决"多重问责失序"问题的方案中，在义务、透明度、可控性、责任与回应性之间，有时并不相互兼容，并极易让组织的领导者置于矛盾焦点之中（Koppell，2011）。此外，绩效与效率是问责所追求的重要价值，这也会要求问责安排本身应当是精简和高效的。多重问责往往被视为是问责超载的同义词，是问责的病症之一，然而，Schillemans & Bovens（2011）论证了"冗余问责"（Redundant Accountability）存在的价值和优势，当问责系统的某些部分能够弥补其他部门的缺陷时，系统整体的可靠性会得以提升。具体而言，冗余有助于扩大关注范围和视野，降低与其他问责系统进行协调的成本，从而最终取得的收效要比致力于系统间平衡的传统方式更为经济，有助于缓解委托方与代理方之间内在的信息不对称，增加信息的多样性与流动性，为委托方施加控制提供保障作用；有助于吸纳公共政策的不同价值，并为将其整合在同一个问责系统的领域内提供了可能。值得注意的是，对于能否用问责的概念来描述市场的规训作用（Disciplining Effectss of Markets），在学术界是存在争议的。Mulgan（1997）认为，将问责概念应用于在竞争性市场中产生的、服务提供者对于消费者的回应性（Responsiveness）是一种误用。问责的核心涉及权威关系，以及委托方要求代理方担负责任的权利，市场则主要涉及组织设计中的效率而非问责问题。因此，我们需要认真考虑是否存在"以问责来交换效率"（Trading off Accountability for Efficiency）的问题，将市场视为是一种问责形式，似乎模糊了这种"交易"（Tradeoff）关系（Mashaw，2006）。

二元对立或简单等同的常规性思维。自主、责任、信任、透明等之间的交互作用机制及其对于问责的影响，也有待于进行学理分析与实践校验。从这个意义上来说，我们对于高等教育问责的探究和认识，可能才刚刚起步。

此外，高等教育问责与公共问责既有联系又有区别。从目前的研究现状来看，由于公共问责研究的相对成熟，其基本理论和观点成为高等教育问责分析的重要依据和来源。或者说，前者处于上位层次，而后者处于下位层次。然而，二者之间的问责逻辑并不一致。公共问责的逻辑主要是自下而上的，强调公共行政和公共事务处于社会监督、问责的阴影之下；由于政府本身处于强势地位，因此有必要强调约束的"强硬"（Hard）一面，甚至是带有"利齿"（Accountability with Teeth）。高等教育问责的逻辑主要是自上而下的，强调大学的办学行为是处于政府权力和外部干预的阴影之下。由于大学本身处于弱势地位，尤其是大学自主的传统非常珍贵和脆弱，因此有必要强调约束的"柔软"（Soft）的一面。在这个意义上，诸如一般信息公开报告的象征性问责对于高等教育而言，具有重要意义并能产生实质性效用；既能作出主动回应社会需要的积极姿态，提高院校的外部认可与合法性，又能最大限度保护自身隐私，保障办学自主。

（三）问责形式的碎片化与问责效果的不确定性

毫无疑问，没有一种制度结构可以为所有形式的公共活动传导有效的问责，因而应当需要在适合的制度结构与不同形式的事务和技术之间，形成小心翼翼地平衡（Mulgan，2000）。Sinclair（1995）也指出，不应当仅从结构或地位的固定化和客观性特征出发进行定义，问责也是一种复杂而持续的主观建构。这种社会关系与过程也面临风险，问责形式之间的竞争与妥协，会导致问责的多样与破裂。正是因为置身网络之中的问责包含着多重且相互重叠的问责关系，Romzek（2011）将其形象化地称为"纠缠之网"（Tangled Web）。也许更为重要的是，过度发达的问责形式忽略了问责本身的精神与伦理，我们获得了破碎的残片却失去了深层的理解（Barberis，1998）。

美国针对大学学习开展评估的历史可以追溯到 20 世纪初，并从 70 年代起，进入"外部问责时代"（Shavelson，2007）。然而时至今日，围绕着高等教育的质量问题依然纷争不断，大学所承受的质量问责的负担仍旧十分沉重。可以说，美国高等教育并不欠缺评估，而是欠缺恰当的评估。Combs（1972）在论述教育问责之时，就提醒人们应当警觉评估背后所潜在的"部分正确答案"（Partly Right）的诱惑。一方面，评估的确可以部分满足问责对于教育"行为目标"的量化要求，但另一方面，它又会强烈地引诱和误导人们认为，只要沿用相同的评估理念和方式，不断增大评估的使用频率、强度和范围，就能够自动达到人们所期望的解决问题的"完美方案"。可见，教育问责的形式具有"自我强化"趋向，从而进一步加剧了不同形式之间的间断和割裂。美国高等教育问责发展与学习评估实践所陷入的困局，恰好印证了这一论断所担忧的危害。

高等教育质量问责之所以会不断走向分化和发散，也与其作为测量对象的学生产出的多样性，以及测量指标和技术的发展挑战有关。① 然而无论如何，这些测量方式都面临着评估的信度与效度问题，而且以相同尺度来衡量具有高度多样性的美国高等教育系统，这本身就潜藏着将复杂事物化约为简单数字的风险。

此外，就高等教育问责可能产生的效果来看，也存在多种可能。本书在效果的可预期性，即意料中的/意料外的（Predicted/Unpredicted），以及效果的性质，即合意的/不合意的（Desirable/Undesirable）两个维度上，可以建构如图1-12所示的分类框架。②

	意料之中的	意料之外的
合意的	A	B
不合意的	C	D

图1-12　美国高等教育问责的效果分类

① 例如，"美国社会学院协会"（American Association of Community Colleges，AACC）、"美国州立学院与大学协会"（AASCU）和"公立与赠地大学协会"（Association of Public and Land-Grant Universities，APLU）在2015年联合开发出了针对"大学后结果"（Post-Collegiate Outcomes，PCO）的综合框架，将其区分为个人/经济（短期）、个人/社会资本（长期）、公共/经济（短期）、公共/社会资本（长期）四种结果类型，并分别提出了相应的测量尺度和指标。参见 Advancing a Comprehensive Study of Post-Collegiate Outcomes：Framework and Toolkit. http://www.aplu.org/library/advancing-a-comprehensive-study-of-post-collegiate-outcomes-framework-and-toolkit/file.

② 高等教育问责作为有目的的活动，其关注点往往在于预设目标的达成情况（区间A），并据此作为评判依据。然而事实上，虽然问责在现代政府部门和经济领域大行其道，但高等教育问责却具有自己的特殊性。高等教育所承担的教学科研等核心使命具有高度的情景生成性、功效滞后性和专业内控性，难以复现、化约和度量。同时，也容易忽视问责活动本身所带来的复杂影响甚至是"附带损伤"，亦即默顿所谓的"有目的社会行动的非预期结果"（Unanticipated Consequences of Purposive Social Action），这鲜明地体现在区间D中。在这个意义上，高等教育问责的效果具有不确定性。结合具体的问责机制和形式，在厘清并增大区间A、拓展区间B、控制区间C并压缩区间D之间，如何平衡、组合或取舍，是在进行运行分析和制度改进时，可能需要考虑的重要问题。

　　总体而言，高等教育问责具有某种类似"元问题"的特点（Dubnick，2008）。具体而言，它具有历史超越性（Transcendent），或者 Michel Foucault 所说的历史"先验"（a Priori），并反映了长远以来在人类的自主潜能与对社会秩序的需求之间进行调和的两难。[①] 它没有简单或容易的答案，即使某些解决方案被采用，但从长期来看依然是不完整的或无效的，它会诱使人们不断提出破解之道，但作出的选择和行动又往往被证明是有问题的，甚至使局面变得更糟。可以说，高等教育问责具有令人着迷（Obsessed）但使人费解（Puzzled）的双重性。由此，对于高等教育问责的理解，不应将其视为是一个单数的概念，而是包含了多种的构成要素、价值取向、关系结构、类型安排、运行形式等，具有多个棱面和多副面孔的"问责复合体"（Accountability Complex）。

---

　　① Dubnick（2008）认为，与问责面临相似悖论的，还有"邪恶问题"（Problem of Evil）和"自由意志问题"（Problem of Free Will）。前者是指人们一方面努力信奉仁慈和全能的上帝，另一方面却又不得不面对产生可被感知邪恶的现实，这个困境在数个世纪以来就一直挑战着宗教的权威。后者涉及决定论与非决定论（Determinism versus Non-Determinism）、相容论与非相容论（Compatibilism versus Incompatibilism）在神学家、哲学家以及科学家之间旷日持久的争论。

第二章

美国公立大学问责的发生逻辑

结构功能主义的分析理路并不局限于"结构"与"功能"的视角,因为研究社会结构的生产与再生产,需要从时间分析的维度出发,关注"形态发生学过程"(什托姆普卡,2009)。这也就意味着,所有形式的社会结构都具有时间维度,并且这种时间维度在一定程度上制约着社会结构的发展走向;现实状况既是连续性时间序列中的一个阶段,是历史积累的结果,同时也置身于持续的社会过程之中;不仅要考察系统内部各部分之间在共时性上的功能关系,也要考虑其随着时间推移在历时性上的不断产生和变化。同时,时间与社会变迁不可分割。它可以作为"定量时间"和外部框架以度量事件与进程的间隔与速度,又可以作为"质性时间"与社会事件和进程的内在属性相结合,嵌入社会结构,成为影响社会过程的规范力量(什托姆普卡,2011)。

实际上,结构功能论遭受批评的一个重要方面,就在于认为它过于侧重共时性的均衡或稳定,而对由时间推移所产生的各种社会制度的变化无法解释(贝尔特,2009)。然而应当看到,功能主义的解释是适应论或调整导向的,"对于变迁的理解则是其中固有的内容"。问题不在于功能主义本身,而在于任何体系的组成要素和过程的相互联系性(霍姆伍德、欧马利,2009)。本书认为,美国公立大学问责的发生是在多种逻辑之下共同作用的过程与结果,具有深远的影响。或者说,美国公立大学问责当前遇到的困境与未来改革的走向,都能够在其发生过程中找到某种能够起到长期制约作用的基本关系或矛盾。具体而言,从 AGIL 理论出发,主要包括历史逻辑(G)、知识逻辑(L)、责任逻辑(A)以及信任逻辑(I)。

一、历史逻辑

就教育而言,当前处境与此前处境之间并不存在"固定的鸿沟",从历史角度来考察，可以"更好地理解现在"（涂尔干，2003）。然而，就像无法精确确定早期大学开始的时间一样，具体到美国公立大学问责的发生来看，历史分析就不得不承认由发生过程的缓慢与渐进而导致的模糊性这一事实。当然，这并不是否认在美国公立大学问责的发生过程中不存在一些关键节点或时段。

有学者认为，在现代意义上，美国殖民地学院既非"公立"亦非"私立"，因此在美国高等教育发展的最初两个世纪，讨论大学是公立抑或私立并没有特殊的重要性。美国内战之后，大学的公私之别则成为中心议题并在新兴的学术系统之间形成分裂。时至今日，随着学术专业主义的逐步胜利以及所谓"联邦拨款大学"的发展，区分公立与私立大学似乎又失去了重要意义（Jencks & Riesman，1968）。虽然如此，作为美国最为重要的社会机构，公立大学在服务社会发展，尤其是在扩大入学机会、实现教育民主化和推进社会公平方面，发挥了至关重要的作用。

（一）公立大学体系成长与关键时段

1. 公立大学体系的建立

在美国建国初期，1791 年 12 月通过的宪法修正案即《权利法案》确立了美国民众信仰与言论自由等权利，并规定宪法未赋予联邦同时也未尝禁止州行使的权力为各州保留，为美国高等教育的世俗化发展与分权体制奠定了法理依据。对中央集权的广泛不信任成为这一时期的显著特征，并且这种反感为南北之间强烈的地区对抗所强化（Thelin，2004）。到美国南北战争爆发前，对公立大学发展产生重大影响的事件主要有以下几个方面。

（1）建立国立大学遇挫。1788 年政治家本杰明·纳什（Benjamin Rush）首次正式提出创办国立大学（National University）的思想，认为应当为人们的日常需要和工作技能提供实用主义而非古典主义的教育（Westmeyer，1985）。这一创议得到了包括华盛顿、杰弗逊、麦迪逊等多位总统的响应和支持，但国立大学议案屡次在国会碰壁。究其原因，除了宗教团体的敌视和反对外，为地方利益和院校代言的地方主义者成为最大障碍，他们对待国立大学如同对待任何其他集权机构一样毫不热心，其结果是，美国高等教育形成了一种以分散和多中心的途径展示出秩序性和整体性的分裂模式（Jencks & Riesman，1968）。由于直接举办大学的努力落空，联邦政府就不得不借助于州政府或者资助州立院校等间接方式来实现自己的教育意图。同时，它也避免了为美国高等教育设置具有示范性和影响力的"单一顶层机构"（Trow，

1988），排除了教育发展的固定标准和刻板模式，促进了院校的多样化与彼此竞争。

（2）达特茅斯学院案。国立大学创建无果与达特茅斯学院案是美国"高等教育中政府的两次著名失利"，并且共同体现了"地方创议与私人创业精神的胜利"（Trow，2003）。前者是国会挫败了联邦政府的意图，后者是最高法院挫败了新罕布什尔州试图将达特茅斯学院改组为州立院校的努力。在1819年的裁决中，最高法院支持达特茅斯学院获得的源自殖民地特许状的契约属性及其合法性，认定达特茅斯学院为私立学院而不是公共机构，从而限制了州政府对于私立院校的权力，保障了私立院校的独立性与合法地位。在赢得诉讼后不久，达特茅斯学院董事请求新罕布什尔州议会支付案件审理中的费用，并且在董事会中继续保留州代表的席位以获得公共拨款，而此后州政府更多地将私立院校视为"慈善共同体机构"。比较明确的是，州政府不能随意改变既存院校的归属和性质，必须自己动手创办公立院校。随后近半个世纪州政府对私立院校的直接干预大幅减少，财政资助也急遽降低（Lucas，2006）。从案件裁决的影响来看，促进了公立与私立高等学校的分野，也极大地调动了政府与社会自发兴办教育的"学院热情"（Thelin，2004）。然而从统计分析来看，1776—1861年创建起来的800所学院却命运多舛，淘汰率极高。[1]

在早期建立州立大学的实践中，杰弗逊（Thomas Jefferson）创办的弗吉尼亚大学（University of Virginia，UVA）成为州立大学发展的先驱和典范。[2] 总体

---

[1] 例如，密苏里州的85所学院现仅存8所，淘汰率达90%；德克萨斯州的40所学院现仅存2所，淘汰率达95%；堪萨斯州的20所学院仅存1所，淘汰率也达到了95%；阿肯色州与佛罗里达州由于新建院校较少，淘汰率居然达到了100%（Westmeyer，1985）。这种高淘汰率是由于经费匮乏、地理欠佳、火灾或者教师、校长与董事之间的不满等多种因素造成的（Cohen，1998）。从现实原因来看，主要还是在于投入不足与财政紧张，加之很多院校规模较小、层次较低而导致抵御风险的能力较低。从深层原因来看，诚如Baldridge et al.（1978）所言，自1819年达特茅斯学院案到1862年莫里尔赠地法案的43年间，美国高等教育这一时期的特征就是"勘探与试误"（Reconnaissance and Trial and Error）。可以说，这种躁动的自由放任恰是美国高等教育发展不成熟的表现。虽然美国高等教育在中华人民共和国成立后有了发展的充分自由，但也为超越社会资源限度与实际需求的过度自由付出了代价。在这种社会热情与历史结果的强烈反差中，达特茅斯学院案的真正意义也许就在于，使私立学院的建立者意识到，一旦获得州的特许状后就能够保障未来对于学院的控制，同时带有自相矛盾意味的是，州立大学的发展受到了迟滞与削弱，但创办州立大学的更大困难反而使州立大学最终得以增强（Trow，1988）。

[2] 弗吉尼亚大学于1818年获得州议会的特许状，被誉为美国第一所真正意义的州立大学。从创办伊始就致力于提供比现有学院更高水平的教育，允许学生专业化并享有选课的特权，课程学习的范围也更为宽阔，表达了成为彻底的公共事业而非私立或准公立之意图。其最初的办学就体现出了世俗化、与教派无涉的鲜明方向。杰弗逊力将完全的公共管理与控制模式写进特许状，使弗吉尼亚大学置于由州长直接任命并得到议会批准的校外人士（Visitors）组成的董事会之手，并独立于任何宗教团体的支配。

来看，弗吉尼亚大学最为彻底地表现了 19 世纪初期美国高等教育中的启蒙运动革命精神（Brubacher & Rudy，1976）。建立一所现代欧洲意义上的真正大学，并努力吸引国外杰出学者，也包含了杰弗逊希望赢得"智力独立"、抗衡北部大学传统优势的雄心。弗吉尼亚大学不仅对自身所在的南部地区高等教育产生重要影响，对北部和西部地区也形成强烈触动，并与麻省理工学院的创建以及密歇根大学的发展关系密切。

林肯总统（Abraham Lincoln）1862 年签署的"莫里尔法案"（The Morrill Act），顺应了美国南北战争之后社会工业化的发展转型，也标志着美国高等教育进入新的历史阶段，具有划时代的意义。[①] Peter McPherson 认为，莫里尔法案的出台受到三股不可抗拒的理念推动：民主与个人机会、联邦政府在经济发展中担负作用以及通过科学与技术教育提高农业产品。基于莫里尔法案建立的大学系统与以往不同，它是为公共目的服务的，这一法案是美国社会立法历史上最为成功的典范之一，为高等教育的民主化奠定了基础。[②] 为出身寒素的青年提供教育和社会流动的机会，通过联邦的教育投资刺激经济增长，重视科研与科技教育在工业社会发展中的作用以及将知识的传授与问题解决结合，这些在莫里尔法案得到集中体现的观念，对美国公立大学的成长和发展产生了深远影响。今天，超过 100 所的赠地大学为国家和世界服务。"学习、发现和参与"（Learning，Discovery and Engagement）的赠地哲学已经为全美大学广泛接受。

从 19 世纪 60 年代到 20 世纪的六七十年代，美国高等教育实现了由传统学院到现代大学的转型，公立大学系统不断走向成熟。这段历史时期的发展转变，可以从图 2-1 中得到概括性体现。

---

① 莫里尔法案规定，联邦政府应当在每州支持至少一所学院从事农业和机械教育。依据 1860 年国会议员的各州配额，每位参议员与众议员都可获得 3 万英亩的公共土地或与之等值的土地代价券。这些土地的售金 10% 可用于购置校址，余款则按不低于 5% 的利息转为捐赠基金（Westmeyer，1985）。作为莫里尔法案的延续，1887 年哈奇法案规定，联邦政府每年向各州拨款 1.5 万美元以资助赠地学院建立农业试验站；1890 年莫里尔法案规定，向各州先期提供 1.5 万美元以充实赠地学院的捐赠基金，并后续增加最多 2.5 万美元的年度拨款；1907 年莫里尔法案修正案提出，以为期 5 年、每年 5000 美元的额度增加最初的赠地基金；1914 年史密斯—利弗法案授权赠地学院提供校外扩展活动以及建立目前依然广泛流行的农业与家政推广服务；1935 年班克黑德—琼斯法案规定，为农工学院提供更多的年度拨款以支持其开展农业研究以及合作农业扩展活动。这些前后相继的联邦法案有力地推动了赠地学院的建立与发展，为公立大学体系的建立与完善打下了制度基础。

② 2012 年 6 月，美国公立与赠地大学协会（APLU）举行了名为"莫里尔法案 150 年：发扬遗产"（150 Years of the Morrill Act：Advancing the Legacy）的全国会议。APLU 主席 McPherson 在会议上阐述了莫里尔法案的历史及影响。参见 http://www.aplu.org/page.aspx?pid=2441。

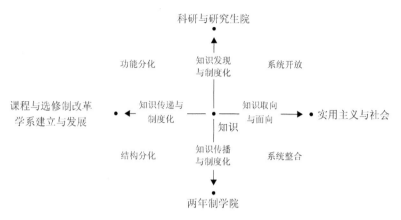

图2-1　美国高等教育的结构转型

　　图2-1横向维度上，体现在高等教育内部课程知识结构改变、传递方式改革与知识的组织化发展；在与外部关系方面，表现为以知识服务社会发展、扩大学生入学机会等方面。纵向维度上，体现在高等教育系统的结构分化：在传统本科教育的基础上，结合德国大学的研究理念，向上发展出研究生培养的美国模式，向下发展出响应社区需求的两年制学院，以及将不断分化的高等教育系统进行标准化与层次贯通的努力。

　　具体而言，莫里尔法案所倡导的知识服务农工发展的实用精神，在多个方面得到了继承和发展。其一就是近代科学知识对传统古典课程的冲击，集中表现在康奈尔大学提出的"康奈尔计划"（Cornell Plan）之中。[①] 伴随着课程结构调整的是知识传递方式的变革，选修制对传统必修制度的突破具有重要的意义。[②] 知识的实用精神也体现在作为美国州立大学长期实践与探索而形成的

---

　　① 其主要内容是：一种全目标课程（an All-Purpose Curriculum），不同学科、讲座与课程之间的平等，从事科学研究，通过学习商业、行政管理与人际关系服务社会，向高中毕业生开放，优异的高中毕业生与大学毕业生可以获得奖学金，并且大学毕业生中的佼佼者将获得特别资助以继续对重大的国家或国际问题进行研究（Westmeyer，1985）。这种课程结构变化的整体图景呈现出阶段性特征：1636—1870年为古典课程时期，1870—1960年处于"工业—专业"（Industrial-Professional）课程时期，它包括1870—1910年自由选修制的迅猛发展，1862年之后机械与农业课程教学的发展以及大学增长中的系科化进程（departmentalization），1960年以后，则处于消费导向的课程时期（Westmeyer，1985）。

　　② 选修原则见证了科学的崛起和知识领域的拓展，将学生个人推向了教育世界的中心，给予了兴趣自由发挥的巨大动力，同时促进了两种趋向的发展：将设定学术表现的标准由差生转向那些最感兴趣和更有能力的学生，同时教授与学生之间的关系由敌对转向友善。进一步而言，选修原则推动了系科知识的建立、学术兴趣的扩大以及学院向大学的转型，成为在美国大学与其作为组成部分的社会之间建立起伙伴关系的世俗性和民主化工具，它使美国的学院和大学进入了美国人生活的主流（Rudolph，1990）。

"威斯康星理念"（Wisconsin Idea）之中。①知识在水平层面扩展的同时，美国高等教育的组织形式也在垂直层面发生变化。它体现了美国高等教育回应社会工业化转型与普通民众受教育机会诉求的外在环境压力，又表现了高等教育系统自身随着德国科研制度的导入而产生的内在结构变革。美国高等教育之所以能够在极短的时间内获得如今的成就，离不开一项双重转变的历史进程。它表现为大学从宗教机构和宗教利益中逐渐分化出来，以及与之紧密伴随的不断增加同科学和学术探究的联系（Parsons & Platt, 1968）。

1876 年建立的霍普金斯大学（Johns Hopkins University）在校长吉尔曼（Daniel C. Gilman）的带领下，移植德国大学的学术研究理念，代表了美国内战到"一战"期间发起研究生教育方面的最为重要的创新。② 在此过程中，联邦政府的赠地法案在推动高等教育世俗化的同时，也在不断给予科研更高的声誉，并更加强调学生的知识学习和学术训练。随着美国社会的工业化进程，接受高等教育成为关乎个人获取从业资格、实现向上流动的关键因素。入学需求的膨胀推动了美国高等教育规模与类型的增长，降低了家

---

① 由州政府支持的大学应当直接为改进农业生产、工业效益和政府治理作出贡献，这一观念自威斯康星大学 1848 年建校以来就一直得到领导者的支持。1896 年亚当斯校长在学位授予仪式上发表的一份宣言中认为，大学是国家的一部分，就像眼睛和手都是身体的一部分一样，在严格意义上，大学之于国家的关系要比子女之于父母的关系更为亲密无间和有机统一（Veysey, 1965）。1904 年，时任校长范海斯对"威斯康星理念"做了进一步的全面廓清。他认为，大学应当成为一个服务于全州人民的机构，它追求结合英国寄宿制学院与德国研究型大学二者之特色，将自由教育、应用科学与创新研究相互推进，并使兴趣各异的学生在彼此之间的紧密联系中获益。大学应当成为一座"瞭望塔"，在改进社会中发挥积极作用，成为公共服务的关键工具。它将不惜任何代价增强所有类型的创造性工作，不会在狭隘的知识领域故步自封，也不会为自己的努力尝试划定边界（Brubacher & Rudy, 1976）。Trow（1999）也提出，大学的服务理念是美国高等教育所拥有的一大优势。他认为，多数观察家都认识到存在于美国的一种广泛共识，即每个人都应当接受尽可能多的正规教育，这种基本价值潜存于对服务和实用教学的包容性情感与责任之下，也体现在"威斯康星理念"之中，"大学的边界即州的边界"这一威斯康星大学的校训与服务社区的行动二者共同反映出的观念是：知识精英应将更多的专业意见与州的事务相结合，并通过发展大众的非技术性讲座将大学带给民众。

② 吉尔曼认为，大学的荣耀应当取决于济济一堂的教师和学者的品质，而不在于他们的数量或为之使用的建筑。霍普金斯大学以一种献身于自由探究真理的世俗机构，开创了一条建立新式美国大学的道路，它使科学的新颖观念降落在霍普金斯富饶的学术土壤之上，加速了美国高等教育的重构。亚伯拉罕·弗莱克斯纳评论说，霍普金斯大学第一次使美国的学者生活达到统一成为可能，学者们在各自的专业领域内终能将教学与创造性研究结合起来（Brubacher & Rudy, 1976）。作为美国研究型大学的先行者，霍普金斯大学为同时代的学院改造以及包括克拉克大学、芝加哥大学在内的后继者树立了的典范，并共同推动了对德国纯思辨性的研究观和贵族化的讲座制培养模式进行的顺应社会工业化的美国式改造，即应用性知识也包括在学术研究之列，规模更庞大、权力结构更为平坦、组织也更为开放的学科与研究生制度得到建立和发展。Parsons（1978）将二者称为美国高等教育系统转型中的两种"首要的结构创新"。

庭出身等先赋性因素在教育机会中的影响，扩大了学生群体与学习需求的多样性。师生数量增加与强调原创性研究的结合，进一步增强了学系与学科中的专业化趋势和以学术发表来证明科研成就的信念（Parsons & Platt，1968）。"二战"以来联邦政府对大学的科研拨款，进一步推动了高等教育系统的"等级化"，研究型大学成了有别于传统本科学院并占据着学术金字塔顶端的重要类型。

　　两年制学院是这一时期得到快速发展的另一种新兴组织形式。它最初是作为提供两年制大学课程的改革尝试，但随着地区性入学人数的增长和多种需求，逐渐成为一种兼备转学准备、入职培训、进修教育、社区服务等多种职能的"成功创举"（Cohen，1998）。两年制学院向基层民众敞开了大门，为当代美国高等教育的参天大树充当了输送各种新鲜养料的根系。这种向下生长的开放运动，虽然与向上竞争的、门槛更高的研究活动和研究生培养相向而行，但都将知识的实用精神再次得以体现。

　　由大学类型增加、数量增长与发展转型带来的多样化与分化，形成了协调与整合的要求。这种回应的体现之一，就是大学的"标准化"（Standardization）。[1]体现之二是大学的系统化。这种形式的系统整合主要表现为由州政府发起的高等教育"集中化"（Centralization）与州级高等教育总体规划。[2]概言之，Parsons & Platt（1968）将美国内战后大学系统的建立称为一场"学术革命"，它并不仅仅是扩大了原有的教育规模，而且带来了大学系统的世俗化、管理专业化、研究制度化以及课程的自由化与多样化，并且以教师、学生与物质

---

　　①　由民间发起建立的各种协会组织，包括院校协会、学科协会、认证协会等，极大地促进了美国高等教育的标准化。1890—1905 年所有主要的学科都发展出了现代的协会形式，并且这种组织方式在学院和大学的学系中得以复制，学术认可也就被镶嵌在这种双重结构中。到 1908 年，勾画标准美国大学（Standard American University）的轮廓已有了可能，只接收合格的高中毕业生，在两年通识教育之后提供两年的高级或专业课程，有至少 5 个学系开展哲学博士训练，设置至少 1 个专业学院，拥有暑期班、拓展活动、函授课程、大学出版社以及学术期刊等（Geiger，2011）。这些协会组织在保障学术标准和教育质量与维护院校自主及类型差异之间，发挥了重要的平衡作用。

　　②　就前者而言，除了议会与州长在教育协调中的作用外，州高等教育协调机构在垂直和水平两个维度上发挥作用，领导本科、硕士与博士学位教育计划以及关注学术课程在洲际的地理分布（Brubacher & Rudy，1976）。1939 年，全美共有 33 个州没有设立任何形式的州高等教育协调机构，而到了 1969 年，名单上只有特拉华与佛蒙特两个州。就后者而言，以 1960 年实施的《加利福尼亚高等教育总体规划》成为代表。它界定了公立高等教育各部分的角色并打通了彼此连贯的管道，容纳了庞大的入学规模，控制了因学术课程的重复设置而推高的教育成本，为加州高等教育系统的质量提升提供了框架。加州的实践受到了广泛关注，并引发了一股学习加利福尼亚公立高等教育管理与扩张模式的浪潮。到 20 世纪 60 年代末，全美有 23 个州完成了自己的总体规划，有 8 个州着手编制，另有 7 个州计划投入（道格拉斯，2008）。

资源的扩张响应自 19 世纪末以来蔓延全国的对高等教育的新需求和支持。

2. 关键时段与事件

有学者认为，在 1870—1944 年的 "大学转型时期"，前 40 年主要是院校形式的变化，后 35 年表现为入学数量的激增（Cohen，1998）。实际上，自 1944 年 "军人权利法案" 的颁行到 20 世纪 60 年代末，才是被公认的美国高等教育发展的黄金期。[①] 然而，20 世纪六七十年代的美国社会并不平静，反越战运动、民权运动与妇女运动风起云涌。20 世纪 70 年代初期爆发的经济萧条，也使美国的社会危机加重。战后美国高等教育在经历了急遽发展之后，也在这一时期出现了深刻的转折，不仅面临着漫长的财政困难，而且大学的传统角色和地位遭遇到广泛质疑。这种氛围的持续发展，也成为大学问责迫近和发生的征兆。Kerr（1994）认为，美国高等教育经历了两次大的转型时期。第一次大转型发生在 1860—1890 年，其中的大事件包括高等教育重新定向，为更多样的人口提供更多形式的服务，以及以科学导向取代宗教导向。这次转型导致了美国现代高等教育系统，尤其是公立大学系统的建立和发展。1960—1980 年也被称为美国高等教育的第二次大转型时期，其中的大事件包括学生数量爆炸、学生和教师中的政治动荡（Political Instability）。

正如历史时间往往以社会事件作为坐标，大学问责发生的关键时段，也是与当时全国性的高校学生运动联系在一起的。1964 年加利福尼亚大学伯克利分校（University of California，Berkeley）爆发的 "自由言论运动"（Free Speech Movement）引发了其他高校的连锁反应，学生的抗议活动被媒体高度曝光并引起全国关注。1970 年 5 月发生在肯特州立大学（Kent State University，KSU）和杰克逊州立大学（Jackson State University，JSU）的抗议学生与国民警卫队之间的流血冲突，特别是造成 4 名学生枪杀事件，使得全美超过 450 所高校的 400 万学生卷入到声援和示威之中（Zeleza，2016）；校园运动在一股令人无法释怀的悲痛力量之下进入到了美国新闻和生活的主流（Thelin，2004）；紧张、混乱、失序、受困等字眼成了诸多学者在评价那个时代学生运动之于大学冲击

---

① 例如，自 1939—1940 年和 1969—1979 年，高等教育的 "招生数"（Resident College Enrollment）由 1 494 203 人激增到的 8 498 000 人，"大学中 18—21 岁学生百分比"（Percentage of 18-21-years-old in College）由 15.32% 攀升到 48%，"教职工数"（Staff, Instruction and Administration）由 131 152 名增加到 551 000 名，"收入"（Income）由 571 288 千美元扩大到 21 515 000 千美元，"支出"（Expenditures）由 521 990 千美元增加到 21 043 000 千美元，"有形资产价值"（Value of Physical Property）由 2 753 780 千美元增加到 46 054 000 千美元；"捐赠"（Endowment）由 1 764 604 千美元增加到 10 884 000 千美元（Brubacher & Rudy，1976）。

的"标签"。

PCCU（1970）认为，此次校园危机在美国历史上前所未有，它植根于美国内战以来社会中的深层隔离，反映并增强了国家整体的深远危机，它是"暴力的危机"（Crisis of Violence）和"理解的危机"（Crisis of Understanding）。前者侵犯了公民权利，破坏了公正社会秩序的基础，后者集中表现在种族不平等、战争与大学自身之上。美国大学的弊端成为学生抗议的主要目标之一，现代大学的目标、价值、管理与课程都遭到了尖锐批判。学生抱怨说，他们的学习与他们关注的社会问题风马牛不相及，他们希望塑造属于自己的个人与公共生活，却发现大学在不断限制，他们追寻同伴与学者结成的共同体，却发现只有非人格化的多元巨型大学，此外他们还揭发了大学与战争以及种族歧视之间的隐秘关系。①

虽然学生运动在 20 世纪 70 年代逐渐趋于平静，但它对改变高等教育的普遍气氛产生了持久影响（Geiger，2011），加深了大学与公众的分歧，造成了公众对大学信任的严重流失（Kerr，1991）。Jencks & Riesman（1968）评论说，虽然学生并没有将他们的问题主要归咎于教师，但公众却并不买账。相当多的公众觉得，大学教授是一群疏懒怠惰之辈，他们弃自己的学生于不顾，只图全国游弋捞取个人好处，那些持相同意见的家长，也对学费上涨心存怨怼，并重新考虑自己的教育投资。Ohmann（1999）认为，州财政危机、

---

① Zeleza（2016）指出，学生抗议运动具有高度的复杂性、对立性、矛盾性和模糊性，它由大学的内部因素、更大范围的社会因素以及二者的交互影响所激发。从全球范围来看，"二战"后学生抗议运动呈现出 3 次浪潮，即与高等教育大众化和民权运行相伴随的短期集中爆发阶段、相对长期的低强度抗议阶段以及由高等教育私有化所催生的重新觉醒阶段。抗议学费上涨成了学生现阶段争取教育入学、可负担性和问责的组成部分。就美国而言，在经历了 20 世纪 60 年代中期至 70 年代初期的大规模学生抗议活动之后，在 80 年代学生加入了反种族隔离的运动潮流，在世纪之交，学生抗议活动被不断上涨的学杂费所点燃。在 1992 年，圣迭戈州立大学（San Diego State University，SDSU）爆发了针对大幅度削减预算、威胁教师裁员和取消学术系科的学生抗议活动。在近 20 年之后，预算削减和学生抗议已经成为常态。伯克利以及其他加利福尼亚大学（UC）分校重新成了新的学生抗议浪潮的中心，数千名学生在 2009 年 9 月至 12 月举行示威、静坐和占领校园建筑，反对学杂费涨价 32%、裁员和经费削减。在 2010 年，有数十万学生参加了"国家行动日"（National Day of Action）以抗议学费增加和预算削减，在许多大学，学生复制了"占领华尔街运动"（Occupy Wall Street Movement）的形式，即使是在"占领"运动宣告失败之后，学生抗议浪潮也仍在持续和升级。据统计，2014 年全美所爆发的学生抗议活动就多达 160 次，主题涉及性别歧视与性侵犯、大学治理与学生权利、学费与资助等。2015 年 11 月，来自超过 100 所大学的学生举行了"百万学生大游行"（Million Student March）活动，要求取消学生债务，免除公立大学学费和每小时最低工资收入 15 美元。此外，美国大学中的种族不平等现象依然严重。这些学生抗议背后所传递的，恰是美国社会和年轻一代对高等教育入学、可负担性和问责等事务的失望。

"伟大社会"（Great Society）计划的幻灭与高校动荡之间形成了历史耦合和叠加放大作用，公众对大学的不信任激增，并强烈要求大学对自己的所作所为和办学效果进行合理证明。Bailey（1973）指出，无论是何种原因导致了大学现在的窘境，它们都陷入了一种奇怪的简单化反应之中，这种反应可以用问责、生产率、效率、财务责任等术语来概括，从自身的学术管理状况而言，大学遭受这些磨难可谓是"罪有应得"。

学术共同体，尤其是享有盛誉的部分，以一种获得尊重与机会此类报酬形式的意义上成为建设美国社会的一部分。但是这种地位并不是基于学术共同体的自主权力，也不是独立于经济资源的控制，它源于包括权力与财富所有者在内的一般共同体对于学术系统所生产知识与受过训练个人的社会效用进行的评价（Parsons，1969b）。然而，正如 Brubacher & Rudy（1976）所指出的，有关大学生产率与效率的研究显示，在 1930—1967 年，高等教育的生产率没有任何变化。尽管大学作出了提高绩效的努力，但 20 世纪六七十年代对绩效的不满却变得更加尖锐，同时，发生在许多大学中的学生破坏行为被广泛宣传，并导致了公众对大学的不信任。这是一个税额陡增但企业与个人收入正在缩减的时代，这也要求大学为他们行为的效益和效率作出合理证明。巧合的是，在商业和政府之中，一场持续多年的强调量化分析系统的重要性以促进财务管理的运动，也在同步高涨，而这又与教育测量领域内对数据处理的准确性、可靠性与有效性的发展趋势相互关联。由此，联邦部门、州议会与教育部开始要求学院和大学为其产生的结果进行详细解释。纳税人也与他们一道比以往任何时候更要求大学承担"责任"（Held Accountable）以及向社会合理解释自己的开支。在这场"问责运动"（Accountability Movement）中，大学身处被动，并发现自己被公共控制更胜以往而变得愈发脆弱，特别是公立大学很自然地削弱了自主与弹性，并更趋向于对选民、纳税人、州政府官员以及联邦部门负担更为严格的责任。Dressel & Faricy 在 1972 年出版的一本著作中就宣称，单个院校奢侈的自主将不再能被容忍。他们认为，在早期年代，大学自主之所以能被接受是因为当时高等教育还处于青春期，并且数量也不多。但时至今日，高等教育就必须被视为一种州与国家的资源，必须被协调和控制以满足社会的需要。这也就意味着，没有现代美国高等教育系统的长时段扩张，大学问责也就不会发生和蔓延。问责与高等教育在过去并没有重大的重叠，问责与自主在时间的轴线上也并不是完全重合的，二者的交汇只是历史的偶然。

Parsons（2007）坦言，20世纪60年代中期到70年代初，美国高等教育处于危机之中。这场危机既表现在财政紧张上，也表现在学生抗议上。但他认为，危机的实质是大学价值与社会要求之间因为信任的流失而产生的整合问题，而其核心则是作为大学价值根基的认知理性，遭受到怀疑和动摇。Wenzel（2005）也认为，在帕森斯思考社会秩序的学术生涯中，出现的一种重要的理论转向就是，信任及其沟通问题逐渐超越社会共识而成为功能理论的核心议题。因此，现代大学诚然要受到结构约束，但大学功能的良好实现和学术秩序的重建，有赖于对认知理性价值的再识以及大学与外界信任关系的修补。

在20世纪70年代初，最具雄心的高等教育问责努力，特别是由某个机构主导发起的外部评估，就是"管理信息系统"（Management Information System，MIS）。MIS是一种信息收集、储存、对照与传播系统，其核心是由院校之间可比较信息的部分组成的一种中央数据库（Central Pool of Data），它能够对院校运行的某些方面进行常规监控，并基于共同的数据要素而使得跨院校比较成为可能和富有意义（Hartnett，1971）。MIS运用的典型，其一是由"多伦多系统研究小组"（Systems Research Group of Toronto）研发的"大学系统计划综合分析工具"（Comprehensive Analytical Methods for Planning University Systems，CAMPUS），① 其二是由"西部洲际高等教育协定"（Western Interstate Compact for Higher Education，WICHE）发起建立的"全国高等教育管理系统中心"（National Center for Higher Education Management Systems，NCHEMS）。②

---

①　CAMPUS由仿真模型（Simulation Model），规划、编制与预算系统，总体规划系统，管理与规划整合信息系统4种基本单元构成。基于计算机的仿真模型是CAMPUS的核心，用于评估替代性的管理与教育规划和政策所涉资源问题；规划、编制与预算系统将仿真模型与院校正式的规划和预算过程整合起来；总体规划系统用于解释院校长期的学术与管理规划对于实际规划过程产生的影响；管理与规划整合信息系统则为前3种活动提供支持。CAMPUS关注院校运行中可获得的基本数据，如不同学术层次上学生获得学分所需小时数、学生入学规模、教师教学负担、班级空间、学费水平等，从而致力于帮助高校改进资源分配效率并从资源投入中获得最大的教育优势。参见 Systems Research Group. The Development and Implementation of CAMPUS：A Computer-Based Planning and Budgeting Information System for Universities and Colleges. http://files. eric. ed. gov/fulltext/ED047646. pdf.

②　到1973年，来自全美各州的800余所高校成为其会员。在联邦卫生、教育和福利部的资助下，NCHEMS开展了改进院校管理，完善州高等教育协调以及增进国家层面高等教育决策过程等项目。此外，WICHE不仅仅关注大学运行成本与尽可能分配稀缺资源，而且也试图回答"这些项目和服务所产生的结果和产品是什么"的问题；其准则是，教育决策者只有使用与产出相关的可获得性证据，才能够真正检测教育项目的成本；WICHE体现了一种真正的问责抱负，即不仅仅止于寻求教育产出以及高等教育对于这些产出的影响程度，而是进一步希望将资金分配与教育产出直接联系起来（Huff，1971）。

（二）大学问责发生中的时间约束与"时间悖论"

时间（time）是社会学研究的重要主题，也是进行发生分析的重要依据与维度。① 时间社会性分析的一篇经典文献认为，由社会分化和互动扩展形成的对协调与秩序的要求，使得以星期、月份此类表征时间的历法制度（calendrical systems）逐渐确立和发展，或者说，计时方式是社会互动的产物，判断社会时间必须将"倾向、机会、持续性、稳定性以及相似性"这些因素考虑进来。（Sorokin & Merton，1937）随后的时间，社会学研究不仅继承了这种强调时间的社会根源与社会规定的思想，而且也借用了与结构功能论相似的生物有机体类比：整体之于局部的意义以及局部之间的功能协调，使社会时间具有"嵌入、分层和同步化"的特征（Lewis & Weigert，1981）；由生物机体的代谢、生长等自然节律延伸到社会性互动、发展过程的社会节律；个体的存在体验和时间取向与作为整体价值系统体现的时间观之间存在紧密联系，社会系统整合也就存在多种偏离主流价值的时间观类型的可能（Coser & Coser，1963）。更为重要的是，生物—社会的双重时间意涵，存在着一种为 Bauman 所称为的在"约束时间的"（Tbime-Binding）头脑和"受时间约束的"（Time-Bound）肉体之间的紧张（梅勒，2009），亦即时间的社会建构性与生命的身体短暂性之间的紧张。这种逻辑的推论之一就是，当为社会所认可的时间计划得以确立，无论是作为生物意义还是社会存在的个体或单元，都会受到时间的约束。时间表作为一种通过分割、序列化、综合和整合而管理和有效地使用时间（福柯，1999）的规训和控制方式广泛存在于现代社会。

基于时间的社会学考察，哈萨德（2009）发展出一种时间的社会分析的研究框架：时间体现了一种资源交换与意义沟通的互动模式，一种使特定事件与背景结构得以结合的因果联系，一种评价量变或质变的测量尺度。以

---

① 从严格意义上来讲，对"历史"与"时间"的社会学研究不能等量齐观。"历史社会学是对过去进行研究，目的在于探寻社会是如何运作与变迁的"（史密斯，2000）。社会学研究不可欠缺"历史意识"，需要考虑社会生活的时间维度和社会结构的历史变迁。对时间社会学而言，则主要关注集体思考时间的方式，包括对时间的"理解、知觉、象征化、概念化与数量化"（古尔维奇，2010）。然而，如果将"时间"作为一种研究视角，则可以与"历史"的社会学研究统一起来。例如，布莱恩·特纳主编的《Blackwell 社会理论指南》（第 2 版）一书中，就将"历史社会学"与"关于时间与空间的社会学"共同归于"时间与空间视角种种"的篇目之下；沃勒斯坦在《否思社会科学》《知识的不确定性》等著作中也是基于"时间"与"历史"相通，并结合二者来对布罗代尔的"长时段"与社会时间类型进行评述。本书认为，历史是时间这一研究维度的组成部分，有关时间的社会性分析可以将历史与历史发生分析纳入进来。

"时间"切入事件分析，就必须考虑到与之相关的社会观念、价值、规范与权力结构等问题，从而为大学问责的历史发生分析提供更为广阔的视角与框架。从更一般的意义来讲，在时间的生物有机体隐喻之中，一方面，应当关注过去—现在—未来之间在连续性中存在的紧张与对抗关系。过去、现在与未来是时间流动的统一轨迹，但一旦将统一的时间建构为相互区隔的时段之后，不同阶段就具有自己的特征和内容，并形成对事物的独特理解和评价，同时，社会时间的不可逆性与社会活动的周期性之间也存在某种紧张关系。另一方面，应当关注过去—现在—未来三者内部在连续性中存在的紧张与对抗关系，相同时段中存在的协调不同社会系统活动节律的压力，以及不同区域、文化背景下的社会时间差异。

　　将具体事实置于更大的背景中进行理解，是功能流派的基本观点。大学问责发生中的时间约束，鲜明体现在对效率的追求之时。从时间的视角来看，工业社会的劳动分工与机器生产形成了对时间安排更为紧迫和强烈的需要。精确的定时和排序对于社会生产至关重要（亚当，2009），准时、可计算、准确使得社会生活在很大程度上进入到一种刻意精确和不混乱的常规过程之中（马克吉，2009）。以一定时间长度为测量单位的效率、效益与产出等价值观念，在社会的不同层面和领域结构化并取得支配地位。镶嵌于这种时间安排的大学，必须接受在时间上的分层排列以及与其他组织在时间要求上的相互协调。

　　历史来看，作为价值标准的社会效率，与美国社会的实用精神与功利主义传统存在密切联系。"效率"意味着"科学与实践之间的更加彻底的联合"，"集体努力"意味着包括大学与整个国家在内的"更为紧密的组织"，并与19世纪90年代以来学术圈内逐渐突出的管理价值非常吻合（Veysey，1965）。同时，20世纪初期滥觞于企业管理实践、致力于提高效率与产量的科学管理运动，在美国社会引起强烈反响，并开启了美国历史上的"效率时代"。科学管理的浪潮，席卷了美国社会，中小学与公立大学等依靠公共税收支持的机构，面临着管理低效的怀疑与批判。卡拉汉（2011）在对这段历史进行评论时认为，商业哲学主导着整个国家，学校教育工作者们面临的公众是不断强调效率和经济并普遍反对更高税收的公众，教育工作处于一种很强的反知识分子的氛围之中。他将这种社会因素对学校管理的影响概括为教育的"效率崇拜"。

　　理解大学问责发生中的时间约束，还需要考虑到问责—自主之间关系所体现的时代性特征。Haskins（2007）在探讨中世纪大学教师自由的时候，提出了一种值得思考借鉴的"篱笆"隐喻："篱笆对于那些不愿跨越的人来说不是障碍。很多障碍，在一个更加具有怀疑精神的年代可能是不可容忍的，但在当时的学校师生眼中，根本就不是障碍。"或者说，大学对其所受外部控制的体验和认知，会随着历史发展而产生波动。此外，Perkin（1984）提出了一种大学自主的"悖论"：当大学最自由之时却最缺少资源，当它拥有最多资源之时却最不自由。在问责的时代语境下，大学能否对资源有效使用并取得理想效果，以及能否向外界进行合理证明和适当言说，相对拥有资源的多寡而言，才是对大学自主及其自我管理能力更加具有实质意义的考验。

Trow（1975a）曾将大学的时间安排区分为"公共生活"（Public Lives）与"私人生活"（Private Lives）。前者指向与社会互动、处理与外部关系、应对外部压力所必须花费的时间或"公共时间"，后者是指大学处理自身内部事务、进行自我修复、自己能够主导的时间或"私人时间"。在某一自然周期（如一天）内时间总量固定的情况下，"公共生活"或回应问责的"公共时间"耗费越多，大学能够用于"私人生活"或保留的"私人时间"也就越少。在外部控制压力不断增长、"公共时间"逐渐挤压"私人时间"的背景下，大学就面临着由于机体过度耗损而产生病变的风险，或者说，在某种意义上，大学问责的发生意味着"公共时间"的扩张，体现了外界重建大学时间秩序的努力，而大学自主的实质则有赖于能够在多大程度上保留"时间自主"。

从根本上来讲，问责的发生与大学在特定时期所遭遇到的信任危机有关。信任一旦缺失，并且"缺乏慎重的制度化控制"，就会导致"自证预言"（Self-Fulfilling Prophecy）的困境。虽然"自证预言是对一种会引起新行为的情形的虚假规定"，但人们常常据此作为"一开始就正确的证据"，于是"自证预言那貌似有理的效力使错误永远具有支配作用"（默顿，2006），忧虑就会转变为现实。Neave & Van Vught（1991）就宣称，高等教育如同普罗米修斯一样，在过去1/4世纪中被束缚在仔细监督与沉重控制的枷锁之中。与之相呼应的是，现代科学也处于普罗米修斯式的被困之中。科学是形成当代社会物质生活的首要力量，包括政治、法律、文化、金融、商业甚至宗教在内的所有集体性组织都从中受惠，"但是这些亚文化中没有一个对科学世界观怀有深刻的理解或同情"（Levitt，2003）。这些也许如同 Merton（1968）评价"自证预言"一样，都表露了"社会逻辑的悖谬"（the Perversities of Social Logic）。

对大学来说，可能诚如 Katz（1986）所言，其合法性不宜建立在对市场和国家的服务之上，而应当建立在智力诚实与道德勇气的自身品质之上。Minogue（1973）也警告说，大学虽然存在了 800 余年，但这项成就仍然是脆弱和短暂的，对大学的真正威胁，往往来自于打着学术信条的外部狂热。从"时间"的维度来看，大学问责的发生也体现了"过去"与"现在"之间的断裂与对抗。美国大学现在所遭受的苦难恰是测量它过去成功的尺度，如果在 19 世纪和 20 世纪的大部分时间中大学没有将其着手之事完成得如此之好，它也不会获得如此之多的支持与称道，也就不会被给予如此之高的期望（Shils，1997）。美国高等教育的优先地位变成了它自己过去成功的牺牲品（Curry & Fischer，1986）。换言之，过去与现在表现对比的强烈反差，使大学陷入了困境；美国公立大学上演了一出普罗米修斯式的现代悲剧。也许，美国高等教育的质量和表现相对过去而言没有实质性下降，只不过现在与以往不同的是，"我们的价值观念已经改变，对问题的敏感性更为增强"（Bowen，1975）。实际上，大学问责中所包含的效率至上、科学管理等原则，也隐含着某种"时间悖论"，"如果，那么"（if，then）的因果联系中包含着时间关系，但是诸如标准化指标的"如果，那么"的命题陈述，却是以不受时间限制的逻辑（the Timeless Logic）来陈述的；将这种无时间限制的命题逻辑应用于依靠时间（Time-Dependent）的现象之上，就会导致悖论，并引发振荡（Strathern，2000）。

值得注意的是，作为一种社会性时间，其阶段划分其实是一种人为建构。也就是说，美国公立大学问责的发生，并不具有严格意义上的"发生时间"，而是一种在时间延续中的持续"发生"过程，其"过去"的影响力量或结构效果还会在"现在"甚至"未来"不断复现。或者说，时间不再仅仅是背景性的参考因素，其产生的社会影响会不断累积并结合成为社会结构的重要组成部分。

二、知识逻辑

（一）大学问责分析的知识维度

知识社会学从知识的"社会规定"出发来理解知识，为高等教育研究提供了一种重要视角。在知识与社会的关系上，知识不仅是理性的产物，也是一种社会产品与社会建构。[①] 同时，知识与大学具有内在关联。从某种意义上讲，高等教育机构的产生是知识制度化过程的结果。[②] 在哲学层面，对知识内在与外在价值的不同理解——认识论抑或政治论，构成了思辨高等教育存在合法性以及相关基本问题的理论原点。在现实层面，知识与政府、市场、社会诸要素交互作用，形成推动高等教育变迁的重要力量。此外，知识可以作为探讨大学与外部环境关系的重要纽带和概念支点。知识概念的弹性与知识实践的延展性，使知识实现了之于大学与社会的双重嵌套。知识是探讨任何层次教育的核心概念，也是分析被定义为学习社会、知识社会或后工业社会形态的现代社会的核心概念（Clark，1983）。Barnett（1993）也认为，知识、高等教育与社会之间的三角关系可以用一种线性的方式来表达，即知识—高等教育—社会。考虑到知识的行动能力与社会的知识化，以及知识作为沟通媒介的作用，可以形成一条"知识组织（大学）—知识—（知识）社会"相互贯通的分析线索，并在此框架下探讨知识变革以及社会变迁对于大学的外部约束与自治传统造成的影响与冲击。

（二）知识、不确定性与大学问责的焦虑

"不确定性"（Uncertainty）表现了现代社会发展中存在的深层矛盾。吉登斯（2000）认为现代性是一种双重现象，现代社会制度发展及全球扩张与日益明显的阴暗面共存的双重特性，提醒关注"安全与危险、信任与风险"

---

① a. 知识是一种社会关系。知识所表征的社会性关系，可以是权力、资本或财富。就教育知识而言，一个社会如何选择、分类、分配、传递和评价它认为具有公共性的知识，反映了权力的分配和社会控制的原则（伯恩斯坦，2002）。由于具有社会属性，知识能够成为实现多种不同目的的共同手段。b. 知识是一种社会行动能力。"作为行动能力的知识能够使得人们让某种东西运转起来"，"知识的物质实现和完成是依赖于特定的社会和理智条件的背景"（斯特尔，1998）。知识进步、科技发展与其他生产要素的结合，可以推动经济结构的调整，并由此导致整个社会的变迁。在社会情境下得到发展、传递和维持并被人们接受和稳固化的过程中，知识的社会价值得以实现。c. 知识与社会双向建构。知识不再是静止的和外在于社会的事物，而是与社会共同发生、互为基础、相互建构的现实组分。教育活动本身就是一种在客观条件和结构制约下，以知识为"基本沟通媒介"（谢维和，2007）展开的建构性活动。教育活动既以现实的社会文化和知识结构为基础，又不断创造出新的社会文化和知识结构。

② 在中世纪，包括亚里士多德、欧几里得和罗马法文本等在内的知识向欧洲的传入，以及社会上出现的对知识和知性的渴求，孕育了作为大学组织胚胎的学术行会。随着时代的发展，大学的学术工作，不仅包括知识的探究，还包括知识的整合、应用和传播。这意味着，大学既要拓展高深学问的边界，丰富知识积累，而且要认识不同知识之间的本质关联，将知识与现实生活联系起来，并促进知识流动。知识材料及其高深部分处于任何高等教育系统目的与本质的核心，这一点在历史过程之中与不同社会之间都能站得住脚（Clark，1983）。

的问题。"我们必须放弃更多的研究和知识会使风险向安全转换的希望，实践经验倾向于给我们相反的教导，我们懂得越多，就越能认识到我们所未知，我们的风险意识就会变得越敏锐，我们越理性算计并且算计变得越复杂，就会发现与未来相联系的不确定性以及风险的更多方面。……现代风险导向的社会不仅是科技进步后果的产物，它也植根于研究的可能性与知识自身二者的膨胀"（Luhmann，2005）。事实上，社会互动过程中就内在地关涉着"双重偶然性"（Double Contingency）的要素（Parsons，1951；Parsons et al.，1951）。由于社会互动双方都具有自主性，一方需求的满足依赖于其对可获得方案的选择，由此也导致互动的另一方需要根据对方的行动而采取相当范围的可能反应。"双重偶然性"反映了现代社会过程的复杂性，其最为重要的后果之一就是"信任或不信任的出现"（Luhmann，1995）。不确定性可以视为贯穿风险、信任、偶然性的一条主线。它表现了社会进步与知识发展潜在的不可预期的后果，对人类解决面临问题的能力怀疑，对世界认识本身存在的不稳定性和多变性。

知识社会学的相对主义与建构主义立场颠覆了对知识与真理的有效性与客观性的传统意象。相对主义否定了科学说明普遍有效的断言，而建构主义坚持认识者的偶然行动否定了科学说明必然真理的断言（富勒，2009）。与之相伴随的是科学直线式与累积性发展的传统观念的消解。同时，真理观不再是僵化的、永恒的与绝对的，而应该被理解为一种流变的过程与社会性的建构，是可以质疑的（亚当，2009）。从更广泛的视野来看，在方法论上呈现为相互竞争的自然科学和人文科学两大类的现代知识结构处于不确定性中，因此我们无法依靠这种知识结构对不确定的社会现实获得真实的认识和理解（沃勒斯坦，2006）。

在某种意义上，知识的"不确定性"在现代社会表现出一种"有组织的不确定性"（Organized Uncertainty），对高等教育的传统地位提出挑战并成为大学问责发生的重要根源。这一提法主要表达组织作为不确定性的处理者（通过正式的风险管理以及其他方式）和作为风险的生产者（这种风险常常产生于对可靠性的追求）两种意义（Power，2007）。这种"有组织的不确定性"表现在多种方面。

首先是知识增长和知识的社会重要性增加形成的"双重偶然性"，即知识本身的偶然性与作为知识向社会日益渗透结果的社会关系的更大偶然性（斯特尔，1994）。在过去，消除偶然性被当作是科学事业的目标，而现在依赖于知识的专业与组织本身遇到了日益增长的怀疑态度。1975 年 9 月，Robert Nisbet 在《纽约时报》（*New York Times*）上发表题为"失去王座的知识"（Knowledge Dethroned）一文，指斥学术群体内部相互疏离的消极态度与兑现承诺的失败现实，致使公众对科学知识"去魅化"（Disenchantment）。Parsons（1976）就此评论认为，虽然 Dethroned 这一提法太过贬损，但 Nisbet 关于 Disenchantment 的观点，恰当地反映了美国高等教育在经历快速增长的通胀阶段后所表现出的紧缩反应的特征，以及与此相伴的公众信心的衰退。在紧缩阶段，突出表现为大学的信任不足与负责要求的外部化，或者说不愿再尊重大学作出的承诺，通过责任由大学内部向外在机构的转移，以严格的外部控制防止失望和失败的产生。Trow（1970）也认为，处于大学治理危机中心的是信任危机，要想重建大学权威的合法性，就不能依靠过去的判断、技术能力或证明，而应当基于对民主政治过程的响应。

其次是知识的多重分裂造成的不确定性。Bernstein（2005）认为，知识的世俗概念以及知识与创造者和使用者之间关系的改变造成了深远影响。知识与精神分离，彻底地去人文化；知识与交付分离，与个人的奉献分离，与自我的深层结构分离。更为重要的是，传统知识获得合法性、完整性、价值性以及知识与个人结合而获得特殊身份的内在关系，都遭到了扭曲和破坏。或者说，这是一种"知识外在化"（利奥塔尔，2011）的过程与状态，知识越来越具有类似商品的交换关系与价值形式。随着传统知识内在价值与自治地位的削弱，现代大学"失去了道德目的的意义"，必须由"一种问责的话语"来实现合法化（Delanty，2001）。

由于系统高度分化与不存在强有力的中央控制，相比其他大部分国家而言，不确定性更可谓是美国高等教育的"固有性质"（Trow，1975b）。Kerr（1994）也认为，1960—1980 年美国高等教育在转型中发生"心悸"的表现，就是在教师公民责任、学生行动主义以及社会心理变迁三个方面"明确的不确定性所带来的不明朗的后果"。知识的社会偶然性影响会随社会对知识依赖的增强以及知识的组织化（包括技术专家、社会咨询、知识精英、学术系统等发展）而放大。在这一理论之下，问责体现了一种约束与控制大学行动与后果不确定性的秩序化与结构化努力。根据 Niklas Luhmann 提出的信任作为社会复杂性的简化机制的观点，从美国大学的发展及其信任不断损失的实践情况来看，作为降低或限制不确定性途径的问责并没有收到理想效果，反而自身恰是争议的焦点与冲突的中心，成为新的不确定性的根源，并引发通过新的手段去控制不断增长的不确定性的问责焦虑。

高等教育与其他社会结构相互依赖极大增强的同时，社会利益分化也导致了问责要求的分化。因此，"对什么负责"与"为谁负责"等大学问责实践中存在的问题，在很大程度上来讲，并不是大学欠缺问责的问题，而是在将知识置于市场风险之下的脉络中，多方利益相关者对于知识价值与大学行为的不同期待和约束，从而刺激大学问责不断扩散的问题。事实上，那些推动问责议程的批评者们并不是太关心大学如何作为或者怎样回应，其真实的意图在于，"高等教育并没有对'我'或者'我们'负责"（Zemsky，2009）。

（三）知识行动的困境与大学问责的张力

"行动"与"结构"之间的关系是西方社会学理论的重要议题，"行动"既要受到社会规范、规则、传统、期望以及要求的束缚，又保持一定的独立与自由，并对行动本身具有某种程度控制的诉求。随着知识与"行动"和"结构"的结合，作为体现知识行动能力的大学自主与作为结构约束的大学问责之间，也就面临着类似的两难处境：如果自由与自主探究知识是大学得以生存和发展基础的话，大学通过知识与社会进行互动的同时，就不得不在既定的问责结构中作出有限的选择；知识既由大学的行动所建构，又进入到社会结构中强有力地约束大学的行为。因此，颇具自相矛盾意味的是，社会变迁在凸显知识和大学地位与作用的同时，也意味着传统上自主的和自为目的的知识及其"启发观念"的崩溃。同时，与知识增长及其社会重要性增加相伴的一个"悖论"是将偶然性从知识及其渗透的社会关系和事务中移除的社会能力在下降（Stehr，2001）。作为认知机构的大学自主遭到破坏，大学不再是知识的立法者，而是解释者，知识也不再是由学术共同体追求的超脱于社会之外的目标，而是在真理可辩驳性的基础上由多种社会行动者所共同建构的（Delanty，1998a，1998b）。

此外，在对待和认识知识的理论传统与思想风格上，存在"说明"与"理解"的不同范式。本书认为，"说明"与"理解"二者之间的分歧可以构建出不同的问责类型与要求，如表2-1所示。①

---

① 此处参考并融合了凯尔纳（2009）、罗思（2009）、德兰逊（2005）等人观点。

表 2-1 知识"说明"与"理解"的分野

说 明	理 解
可计算的责任（Ac）（Countable Responsibility）	相互问责（Mutual Accountability）
实证主义范式，科学主义	人文主义范式，诠释学
事物与事件	感觉和意义
"外部存在"	"内部存在"
客观的	主观的
证据，数据	洞察力，体验
决定论	自由
单向责任	双向责任
将对象作为自然客体并置于一般因果结构	领会他人所作所为或他人评价

"说明"（Explain）或者"解释"（Account）是内置于问责的概念，隐含着问责信息不对称的基本判断。Epstein & Birchard（1999）认为，对一个组织是否负责任的真正检验非常明确，即是否对绩效进行量化测量和向组织内外的受众公开报告。问责需要数据和信息，这既凸显了计量（Counting）的地位，也是进行公开和解释的基石。在这个意义上，计算及其用于提取、分析数据和信息的测量、评价、评估等方式成为关键所在。Jenkins（2007）也提出，所有问责定义的核心思想，就是一个人或组织有义务向别人就其行为"作出说明"。进一步而言，"说明"的维度遵循的是实证主义的范式，体现了将大学的运行与产出客观化与对象化，强调的是大学之于社会的单向度责任、客观责任与"可计算的责任"（Countable Responsibility）。但与此同时，在一个组织环境越来越不确定的情况下，完全倒向绩效测量的狭隘问责，可能存在"以最简单化的方式去处理复杂事务的期望"（Perrin，2007），并成为管理和政治控制的工具。与之相对，"理解"（Understanding）的维度则遵循人文主义的范式，在承认大学应当自觉应答外部要求的同时，强调社会对于大学存在与意义的洞察和体认，并由此反观大学问责的合理性。"理解"既要求大学之于社会应当抱着"负责任的问责"（Responsible Accountability）的态度和立场，更体现了大学与社会之间的相互问责和双向责任，特别是提醒政府如何对其所主导的教育问责政策来承担相应责任。由"说明"到"理解"是一种由"问责客体"到"问责主体"的立场转换。

怀特海（2012）认为，西方"现代思想"的基础上存在两种不相容的观点，一种是相信以机械论为基础的科学唯实论，另一种是坚信人类与高等动物是由自律性的机体构成，这种极端的矛盾"说明了我们的文明为什么会不彻底和摇摆不定"，我们遗忘了要达到理解上和谐的追求，"满足于各种由于武断的出发点而造成的表面上的秩序"。从美国高等教育的发展历程来看，大学问责的发生与扩散同"说明"的要求形成了某种契合，并从侧面反映了社会对"理解"大学的回避以及对自身应担责任的逃离。"说明"与"理解"的失衡将大学问责推向了更大的潜在风险之中。知识的社会偶然性影响会随社会对知识依赖的增强以及知识的组织化而放大，这与"从无组织的不安全到有组织的不安全"（曼海姆，2011）具有相似的意涵。在前者中，大众就公共事务保留自己的意见，而在后者中，大众则将判断与决策完全交付给少数社会精英，并自愿服从其支配。或者说，社会公众逃避自己的责任而将问责议程委托给少数社会精英，后者从而可能以前者的名义发起违背社会公众本意与整体利益的问责创议。

三、责任逻辑

无论是从问责与责任的词语分析还是从现实联系来看，对大学问责的思考需要确立一种"责任"（Responsibility）的立场，即以一种问责—责任的双向透视的方式来加深对问责的理解，为大学问责的发生提供一种解释思路。

（一）问责与责任之间的纠葛

由于问责代表了一切形式的良好管理与治理，因此无论怎样强调其重要性也都不为过，也没有人会因为过分强调问责而遭受批判。无论何种党派和人士，他们都一致认可问责是一件好事，值得关注和追求（Koppell，2011）。作为一对"孪生双子"（Twins），问责往往与责任相提并论。"当代表民主制的原则和制度产生之时，最能够捕捉现代问责意义的术语就是责任"（Bessette，2001）。同时，责任思想具有悠久的历史传统，对当下和未来的社会发展产生重要影响。它能够引发"人们永无止境的追求"（Bovens，1998），并且本身往往具有多重含义，一种伦理概念、社会规范、个体态度、自然倾向与生活状态，或者一种个体的社会建构与道德行为的属性，或者行动的动机或指南，与角色相关的行为以及对于发生在过去或未来的行为进行的问责（Aubagen & Bierhoff，2001）。

从词语分析来看，Accountable & Responsible 都可以表示"负责任的"之意，因此二者的名词形式——Accountability & Responsibility 也就具有某种相同或相似的含义。就传统意义而言，问责主要施用于行政管理与层级控制的组织环境，不同职位人员的行为规定与追责程序十分明确，问责与责任之间能够保持相对稳固的对应关系。在英国以及其他具有相同政治文化的西方国家，"首相责任"（Ministerial Responsibility）会被经常提及，它意味着首相需要面对议会的质询并承担作出回应的义务。在本土情境下，问责的观念为"非典"这一重大公共安全事件所催生，更容易与责任的追究和惩处等量齐观。在探讨问责的改革话语中，人们希望知道的是，行政人员是不是比改革之前要更加负责。

不仅如此，问责与责任还存在多重组合的可能。Gregory & Hicks（1999）对"负责任的问责"（Responsible Accountability）的研究提供了代表性示例，如图2-2所示。①

可信度（Trustworthiness）

	高	低
透明度 （Transparency） 高	负责任的问责 （Responsible Accountability）	不负责任的问责 （Irresponsible Accountability）
低	负责任的不问责 （Responsible Unaccountability）	不负责任的不问责 （Irresponsible Unaccountability）

图2-2　负责任的问责

问责与责任之间还存在某种交叉与重叠。在 Bovens（1998）看来，如果有一个词语能够被描述为"容器概念"（Container Concept）的话，那它就非"责任"莫属，它能够被随意使用，在几乎所有重要的伦理、法律和政治思想中都可以被找到，并且包含了诸多相互竞争，甚至冲突的价值和理念。Har-

① 具体而言，"负责任的问责"意味着个人行为能够提升在公共服务中真实且明显的可信度，以及对个人行为标准诚实负责的意愿；它体现了作为"包含问责的责任"（Responsibility as Encompassing Accountability）理念，而且也包含了对于真正负责任（Truly Responsible），或者说，可信赖的（Trustworthy）的洞察，亦即行动自身能够消解导致错误问责的可能。在"不负责任的问责"中，个体行动虽然具有较高的可视化，但其可信度较差，并且前者能够将后者所包含的缺陷暴露出来。在"负责任的不问责"中，个体行动由于较少受到外部约束，从而存在自主行为滥用和错误解释的风险。在"不负责任的不问责"中，个体行动导致腐败的可能性被最大化，较低的可信度与对自主行为较低可视化的控制问题并存。相对其他类型而言，"负责任的问责"是行动的最佳愿景，它将真正的透明度或者说个体行为的可视化，与出色且诚实完成任务的高度可信性结合起来。

mon（1995）提出，在西方文化中，责任包含三个主要维度：①行动
（Action），意味着人们的自由意志，行动者是自己行动无可争辩的主体；②问
责（Accountability），意味着人们需要就自己的行为回应更高的制度化权威，
包括当行为不符合正式的规则或法律时所面临的惩罚；③义务（Obligation），
意味着来自行动者外部的准则或标准所要求或决定的道德行为。

　　Bierhoff & Aubagen（2001）在论述责任的意义之时也指出，责任是一个
包括多副面孔和多个棱面的社会现象，不同学者所使用的相关的概念，往往
都强调了责任不同的方面。问责与责任（Liability）分别指向的是责任的职责
（Duty）与义务方面，而责备往往牵涉惩罚，责任则可以看作是最具综合性的
词语，它能够包含上述所有方面，同时也具有诸如伦理和道德价值或关爱，
更受欢迎和更加积极的含义。Birnbacher（2011）将责任区分为"事后责任"
（Ex Post Responsibility）与"事前责任"（Ex Ante Responsibility）。前者指向
过去的行动者或其行动业已产生的结果，而后者则为自主和选择留有空间；
前者往往指向的是出错的事物，要么是行动本身糟糕，要么是行动造成负面
影响，而后者则指向的是良好的或称心的事物。在这个意义上，事后责任与
事后问责相关，而事前责任与事前问责相关。在综合前人研究的基础上，Vin-
cent（2011）探讨了由六种概念构成的责任结构化分类，并将其相互之间的
"辩解关系"（Justificatory Relations）具体化，如图2-3所示。

图2-3　责任的六种概念

　　具体而言，"美德责任"与行动者的品质、声誉或意图相关；"角色责任"与
行动者所承担的职责（Duty）相关；"产出责任"与行动者的行为所造成后果的
"可归因性"（Attributability），或者行动者面临的"应受谴责"（Blameworthy）相
关；"因果责任"关注对造成不同结果而产生影响的原因或条件，相对于产出
责任而言它更少受到道德约束的浸染；"能力责任"强调行动能力的心理条
件，一般而言包括认知能力与意志力；"尽责责任"与行动者承担责任的意愿
以及承担责任的方式相关，它指向负责任行事以做正确的事情。在相互关系

上，"产出责任"的要求源自于"因果责任"和"角色责任"；对"能力责任"的要求基于"因果责任"和"角色责任"；"尽责责任"的要求则源自于"产生责任"和"美德责任"。从与问责的相互联系来看，"角色责任"和"产出责任"，与问责的评价标准和运行过程要更加紧密和相互交织。

值得注意的是，问责与责任看似"亲密无间"的关系背后存在某种程度上的"貌合神离"。一种较为普遍的观点认为，问责通常指外在于组织或个人的正式或非正式的制度、规范控制，或者称客观问责（Objective Accountability）或他律，而责任则强调内化于组织或个人之中的信仰、感情、道德控制，即主观问责（Subjective Accountability）或自律（Bemelmans - Videc，2007）。虽然问责与责任这两个术语有时可以相互交换使用，但现在责任更多地被限定在诸如个人义务、自由行动和自主的道德领域，更加强调行动的内在方面（Mulgan，2000）。进一步而言，问责是以实证主义为主导的，更多地关注的是技术系统，它是去人格化的，强调人们对规则和规制的服从以确保"把事情做对"（Do the Thing Right）；责任是以非实证主义为导向的，更多地关注的是人类系统，它是人格化的或人本主义的，强调期待人们依赖自身的人格完整性和可信度以选择"做对的事情"（Do the Right Thing）。问责主要依靠外部压力驱动，具有非自愿性，往往与较为狭隘，尤其是经济性的效率与效益问题相关；责任则是内部准则推动，具有自愿性，往往以较为广泛的民主、公平与回应等价值为优先（Gregory & Hicks，1999）。在一般意义上，问责是以不信任为出发点的，它以行动与事件为核心，强调通过服从与归咎机制对不利行为与结果进行矫正，因此问责的基本问题关涉行动效果与外部惩罚之间如何对称；责任是以信任为出发点的，它以人或群体为核心，强调人的自由意志，认为行动者可以根据道德标准进行自我监视、自我管束和自我激励，并对环境要求主动作出适用性调整，因此责任的基本问题关涉人类行为在内部自主与外部决定之间如何平衡。Gregory & Hicks（1999）认为，在问责与责任的相互关系中，也许真正的问题并不是问责与责任的分离，而是二者关系的不断发展。

就高等教育问责而言，具有典型意义的特罗式的界定也表明，对大学问责的思考是以责任的措辞来加以表达的。Burke（2005a）认为，问责对公共服务部门，包括学院和大学提出的六项要求：论证合理地使用权力，展示正在为完成使命或为所安排的优先事务而工作，报告工作绩效，解释所使用的资源及其产生的结果，确保所产生出来的项目和服务的质量，显示为公共需要服务。基于大学组织的人格化，本书提出的问责——自主的研究主线，以及其他更为具体的关系结构，都可以看作是问责与责任之间张力的投射。以大学评价的两种范式为例（Aper et al.，1990；Ewell，2008a），如表 2-2 所示。

表 2-2　大学评估的范式

问责驱动评估	改进驱动评估
评估议程主要由外部力量驱动	评估议程由获得内部认可的外部力量驱动
时间表由外部机构清晰确立	时间表由大学联合外部机构共同发展
强调内部利益相关者的参与	强调对外部机构的服从
运用多样化手段，质化与量化证据结合	运用标准化考试，量化证据
总结性评价，关注最终报告	形成性评价，关注多重反馈回路
强调达到最低标准，大学之间的相互比较	强调彻底的自我评价，大学自身使命的达成
详细呈现院校优势	详细呈现院校优劣以及明确提出改进建议
强调分析程序，满足外部需求	强调理解数据，满足院校需求
评估是由外部机构叠加在大学之上的	评估与院校已有评价活动相互整合

在一个风险与不确定性增长的时代，试图以问责来追问责任，或者以责任来实现问责，可能会忽视二者中的"双重偶然性"而显得过于乐观。因此，特罗式的高等教育问责的责任疑问，可能并不能得到令人欣慰的答案，只是"一个没有简单答案的简单问题"（a Simple Question without a Simple Answer）。毕竟，问责主体清晰，问责对象明确，问责方式确立，并不能一定保证大学兑现"责任"，并让所有人都满意。但这种责任追问的意义也许在于，它凸显了问责与责任之间的张力，为大学问责的发生与发展提供了一种观察视角与分析线索，它可能永远漂泊于理想与现实的中途（Midway），无法全部实现，但却又能如同"元问题"一般，在"责任困顿"之中不断激发人们对于大学问责的责任追问和不懈求解。

（二）大学问责的"责任困顿"

1. 问责的不同类型与责任对抗

积极责任与消极责任的对抗。从问责的责任追问来看，责任的内在紧张对问责的实现构成了挑战。结合 Bovens（1998，2010）的观点，责任的类型及其基本内容可如表 2-3 所示。

表 2-3　责任类型

类型	对应关系	性质	关注	动力	特点	代表	重要性	局限性
积极责任	作为美德的责任（作为美德的问责）	责任意识与意愿	惯例与实质性标准	理想、价值与规范引导	集体意象，责任关联与分担	基于自由意志的道德责任	合法性与规范结构	不当行为
消极责任	作为问责的责任（作为机制的问责）	责任关系与机制	分析与机制安排效果	问题、利益与权力驱动	个体意象，责任分工与明确	限制自由意志的法律责任	目标实现与操作结构	过度控制

　　由此，在由问责向责任"回溯"的过程中，就面临着诸多难题。一是责任膨胀与问责的相对紧缩。责任在主观意义上的扩张与问责机制的客观构建之间，存在难以弥合的缺口。这在某种意义上与问责的"众人之眼问题"（Problem of Many Eyes）有关，问责主体多元化，并且不同主体都试图运用自己的评价标准（Bovens，2007）。从时间上来看，问责机制往往要滞后于积极责任，这也将问责置于一种消极与被动的地位。或者说，无论是在积极意义还是消极意义上，更多的问责并不能保证更好的责任。此外，责任在包含的内容上，也在不断扩张和累积。随着时间推移，对高等教育展开问责的目标，由系统效率转向教育质量，继而转向组织生产力，进而转向对外部公共优先事务以及市场需求的响应（Burke，2005a）。在公共政策中屡见不鲜的是新的目的常常被累加，而旧有的目标却很少被抛弃。高等教育作为社会中的知识机构，就面临着太多且经常相互冲突的问责压力。二是责任的关联性与责任个体化的冲突，这与问责的"众人之手问题"（Problem of Many Hands）有关。作为集体行为的产出与影响，问责机制难以确定具体的责任对象（Bovens，2007），面临着责任分散的问题。这也似乎从反面暗示，问责对于复杂组织的不当行为，其控制与约束能力有限（Bovens，1998），或者说是一种"有组织的不负责任"（Organized Irresponsibility）的困境。

　　2. 问责的不同维度与责任漂移

　　Reindl & Reyna（2011）认为，随着问责维度的上升，大学的责任主体和责任内容也会不断变化。例如，在大学层面，责任主体是大学校长和董事会，他们所承担的责任主要在于学生流入以及在证书和学位课程上的教育绩效，包括维持或扩大入学，增加补习学生的成功率，增加课程的完成率，减少获得学位的学时和学分等。在大学系统层面，责任主体是学院与大学系统的领导者与委员会，他们所承担的责任主要在于跨院校的绩效与效率测量，包括增加学位完成率，改进不同院校之间的转学率，控制或减少获得学位的平均成本，增加对适当院校和专业的投资等。在更加宏观的层面，责任主体变得较为宽泛，责任内容主要包括扩大某一州内民众获得某种大学层次教育的人口比例，增强大学系统对州经济发展和劳动力需求的满足程度，提高民众对大学教育投入的回报收益等。

结合 Miller（2006）的研究，随着高等教育评估目标和层次的不同，责任的中心（Locus of Responsibility）也会随之发生浮动，笔者将其描绘为图2-4所示。

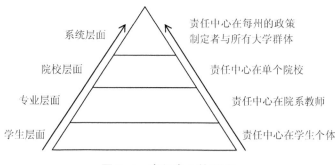

图2-4　责任中心的漂移

在学生层面，大学入学考试、升级考试（Rising-Junior Tests）以及证书考试等，都可以用作证明学生个体学习收获状况的工具。它是基于对学分和分数呈现学习内容和学习能力的共同理解的信任，但它也面临着"分数膨胀"（Grade Inflation）的挑战。在这一层次，学生对自己的学习负责，并且责任的风险较高。在专业层面，责任的中心超越个体学生层面。当学生在某门专业持续表现欠佳，这时负责专业的教授们就被假定应当为这种表现结果负担起责任来。在院校层面，大学面临着以标准化考试进行相互绩效比较的政策压力，这种绩效不再是个体学生的成绩，而是一所大学能够在多大程度上发展学生的知识和技能。在系统层面，责任的中心又上移到每一州内的政策制定者和学院与大学构成的整体，重点考察的是院校作为集体，在开发人力资源、教育公民为适应 21 世纪挑战而进行生活与工作准备所作出的贡献。

观察者的立场和视角不一样，在不同层面之间何者的责任价值居于优先地位的问题，也会变得飘忽不定。同时，各个层次的责任之间是相对间断的，并不存在简单的线性累加关系。Liu（2009）就指出，在增值研究中的一个最为重要和敏感的问题也许就是学生表现与院校绩效之间的联系，除了课程结构与教学指导外，学习动机、家庭支持、经济地位等许多决定学生学习的因素都不是院校所能掌控的。由此，关键的问题就在于，大学应该在何种程度上对于影响学生学习的诸多因素负担责任，将学生表现与院校绩效直接联系起来需要十分小心，因为二者之间的因果关系尚未确立。

责任不仅会随着问责的不同层面而产生波动，也会随着问责自身的发展阶段而产生起伏。在这个意义上，Kearns（2011）提出的"问责的生命周期框架"（Life-Cycle Framework for Accountability）值得借鉴和讨论，如表2-4所示。

表2-4　问责的生命周期

责任	产生和启动	成长和发展	成　熟	衰退和重建
问责事项	对组织设计的法律服从，对计划和安排的操作服从	服从加上责任感增长，展示使命完成的进展	服从加上对外部需求变化的回应，证明使命完成的重要进展和社会责任	服从加上责任感剥夺
向谁负责	最初投资者，董事会成员，创建期雇员，顾客	不断增大和差异化的群体，如顾客，资助者，调控者，雇员，认证机构，媒体，合作伙伴等	多样化和差异性不断增长的现有与潜在利益相关者	顾客，资助者，调控者，雇员等
机制运行	组织章程，工作计划，财务与运行控制	战略计划，更复杂的内部问责控制，如财务审计，绩效管理	战略计划，复杂的内部服从机制，绩效标准的自我设计，质量控制，危机管理	为解散或重新分配进行组织资产评估

在首尾两端，组织发展更加依靠策略性的服从导向的问责，而在周期的中间阶段，则更加依赖于对问责的宽泛定义以及导向长期目标的机制。或者说，在问责的启动与衰退阶段，责任要相对清晰和聚焦，在问责的成长与成熟阶段，责任则相对模糊和发散。

3. 问责的不同隐喻与责任模糊

问责具有丰富的意涵，并且在不同情况下被广泛使用，因而具有多重的隐喻。从这些隐喻所传递出来的意义，可以合理推测相应的责任状态。

（1）商品隐喻。驱动问责发展的功利性压力所基于的重要假设就是高等教育是一种商品或服务，不仅应当以一定的规定价格向公众提供（Mortimer,

1972)，而且也应该如同食品企业所产生的商品一样，在其外包装上显著标示出构成成分、主要功能、注意事项等说明信息（Erwim，2005）。

（2）俄罗斯套娃隐喻。Green（2011）认为，问责概念具有内在的复杂性，它如同"俄罗斯套娃"（Russian Dolls）一样，由彼此可以相互嵌套、不同"尺寸"的问责形式构成，如市场的、专业的、管理的、民主的、利益相关者的。在套娃的最外面，是公共问责，它的形体最大，能够容纳所有其他的形式。与之相伴的是，当公众谈论和理解质量标准与教育问责之时，如何来界定作为必要条件的公共理性？对于大学而言所面临的一种悖论就是当不得不把越来越多的精力投入到应付问责之中时，留给关注日常教学与学习事务的时间相应地就越来越少（Green，2011）。由此引发的问题是，一方面，由公众发起的公共问责，其指向的责任是否合理；另一方面，大学有可能成功地回应了公共问责，但却在不知不觉中游离了自身的责任。

（3）蜘蛛网隐喻。Wright（2008）提出，在公共服务中的问责具有多重维度的属性，并且不同问责要求之间时常相互冲突。因此公共服务人员时不时会感觉自己像是坠入问责"蛛网"（Spider's Web）之中的飞虫一般，无力挣脱。

（4）弗兰肯斯坦隐喻。针对美国教育问责的发展现状，Dorn（2007）直言不讳地指出，现行问责政策催生出来可称为"问责弗兰肯斯坦"（Accountability Frankenstein）的怪物。它是技术统治论（Technocratic）带来的灾难。一方面，使教师偏离了教学任务和教育的去人文化；另一方面，又带给人们通过统计公式可以改进教育的希望以及舍此无法减少教育不公的恐惧。从深层上来讲，这种问责怪物源于美国民主传统中对教育的自相矛盾的理解和期望，人们希望教育系统既能够奖励精英，又能够制造平等；既坚持技术专家的价值，又强调公开透明的意义；既鼓励教育的公共目标，又倡导提升家庭和学生的私人利益。可以说，这既造成了问责政策的反复无常，又进一步加剧了大学责任的摇摆不定。

（5）雨伞隐喻。Bovens（2007）对于问责的讨论话语中，经常充当"概念伞"（Conceptual Umbrella），它包含了不同的其他概念，如透明度、公平、名著、效率、回应、责任和完整性等。与此类似，问责是一种法律和政治思想中的"时尚"（Fashion），如同披在衣服之外的"斗篷"（Ponchos），会不断改变形状和颜色。

（6）烟幕隐喻。Orlich & Ratcliff（1977）问责并没有解释政策形成和变化的过程，它是完全实用主义和机械性的，教育问责犹如"烟幕"（Smokescreen）一般，它并不能提供真实问题的解决之道，它威胁到对作为美国教育独特价值的人文传统的任何期望。它是将工业性的思维应用到非工业性的问题之上。在这个意义上，问责实质上隐晦地意味着是"不负责任的"（Irresponsible），问责的支持者不能提供一种确认和发展切实可行的学习策略，以应对教学过程中存在的问题，如此，问责到底走向何方就成疑了。

此外，Brandsma & Schillemans（2013）提出了"问责立方体"（Accountability Cube）观点，为进行问责分析提供一种可操作化的框架，并对于责任分析亦有启发意义，如图2-5所示。

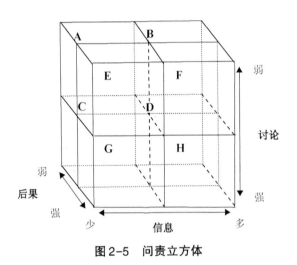

图2-5　问责立方体

具体而言，这一立方体由3个维度构成。其一信息（Information）水平，主要是指处于问责过程核心的评估信息，涉及相对于预定或形成的规范而言的数据、问责义务和负责对象；其二讨论（Discussions）强度，主要是指问责的规范与要求；其三后果（Consequences）程度，主要是指可使用的正式惩罚、实际效果或产出。3个维度的彼此交叉，可以形成由A到H的8种条块。在F条块中，3个维度的要求均为最高，意味着信息充分、规范严格和有多种机会施加惩罚的问责情形，因此可以被称为是"最强问责"；与之相对是C条块，3个维度的要求均为最低；其他条块则在这3个维度的不同水平上相互组合。由此，既可以形成以F和C分别为两个极端，其他条块分布其中的问责连续体；也可以构成以F（责任清晰化或最大化）为一端，以C（责任淡化或最小化）为另一端的责任连续体。其中，其他条块由于在3个维度上的组合存在不同程度上的欠缺，责任的模糊性就会成为常态，在由 F 向 C 滑动中，责任的模糊程度则会不断增强。①

4. 大学责任的问责限度

在由问责向责任"回溯"的过程中，就面临着诸多难题。

（1）归责链条的断裂。就大学而言，有关责任的讨论主要是联系大学组织的价值与功能来阐发的。或者说，大学责任更多的是一种以期望的方式来表达的"积极责任"。当以问责的方式来反观大学责任时，同样存在上述问题。Barnett（2000）认为，与大学相联系的责任都有被认可的价值背景，但这些价值并不具有任何确保意义的支持地位，这些价值假定它们的目标是可实现的，但事实上往往不可企及，大学被认为是实现这些价值的工具，但这种假设难以成立，大学没有空间与自主用以达成这些目标。

Weiner（2001）提出，在责任归因与推断的过程中，引发事件的原因能否由行动者自己控制，可以导致两种不同的结果，例如：

a. 失败—缺乏努力所致—原因可控制—应当负有责任—愤怒—消极评价

b. 失败—能力欠缺所致—原因不可控制—不负责任—同情—撤除消极评价

Weiner 强调，这一责任推导的动机过程并不仅限于对成就评估的解释，其他的观察也可以纳入相同的概念框架之中。由此，对比大学问责的社会归责过程，往往是事件—不满—问责的直接跳跃，忽略了对大学责任能力的认定和考察，从而存在着对大学责任归咎错位的风险。例如，针对教育质量水平的评价，就存在学术标准和社会标准的对立与分割，大学只能对前者负责，而几乎无力撼动后者。因此，让大学为教育质量负担全责或无限责任，是有失公允的。同时，庞勒（2004）提出，社会大众群体只是一帮"乌合之众"，它们没有推理能力和批判精神，不能辨别真伪，仅仅接受那些强加给它们的判断。在这个意义上，归责链条中理性分析环节的缺失、社会群体傲慢与偏见的消极影响，也有了放大的可能。或者说，对大学的归责需要一种具有权威性的社会"论坛"（Forum）来充当法庭角色（Bovens，2007），对大学的行为与责任作出审判。不无讽刺的是，大学自身在传统意义上正是这个法庭

---

① Kearns（1996）也曾提出过"问责立方体"的观点，它由组织负责对象（外部的更高权威、内部的更高权威、社会公众）、组织运行标准（明确的与隐含的）以及组织反应选择（战略的与战术的）3 个维度构成，由此可以形成类似 Brandsma & Schillemans（2013）的不同问责条块。遵循同样的思路，前者亦可以形成一条由责任相对清晰不断趋向模糊的连续体。

的陪审团成员甚至是法官，它必须回避，不能为自己作有力的辩护，否则就可能面临"自证其罪"的窘境。在最需要理性、智识与对话的地方，大学却缺席和失语了。更为重要的是，由于缺少"控诉双方"充分的辩论和必要的救济机制，这也为"多数人的暴政"提供了可能。

（2）归责方式的发散。从责任到问责的逻辑延展中，问责机制的松散性也是难以实现责任的原因之一。或者说，在某一关系结构内问责形式的目标与手段之间，以及不同问责形式之间是相对松散的。以院校绩效评估为例，如表 2-5 所示。①

表 2-5　院校绩效评估

评估工具	首位目标	次要目标	再次目标
专业评议数据（Academic Program Review Data）	1	2	3
校园环境调查（Campus Climate Survey）	2	4	6
大学生选择调查（ASQ）	2	7	6
薪酬基准研究（Salary Benchmarking Studies）	2	3	6
雇员满意度调查（Employee Satisfaction Survey）	4	3	6
ACT 学生意见调查（Survey of Student Opinions）	5	2	7
肯定行动分析（Affirmative Action Analyses）	6	2	1
ACT 学生需要评估调查（Students Needs Assessment Survey）	7	2	—
职业计划调查（Career Plans Survey）	7	1	—
大学生学习性投入调查（NSSE）	7	2	—
内部审计/财务控制（Interal Audit/Budget Control）	3	2	—
学生学习评估（Assessment of Student Learning）	7	2	1

如此之多的评估方式之间欠缺内在联系，既容易淹没院校绩效的主要方面，加重院校的负担，也体现了由社会期望引发的合法问责目标与有效问责机制供给不足之间的断裂。更为重要的是，公立大学问责的发展往往是满足特定群体利益或需要的功能性措施，外部需求增加则问责措施相应增长，从而极大地刺激了绩效评估等归责工具的极大分化，既加重了公立大学的负担，也容易产生为了问责而问责的偏执，忽略问责方式的合理性

---

① 原表中评估工具共有 29 种，此处只选取了其中的 12 种。表中的数字代表评估工具所指向的院校绩效的不同方面，或者可称为测量的目标。1 代表"达成使命和目的"，2 代表"执行计划，资源分配以及院校改进过程"，3 代表"有效使用院校资源"，4 代表"提供领导力和治理"，5 代表"提供管理结构和服务"，6 代表"证明院校完整性"，7 代表"确保院校过程和资源为学生和毕业生提供适当的学习和其他结果的支持"（Middaugh，2007）。

并遗忘最终的目标追求。

（3）归责效用的局限。如果我们把大学责任简化为大学质量的话，从技术角度来看，评估技术本身所存在的障碍，难以完全体现高等教育质量的全貌。Millett et al.（2007a）提出，除了通识性技能和专业知识技能之外，高等教育质量还包括满意度、伦理价值、公共参与和公民准备等方面，它是一个可根据院校定义和外部讨论的发散概念。Dwyer et al.（2006）认为，在进行质量评估之时，评估本身的质量也面临挑战，主要包括：想要测量的事物到底有多少在实际上被测量的？没有打算要测量的事物有多少在实际上是被测量的？测量的预期和非预期后果是什么？为回答上述 3 个问题，能否拿得出支撑证据？

许多学者认为，教师不应对学生的学习负责，他只对自己能够掌控的教学和行为负责。教师个体首先应当对自己的良心，特别是对自己的学术标准和智力品质负责（McConnell，1971a）。教育者几乎无力左右那些能够对学生个体学习产生深远影响的外在因素，因此他们也就不应当为这些不可控的因素产生的教育结果而承担责任（Rhodes，1970）。Hunkins（1972）也认为，教师只应当为自己的行为负责，教师的作用只在于为学生学习创设必要的自由环境，拟定学习主题和指导有效互动，学生应当为自己学习选择及其结果负责。颇为值得玩味的是，强调大学和教师有限责任的论调，在 20 世纪 70 年代高等教育问责发展的早期尚能耳闻，随着时间的推移，这种声音逐渐被要求更多问责的呼声所掩盖。

随着学生学习结果成为高等教育问责的重点，大学的处境变得更为微妙。虽然影响学生学习结果的诸多因素是不受自己控制的，大学却要为之负责，并被贴上低绩效或学生失败的标签，沦为"被谴责的受害者"（Blaming the Victim）的地位（McDermott，2007）。它意味着社会将大学之外的利益相关者剥离开来，并试图通过改变大学中教师与管理者的行为而不是直面在社会安排中造成问题的真正原因。大学成为众矢之的和人们发泄社会不满的替罪羔羊，而院校的"污名化"更强化了其不利地位，并使得削减教育投入或施加惩罚得以合理化。可见，对问责与责任之间钟摆式的自由往复的想象会遇到多种阻滞。在某种意义上，这对看似孪生双子的两个概念，其实可能是同床异梦（Strange Bedfellow）。

（三）走向共同责任

转向共同责任或关联性责任，可能是破解问责的责任困顿的选项。它是对现行大学问责活动的颠覆和超越，是一种重新思考和认识责任，增强问责自反性的思维方式和总体原则。[①] 作为上述理论的推论，社会对人类行动具有独立的因果影响，然而社会也只能通过人类行动而存在，并且后者在运行中复制或改变前者。在进行责任分析之时，应当反对归责的个体化与原子化，凸显在分析诸如评判、责任和应受谴责性（Blameworthiness）中关联性（Relationality）的重要性，主张责任应当以一种非个人主义的以及关联的方式来加以理解，这样的理解是个体与其所处共同体之间的归责关系理念（Idea of Blaming Relation）的基础。Norrie（2000）认为，个体存在被关联性地定位于结构和行动之间，并发展出了反映这两个方面的自主与责任的模式。责任在同一时刻既存在又超越个体的道德行动者，它在个体和他所处共同体中的"重要他人"之间，事实上也包括共同体本身在内，同时进行分担。在我们进行责任归咎之时，必须考虑到以下事实，我们的判断植根于根深蒂固的社会不公正和社会冲突的土壤，只要考虑到我们对责任所处社会的不同理解，就会对责任的模糊性和判断的矛盾性的不断增长不会感到意外。我们被分裂在"宽恕伦理"（将个体置于情境之中）与"谴责伦理"（视个体为应承担责任的行动者）之间（Norrie，2000）。

Berman（1972）指出，在教育问责系统中，"互惠性"（Reciprocity）或互惠关系应当给予最高优先性。大学与外界的关系犹如一对夫妻，"婚姻"的维系有赖于双方合作性的和相互性的关系安排。如果对"婚姻"中产生的问题进行追责的话，那么就不仅仅是其中一方而是双方都需要承担责任。鉴于这种共同责任的要求，在对大学问责进行责任追问和归责过程中，有必要在政府与大学之间推动"理解共同体"（a Community of Understanding）的建立（Millard，1976）。或者说，真正的大学问责，应当超越制度和技术层面，建构包括良心、同情和勇气等道德要素的氛围，在不同利益相关者之间孕育出"关爱共同体"（a Community of Caring）的联系纽带（Bogue & Hall，2003）。

---

① 在哲学层面上，Roy Bhaskar 认为，把握事物的整体性（Totality）就是打破我们关于同一性（Identity）的一般观念，"事物是通过与其他事物的关系而构成了自身的存在，并且彼此之间相互渗透"（It is to see thing existentially constituted, and permeated, by their relations with others）；在整体性的范围之内，我们需要形成"存在体关联主义"（Entity Relationism）的概念。参见 Norrie（2000），原文出自Bhaskar（1993）。

四、信任逻辑

(一) 大学信任的损蚀与问责的发生

在现代社会，信任是一种重要的文化资本和社会资本，对于降低交易成本，促进社会交往与联合具有重要意义。Fukuyama (1995) 提出，"一个国家的福利及其竞争能力受制于一种独特的和渗透性的文化品质，即社会固有的信任水平"。信任是如此之重要，但在高等教育情境中，政府、公众等外部群体对大学的信任却在不断损蚀 (Erosion)。人们对于学院和大学不再怀有敬意，而是将其视为不过是另一种在成就表现上好坏掺杂的产业而已，虽然并没有迹象表明大学正在走向崩溃，但对学术的高度信任的确在损失 (Massy，2003)。在社会看来，大学过于保守和对自己的内部事务讳莫如深，并且在很大程度上背弃和偏离了教学育人的传统角色和使命。[①] 也许从更广泛的社会视角来看，公众对整个社会组织的信任都在下降。有民意调查显示，公众对公私机构的决策，都在不断丧失信任，公众对社会机构的问责并不局限于高等教育 (Business-Higher Education Forum，2004)。可以说，大学信任的损失为高等教育问责的发生埋下了更为弥散和广阔的社会心理根源。反过来讲，当"失望成为公立高等教育系统、市场驱动的高等教育系统以及所有二者相互结合系统的一个主要问题" (Clark，1984)，借助问责这一制度安排，在追求大学的产出、效率、质量等多重目标的背后，实际上隐含着试图修补或重建对大学的信心乃至信任的深层期待。尽管如此，就问责与信任的关系，不

---

　　① 尽管大学的"信任危机"这一提法在学界存在不同争论，并且许多学者极力为美国高等教育进行辩护，认为"信任危机"只是部分权威人士的观点，不能代表广大人民众的意见，而且缺少系统性的证据支撑，但也不得不承认，"毫无疑问，公众对高等教育的信任程度已然滑坡" (Birnbaum & Shushok，2001)。也许，为美国高等教育辩护这一举动本身就意味着，美国大学的信任问题已经到了不能置之不理、听之任之的地步了。与此相似的是，在考察英国高等教育之时，Trow (2006) 提出的"十大惊讶" (Ten Surprises) 之一，就是历届英国政府对大学信任的逐步撤销以及与此紧密联系的政府对大学的持续敌意。可以说，当政府从与大学之间的关系中收回了至关重要的信任要素时，大学内部的自我改进就得不到支持，而诉诸外力来推动大学变革的观点得以强化。在现代大学发展中，虽然大众化的本意在于将接受大学教育由少数人的特权转变为广大公民的普遍权利，推进民主化进程和实现社会平等，但一个基本事实是，"学生人数的扩张使所有阶级都获益，但不均衡的是，原有特权阶级从中得到的好处更多……大扩张急剧地颠倒了人们的期待，重挫了人们的希望，并增加了学生的不满" (Perkin，1984)。随着高等教育规模的急剧膨胀和公共财政的紧缩，"大学是'圣域'或'私域'的观念——学术组织相对于其资助者所具有的终极意义的不可渗透性——已被打破。一种更具管理主义和更专断的权威和权力模式，从自由协商的赞助关系中浮现出来" (Kogan，1984)。

同学者的观点大体上可以分成对立的两派。①

(二) 信任与问责的关系分析

1. 信任

从社会学研究的范式出发，Sztompka（1999）在考察其他学者观点的基础上认为，"信任是关于他人未来可能行动的赌博"。在经济学的话语中，信任则被视为一种期待，它与主体在不确定性和信息不完备环境中的冒险行为有关。在高等教育情境下，Trow（1996）认为信任意味着由公共或私人机构提供支持而不要求院校提供具体物品和服务作为回报以及详细解释资金的使用情况。在一般意义上，信任关系极易受到关系中任意一方的侵犯或收回信任而破裂，具有极强的脆弱性（Vulnerability）；信任关系的形成与发展只能被给予，而不能被要求或依靠强力撮合；信任一般是指向未来的，与一定的期待或价值相关，并总是与风险和不确定性联系在一起。参考 Blomqvist（1997）对信任研究的梳理，本书尝试构建一种包容性的大学信任分析框架，②并建构贯穿不同信任维度的连续体（Continuum），如图 2-6所示。

图 2-6是一种粗略勾画出来的大体轮廓，是一种理论意义上的理想型

---

① a. 问责会破坏或替代对大学的信任。Trow（1996）直言不讳地提出，问责是对信任的替代，强化问责的努力往往会弱化信任，问责愈是严厉和具体化，就愈难以揭示高等教育机构真正需要为之担负起责任的深层事实。贝尔特与希普曼（2007）也认为，当大学的公共信任受到破坏和侵蚀时，往往寻求通过外部规章制度和业绩考核的方式来重建公众信任。然而，由考核所建立的业绩测量和"考核制"会对信任造成侵蚀，并鼓励一种"引起别人注意的行为模式"，吵闹和抱怨更多的人往往获得更多更好的利益，但"失去了以前高贵知识给予他们的尊重"。Carless（2009）认为，在过去 25 年左右，管理主义已经取代了信任，与之相连的一个风险是，问责会成为不信任的源泉而非对不信任的补救。b. 问责有助于建设大学信任。问责提高了大学运行的透明度，为外部群体审视和检查大学内部的财政状况与教育活动提供了可能。SECFHE（2006）指出，为应对 21 世纪的挑战，高等教育系统必须创建一种强劲的问责和透明度文化。在 Wellman（2006）看来，高等教育问责包含了公共信任的维度，这要求以公众所能理解的方式来进行沟通。只有信息充分和公开，教育管理部门才能形成科学的决策，广大教育消费者才能就教育供给作出合理选择。在问责的要求下，大学就诸如成本、价格、学生学习结果等事务进行报告和证明，与学生及其家庭等利益相关群体分享信息，从而为赢得信任打下基础。可以说，上述两派都有各自的合理性，但彼此对立的观点与各持己见加深了认识的模糊性。因此，厘清问责之于大学信任的关系，回答问责为何破坏（或建设）以及在何种程度（或维度）上破坏（或建设）大学信任这一纠结的核心问题，就需要从多维分类出发加以梳理。

② a. 哲学维度上基于善（Good）的信任。具有极高的信任度，信任的脆弱性极其微弱或趋向消失，不计信任的风险或后果；认为大学是真理的圣殿和社会的良心，是世俗中的"教会"，强调大学的神圣性和超越性；大学相对游离和超越社会之外，处于关照社会的"父爱主义"（Paternalism）的地位。b. 社会学/伦理维度上基于善意（Goodwill/Benevolence）的信任。绝对的和抽象的信任被打破，

（Ideal Type）。不同维度本身具有包容性，各维度之间的边界是相对的和开放的，彼此并不决然排斥。作为一种连接两极的连续体，在最基本的意义上，表现了一种对大学信任程度的递减关系，亦即从极端信任这一端，随着信任度的降低，逐渐发展到信任的不断损失和不信任成分的增加，进而滑向居于另一端的完全不信任，以及与此相关的大学观念和大学—社会关系的逐步变迁。这一连续体也包含了随着量变的累加和集聚进而导致由部分质变到完全质变这一事物发展的趋势。

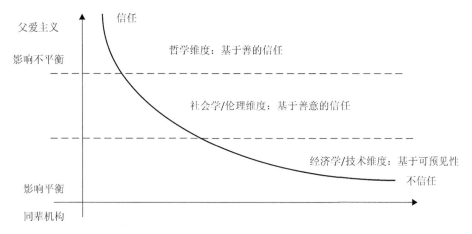

图 2-6　信任—不信任连续体

2. 高等教育问责

参考 Trow（1996，1998），Schillemans（2008）有关高等教育问责分类的思想，结合不同学者经常使用的硬性问责（Hard Accountability）与柔性问责（Soft Accountability）的描述性提法，本书尝试构建一种更加综合化和富有弹

（接上注）

信任度降低，强调基于相互依存和共同利益的风险分担，能容忍短期的期望落空或利益损失；认为大学是由公共财政建立和资助的公共部门，强调大学的公共性（Public Good）和功用性，认为大学要受到自身的伦理约束，服务于经济社会发展，并有助于增进全社会的福祉和公平；大学地位下移并与社会逐步接近，受外部环境的影响逐渐增强。c. 经济学/技术维度上基于可预测性（可对比性、透明度）的信任。信任度较低，不信任增强，注重外部控制与制度约束，不能容忍任何不利的后果或行为；认为适用于其他社会组织的制度或规则，尤其是受供需规律支配的市场博弈大学不能得到豁免，强调大学的私人受益性（Private Good）和竞争性；大学去魅化并不断向社会中心位移，成为可与其他社会组织等量齐观的同辈机构，外部环境影响可以穿透和改造大学。

性的高等教育问责分类框架,① 并建构贯穿不同问责维度的连续体,如图 2-7 所示。具体而言,问责的性质在极端硬性与极端柔性之间滑动。与此相伴,问责的形式和内容以及大学—政府关系的逐步调整和改变,与信任连续体相似,问责连续体也是经由理论抽象而得到的关系结构。为简约化和明晰化起见,将信任与问责两个概念基于各自分类框架所构建起来的连续体并置,如图 2-8 所示。

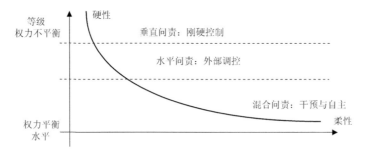

图 2-7　硬性—柔性问责连续体

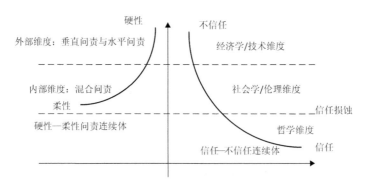

图 2-8　信任与问责综合分析

---

① 　a. 基于刚硬控制(Rigid Control)的垂直问责(Vertical Accountability)。问责标准精细化和条文化,具有统一性和强制性特点;通过政治或行政的方式来问责大学占主导地位,强调以前摄性(Ex Ante)的法律与规范管理、支配甚至最大限度控制大学;要求大学的依附和顺服,违反或不能达到相应标准就会遭受制裁和惩罚。b. 基于外部调控的水平问责(Horizontal Accountability)。问责的硬性减弱和趋向柔性,问责标准有一定的弹性,具有情境性和诱导性特点;政府放松管制(Deregulation),政治与行政权力的影响下降,通过市场与社会的途径来干预大学的影响上升,要求大学对自身运行状况向外部利益相关者进行报告和证明,强调结果和绩效,以及以评估、测量等外部机制进行事后(Ex-post)矫正;要求大学的回应和应答,违反或不能达到相应标准会带来经济损失或在资源分配和市场竞争中处于不利地位。c. 基于外部干预和内部改进结合的混合问责(Mixed Accountability)。问责的柔性增强,问责标准由外在趋向内控,具有一定的自主性和选择性;政治与行政权力的影响进一步下降,市场与社会的影响减弱,学术自由和自治的传统力量上升且抵御外部干预的力度增强,要求以专业主义为主导和自我审查的方式来评估大学;违反或未能达到相应标准会降低学术士气或招致内外批评;这种问责关系的极端是大学并未开展实质性行动而仅仅是象征性问责的姿态。

在问责与信任双方的不同维度之间，并不是一种严格意义上的对应关系，而是强调在两条连续体的各自"运行轨迹"之间所存在的一种不甚精确但总体较为明晰的相关关系。两种连续体所共有的"纵轴"，反映的是一种"自上而下"或"自下而上"的关系类型，力图将政府—大学以及大学—社会之间关系统合进来。"自上而下"意味着，"高等教育机构仅仅服从由国家权力强加并由政府发起的政策倡议"，大学的社会地位与一般社会组织无异，大学的行动强烈地受制于外部影响。"自下而上"的特征是，"高度的院校自治和更多依赖于竞争性市场而非国家立法权威的控制机制"（Goedegebuure et al.，1993）。大学受人敬仰，超脱于社会之上，但这种地位随着外部群体对大学"工具理性"偏好的逐步膨胀而不断削弱，这一图景试图说明以下基本观点：

（1）高等教育问责的出现与发展本身，就是对哲学维度的信任或对大学的理想主义的背离或破坏。当试图以外部问责的方式来"强求"或修补信任关系时，与之伴随着信任的损失和不信任的出现，作为一种完整意义的信任关系实质上已经开始悄然异变。或者说，即使是以"柔性"问责的形式出现，也无法驱使外部群体对大学的信任深入到"不证自明"的"善"的层次。

（2）问责愈是趋向"硬性"，愈是诉诸法律或行政的方式来施加影响，愈是追求数量化和可靠性，愈是带有直接的和不以大学意志为转移的后果，也就愈偏离对大学基于"善意"乃至"善"的信念。

（3）要求大学顺应外部约束，向外界报告和交流信息，有助于提高大学运行的透明度与产出的可预期性，这与经济学/技术维度的信任是高度契合的。然而，使用技术控制减少复杂性的过程本身会增加新的复杂性。仅从这点来看，外部干预对于技术维度信任的获取与维持，也并没有一劳永逸的方案。

概言之，问责之于大学信任是一把"双刃剑"，既发挥建设性作用，可以通过工具性和精细化的手段来解决技术维度的信任问题，又具有潜在的破坏性，极易忽视或偏离大学公共性的基本目标，并消解和动摇人们对大学在哲学维度的"终极"信任，使得问责因其自身而削弱了价值关怀。可以说，这些构成了大学问责与信任相互关系中的一种悖论与两难。

（三）大学问责的"信任两难"

1. 信任与不信任

外部问责的本质是防御性的和怀疑主义的。行政问责的出发点是防止公权的滥用，企业问责的出发点是防范私欲的膨胀和"机会主义"（Opportunism）。循此理路，可以说，高等教育问责构建信任的逻辑起点是"制度化的不信任"（Institutionalizing Distrust）。"这为那些甘冒信任风险的人提供了一种支持或保障，为那些蓄意背叛信任的人设置了屏障，并为实际侵犯信任的行为预立了一种矫正机制"（Sztompka，1999）。不仅如此，在要求大学就绩效、产出和质量诸方面进行报告、出示证据和接受检查之时，高等教育问责对信任的"建设"也就极易出现"信任外部化"（Externalization of Trust）或信任替代（Sztompka，1999），即把对大学的信任转移到对体现非个体化、客观性和可比较性的"数据的信任"（Trust in Numbers）。从"不信任"的起点出发，经由信任的替代，这种"反向构建"和"迁移构建"的方式，在何种程度上真正有助于发挥高等教育问责对于大学信任的建设性作用，是值得反思的。①

2. 信任与透明

在问责的逻辑中，将"不可视变为可视"（Making the Invisible Visible）面临的困境是，信息更多，理解却更少，尤其是信任更少（Strathern，2000）。在这个意义上，问责在强调收集和获取信息、专注于信息的客观性和精细化的同时，也将公众的注意力集中在信息本身之上，而忽视了信息所包含的意义，屏蔽了对大学的道德因素和情感因素的考量，最终结果可能不仅于大学信任无所裨益，而且还可能会出现"透明的暴政"（Tyranny of Transparency）。同时，不透明或模糊性（Obscurity）在大学中具有自己的合法性。学术生活中最为关键的要素是一种将时间、空间、材料和智力等资源适应于情境性和特殊性学习与教学活动的自发性（Trow，1975a）。这种自发性是大学创造性的源泉，但也尽显模糊，不仅难以复现和提供证据，而且也难以将其过程和机理转化为一种可交流和扩散，并为公众所能理解和接受的一般话语。更为重要的是，模糊性本身就依赖于一定程度的信任。当使模糊向透明转变，更加注重细节时，也就意味着大学信任遭受侵犯，而这恰与问责试图通过增强透

---

① 有学者提出，量化是问责发挥作用的重要途径，也是解决由于社会距离的增加而使信任变得更加困难这一问题的方式。建立于不信任之上的正式问责机制，试图在新的客观证据的基础上重建信任。自相矛盾的是，在通过量化克服社会距离和不信任之时，由于排斥个体证据和非系统性证据的作用，又制造了社会距离或不信任（Hoffer，2000）。值得玩味的是，作为现代社会复杂性的体现，信任也面临着"对信任的信任"（Trust Trust）的疑问（Gambetta，1988）。信任是一种非常独特的信念，这种信念并不取决于有多少证据，而是取决于缺少相反的证据，如果证据能够解决信任问题，那么信任就根本不再是问题了。且不论信息的收集和交换可能会非常昂贵、困难甚至是不能完成，也不提难以完全消除过去的证据在未来产生偏差的风险，问责关键之点在于，信任自身就会影响着我们所搜寻的证据，虽然找到不值得相信行为的证据很容易，但要找到信任的确凿证据则几乎不可能。

明度以重建大学信任的本意相悖。①

五、小结

从 AGIL 理论出发，历史逻辑（G）体现了高等教育系统对外部环境变革的适应，知识逻辑（L）体现了维持和再生产学术秩序的要求，责任逻辑（A）体现了回应社会对大学使命完成的期待，信任逻辑（I）体现了大学与社会之间深层关系的变动过程。总体而言，美国公立大学问责从 4 种逻辑与力量编织的"场域"中发生出来，如图 2-9 所示。②

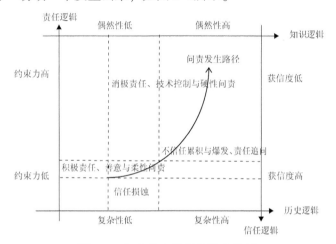

图 2-9　问责发生逻辑的综合分析

---

①　随着问责结果与大学切身利益直接挂钩，对透明的追求也可能导致对信息的有意操控，即大学为迎合问责的需要或公众期望，利用自身的专业特长，将对自己不利的信息加以回避、掩饰或篡改。在这种情形下，透明度鼓励的是不诚实和欺骗行为，最终减少人们的信任。O'neill（2002）也提出，"如果我们希望重建信任，我们需要减少的是欺骗和谎言，而不是秘密"。可见，在信任和透明相互关系上存在内在张力，增强透明度的努力，在可视化和开放性方面修复和建设信任关系的同时，也潜藏着削弱甚至颠覆信任的风险。由此，从理论分析层面探讨大学问责的"信任两难"的意义也许就在于，加深外部群体对高等教育问责复杂性的理解，并以更加理性的态度来反思问责作用于大学的目的和方式。

②　这一图景参考了 Münch（1982，1987）在分析与重构帕森斯行动理论时提出的条件与符号复杂性、行动与结果偶然性两个维度。在 Luhmann（1999）看来，复杂性（Complexity）可以理解为可能性，并且这种可能性总是比那些被实现的部分要多。偶然性（Contingency）可以理解为显示出的可能性在进一步的经验过程中会与预期不相符合。在实践意义上，复杂性意味着强制进行选择，而偶然性意味着失望的危险以及必要的冒险。就历史逻辑而言，复杂性低表现为大学的传统与封闭，复杂性高表现为大学的现代与开放。在知识逻辑上，偶然性表现为知识行动的不确定性，它与历史逻辑的发展方向相同。在责任逻辑上，约束力意味着要求追责的压力及其后果的强度，它与在信任逻辑上获信度的发展方向相反。社会的结构分化和不断开放增加了环境复杂性，传统意义上大学—社会严格边界的打破、大学行动空间拓展与社会影响扩大增强了大学行动的偶然性，都使得在不确定性发展的脉络下以对基于不信任的技术控制和消极责任的强调作为回应，由外部主导的追求实质性意义的强硬问责方式受到更多的青睐。

第三章

美国公立大学问责的发展动力

　　自孔德（Auguste Comte）将社会学研究分为"静力学"与"动力学"以来，对社会动力的分析往往与变迁及其背后的作用力量联系起来。在 Luhmann（1982）看来，帕森斯并不是排除了变迁，而是从稳定的角度来审视；稳定问题正是帕森斯由行动理论向系统理论转变的重要切点，并且可以分解为两个方面，除了系统与环境之间的分化问题之外，还包括时间问题，即现在与未来之间或者说现在的行动与行动所采取手段和追求目的之间的紧张。事实上，从历史来看美国高校的发展，就表现为从宗教机构和宗教利益中逐渐分化出来，并不断增加与科学和学术探究联系的过程（Parsons & Platt，1968；1967b）；正是基于现代高等教育的研究功能极大突出这一点，使帕森斯对社会变迁的关注与对高等教育的兴趣连接起来（Parsons，1971b）。

　　"分化"（Differentiation）是结构功能流派理解社会变迁过程的重要概念。分化途径描述的现代社会变迁的重要方面之一，就是多功能的社会机构及其角色会被功能更加专门化的单元所取代。面对社会需求，未能充分发挥功能的结构以及由此导致的广泛不满和结构压力（Structural Strain），会促使社会创造出更有效率和分化的安排，更加专门化结构的制度化会增加社会系统及其子系统的适应能力或推动"适应性升级"（Adaptive Upgrading），与高水平的分化相联系的是"价值普遍化"（Value Generalization），更好的"容纳"（Inclusion）以及专门化整合机构的出现（Colomy，1990）。Parsons（1966）将这种与"四功能范式"分析思路相互贯通，由分化、适应性升级、容纳与价值普遍化4个环节构成的社会变迁过程，一般化为"渐进演化模式"（Paradigm of Evolutionary Change）。

　　这种分化具有多种意义，大学与社会系统之间的"边界"以及维持大学稳定，适应外部环境变动的"自我调节"机制。针对"美国社会"的研究不可能做到穷尽所有的具体实体，研究者必须在认知可行性的范围中"自我意识地"选择进行研究的方面或特征（Parsons，1975）。社会系统结构分化带来的是高等教育自主增加并与其他社会结构相互依赖增强的"悖论"（Parsons，1969b）。从美国公立大学的现实境遇来看，为国外同行所钦羡的高水平研究并没有成为其摆脱纷争并免于质疑的理由。恰恰相反，公立大学问责在多种力量的作用下持续发展。本书认为，基于 AGIL 理论，推动美国公立大学问责发展的社会动力主要包括政治化动力（G）、市场化动力（A）、社会变迁动力（I）和系统扩张动力（L）。

一、政治化动力

"政治化"体现了高等教育卷入社会事务以及社会涉入高等教育的一种双向渗透的过程与状态，就本质而言，它意味着高等教育作为国家头等重要的事业以及经济与社会政策的关键因素，其活动原则必须符合国家需要和广泛接受的社会标准（范德格拉夫，2001）。现代大学必须接受作为外部约束集中代表的政府部门的控制，而权力的流动与表达是保障公立大学忠诚和服务于政府政策目标的基础。Parsons（1963c）认为："权力是一种保证由集体作出的具有约束力的义务得以履行的一般化能力。这种义务被合法化并承担集体目标，一旦不服从就会由消极的情境性约束来强制执行。"帕森斯试图调和传统上关于权力的强迫性与合意性两种观点，认为应当将二者所体现的强制惩罚的控制与一致及自愿合作的意愿结合起来，并采用"一般化"与"合法化"的概念来定义权力。保证服从的一般化能力不仅仅发挥强加特定约束行为的功能，还是象征性的媒介。权力的合法化则涉及一系列期待，它类似于货币系统中对于货币单位的相互可接受性和稳定性的信任。二者共同关系到权力的合法占有与使用，以及使服从的获得更加具有"内在有效"的问题。实际上，有关权力的理论与观点是极其复杂的。Isaac（2004）对于权力模式进行了四种理想型的分类，主要包括植根于社会契约理论传统与个体主义方法论的"唯意志论者模式"，植根于德国现象学并强调共享规范的"解释学"或"沟通"模式，植根于马克思和涂尔干思想并强调权力的结构客观性与结构化关系的"结构主义者模式"，以及由福柯和当代女性主义者所发展并强调语言和符号处于权力中心的"后现代主义者模式"。帕森斯的权力观可以看作是一般化流通媒介与上述沟通模式和结构模式的融合。

具体而言，联邦政府与州政府运用权力干预公立大学的方式有所不同。在 Trow（1993）看来，"联邦主义"（Federalism）是美国高等教育系统治理与财政的主要决定因素，它强调分权控制和州政府的教育责任，在当代主要表现为拨款来源、学生资助与州级协调和支持的多样化与差异性。不可否认的是，联邦政府也通过多种途径加大了对高等教育的影响力度。其中最为重要的形式之一，就是通过立法扩展联邦在高等教育财政中的作用。例如，1965 年《高等教育法》为高校图书馆建设和改善本科教学提供资助，并在第四部分（Title Ⅳ）批准设立学生资助项目。该法案在高等教育中创设了一种全新的联邦角色和目的，即促进平等机会。联邦政府第一次将移除阻碍低收入学生进入大学的栅栏尤其是价格栅栏，设定为自己的目标（Mumper et al.，2011）。此后联邦政府不断以再授权的方式对其予以修订，但组成学生资助项目的基本结构大体上被保留至今。[①] 此外，联邦政府还通过科研拨款，税收优惠政策等形式作用高等教育。联邦政府的拨款占所有高校科研经费的 60% 左右，并且在高校间的分配范围趋于扩大。虽然顶尖的研究型大学仍然获得了科研拨款的多数，但从 1950 年到 2000 年，最好的十所大学占有的拨款比例从 43% 下降到 21%（Fairweather，2009）。

从项目实施来看，联邦政府的学生资助政策逐渐发生了漂移，从以补助为主转向以贷款为主，如表 3-1 所示（Baum，2008）。对于补助与贷款之间的失衡局面，Hartle & Galloway（1997）认为，强调贷款已经潜在地动摇了由父辈为下一代的大学教育付费的社会契约，并且会损害联邦政府保障中低收入家庭学生接受高等教育的允诺。考虑到一些族群不愿大量借贷，任何从补助向贷款的变动都会极大减少那些最需要援助的群体进入大学的机会。Hearn & Holdsworth（2004）也承认由补助向贷款的转移会产生令人不安的社会影响，但是他们也指出，联邦的担保贷款努力看起来缺乏任何的内在指向但却适应了学生、贷方以及高校变化的需要。鉴于贷款的中心地位不会在短期内消失或减弱，现在最为重要的是从大量的批判中汲取教训。

---

① 作为这一资助体系主轴的是基于需要的补助项目，开始被称为教育机会补助，后称为基本教育机会补助，最初由各院校进行管理。1972 年《教育修正案》在佩尔助学金的名义下对这部分补助进行集中统筹，并直接发放给学生用以减少入学成本。资助体系的另一组成部分是担保贷款项目，现称为斯坦福学生贷款项目。联邦政府为银行提供有限补贴和偿还保证，使学生能够从私人银行广泛获得相对低息的贷款。在最初的设想中，贷款项目的规模要远小于补助项目。资助体系的第三部分是为高校财务援助办公室提供资源以满足个体学生需要而设计的，包括联邦工读项目、帕森斯贷款项目以及补充教育机会助学金。2008 年通过的《高等教育机会法》进一步规范和完善了学生资助项目，并对大学学费透明度、州高等教育信息系统试验项目、州对大学教育可负担性的义务等方面作出了一般规定。

表 3-1 联邦学生资助构成

时间（年）	1975—1976	1980—1981	1985—1986	1990—1991	1995—1996	2000—2001	2005—2006
补助（%）	76	47	34	31	22	20	20
贷款（%）	20	48	62	65	76	71	73
工读（%）	3	5	4	3	2	2	1
其他（%）	1	0	0	1	0	7	6

不仅如此，自20世纪70年代末以来，联邦政府与高等教育在"二战"后结成的"伙伴关系"开始消解。社会学家Nathan Glazer对联邦政府调控高等教育与商业进行了对比研究。他认为1910—1980年，二者之于联邦政府的关系发生了互换。当罗斯福总统关注取缔垄断并使大型企业就范之时，大学几乎总是可以从联邦的管理措施中得到豁免。到了80年代，联邦政府对待商业和高等教育的态度发生了逆转，商业被给予了递增的豁免与奖励，高等教育则面临扩大的管理和规程。这种转变反映出一种不断生长的信念，即高等教育应当为自己的决定和行为承担公共问责（Thelin，2004）。

大学—政府的关系结构是底部厚重的。在公立大学的收入中，州政府提供的份额最大，并且多数公立大学的身份是受州资助的公共法人。公共法人（Public Corporations）是指由州建立并执行公共使命和服务的实体，它被赋予行动灵活性的同时也保留了公共问责的原则（Newman et al.，2004）。各州政府对公立大学的控制有所差异，但一般都涉及许可、拨款、管理院校以及与劳动关系、合同和债务有关的一般法律等方面（Cohen，1998）。同时，各州用以发挥监控功能的州级高等教育协调组织也具有不同的模式，Fairweather（2009）归纳出了其中的五种典型模式。①

———————

① a. 加利福尼亚州。加州的高等教育协调机构称为"加利福尼亚中学后教育委员会"。该委员会主要关注公立高等教育，并向州议会、州长和学术机构提出重要政策。发展和维护州级数据库，审查预算以及公立大学增设学术专业的提议，但它没有管理公立大学的职权。b. 马里兰州。马里兰州的协调机构称为"马里兰高等教育委员会"，它协调全州公立与私立院校。该委员会主要负责审定大学使命宣言，审查大学绩效以及业务预算，管理学生财政资助等事务。c. 密歇根州。密歇根没有州级的协调委员会，每一所公立大学都由自己的董事会治理。历史最为悠久的三所公立大学的董事会在全州选举产生，其他四年制公立大学的董事会则由州长任命。d. 纽约州。"纽约州立大学"（University of the State of New York，USNY）是负责全州所有层次教育以及图书馆和博物馆的机构，它有权许可和检查学校，颁发专业证书以及分配财政资助。e. 威斯康星州。"威斯康星大学评议委员会"是州级管理机构与协调委员合二为一的机构，它负责13所四年制公立大学与13所两年制社区学院。

　　与联邦政府相似，20 世纪 70 年代也是州政府与公立大学关系方式转变的重要时期。虽然州政府对高等教育的兴趣在 60 年代有所扩大，但 70 年代的趋势是，发展标准化预算过程以及行使行政权和立法权监督和控制公立大学的运行。从时段对比来看，公立大学在 1970 年可以享有以下权利：免受州政府拨款分配的控制；允许保留学生缴费收入；允许设立一定范围内的收费率；允许保留和使用所有的非直接成本收益；可获得一次总付拨款；可在不同专业之间转移资金以及不会因过度招生而遭受直接或间接的惩罚。到了 1980 年，公立大学在所有这些领域的弹性都被消除，并被施加了更多的控制。可以说，进入 20 世纪 80 年代，几乎没有人会声称大学拥有不受羁绊的自治了。John Millet 在对 25 个州进行研究后指出，大学自主在 1982 年处于三种实质性的威胁之下，美国自 1973 年底开始出现并在 1982 年更加显著的长期经济停滞，州政府（尤其是纳税人反对增税成功的加利福尼亚州和马萨诸塞州）财政的不稳定性，以及公众将高等教育视为主要经济资产和经济福利主要贡献者的关注的丧失，而州政府对公立大学控制的增强恰是这些力量的反映。Ernest Boyer 在 1981 年发表的一篇探讨高等教育财政政策的论文中也认为，我们不能再讨论大学自主了，因为没有大学是自主的，但我们可以讨论"结合"，让大学保持管理内部事务的必要自由，同时向公众证明自己能够以充分和有效的方式服务消费者（Curry & Fischer，1986）。

　　在这种背景下，州政府也就主导着公立大学问责的发展。对问责的期待可以从多位州长的言谈中体现出来，而最为集中的体现是由"全国州长协会"（National Governors Association，NGA）1986 年发布的《追求结果的时代》（Time for Results）报告。该报告认为高等教育是低绩效的，并呼吁质量的新标准。这也是高等教育第一次因绩效低而被政府部门严格审查。时任新泽西州长 Thomas Kean 就说，高等教育被批评认为承诺太多而兑现太少，毕业生甚至不能头脑清晰地书写和思考，并且大学不敢对自己的工作和产品进行评估与评价，也不敢使自己的断言证实生效。在这一时期，问责创议的共同目标就指向了提高学生绩效和成绩，而付诸落实的行动一般都是由州长发起的。例如，在密苏里州，州长就是采用了这种个人方式，他勾画出改进目标的轮廓，并邀请大学校长们举行会议以发展出实现目标的途径。许多州也都是采用这种尚不明确但要求大学推进新的评估的方式。到了 20 世纪 90 年代初，由于财政困难以及对于考试执行的争议，州政府开始推行要求大学报告学位完成与毕业生就业情况等学生结果的政策。在这一时期，阿肯色州、密苏里州与俄亥俄州都是采用信息报告的方式，而南卡罗来纳州与弗吉尼亚州采用的是关于效率的"报告卡"。这种报告政策的特点是界定共同的指标体系，建立时间期限以及报告的正式化。到了 90 年代末期，州政府政策转向了绩效拨款的政策，将年度的绩效报告与州的分配核心资金的过程连接起来（El-Khawas，2005）。究其原因，就是政策制定者意识到，仅仅依靠报告并不足以改进报告中呈现的指标的绩效，于是问责就意味着对客观信息和明确的财务刺激的关注（Zumeta，2001）。通过使用绩效拨款，州长、预算执行办公室以及州议会就能够以带有财政后果的具体化问责措施来影响大学的优先事务和行为。

二、市场化动力

Mortimer（1972）提出，由外部压力驱动的更多问责的要求，会使公立大学更接近于 Kerr 所谓的"准公共事业"的地位。"公共事业"这一概念所包含的两条假设在州长和议员中得到共鸣。其一是高校倾向于保护自己的既得利益，从而损害了更一般的公共利益。因此在公众与个体院校之间，就存在基本的利益冲突。其二是高等教育是与电力和电话相似的商品或服务，并以一种节制性成本向公众提供。不论这两条假设的有效性如何，公立大学的市场化进程恰好部分印证了当时作出的预测。

与州政府推动公立大学问责的进程相伴，在公立大学总收入所占比例中，州政府的投入由 1980 年的 44% 下降到 1993 年的 36.8%，2001 年这一比例为 35.6%，2006 年为 29.5%，2010 年下降为 25.9%。同时，学费占公立大学总收入的比例，由 1980 年的 12.9% 上升到 1993 年的 18%，2001 年这一比例为 18.1%，2006 年为 17%，2010 年又攀升到 18.4%。此外，销售与服务在公立大学总收入中的比例，由 1980 年的 19.6% 上升到 1993 年的 23.4%。① 以 2001—2002 年和 2002—2003 年为例，据统计，四年制公立大学的学费都有不同幅度的上涨，马萨诸塞州的学费从 3 295 美元增加到 4 075 美元，涨幅高达 24%，爱荷华州、密苏里州以及田纳西州的学费涨幅达 20%，北卡罗纳州的涨幅为 19%，俄亥俄州的涨幅为 17%，且另有 16 个州的学费涨幅超过 10%（Trombley，2003）。虽然所有家庭的大学支出负担都在增长，但增幅更大的是

---

① 参见 Lissner & Taylor（1996）以及 National Center for Education Statistics 发布的 Digest of Education Statistics 1995，2003，2008，2011 版。由于"销售与服务"（Sales and Services）项目的统计在后期有变动，故时间只截止到 1993 年。

中等以及低收入家庭，如表 3-2 所示。[①]

表 3-2　净大学成本占家庭收入中位值百分比　　　　单位:%

类型	公立四年制大学			公立两年制大学		
	1999—2000（年）	2007—2008（年）	增长	1999—2000（年）	2007—2008（年）	增长
最低收入家庭	39	55	16	40	49	9
低收入—中等收入家庭	23	33	10	22	29	7
中低收入家庭	18	25	7	15	20	5
中上收入家庭	12	16	4	10	13	3
高收入家庭	7	9	3	6	7	1

　　公共投入与大学需求之间缺口扩大，学生家庭教育支出负担加重，成为驱使公立大学"私有化"与市场化的重要动因。Benveniste（1985）认为，面对这种"吝啬"的环境，公立大学的出路之一，就是减少对政府的依赖并寻找其他的支持资源，亦即公立大学私有化。此外，通过教育服务的营销以及对即刻效用的响应，增加政府与社会对公立大学的依赖。进一步而言，公立大学市场化体现了几种社会观念的彼此融合与强化，公立大学日益被看作是私人物品，而不是公共物品，公立大学对成本失去控制，不仅变得昂贵而且在追求自己的而非公共的议程中挥霍浪费，减少公共拨款既能使公立大学变得更有效率，也能更加负责任地提供可获取和高质量的教育。在某种意义上，假如美国高等教育的大众化可以使用"公共化"这一概念来说明的话，那么在 20 世纪 80 年代的后大众化过程就可以使用"私有化"的概念来标示（Gumport et al., 1997）。到了 20 世纪 90 年代，校长们异口同声的观点是，公立大学曾经是受州支持的，后来变成了由州协助，现在则是坐落于州的（Thelin, 2004）。不无讽刺的是，在政府转移财政责任、公立大学需要为更多的外部资源展开竞争的时期，公共检视和问责要求却持续发展起来。

　　从总体来看，美国公立大学"私有化"与市场化需要从多方面来进行理解。首先，美国高等教育历史累积形成的基本结构，就包含着市场和竞争的

---

　　①　图中比例为"净大学成本"占家庭收入中位值的百分比。"净大学成本"（Net College Costs）等于学费和食宿费用减去财政资助。参见 The National Center for Public Policy and Higher Education（NCPPHE）发布的 Measuring Up 2008 报告。

精神与特征。在 Clark（1978）看来，美国高等教育系统与欧洲和世界其他国家相比是"高度异常的"。政府控制权力分裂和高等教育系统内部的高度分化，多样化的院校类型，董事会治理以及由此产生的团体自豪感和主动性，院校之间长期较量而自发形成的竞争性，广泛的学生选择以及市场型的适应方式。在经济衰退和紧缩的时期，具备这六种品质的美国高等教育就可以将面临的问题分解、迅速反应并分散社会的危机感。与此类似，Trow（1991）也不无自豪地将美国高等教育拥有的多样性和自主性的特质称为"例外主义"（Exceptionalism）。包括选修制度、单元课程以及学分转换系统在内的"学术通货"体系的确立，为学生自由选择和流动，打破专业、院校、地域等限制，将职业和技术学习、继续教育以及四年制本科培养贯通起来提供了基础。其次，由于政府是根据人均来拨款的，公立大学就获得了尽可能多招收学生的持续刺激。

　　事实上，竞争一直以来伴随着美国高等教育，只不过由于传统与政府调控而得以缓和。然而高校之间围绕着声誉、学生与经费竞争加剧的累积效应，赋予了市场现在的力量。在某种意义上，市场力量取代了公共政策，成为公众需要的表达（Newman & Couturier，2001）。州长、议员与州协调委员会更倾向于认为市场理念是一种潜在的积极力量，他们的理由是，既然长期以来的政府管理都未能发展出卓有成效的问责与回应模式，也许市场原则能够行得通（Newman et al.，2004）。可见，公立大学市场化与政府管理方式变化及其背后的公立大学与州政府之间社会契约的重构有关（Mortimer & Sathre，2006）。主要包括：从关注提供者或院校向关注顾客或学生转变；从相对集中的调节和控制向去集中化的管理转变，并使用刺激措施、绩效拨款与消费者信息；从院校补助向竞争性分配转变；从问责院校绩效向问责全州人口的教育程度与州经济竞争力转变；增加替代选择与营利性院校的影响，并增强公立大学董事会的政治化。

　　鉴于美国各州的差异性以及高等教育系统的复杂性，不同的"片段"也许可以拼合出较为完整的市场化图景。例如，①弗吉尼亚州高等教育协调委员会的成员建议，邀请其他州的私立大学进入建立分校，以满足本州规划的对高科技的需要，由此提议建立的大学将成为公立大学的邻居，并直接与之展开学生、教师与研究支持的竞争。②俄亥俄州的迈阿密大学将自己的州内学费翻倍，"以获得与私立大学竞争者相同的定价弹性"。③弗吉尼亚州最好的一些名牌大学试图使议会将自己变更为"州协助的特许大学"，这样它们可以获得有限的州资助作为免受大量的州政策和控制的交换条件。④南卡罗莱纳州州长提议让任何公立大学都可以变成私立大学，因为这是考虑到高校数量庞大，并且要用稀缺的资金去供养全部大学。而"私有化"既可以给予一些学校它们向往的自由，同时又可以节省州政府的内帑。Eckel & Morphew（2009）对此评论认为，上述示例展示了治理高等教育的规则是如何被改写的，其共同点就在于市场的要素，州政府愿意或推动自己的公立大学进入竞争市场。而公立大学私有化的要旨是相互连贯的：①增加对私人资金的依赖以弥补公共投入不足；②改变政府监管方式以减少笨拙低效的管理；③增强市场机制的作用。

公立大学市场化与其作为"成熟产业"的观点相互契合。参考 Middlehurst（1999）的研究，公立大学的身份逐渐向"企业"靠拢，如表 3-3 所示。

表3-3　企业与公立大学身份类比

企　业	公立大学
向顾客提供更有效率和效益的服务	向学生提供更有效率和效益的服务
利用品牌打开市场，提高销售和市场地位	新教育市场与协作及品牌推广的可能
降低进货成本	降低购买成本
收紧发展与供应链，增加交易速度	压缩专业发展时间与学生潜在学习时间
外包同时不损失产品或服务发展的连贯性	课程设计、交付与评估过程的分离和外包
新中间人与系统集成商的发展	教育服务公司、经纪人与联营的发展
新公司，虚拟公司	新大学模式，虚拟大学

然而，高等教育市场的性质与传统市场并不完全相同，它具有更大的复杂性。一种较为普遍的观点认为，高等教育市场是受到政府资助的"准市场"。在准市场的情境中，市场的主要要素只是部分地得到引入，关于供给与需求的决定通过类似市场的机制得到协调，其目的是试图在公立大学之间刺激和模仿市场行为、创造内部市场。政府的调节和拨款仍然是重要的协调机制，但市场的其他方面，如竞争、用者付费、个体责任以及选择自由等，被导入到既有的公立高等教育系统以增加大学的效率与回应。但 Teixeira（2006）认为，准市场的概念虽是一种有意义的分类方法，但还不足以描述所有的高等教育市场类型，诸如全球学术劳动力市场或学术咨询市场，就应当被理解为是更具竞争性的。此外，高等教育所具备的四类特征形成了对高等

教育生产过程进行通常"生产功能"与成本核算分析的挑战（Stringer & Cunningham，1999）。这四类特征是，学生既是投入（未受教育）也是产出（受过教育）；学生补助的不平等被嵌入高等教育动力之中，结果是好学生能够少付费就读优秀大学，而中等生则要相对多付费就读普通大学；高校在价格与质量上差异悬殊，并且这种差异为院校之间的声誉等级所强化；高等教育涉及的是由不同生产的排列所制造的相互依赖的产品，高校可以依据自己的使命选择生产一系列的产出组合。相比企业而言，所有这些特征都阻碍了对高等教育生产过程进行精确的量化分析。更为重要的是，美国高等教育市场化并没有取得预期的效果，市场失灵依然存在。Wellman（1999）就指出，高等教育市场中的竞争推高了大学价格，而不是预先所设想的稳定或降低价格。Dill（2007）认为，美国高校之间对于声誉的学术"军备竞赛"增加了高等教育成本，对大学教学和学生学习的质量造成了负面影响。

市场交易的透明与消费者获取关于产品或服务的完全信息是自由竞争与市场效率的前提。在高等教育市场中，向消费者和购买者提供更充分和可靠的学术质量信息，会增强对有效教学与学生学习的市场竞争（Dill，2004）。从市场类型来看，主要有学生和家长消费者以及与之相联系的择校市场，企业雇主以及与之相联系的就业市场。前者希望公立大学在院校市场中提供充足和可靠的办学信息以作为购买教育服务的选择指南，而后者试图参考对在校学生、毕业生及大学校友进行调查，尤其是对学生学习评估，更清晰了解大学人才培养的"黑箱"，使人才培养规格与企业需求相匹配。Zemsky（2011）认为，在美国高等教育市场中，大学声誉如同金融市场中的黄金，它的价值主要是内在的，而它的光泽就是财富和体面的象征。正是由于声誉在高等教育市场中的重要性，使得大学排名受到欢迎。同时，为判断高校的市场位置和选择性提供了一种简便的方式，也推动了排名的流行。

一般而言，尽管现在大学排名类型多样，但都包含了一些相同的要素与逻辑。首先，从现有渠道或原始调查中收集数据，并从累积的信息中选择变量的类型与数量，从选定的变量中建立标准化和加权的指标体系，通过测算和比较，将大学分类排列从而形成"排名秩序"。[①] 但是在问责发展的时代，对于质量的理解出现了分歧。社会长期信奉的院校声誉等同于学习质量的假设，遭到了质疑。在高校群体中和政策制定者间不断增强的认识是，用以替

[①] 参见 Institute for Higher Education Policy（IHEP）2007 年发表的 College and Univeristy Ranking Systems：Global Perspectives and American Challenges 报告中的 Introduction 部分。

代质量的现行指标，包括排名、名誉、捐赠、学生的选择性以及图书馆馆藏规模等，都几乎不能告诉我们一所大学中学习发生的真实质量，因此需要从关注声誉向关注学习转变（Newman et al.，2004）。于是，包括"大学生学习评估"（CLA）、"大学生学术能力评估"（CAAP）、"学术能力和发展测量"（MAPP）以及"全美大学生学习性投入调查"（NSSE）等评估形式得到发展和应用，在为学术质量提供公共证据的同时，也为企业雇主和学生就业传递了传统文凭与证书制度之外的市场符号。AAC&U（2008）评论认为，虽然"评估运动"已持续了30余年，但时至今日，太多的高校仍然不能回答自己的学生学习如何的问题，而与此同时政策制定者和雇主对于大学学习质量的关注变得更加急迫，以至于最近的问责提议都主张将标准化考试的分数作为学生学习的最终证据，从而有可能将大学问责引向一条"错误的道路"。

三、社会变迁动力

帕森斯相信，"每一个有效的社会制度都体现了一个规范动机和利益动机、理想因素和物质因素的整合"（里兹，2009）。结构性过程是被镶嵌在主观性期望和各种正式与非正式控制形式中的。在这种"双重嵌套"中，一种社会结构既在垂直方向上同终极价值相贯通，又与即刻的情景利益相联系。从宏观价值层面来看，Parsons & Platt（1973，1982）认为，社会存在一种独特和良好整合的制度化价值系统。它具有高度普遍化的特点，通过渐进演化而不会发生激烈变革。价值模式是社会结构中或隐或现地规定社会或子系统期望类型的部分。在本质上，一种价值模式不会描述系统事务的具体状态，它总是事务实际状态与依据价值所设想的期望状态之间规范张力的来源。[①] 在现代美国社会，逐渐显现的价值模式是"制度化个体主义"（Institutionalized Individualism），它要求基于多元分化的团结与对自由和个体尊严的高度尊重之间保持平衡。制度化个体主义模式的规范压力鼓励为社会整体及其不同子系统追求积极

---

① 就美国而言，"工具行动主义"（Instrumental Activism）就是具有这种性质的价值模式。作为系统的社会倾向于由对超脱自己之外的基本价值的工具效用来进行评价，而不是以自身作为目的来进行评价。这种价值的导向是行动主义的，也就是说它存在于社会及其环境的关系之中，其意义在于增加行动在环境中的自由范围并最终控制环境。依据帕森斯的分类框架，社会的环境并不仅仅是指自然世界，也包括有机体、人格与文化系统。这种行动主义的成分在把社会看作是目标导向的系统的方向上发挥压力，而工具的成分如果可以回溯到早期的宗教阶段的话，就是一种明确的超验目标，亦即在上帝的委托下建立世俗王国。这种价值模式的主要演进方向是个体主义。个体规范对以集体目标为主导的集中化与层级化的社会特征类型构成了压力。这种趋势就解释了我们为什么会对平等和自由及其多种变式会有评价性的关切（Parsons & Platt，1973，1982）。

的成就。无论如何，一种不强调集体效率和等级而强调协会形式的社会结构得以形成，它为众多高度分化的亚群体和个体提供了行动自由，而高等教育就是制度化个体主义得以制度化的重要领域之一。

Bourricaud（1981）评论认为，制度化个体主义的表达方式总结并调和了帕森斯灵感的两个方面：一方面强调社会秩序的客观性，另一方面强调个体的能动性。制度不是经济学家所视为的彼此隔离和互不关联的数据与集合，而是既相互结合又内部分化的系统。个体也不是只基于自己的偏好、不考虑他者进行选择，而是进入到包括既支持又妨碍自己行动的资源和约束的行动空间。① 于是，选择的协调与行动者的共存就成为问题的核心。或者说，就是"规范性与自由"的关系问题（赵立伟，2007）。结合帕森斯（1970a）对美国现代社会平等与不平等的理论研究，可以对制度化个体主义这一价值模式做进一步分析，如图3-1所示。

适应（A）	自由	约束	目标达成（G）
不平等	（成就价值不平等，自由追求单元利益）成就机会半等	（权力与集体责任不平等，受集体决定和制裁约束）法律保护的平等	
平等	（基本权利平等，单元自由分配义务）信托责任（道德权威）	（成员地位平等，受共同体中道德权威约束）制度化个体主义（等级信誉）	

模式维持（L）　　　　　　　　　　　　　　　　　　　　　　　整合（I）

图3-1　制度化个体主义

在A部分，现代社会对于成就与奖励不平等的合理化依赖于成就追求的机会平等，单元是在一种竞争性的关系系统中自由而非强迫地试图取得成就。在G部分，合法化的不平等与约束（Constraint）需要由对平等与自由的保障和保护来平衡。I部分体现了两个方面的结合：一方面，宣称成员资格平等的重要性，又顾及受机会平等保护的成就动机带来的不平等；另一方面，接受道德权威约束，亦即在多元分化共同体中的成员资格依赖于基本道德价值制度化的整合。这种综合特征也就是制度化个体主义，它意味着社会系统的整合核心，在于以自由和约束为一方，以平等和不平等为另一方二者之间的平衡。而在L部分所涉及的信托复合体中，成员资格地位的平等为不同单元之

---

　　① 或者说，制度化个体主义就是根据自己与他者共存的不同形式而在有限资源中进行选择的行动者。这一为帕森斯所使用的措辞恰好展现了他思维的轨迹，与《社会行动的结构》一书中提出的"唯意志论的行动者"是相通的（Bourricaud，1981）。

间声望的不平等所平衡，由此尽管所有成员都要承担信托责任，但基本权利的平等是由责任的不平等来平衡的。

帕森斯认为，与现代大学及学术系统紧密联系的认知理性价值模式对美国社会的重要性，需要将其放在整个社会的价值系统中才能得到更好的理解。"教育革命"的发生以及大学转变为美国社会结构的核心，都是在制度化个体主义的价值框架内进行的。但是帕森斯强调，在一个社会系统中，问责需要顺从选民的愿望，或者市场的准则，或者正式施加的法律，但它并不足以让制度化责任在社会系统中良好发挥功能。社会中需要有一个领域，它并不需要对任何其他的社会机构或部门负责，而只需要在承担自己接受和实践的价值的意义上，对自己的"良心"负责即可。言外之意是，美国大学的发展虽受惠于社会宏观价值体系，但大学与学术系统应当免于外部的问责。然而从美国公立大学所遭遇到的现实境遇来看，恰好从反面印证了大学的实际状态与依据价值所构想的期望状态之间的紧张。

鉴于美国高等教育服务社会的传统，公立大学被社会寄予了承担"公共之善"（Public Good）与"公共领域"（Public Sphere）的责任和身份。作为一种至关重要的公共领域，大学充当建构话语、符号以及批判性参与公共政治活动的场所，而不追求私人利益或政府权力（Pusser，2006）。就公共之善而言，意味着大学通过将学术资源导向应用研究、社区建设以及其他形式的"学术参与"，服务与保护共同福祉。在大学及其周围团体之间创造实质性对话与合作的机会，为社会弱势群体代言，并形成集体行动。在 Richard Cuoto 看来，可以将公共之善比作一种"道德资源"，一种追求的过程而不是终点。如同信任、仁慈、怜悯等道德资源一样，公共之善是在追求中得到最好实现的。当然，这并不是说我们应当沿着错误的道路前行或干愚蠢的差事，而是说过程本身就存在一些有价值的事物，我们不应畏难而踌躇不前。然而当前美国高等教育系统的发展却没有很好回应社会的迫切需求，甚至朝向了相反方向运动，更加趋近营利性行为与市场力量，美国大学处于失去公共利益守护者特权地位的危险之中（London，2003）。

1979 年 7 月 15 日，时任美国总统卡特（James Earl Carter）在发表有关能源危机主题的电视讲话中指出，有一个甚至比能源或通货膨胀更为严重的问题，一种对美国民主的威胁，就是信任的危机（Crisis of Confidence），它重创了国家意志的心脏、灵魂与精神，一股对政府、教堂、学校、新闻传媒以及其他机构失去尊敬的社会情绪在不断滋长。卡特总统强调，我们的公民与政府之间的缺口，从未有过如此之深。美国公众对政治、社会和经济机构及其领导者信任下降的迹象在许多民意调查中都得到体现，同时显示出这种公共信任的急转直下自 20 世纪 60 年代中期开始一直持续到 70 年代末，并形成普遍蔓延的不满感。Lipset & Schneider（1983，1987）的研究显示，信任损失最为迅速的时期是 1964—1975 年，并且这种信任下降趋势在政府、企业和工会三类机构及其领导者之间是平行的，并且这种局面自 1975 年以来也没有得到明显改观。经济恢复与卡特在 1976—1977 年的选举似乎鼓起了一点公众精神，但也是暂时性的。随着极度通货膨胀的爆发，这种负面的公众态度也保持到 70 年代末。到了 1981 年，反政府、反商业以及反工会的情感达到了创纪录的高水平。在 1981—1987 年的里根总统时期，随着全国经济复苏与通货膨胀率减缓，公众的信任缺口虽有改善，但还远没恢复到令人信服的地步。公众信任虽受经济起伏、社会运动、媒体渲染等因素影响会有所波动，但使信任缺口得以创造和维持的系列事件似乎没有尽头。由此，一种合理的推断是，在这种公众负面态度渗透的背景下，信任的缺失也就为推动公立大学问责发展提供了深层的社会心理基础。[1]

　　基于对美国社会 20 世纪初到 50 年代的知识产业、经济增长与职业结构的关系研究，马克卢普（2007）认为，技术进步有利于知识生产人员的雇佣，并且知识生产人员的供应与需求二者都会增长。他在 60 年代初就预测，专业人员和技术人员将领导知识生产职业的上升过程，并且在雇佣模式中会出现知识含量不断增加的持续运动。随着知识与经济的相互结合与渗透以及以信息产业为代表的新经济的兴起，美国社会经济结构自 80 年代以来逐渐发生深刻变革。与此相伴，美国高等教育的"组织模式"也面临由"中学后教育产业"向"中学后知识产业"的方向发生转变的挑战（Peterson & Dill，1997；Peterson，2007）。相比前者而言，中学后知识产业具有不同的特点（Peterson，1998）。例如，更加强调学习而不是教学和指导，同时将学生而不是老师置于优先地位。在教学、学习与研究中使用互动信息技术以补充传统教育活动过程

---

　　[1]　Bogler（1993）指出，公众丧失对私营和公共机构信任的最早记录可以追溯到 20 世纪 30 年代中期的"大萧条"（Great Depression）时期。在接下来的 30 年间，多数美国人对于他们所处的社会及其政治组织都能够心怀敬意。然而，60 年代中期突起的动荡导致了公众对政治人物领导力和政治体系的信任持续下滑。尽管 1983—1986 年公众信任在短期有所改观，但自 1965 年以来，政府及其机构再也没有能够保留住曾经所拥有的信任程度。公众对政府机构的不信任能够产生"涟漪效应"（Ripple Effect），教育与科学等其他机构也会受到波及。这就好比疾病传播一样，一旦第一个器官被感染，身体的其他部分也会受到污染。最初的器官病变得越严重，就越有可能传染到其他器官。换言之，公众对美国政府信任的流失或不满，也会扩散到高等教育系统。

或作为主要的传递方式，承认庞大且不断增长的中学后继续教育以及需求和兴趣各异的成人教育市场，强调设计多样化的学习材料和专业满足学习者的需要和兴趣。在中学后教育与非中学后教育组织之间发展多种形式的联合与教育网络，以传播基于服务的教育、研究与知识，要求教师成为能够协助学生的学习专家。Canaan & Shumar（2008）也认为，社会朝向信息经济的变迁并不仅仅是改变我们谈论对学习理解的话语，也从根本上再造了学习，使它成为能够由交换价值来测量的商品，并且这种价值被描述为在日益增长的全球经济竞争中保障国家安全和财富增值的基础。而这对于大学就意味着，手段／目标逻辑、个体选择与市场竞争以及对学生表现承担更大的责任。

知识在现代社会发展中的重要作用及其制度化的集中体现之一，是作为知识精英与咨询制度的各种独立的非营利性研究组织、基金会等社会智库，以及专业性协会组织的发展。在 Parsons（1963b）看来，一定程度上，试图去影响就是尝试建立团结的一般纽带，发展出一种"我们"的意识以及因"站在一起"而具有的共同的意见和态度。影响的一种原型就是司法过程中的受理上诉阶段对于法律规范的解释过程，具有内在的整合作用。① 在社会问责的语境下，这些社会智库机构主要发挥公众意见的引导、综合与表达等功能，力图将社会的"众意"上升到具有政治影响力的"公意"。Parsons（1937，1939，1969a）认为，专业（Professions）对社会结构的重要意义就在于专业类型为许多社会功能的实现，特别是科学探索、自由教育及其在医学、技术、法律和教学中的实际运用，提供了制度框架。专业活动中包括的理性主义，功能的专一性与普遍主义等要素，以及专业人员和一般公众对于"专业的"与"商业的"对立态度，共同显示出专业成为对抗金钱至上这一错误的实用主义观念的重要阵地，以及鼓励专业发展是提升现代社会公正无私程度有效

---

① 帕森斯将 Influence 分为四类，包括政治影响力，信托影响力，通过呼吁分化忠诚的影响力以及导向解释规范的影响力。前三种分别与政治、经济以及模式维持功能子系统相互对应，本书关于"影响"的使用主要是参考最后一种类型，即发挥整合功能的影响概念（Parsons，1963b）。分析社会系统中不同流通媒介的变化及其效果，是功能流派解释社会过程的一种思路。现代大学是通过"影响"的形式与社会互动的，并且被帕森斯赋予了"影响银行"（Influence Bank）的隐喻（Parsons & Platt，1973）。作为象征性的流通媒介，影响作用的发挥，离不开自身的价值与可能带来的收益，以及收益实现过程的实际情境与规范框架。如果影响的总量并不固定，那么影响就有可能作为一种对承担义务的给定能力进行再分配的机制，如此就可以直接和有意识地控制交到某类机构手中的义务数量（Parsons，1963b）。对于美国社会来说，这种分配原则的重要体现，就是以大学与专业学会为典型的协会式组织。社会公众作为大学的利益相关者类似银行的存款人，他们把自己的信任与资金

方式的重要假设，同时，包括专业在内的职业领域展现了社会系统的压力、不稳定性以及动力变迁的可能。① 此外，大学与专业协会组织的发展具有某种内在联系，而这又可以在帕森斯针对医学专业及其组织发展中得到例证。②

（接上注）

"借给"大学，而大学则既以存款人的名义而又超越其一般的明确授权而行事，在"市场运作"中实现社会"投资"的保值与增值；或者说，不仅仅是影响的累积，大学还能够增加在系统中流通的净影响量，创造出总体影响增长的效果，从而在社会希望的方向上对社会贡献的分配产生作用。反言之，当社会公众要求对大学进行严格控制或全部收回自己的"存款"时，就会阻碍影响的流通甚至导致大学"银行"的崩溃。基于影响与协会的类比，结合美国高等教育来看，作为社会的信托组织，流通媒介的"通胀"与"紧缩"，实际上反映了大学信任与责任之间的失衡关系以及大学发展阶段的整体特征。通胀阶段的典型表现是，大学的信任过度与负责能力不足，或者说作出的承诺如此之庞杂以至对有效执行的能力产生怀疑；在紧缩阶段，则突出表现为大学的信任不足与负责要求的外部化，或者说不愿再尊重大学作出的承诺，通过责任由大学内部向外在机构的转移，以严格的外部控制防止失望和失败的产生。Parsons（1968）强调，紧缩是主要运动的方向，其结果就是，以付出自主责任的更大自由可能获益的代价，来实现购买得到的"安全"。

① 专业是一种职业性与专门化，并且掌握特殊能力的团体，其特点是"自由"（Liberal）与"博学"（Learned）。专业所拥有的这种能力包含实践技能以及作为这些技能基础的知识形式。这种知识具备超越特定专业功能及其满足即刻实践需要的一般化品质，它不仅是科学的应用，而且是科学的理论结构与原理。此外，博学的原则总是包含自由的成分。一方面，知识以为目的的价值化是专业精神中不可或缺的部分；另一方面，专业人士应当不仅是技术专家，在超越特殊技巧的意义上还应当是受过自由教化的人。在专业的基础上，现代社会发展出承担三种重要功能的"专业复合体"（Professional Complex）：创造新知识，把知识应用于社会服务实践，以及将知识传递给那些有兴趣获取的群体。在美国社会，专业复合体的中心是大学，而大学能够将不同专业功能集中起来，在于纯粹智力规训及其实践应用领域之间的交叉关系，以及多种功能面临的共同主题，工作中成员之间的相互联系，履行共同责任和与外行打交道的关系（Parsons，1969a）。

② 医学专业与医学教育自中世纪大学以来就一直是高等教育的重要组成与制度安排。在社会学视角下，患病或健康并不仅仅是个体的私人事务，而是具有重要的社会意涵。健康的价值是同个体生活与行动的整个社会和文化脉络内在关联起来的，它是促进个体在社会过程中实现个人成就的关键条件。患病或"疾病角色"（Sick Role）意味着，个体既能够从其应该承担的社会责任中合理退出，又有在医患的关系结构下恢复健康以重新履责的期待（Turner，1986）；或者说，患病既是机体生物功能的失调，更是其社会功能的失调和对社会行动能力的威胁，它与制度化个体主义所要求的以持续行动实现社会目标的文化诉求相背离。在康复过程寻求合格的专业帮助和完全配合成为患者的义务。在这种追求健康动机的驱动下，社会分化和发展出现相当多样化的干预模式，比如手术或药物治疗，以及更加专门化的社会职业，如护士、药剂师、外科医生等。这一过程与美国社会思考健康与疾病及其制度化行动的发展轨迹紧密相连，有力地推动了医学以及医学教育的专业化发展，并对于医学人才培养的规格提出了新的要求。受科学发展的影响，医学的发展趋势是从病源环境主义到生理学，再到心身医学，并不断延伸到人格维度及其背后的社会—文化层面。此外，组织化医疗的出现。"美国医学协会"（American Medical Association，AMA）作为自愿性专业组织于1847年成立，并在科学医疗的新发展中充当促进者和协调者的主要角色，同时提高医学教育与从医资格的标准。在医学知识增长的同时，科学研究与运用作为社会制度得到极大巩固和成熟，而现代大学在这种制度中居于首位和中心，科学的发展意味着医学研究和医学教育与大学的联系变得更加紧密，成为所有医学政策的重要参照（Parsons，1960，1963c）。

Merton（1958）认为，专业协会是由既相互判断专业能力同时又联合起来以行使为个体所不能实现之社会功能的从业者组成的，并面临着在履行对社会的功能与保护专业成员之间保持平衡的重要挑战。专业协会不仅制定专业的质量标准，并且像叮蜇的"牛虻"一样，不断刺激专业朝向人员、教育、研究以及实践的更高标准，通过创办刊物、发表报告等形式，将有关专业的真实情况向公众传递，以缩小专业实际发展与公众理解之间的分歧。更为重要的是，专业协会有助于避免社会原子化为个体的"沙堆"以及集权主义的出现。① 值得注意的是，作为社会研究机构的智库与专业性协会之间的角色并不完全相同。②

与此相伴的是，美国社会与公立大学之间的契约（Compact）也在发生改变（Kallison & Cohen，2010）。"二战"后美国发起了大规模的旨在资助与鼓励高等教育入学、可负担性与参与的政策与项目。联邦政府与州政府大幅提高对公立大学的拨款，州政府控制公立大学的学费以及为低收入学生提供更多的基于需要的经济资助，其假定就是高等教育既是重要的公共物品也是私人物品。然而在20世纪60年代之后，这一长期存在于纳税人、政府与公立大学之间的契约几乎分崩离析，而将高等教育首要地作为一种私人物品的更为狭窄的观念取得支配地位，并要求对公立大学施加更多的问责。

Bell（1999）提出，后工业社会的主要特点就是，以大学、学术机构和研究单位作为首要机构，以科学产业作为经济基础，并且人力资本成为主要的社会资源。他强调，后工业社会的概念并不是一幅完整的社会秩序画面，而

---

① 事实上，现代大学的组织结构特征，可以被称为"共治"（Collegailty），或者是"协会主义"（Associationalism）、"学院式协会"（Collegial Association）或协会模式（Parsons & Platt，1968a；Parsons，1969b，1971b，1978），并且这种学院式的协会模式不强调线性权威，并与分层相互兼容。与帕森斯的观点有所不同，Merton（1966）认为专业组织与自愿协会是一种民主组织，由此也面临着民主过程本身的内在困境，在民主要求与有效行动之间，在实现目标与组织维持之间，可能会产生冲突。不仅如此，Sztompka（2007）认为，根据默顿式"科学的精神气质"规范而运行的传统"学术科学"模式，见证着信任的衰减。作为一种制度和共同体，科学的财政化、私有化、商品化、官僚化和共同体自主性的削弱，以及同行之间对于优异的认可不再是对学者的主要奖励，而是破坏了信任科学的根基。在这种境遇中，专业组织以及大学存在的合法性与合理性，都必将面临更大的挑战。

② 社会智库虽然也遵循科学研究的基本规范，甚至本身也是专业性组织，但其相对公立大学而言，是一种"作为局内人的局外人"的存在。参考Merton（1972）知识社会学的观点，具有某种社会学"寓言"意味的是，这类专业组织倾向于不同意局外人（例如公众）对于自己组织地位的看法，却倾向于同意这些局外人对于具有相似性质的其他组织（例如大学）的声望的看法。而以专业协会、大学联盟为代表的专业组织，虽然外在于大学，却发挥着缓和、协调公立大学与社会压力的"作为局外人的局内人"的功能，同时，二者的问责逻辑也不相同，前者是强调发挥影响的渗透和整合作用，后者是基于价值承诺的维持和规训作用。

是一种描述和解释社会结构中轴心变革的尝试。现代社会最为重要的划分，就是所有类型的组织中在拥有决定权和没有决定权的群体之间存在的层级与权威关系。这种社会分层和权力分布，在不同社会发展阶段具有不同的内容，如表3-4所示（Bell，1999）。

表 3-4　分层与权力

资源	前工业社会	工业社会	后工业社会
	土地	机器	知识
社会核心	农场，种植	商业公司	大学，研究机构
主导人物	土地所有者，军人	商人	科学家，研究人员
权力手段	对力量的直接控制	对政治的间接影响	平衡技术——政治力量，选举权和权利
等级基础	财产，军事力量	财产，政治组织，专门技术	专门技术，政治组织
途径	继承，武力攫取	继承，任命，教育	教育，流动，选举

后工业社会的到来与高等教育系统的扩张，在提高知识与大学的社会地位与作用这点上，实现了社会变迁与教育变迁的共振。而随着接受高等教育的人数增多、对知识消费的需求增加，以及传统学术机构之外的专业组织与研究机构的兴起，共同推动和增强了知识向社会的扩散与社会对知识的控制。

作为对这种社会趋势的理论抽象，Gibbons（1997，1998）将其概括和解释为由传统的"知识生产模式1"（Mode 1）向"知识生产模式2"（Mode 2）的转变。相对强调学术背景、学科基础、同质性技术和一致性组织，自主发展和同行评议的模式1而言，模式2的特点体现为，知识在应用的脉络下生产、跨学科、技术异质性与组织多样性、社会问责的提高以及质量控制系统的拓宽。他认为，社会问责渗透到知识生产全过程，不仅反映在对结果的解释和传播，也体现为定义问题和设置研究的优先事项，通过知识向应用背景的转换，对于知识质量的控制也就必须结合更多样和宽阔的社会、经济与政治利益。就高等教育而言，这种新的知识生产模式意味着，跨学科与多学科课程的发展，以解决问题为导向，培养以新颖和独到的方式运用知识的工作者。大学在成为更加有力的向心机构的同时，作为其主要产品的知识，却体现出变得发散、模糊、间断与离心的"悖论"；与高等教育系统扩张和实用功能相联系的"相关性的动力"（Dynamics of Relevance），这种"相关性"主要以大学产出和对国家经济与生活质量的贡献来作出评价，问责增强的趋势将不会逆转。

四、系统扩张动力

(一) 规模扩大与人口变动

Trow (1991) 认为,美国人对待高等教育的态度有一种"近乎宗教的信念",认为中学后教育可以为所有人实现期许和效用。没有任何一个国家像美国一样,承诺或坚守这种信念。同时,美国高等教育在系统扩张之前,就已经建立了可以容纳规模增长的体制结构。作为系统扩张最为主要和直接的表现,就是入学人数的增长。而在数量增加的背后,往往是传统的同质性被打破与多样性的发展,并形成了对公立大学新的挑战。

1975—1990 年,美国大学入学人数增加了几乎 300 万,全国高中毕业生就读大学的比例也由近 50% 上升到 60%。其中最为显著的变化不是学生的数量,而是学生的年龄。[①] 随着联邦政府与州政府财政支持的停滞,大学财务压力的增加,人口压力更进一步加重了大学入学的复杂性。在 1995—2005 年,高中毕业生每年增加 22%,但在一些州这种增长要更迅猛。西部地区在这一时期高中毕业生每年增加约 28%。其中,内华达州为 64%,华盛顿州与科罗拉多州为 32%,亚利桑那州为 31%,加利福尼亚州为 30%。更多的高中毕业生意味着会有更多的学生申请进入大学。相对入学增长比较温和的 20 世纪七八十年代来说,如此汹涌的新生入学潮几乎是难以想象的 (Hartle & Galloway,1997)。

学生主体多样化的突出表现是少数族裔学生的比重增长。[②] ACSFA

---

① 从 1975—1980 年,入学中增长最快的是年龄超过 30 岁的学生。到 1990 年,超过 40% 的大学在读生都是非全日制的,而这些学生中的大部分都属于高等教育中的"新多数",即年龄更大并经常工作的学生。在 1980—1990 年,年龄在 30 岁以上的非全日制学生增长超过了 40% (Gumport et al.,1997)。

② 1973 年,少数族裔学生占美国所有高校学生的比例不到 10%。在移民、入学机会提高以及对中学后学历的经济要求等因素的推动下,少数族裔学生在高校学生中的比例迅速提高。从 1980 年占所有本科生的 17%,膨胀到 1993 年的 25%。在一些州,人口变动甚至更加剧烈。例如,在加利福尼亚大学,白人学生已经由 1980 年占所有本科生的 72%,下降到 10 年后 55% 的少数多数。2004 年的入学数据显示,在加利福尼亚大学系统中有 6 所高校的白人本科生比例低于半数,这种快速多样化的趋势,在纽约州、田纳西州、佛罗里达州以及新墨西哥州等都十分显著 (Antonio & Muñiz,2007)。随着入学人口的波动,Redd (2008) 认为,两个关键的人口变化使得未来招收新学生变得更加困难。其一是高中毕业生的数量在 2009 年达到顶点,并在将来 5—10 年内会出现下降。从西部州际高等教育委员会 (WICHE) 2003 年发表的研究报告来看,至少有 20 个洲的高中毕业生数量会在 2009—2017 年急遽下降。其二是高中毕业班学生中的最大份额为少数族裔群体,特别是拉丁裔。西部洲际高等教育委员会的数据显示,到 2014 年,非拉丁裔白人在所有高中毕业生中只占到一半,同时拉丁裔会增加到 20%。在西部和西南部一些州,拉丁裔和非洲裔将会成为新的高中文凭的主要接收者。

（2001）的研究报告表明，在少数族裔学生群体内部，发展也是不平衡的，如表3-5所示。

表3-5　在2001—2015年美国大学传统学龄人口预期增长

类别	增长数量	增长比例（%）	占总体比例（%）
拉美裔	2 076 667	56.4	48.8
亚裔	689 554	63.8	16.2
黑人	679 496	18.1	16
印第安人	35 233	14.8	0.8
白人	776 161	4.4	8.2

更为重要的是，在少数族裔学生中，超过45%来自于低收入家庭。由此，纵然是大学成本适度增加，并且幅度不高于家庭收入增长，全国族群人口的变动，也会要求极大提高确保少数族裔学生入学的财政资助总量。这种人口趋势会潜在破坏低收入学生进入大学的机会，并将社会下一代置于机会危机的风险之中。Antonio & Muñiz（2007）认为，人口变动对于高等教育而言，具有深远影响。学生主体的多样化，既与对高等教育的渴望和参与的水平高涨同步发生，又与利益相关者的数量扩大同速增长。这种趋势对高等教育形成的新挑战包括提供多样化族裔群体的平等入学机会，提高规模空前的多样化学生的学习和发展，管理由多样化带来的校园张力，改变白人主导的教师群体以服务需求迥异的学生，调和围绕通识课程主导标准的冲突。概言之，就是大学，尤其是公立大学需要破解的在系统扩张脉络下平等与质量之间的两难问题。

（二）权力转移与意见分歧

随着高等教育系统的扩张与市场化的发展，在"知识"（大学）与"结构"（不断分化的社会系统）之间对于评价与控制知识的争夺中，体现了一条明显的权力从知识内部向外部转移的线索。对于什么样的知识最有价值的问题，学生消费者通过对不同专业的选择，既表现出了不同于大学传统上推崇学术性知识的"职业主义"立场（Gumport et al.，1997），又展示了作为购买者所能施加的市场压力，这种状况可从美国大学本科学位授予变化中体现出来，如表 3-6 所示。①

表 3-6   美国大学本科学习领域学位授予情况百分比分布   单位:%

时间（年）	1970—1971	1980—1981	1990—1991	2000—2001	2005—2006	2008—2009
人文	17.1	14.4	15.8	17.3	17.7	17.5
社会与行为科学	23.0	15.1	16.8	16.2	16.8	16.4
自然科学	9.8	8.3	6.4	7.1	7.0	7.4
计算机科学与工程	6.3	9.7	9.6	9.4	8.7	7.7
教育	21.0	11.6	10.1	8.5	7.2	6.4
商业	13.7	21.4	22.8	21.2	21.4	21.7
其他	9.1	19.5	18.6	20.3	21.1	22.9

可见，学生倾向于选择那些通往职业与专业的学位，以确保在动荡的劳动力市场中获得个人成功。在 1970—1993 年，商业管理学位获得急速增长，工程、健康及其相关科学以及通信等学位，也都获得了显著发展（Gumport et al.，1997）。

Trow（1972）对于这种知识由院校内部主导向学生权力增强的转变过程，作出了自己的解释。在他看来，随着高等教育的扩张和转型，学生就读大学逐渐由"自愿"变为"非自愿"。无论是作为"特权"还是"权利"，学生自愿地进入大学就意味着含蓄地接受了院校权威及其对于教育性质与要求的规定。而在高等教育朝向普及化的运动中，学生入学的非自愿性质不断增长，他们面临着家庭与朋友的期望以及不能达到期望的愧疚，同时大学经历和文凭对于求职变得更为重要。其结果是，没有求学意愿却又不得不"被锁在"大学中的学生，他们不认可高校的价值或合法性，不满意正式课程和分数评定，而是要求课程具有更大的弹性、适应性以及包含更多的现实经验。这些压力和趋势对多数美国大学的课程已经产生了重要影响。不仅如此，结合 Barnett（1994）关于高等教育质量保障的研究来看，大学评价模式的变迁轨迹在很大程度上恰好演示了知识评估权力转移背景下大学问责发展的路径，如图 3-2所示。

---

①   参见 National Center for Education Statistics 发布的 Digest of Education Statistics 2010 版，Table 285。其中，"其他"项中包括农业与自然资源，建筑学及相关服务，通信、新闻及相关专业，通信技术，家庭与消费科学/人文科学，健康专业及相关门诊科学，法律专业与研究，图书馆科学，军事技术，公园、娱乐、休闲与健身研究，精密生产，公共管理与社会服务，安全与防护服务，运输与材料搬运等。

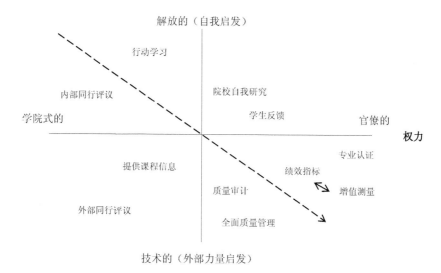

图 3-2　质量评价模式的转变

　　这一变迁模式表明，学术的领地正在被一种技术主义所殖民。这种技术主义同植根于监视、控制与外部指导的有目的的知识兴趣相联系，并与官僚的权力相结合成为主导质量评价的模式。同时，鉴于高等教育市场化以及回应学生需求，质量评估模式也有导向图 3-2 中右上区域的趋势。质量评价能够带来的益处之一就是向社会整体，特别是纳税人提供一种问责的途径。但质量评价要想得到最好的合理证明，就是那些向高等教育开展评价的行动者，能够改变和提高自己专业活动和服务社会的质量。

　　事实上，权力转移的基础正是社会结构的分化，并且二者又共同增强了作为局内人的大学与作为局外人的团体之间的意见分歧。例如，在"控制大学成本"这一共同主题下，州高等教育官员、大学校长与公众之间，就产生了对问题的不同理解和看法（Immerwahr et al.，2009），如表 3-7 所示。

表 3-7　争论的当前状态

群体	理解问题	可能解决方案
州高等教育官员	高校没有培养出足够的毕业生	严肃询问影响大学生产力的有关班级规模之类的事情，关注学生保留问题，发展在线教育，使学生在高中接受大学教育

续表

群体	理解问题	可能解决方案
大学校长	大学被困于不断减少的州拨款与上升的开销之间，其结果要么是高价格、低入学，要么是低质量	大学已经做了自己力所能及的事情，重新定义教育为公共之善，增加拨款
公众	学生被困于大学教育是成功必要条件的意识与不断增加的学费使大学遥不可及的恐惧之间	保护和高度支持高等教育入学机会，大学是无效率的，无须投入更多资金也能培养更多学生

Farkas（2011）通过对商业管理人员关于高等教育的态度进行调查后，得出的结论是：在商业管理人员眼中，尽管他们也承认美国的大学系统是世界上最好的，但是大学的成本是失控的，浪费与无效率在大学，尤其是四年制大学中流行，在科学、技术、工程与数学（STEM）领域，大学培养的毕业生不足，大学毕业生欠缺基本的和人际的技能，大学毕业生的适应能力不强，应当在成本、教育质量与毕业率等方面进行大学问责。对商业管理人员的调查结果与上述大学之外的群体意见形成了某种遥相呼应。

从某种意义上来讲，这种意见分歧类似于帕森斯（1969a）所讲到的在专业与外行之间的能力缺口问题。他认为，如果外行与专业的必要合作可以保证的话，也不能指望外行完全理解"专业在做什么"这一假设意义上的问题，但能力缺口可以通过信任的途径来实现沟通。其基本准则或条件是双方都必须相信，在充分参与下，专业是为共同价值服务的，这种共同价值在条件许可的范围内必须转化为共同目标，并且双方之间的关系是积极合作而不是一方对另一方的消极屈从，成功将参与双方关系的期望与多元涉及团体之间的平衡相互适配。然而London（2003）也指出了大学与公众之间建立真正对话的困难。一个重要问题就是，学术专业人员与公众交流时，"既作为专家出席，又作为专家退场"，他们热衷于"确定问题"并"施舍知识"，几乎不曾在建筑基于信任和互惠的真正关系上付出任何努力。

（三）身份冲突与结构紧张

高等教育系统扩张不仅意味着规模扩大，还意味着大学（知识）与社会之间距离的缩短。随着社会系统的分化与大学的多重嵌套，就会引发大学不同身份之间的冲突。在某种意义上，这种论断的重要假设就是，社会时间的稀缺与压力。作为共时性存在，大学没有额外的余暇将社会所规范的多种身份要求都充分实现和相互协调。从历史来看，大学卷入社会的加深以及与之相伴的身份分裂的加剧，还与其自身的不作为有一定关系。Shils（1975）认为，一个简单的事实是，大学放纵自己为"二战"后20多年的社会富裕所引诱，这不是说它能够抵制规模的增长，而是说它该当坚持应给予大学支持和时间，以弄清如何为数量扩大来做准备。Zemsky（2011）也指出，推动美国高等教育负担起更多责任的过程，更像是一场"严爱的言辞运动"（a Rhetorical Campaign of Tough Love）。尽管要求更大问责的呼声不断，但曾经有着辉煌历史的美国大学似乎并没有真正为其所动，它们依然将自己与本应服务的民众相互隔离，并陶醉在由自己划定的竞争圈子里面，让公众一次又一次的呼唤变成了"在恐怖森林的徒然叫喊"（Shouting in a Petrified Forest）。事实上，大学身份的冲突既是问责发展的原因，也是其结果。就前者而言，由身份冲突引发的表现与期望之间的落差，成为大学问责的催化剂；就后者而言，在问责名义下外界不同力量的介入，又强化了大学身份冲突的可能。

Gumport（2001a）指出，美国公立大学为回应效率和弹性这类表面优先的选项所付出的努力，是既令人印象深刻又使人忧虑的。说印象深刻，是因为这种适应性反应恰能帮助公立大学在前所未有的竞争和审查的时代生存下去；说使人忧虑，是因为取悦短期市场需要会对公立大学作为智力事业构成潜在破坏，侵蚀作为自为目的的知识，并造成不同阶层的学生群体在学术供给上的进一步分层化。总体来看，在系统扩张与权力转移的背景下，大学的身份困境和选择两难，还会带来一系列结构性紧张，亦即"知识"内部及其与"结构"的关系之间的深层张力。这种结构紧张既在大学问责中得到集中体现，又为大学问责提供了重要动力。

一方面，它主要表现为高等教育系统内部教学与科研之间的失衡。从社会变迁与人口动力学的角度出发，高等教育内部出现了一种"学术棘轮"（Academic Ratchet）的现象（Massy，1996；Zemsky et al.，2006）。所谓学术棘轮，是指一种稳定的和不可逆转的变动过程。现代大学教师群体的忠诚由特定院校的目标转向学术专业，不断减少在指导、教学以及课程设计上的时间，并且发展出一种独立的和创业型的精神，关注更为专门化的科研、发表、专业服务以及个人追求。这种学术棘轮的动力过程如图3-3所示。[1]

---

① 阶段1，学生入学的增长并不与教师产量的增加相联系。教师数量在短期内固定不变使得教师要承担更多的教学量，这就导致研究产出会跌到一般认为的正常水平之下。阶段2，较低的研究产出代表了对预期的知识"产权"（Property Rights）的违背，就会诱发对教师的更多需求，并导致教师教学量和研究回归到正常水平。阶段3，学生入学下滑到原初水平，以及预期的知识"产权"和教师雇佣合同的结合避免了教师队伍被立即压缩，于是教师群体可以更少地投入到教学并取得更高的、超

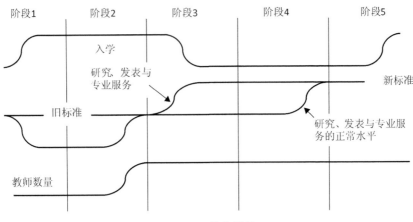

阶段1　　　阶段2　　　阶段3　　　阶段4　　　阶段5

入学

研究、发表与
专业服务

旧标准

新标准

研究、发表与专业服
务的正常水平

教师数量

图3-3　学术棘轮

Lipset（1975）认为，在由20世纪60年代的"行动时代"向70年代的紧缩时代过渡中，大学的师生关系变成了卖主与顾客的关系。学生通过大学系统这一中间商消费和购买教师出售的产品，而教师追求收入最大化，减少直接供应学生的教学服务，并提高有助于个人收益的研究设施。此外，研究常常被视为是一项通过发表的公共成就，而教学尽管是公开实施的，但仍被看作是世界上现存的为数不多的私人事件之一。随着研究与发表的生产力成为判断大学质量、大学老师自我评价以及他人评价的标准，具有提高院校声誉雄心的管理者、董事会与教师，就会采取从教学转向研究和发表的策略（Shils，1963）。

从大学言辞与行动相互分离的角度，Astin（1992）也验证了教学与科研之间的失衡现象。他认为，美国高等教育按照两套价值标准来行事。一套是显性的，表现在正式的和官方的院校价值或目标之中，是在大学章程或使命宣言中体现出来的教学、科研与服务的三位一体。另一套是隐性的，它关涉声誉和资源的获取与分配。这两套价值的矛盾在不同类型的院校中都得到了体现：研究型大学在教学、科研和服务中形成了清晰的等级顺序，而且研究

（接上注）
过正常水平的研究产出。阶段4，教师规模的长期保持使得新的研究水平嵌入社会现实并变成了一种预期的知识"产权"。阶段5，随着新的入学浪潮的到来，学术棘轮在新的和更高的基础上周而复始。这种学术棘轮所要求的几种条件在一些院校更加具备：强烈相信教学和研究项目的内在价值；以学院式的方式达成一致的决定；坚信学术自由有时可以被解释为限制对教师活动的干扰；学生和校友不愿看到自己的专业和院系的声誉遭负面影响。此外还存在院校管理群体增加及其对院校运行和成本造成影响的"管理格架"（Administrative Lattice）现象（Massy，1996）。

总是具有最优先地位；不甚出名的大学和许多小型学院，将科研或筹集资金作为优于教学的事项；即使是明确主张教学的社区学院，在实践中依然是把资金筹措和维持入学置于教育效率之前。

在高等教育扩张和转型中，这种失衡关系不仅对本科教育质量构成了威胁，而且造成大学内部为多样化教育事业共存提供合理辩护的潜在共识发生崩塌，于是不确定性的增长成为持续的压力和冲突的根源（Trow，1972）。Shils（1975）也强调，即使大学不是自证合法性的，但院校的内部凝聚对于完全可以合理解释大学存在的教学、训练和科研而言，是至关重要的。

在大学与社会的关系方面，结构紧张的突出表现可以称为是一种"公众意见的悖论"（Graham et al.，1995）。一方面，美国高等教育被高度认可和为消费者所需要；另一方面，又是不断升级的尖锐批判和要求更多问责的对象。如果说社会不同群体对于大学的意见分歧主要体现的是在知识权力转移过程中对大学评价的内外立场差异的话，公众意见的悖论则是在大学身份分化与信任关系衰减的过程中，社会系统所表现出的一种自相矛盾的态度。根据 Louis Harris 等人自 1966 年对于公众态度的调查研究显示，在 30 年间，高等教育失去了超过一半的公众信任。在 1966 年，61% 的受访者表达了对大学的信任，这一指标在 1981 年降至 36%，到了 1995 年进一步下滑到 27%（Graham et al.，1995）。然而正如许多观察家指出的，在任何世界大学前 10 或前 20 的名单中，美国高校都是占据主导地位的。因此美国社会对于高等教育的这种分裂看法，都是有各自合理性的。

一种可能的解释是，在信任流失的过程中，高等教育对公众的指责反应不足。Bok（1995）在谈论大学问责发展的时候也持有类似的观点。他认为，大学并没有为到来的问题做好准备，它的反应经常是无动于衷的，并直到不利的公共宣传和外在的调查造成了侵扰并强迫大学采取行动。在这些不满之下的深层问题是，每当有社会机构被认定需要接受更仔细的审查和更高标准的时候，让许多人都感到吃惊的是，大学和老师是美国社会最少被问责的群体之一，而这都不可避免地会引发怨恨，特别是当不负责任的轰动行为泄露出大学的弱点给持怀疑态度的公众之时。无论我们是否同意这种解释，但几乎不能否认大学欠缺问责的事实。

Shils（1975）也强调公众对大学的"矛盾情绪"。大学成为所有各种类型相互对立情感的目标。表现之一就是，大学如今因作为"精英主义者"而遭受厌弃，但大学获得支持的原因也在于大学是事实上的精英主义者。当然，尝试调和批判与赞美是徒劳无功的。在一个如此多元的社会系统中，任何人都能够找到称赞的方面和痛惜的部分。这也就解释了，为什么越来越多的争辩批判显示出对于大学被揭露的实际错误和虚假陈述显得漠不关心，因为任何支持攻击的证据都能轻易地找到其弱点。显而易见，辩论的双方都采取了"不要拿事实来烦我"的相同态度。由此，无论是褒扬还是贬抑大学，学术问责都是需要的。只有感受到了威胁之后，高等教育才会将问责作为维持自己生存所需要满足的功能要件而严肃以对（Graham et al.，1995）。

基于理想型的研究方法，系统扩张动力所包含的多种因素，可以建构以下解释框架，如图3-4所示。①

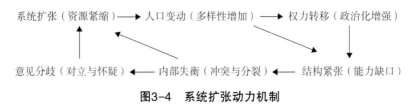

图3-4 系统扩张动力机制

五、小结

基于帕森斯"变迁模式"的分析理路，可以为在宏观层面探讨美国高等

---

① 高等教育系统扩张最突出和直接的表现是入学人数的膨胀以及与之紧密联系的多样性需求的增长，这既增加了政府和社会对学术机构如何使用公共预算的兴趣，也挑战了传统上学术标准主导的质量评价模式，推动知识控制权力的外移和扩散。然而，公共投入的增长无法支撑起快速膨胀的系统扩张，公立大学面临着资源紧缩的压力而不得不更多采取体现市场原则的"理性行为"。在大学的作用随着规模扩大变得日益重要之时，其"政治化"色彩也得到增强。这种"政治化"的趋势与多样性增加相结合，成为造成现代高等教育系统遭遇困难和产生结构性紧张的重要根源。这种结构紧张在学术系统内部，表现为大学为争夺外部资源和学术声誉而导致教学与科研之间的冲突以及学术系统共享价值的分裂，在将教学活动推向边缘化、损害教育质量基础的同时，也消解了大学存在的合法性。结构紧张在大学与社会的关系上，表现为双方之间的观点对立，折射出大学信任的损失以及社会对于大学的矛盾心态。接受高等教育被广泛认为是个人发展与社会进步的必要条件，但社会却对大学满足外部要求的行动意愿与能力却日渐产生了深刻怀疑。换言之，结构紧张体现了大学在回应内外部的价值诉求之时自身目标达成能力之不足。扩大入学机会、保障可负担性的同时提高教育质量，是政府和公众对于大学的期待，这在进一步推动系统扩张的同时，也为大学设置了需要积极应答并合理证明自身如何作为的政策议题。颇具讽刺意味的是，对大学施加外部约束的问责焦虑，会催生更为分化和复杂的控制形式，无形中加大了大学与公众之间的距离，而这种疏远或控制无力感会加重公众的疑虑，并使得推动大学持续改进质量与促进教育创造性发展的问责本意最终落空。这一循环过程以及系统扩张—结构紧张的交互影响，使得美国公立大学身不由己地陷入不断扩大的问责罗网之中。

教育问责的动力过程提供解释，如图3-5所示。①

基本步骤：	分化 ⟶	适应性升级⟶	容纳 ⟶	价值普遍化
首要功能：	目标达成（G）	适应（A）	整合（I）	潜在模式维持（L）
主要动力：	政治化动力（g）	市场化动力（a）	社会变迁动力（i）	系统扩张动力（l）
发展示例：	州优先事务	资源渠道拓展	公众意见表达	入学观念转变
	州政府政策	运行效率增强	社会影响提升	质量评价发展

图3-5　问责发展的动力过程

从美国公立大学问责发展的现实来看，大学自主并不能对其构成威胁。高等教育不是政府部门，它没有征税和执法的强制权力，它只是一种服务，在一定条件下人们可以选择接受，也可以选择放弃（Curry & Fischer, 1986）。Parsons & Platt（1968, 1973）也认为，大学与社会之间相互作用采取的是"影响"的形式。学术人员和大学自身并不是有权有势或十分富有，而是通过它们的声誉和能力去说服别人为自己带来财富、权力与支持。因此，对大学"脆弱性"（Vulnerability）的理解，可以根据在大学之间作为整合机制的影响与价值承诺的地位，以及大学作为影响银行所处的地位来考虑。在某种意义上，大学无法应付强力、强制与暴力，作为教育机构，它的运行主要是基于参与者按照行为共识准则而行事的意愿。联系 Bok（1995）的观点来看，这也就意味着，大学既无意愿也无能力阻止外部驱动的问责发展。

---

① 这一动力过程的解释参考了 Parsons（1966, 1970b）关于变迁过程功能要求的相关论述。随着问责的发展，州政府越来越强调公立大学的发展目标和教育结果与州政府的优先事务之间建立起联结，这也要求公立大学在公共投入紧张的情况下能够通过市场化的方式拓展资源获取渠道，并运用市场原则进行自我的内部改造以提高运行效率和行动能力。与此同时，从更大范围来看，美国社会朝向知识社会的转型，社会的知识化也增强了普通公众和专业机构对于大学事务的参与和约束，更多的利益诉求和声音加入到现代大学的治理过程之中。高等教育系统的持续扩张趋势，集中体现了接受高等教育已由过去少数人享有的特权转变为公众普遍享有的人权的价值观念，这种规范要求表现为价值普遍化的过程，即为大学在应对外部压力之时不断分化的组成单元和实践活动的功能发挥提供合法化，推动大学教育结构的维持和再生产。同时，价值普遍化的过程也进一步增强了大学办学的开放性和对外部的依赖性，并刺激了以质量评估为核心的问责机制趋向常态化和多样化发展。当然，本书提出的这一动力图景是基于帕森斯的理论，结合美国公立大学问责发展经验，经过理论抽象而建立的理想型，是旨在探讨多种发展动力之间结构关系的一种尝试。G—A—I—L 之间边界是相对和模糊的，并且这一过程本身并非一定是历时性的和线性的，而是涉及多重循环的动态过程。

第四章

美国公立大学问责的宏观运行

入学、可负担性、问责与质量，是当前美国高等教育改革的四项主要议题或"四骑士"（Zemsky, 2009）。美国公众对于问责的兴趣植根于高等教育不断增长的重要性及其质量与可负担的不确定性（NCAHE, 2005）。作为社会"更大的期望"，要求从入学优先的目标转向入学与质量的相互结合，并发展出一种"证据文化"（AAC&U, 2002）。学生成绩与院校成功不可分割地联系在一起，而改进问责对于确保美国高等教育其他改革的成功至关重要（SECFHE, 2006）。总体上来看，本科教育处于美国公立大学问责的核心地位。① 学者们认为，美国高等教育现行的"问责矩阵"太过复杂，以至于它可能会因自身的"体重"而崩溃，高等教育并非缺少问责，而是缺少适当的问责（Graham et al., 1995）。

---

① 例如，2006 年由"美国教育理事会"（American Council on Education, ACE）、"美国州立学院与大学协会"（American Association of State Colleges and Universities, AASCU）、"美国社区学院协会"（American Association of Community Colleges, AACC）、"美国大学协会"（Association of American Universities, AAU）、"全国独立学院与大学协会"（National Association of Independent Colleges and Universities, NAICU）以及"全国州立大学与赠地学院协会"（National Association of State Universities and Land-Grant Colleges, NASULGC）联合发布的报告指出，美国本科教育面临着七大挑战，即扩大低收入与少数族裔学生的大学入学，保持大学的可负担性，应用新知识和教学技术改进学习，为高中生进入大学做好准备，增强对教育结果的问责，学生经验的国际化以及增加终身学习和劳动人口培训的机会。参见 Addressing the Challenges Facing American Undergraduate Education: A Letter to Our Members. https://pages.uoregon.edu/ucouncil/documents/resources/10182006-HO4_Resource_Addressing%20the%20Challenges%20Facing%20UG%20Education.pdf.

基于社会分化的观点以及"四功能范式"，Parsons（1963b，1963c，1964b，1968）认为，由于不同社会系统的流通媒介相互关联，并对特定的社会行动具有限定作用，就可以发展出一定的约束系统或约束范式（Paradigm of Sanctions），如表4-1所示。[①]

从大学面临的现实压力来看，问责可以视为现代美国高等教育所承受外部约束的集中体现。与上述"约束范式"相对，本书认为，美国公立大学问责的宏观运行与大学的外部治理结构相互结合，可以分为政府干预机制（G）、市场引导机制（A）、社会影响机制（I）和自愿约束机制（L）。

[①] 这一理论建构有两个维度。其一是途径（Channel），包括行动者（简称Ego）试图发挥对他者（简称Alter）置身其中的情境（Situation）的潜在控制，或者独立于情境的变化而尝试影响其他行动者意图的（Intention）两个方面；其二是控制的模式（Mode）以及偶然性结果的性质，这关系到由行动者施加的约束对于其他行动者而言是积极还是消极、是有利还是不利。具体而言，由情境性途径与积极约束划定的A区间表示，行动者为他者提供积极益处的条件是，他们必须顺从行动者的意志或建议，这一过程被称为诱导（Inducement），其典型是经济交换。由情境性途径与消极约束划定的G区间表示，一旦他者不能顺服于行动者的意志或建议，行动者就能够通过自己对于其他行动者情境的控制而施加使之不利的威胁，这种途径被称为威慑（Deterrence）或强迫（Coercion），其典型是权力的行使。由意图性途径与积极约束划定的I区间表示，通过提供充分的理由使他者相信，行动者是从他们的利益角度来考虑的，从而使他者顺从行动者的意志或建议，这种控制模式被称为劝服（Persuasion）。由意图性途径与消极约束划定的L区间表示，无关于任何相对他者情境的改变，行动者通过发出威胁或警告使其他行动者认识到，未能顺服于行动者根据他者自身合理行为标准而提出的应当如何行事的建议，是不适当的，这种模式可称为承诺的激活（Activation of Commitment），其典型是诉诸道德良心。在分析意义上，上述区间与帕森斯关于社会系统的构成相互保持一致。就与不同区间相对应的流通媒介而言，帕森斯将货币作为阐述权力、影响与价值承诺三者基本性质的类比对象。作为一般化象征媒介（Generalized Symbolic Medium），货币具有双重指涉（Duality of Reference）。一方面，货币符号的意义具有相互的可接受性和可兑换性，人们据此可以有保障地获取接近和控制对于某种物体使用的机会；另一方面，其实际流转的持续维持，又与经济复合体关于履行契约、市场自由的规范体系或要求相联系。不仅如此，货币制度的建立也离不开信任态度的制度化。如同现代银行信用的发展一样，不同的流通媒介的"存取"也会出现类似的"银行"形式，并且同一媒介承担双重责任（Double Duty），亦即"储户"之于媒介合法保留的"所有权"与实际让渡的"使用权"的分离，从而将风险与不确定性的因素引入进来。虽然银行能够通过货币的借贷创造出更多的财富或货币，但其得以生存和发展的基础是具有足够偿付能力的假设，一旦社会出现金融恐慌或信任危机，所有顾客都要求取款兑现致使流通媒介严重"紧缩"之时，银行系统就面临着破产的可能。Parsons（1977b）强调，一般化媒介与结构成分的结合，为分析社会关系和过程提供了一种动力要素，媒介在高度分化系统的相互交换过程中发挥着调节和整合作用。将媒介理论导入结构视角的旨趣之一，就在于坚持反驳经常所宣称的一类观点，即结构分析内在地受困于对静态的偏爱而不可能充分对待动力问题。

表4-1 约束范式

约 束	途 径	
	意图性	情境性
积极	I（整合）	A（适应）
模式	劝服（通过有目的的报告或宣称实现，由地位—声望支持）	诱导（通过提供益处实现，视协议而定，由契约的强制性支持）
媒介	影响（社会体系，意见整合）	货币（市场体系，适应能力）
消极	L（潜在模式维持）	G（目标达成）
模式	价值—承诺的激活（由道德约束支持）	威慑（集体义务的激活，由权变的强迫支持）
媒介	承诺（专业协会，模式维持）	权力（政府体系，目标达成）

一、政府干预机制

近几十年来，联邦政府对美国高等教育的问责努力获得了更多关注，究其原因，在很大程度上是因为联邦政府为高等教育投入了巨额经费。例如，2013年联邦政府提供了大约756亿美元的资金援助、合同与拨款，而同期的州政府则提供了大约727亿美元的大学经费（Kelchen，2018）。Zemsky（2009）也认为，要求个体院校对其教育产品的质量、效用和安全负责，往往会导致在联邦层面上管理权力的扩张，期望用同一种规格来要求多样性的院校，其结果就会是美国高等教育系统"明显的联邦化"（Visible Federalizing）。

（一）联邦政府的问责努力

1. 标准化考试

联邦政府对教育政策与教育活动的干预随着问责发展而得到增强。尤其是21世纪初美国国会通过的《不让一个孩子掉队法》（No Child Left Behind，NCLB）所建立起来的基于统一标准和测量的问责框架，为高等教育问责发展提供了一种参考思路。与之相伴的问题就是，既然基础教育可以行得通，为什么高等教育就不可以？对于这一问题的思考和回应，可以从2005年由时任教育部长Margaret Spellings任命的"高等教育未来委员会"（Secretary of Education's Commission on the Future of Higher Education，SECFHE）的活动与报告中得到部分体现。委员会的 19 名成员，由来自政府、高校与工商业界的代表组成。2006 年 3 月，委员会主席 Charles Miller 在给各位委员的电子邮件中称，随着成本的上涨，大学向纳税人和学生家长证明自己价值的压力也会与日俱增，许多院校将会求助于作为"黄金标准"的考试，但是"在联邦层次，不会有强制性考试的运动、意图或期望"（Field，2006）。只不过颇为自相矛盾的是，包含上述提议的邮件是以"标准化的焦虑"（Standardized Anxiety）为标题的。

在题为"领导力的考验"（A Test of Leadership）的正式报告，或称为"斯佩林斯报告"（the Spellings Report）出台之前，高等教育未来委员会在近一年的时间内举行了 9 次会议，其中包括 2 次公开听证会，并邀请全国高等教育专家提出意见。通过对比 2006 年 6 月份报告的第一稿与 9 月份的预发布报告，可以折射出联邦政府在推动高等教育改革和问责进程中的顾虑和阻力（Heller，2009）。例如，6 月份的第一稿中提出，"随着我们进入 21 世纪，美国大学迄今为止取得的并不轻松的成功意味着，一些刺眼的缺陷依然存在"，"大量和不同的院校组成了美国高等教育，我们已经建立了精英与平庸等分的系统"，"雇主报告一再显示，他们聘用的新毕业生没有为工作做好准备，欠缺职场所需要的批判思维、书写和解决问题的技能"，而在 9 月份的版本中，则分别将"刺眼的缺陷"替换为"未竟的承诺"，将"精英与平庸"替换为"急切改革的要求"，将"新毕业生"替换为"许多新毕业生"，从而极大地修改了原报告的负面语调，而采用"许多"这一更加模糊的表达，改变了对于本科毕业生质量的总体评价。除了措辞之外，第一稿中提出的许多实质性内容，如高等教育在应用"信息的透明，数据的准确"这些标准以及"对自己学识的严格分析"等方面的失败；强调向消费者赋权、鼓励在州政府层面将拨款直接针对学生而不是个体院校；要求公立大学使用"大学生学习评估"（Collegiate Learning Assessment，CLA）、"学术能力和发展测量"（Measure of Academic Proficiency and Progress，MAPP）等标准化考试工具及其质量评估数据"测量学生学习"，以试图倡导和发展大学生考试的全国性设计与安排，都在 9 月份版本的报告中被删除了。

事实上，联邦政府推动标准化考试的努力并没有因为最终报告的发布而终止。不过联邦教育部的考试提案在 2007 年高等教育再授权法案的听证会上先是被否决，继而在 2008 年的《高等教育再授权法》中被排除。虽然推动高等教育标准化考试的成本和组织工作吓阻了立法者朝向这个方面有任何具体的进展，但是在国会中就这一事项的讨论也增强了这样一种看法，即高等教育尽管在宪法规定的意义上是州政府的事务，但对联邦而言，标准化考试是一种干预高等教育的潜在政策工具（Erwin，2005）。

在 Lowry（2009）看来，导致联邦创议失败的原因之一，就在于基础教育和高等教育与政府的制度化关系不同，如图4-1所示。

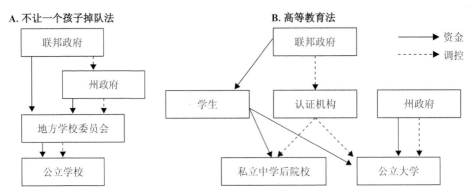

图4-1　学生学习问责的制度关系比较

相比基础教育而言，联邦政府对高等教育的干预，受制于联邦—州二元权力分割格局，对统一标准的追求就会遇到体制上与传统上的分权"瓶颈"。加之代表高等教育的组织化利益群体，如各类大学协会组织在华盛顿的影响要比基础教育大得多，联邦政府在 NCLB 中扩张的权力，并不会毫无阻滞地延伸到高等教育系统。

2. 大学评级系统

近年来，联邦政府推动高等教育问责的新政策，突出表现在"大学评级系统"（Postsecondary Institution Ratings System，PIRS）之上。PIRS 这一概念最早于 2013 年 8 月由时任美国总统奥巴马（Barack Hussein Obama）在一次演讲中提出，以旨在改进质量的同时压低美国高等教育的价格。为推进和落实 PIRS，联邦教育部举行了一系列全国性的公共论坛，并收到数百名个人和协会机构的书面评论；在 2014 年 2 月，联邦教育部还召集了近 20 位专家举行技术交流会，以探讨 PIRS 的具体结构，并在随后发布了题为"大学评级框架"（College Ratings Framework）的草案，系统阐述了 PIRS 的基本设计。该方案提出，PIRS 的目的在于，帮助高校评价、衡量和改进有关入学、可负担性和结果的共同准则；为学生及其家长提供更有价值的大学信息，以便他们在选择大学时提供有力支持；为政策制定者和公众推动美国大学对关键性的绩效指标负责而生产可靠和有用的数据，并且在未来可以用于刺激大学为所有背景的学生服务，确保总额达 1500 亿美元的大学投入能够被明智和有效地使用；为州政府的资助决策以及大学认证的政策与实践提供有益参考。同时，最初版本的 PIRS 在数据来源上主要依靠联邦政府已有的数据管理和收集系统，包括 "中学后教育整合数据系统"（Integrated Postsecondary Education Data System, IPEDS）、"国家助学贷款数据系统"（National Student Loan Data System, NSLDS）以及收入信息，并从中筛选出用于评级的关键指标。①

　　毫无疑问，这种创建高风险的 PIRS 方案一经提出，就遭到了美国高等教育界的抵制和反对。尽管部分人士认为，这是一种对于大学排名的可能替代，因为大学排名更加强调选择性和花费等投入指标，而 PIRS 考虑到了低收入家庭背景学生的入学、可负担性和产出，但大部分观点表达的是否定意见。对 PIRS 的质疑主要表现在，联邦教育部用于评估大学的数据有效性；用毕业生工作后的收入水平进行评价，可能会将那些开设诸如教学和社会工作等对于社会而言意义重大然而职业收入较低专业的高校，处于不利境地；使用财务信息来测量大学教育的价值是否合适；随着大学的州政府问责发展，PIRS 可能会产生一系列非预期后果（Blumenstyk, 2015）。2015 年 2 月，公立与赠地大学协会（APLU）主席 Peter McPherson 在致 Arne Duncan 部长的公开信中就明确表示，公立大学在使命和本质上与联邦政府增强大学透明和问责的目标是一致的，但考虑到大学评级中数据质量的不充分，PIRS 可能会产生误导性信息并最终扭曲院校的优先事务；他建议联邦教育部应当将关注点从大学评级转移到增强《高等教育法》第 4 章规定的大学资格审查程序（Title IV Insti-

---

　　① 主要包括学生获得佩尔奖学金的比例、用于衡量院校招收低收入家庭背景学生的 "预期家庭贡献"（Expected Family Contribution, EFC）差距、用于测量院校招生中低收入家庭背景学生的 "家庭收入的五分之一"（Family Income Quintiles）、第一代大学生比例（First-Generation College Status）、平均净价格（Average Net Price）、五分之一的净价格（Net Price by Quintile）、包括 IPEDS 毕业率在内的大学完成率（Completion Rates）、转学率、包括短期的实际就业率与长期的中位收入的 "劳动市场成功"（Labor Market Success）、研究生就读率（Graduate School Attendance）、表征学生及时还贷的 "贷款绩效结果"（Loan Performance Outcomes）。PIRS 的对象初步设定为具有授予学士及其以上学位的四年制高校和具有授予副学士或文凭的两年制高校，仅具备授予研究生学位或不具有学位授予权的机构，不在评定范围之列。该方案重申，PIRS 不是对大学的量化排名，而是运用广泛的范畴以框定不同大学的长处与短板，是一种聚焦于入学、可负担性和结果的且具有清晰简明特点的评级方式，所有大学的评级结果只分为高绩效、中绩效与低绩效三类；通过一系列简单的关键指标让消费者、政策制定者和公众能够迅速确定表现优异和不佳的院校，可能是联邦教育部能够采取的最有价值的行动。时任联邦教育部长 Arne Duncan 认为，学生理应在入学前就了解到自己所选院校的价值，PIRS 有助于让更多美国人实现获得学位的梦想。教育部副部长 Ted Mitchell 也认为，设计一种新的大学评级系统是改进高等教育中的透明、问责与公平的重要步骤。参见 https://www.ed.gov/news/press-releases/public-feed-back-college-ratings-framework。

tutional Eligibility Process）的透明和活力，并认为 APLU 的"大学透明与问责计划"（College Transparency and Accountability Plan）可以作为 PIRS 的替代。① 此外，"美国教育理事会"（American Council on Education，ACE）作为美国高等教育的专业性游说机构，将大学的反对意见传递到联邦政府的教育政策制定过程中。在各方的利益博弈中，联邦教育部虽然于 2015 年 6 月宣布放弃原有的 PIRS 方案，但又转而将其包含的部分设想与另一项联邦政府消费者信息工具——"大学计分卡"（College Scorecard）合并，从而形成了升级版的大学计分卡。②

（二）州政府的问责政策

20 世纪 90 年代发展起来的绩效报告（Performance Reporting）与绩效拨款（Performance Funding）是州政府通常采用的公立大学问责形式。绩效报告依靠公开发表以推动公立大学追求州的优先事务并改进院校绩效，其假设是，当大学知道自己的结果会公布于众时，它们会取得更好的绩效。绩效拨款将特定的州政府拨款与院校在某些指标上的绩效直接和紧密地联系起来，它关注预算过程中的分配阶段。在发展顺序上，绩效拨款可以看作是超越绩效报告的下一步。二者的共同之处在于，都包含了展示外部问责、改进院校绩效以及满足州政府需要的目的。

---

① 参见 APLU's Response to Obama Administration's College Ratings Framework，The Association of Public and Land-grant Universities' College Transparency and Accountability Plan：An Effective Alternative to a Postsecondary Institution Rating System。

② 大学计分卡的创意最初于 2012 年由时任美国总统奥巴马在密歇根大学（UM）发表演说中正式提出，并作为针对大学可负担性和问责一揽子提案的组成部分。大学计分卡是一种面向消费者的互动式网站，它由公开网页和大量的底层数据集两部分构成。后者可以为研究者或其他感兴趣的院校进行数据挖掘和信息发布使用，前者的形式相对简单，主要包括净价格、毕业率等指标，它能够以低绩效、中绩效与高绩效的等级形式，向学生消费者显示所选院校的绩效情况。大学计分卡网站在 2015 年进行了升级，并将学生的贷款负担、学生贷款偿还率、毕业生收入等信息纳入进来（Blumenstyk，2015；Kelchen，2018）。颇为微妙的是，在 2013 年由 Gallup 和 Inside Higher Ed 联合发起的一项面向大学校长的调查中，就 PIRS 对于改进可负担性是否有效，否定与支持的比例分别为 59% 与 34%；就 PIRS 的绩效结果是否与联邦财政资助相互挂钩，虽然明确表示反对的比例占多数，达到 65%，但仍然有 16% 明确表示赞同，30% 没有明确立场；就 PIRS 能否产生积极效果，50% 持否定意见，19% 持支持意见，31% 表示无法预知。可见，虽然联邦教育部的大学评级议案在国会中由于意见分歧没有通过，但也有相当比例的高校领导者对于联邦政府的干预可能取得的效果并非完全悲观。这也似乎更加增强了某种趋势，即虽然联邦政府倡导的大学问责政策屡屡受挫，但这并不会动摇联邦政府在未来进一步干预大学的决心。参见 https://www.insidehighered.com/news 2013/12/16/most-presidents-doubt-obam-as-plan-promote-affordable-higher-education。

绩效报告一般可以涉及由州高等教育系统到院校的不同层次，而其流行也为探讨不同层次绩效报告的优先事项是否相互"对准"提供了基础。Burke（2007）对 13 个州（州级高等教育协调组织）以及每州中的 28 所公立大学所发布的一定形式的绩效报告及其指标体系进行了对比，如表 4-2 所示。

表 4-2 排名前 20 的绩效报告指标对比

单位：%

州级层次	百分比	大学层次	百分比
入学（按层次，种族与性别）	100	入学（按层次，种族与性别）	100
学费	92.3	入学（按居所）	85.7
毕业率（6 年）	84.6	SAT/ACT 分数	82.1
教师（按种族，性别）	84.6	学位授予（按层次，种族与性别）	78.6
学位授予（按层次，种族与性别）	84.6	毕业率（6 年）	78.6
财政资助	76.9	保留率	78.6
州运营拨款	76.9	学费	75.0
教师补偿	76.9	教师（按种族，性别）	71.4
研究资助	69.2	研究资助	67.9
入学（按居所）	61.5	接收/入学率	53.6
入学（按转学）	61.5	图书馆馆藏/花费	53.6
保留率	61.5	学生学时（按层次）	53.6
专利，许可与公开	61.5	教师补偿	53.6
大学参与率	53.8	财政资助	50.0
生均支出	53.8	私人筹资	50.0
接收/入学率	46.2	专利、许可与公开	42.9
毕业/保留率	46.2	教师终身职位	42.9
资格证书考试通过率	46.2	教师（全职与兼职）	39.3
完成学位时间/毕业学时	46.2	师生比例	35.7
入学（按领域）	38.5	年度学生成本	35.7

在两种层次的指标系统中，入学的排位都是最高，但在可负担性上出现了分歧。几乎所有的州报告都包含"学费"（Tuition and Fees）这一指标，比例达 92.3%，而在大学报告中，这一指标的比例为 75%。很明显，大学领导者们更希望全州的注意力对学生收费少一些关注，而把它更多地交到大学的手上。在财政资助指标的选用上，州报告的比例要比大学报告的比例高出近

25%；而在入学的选择性方面，超过 82% 的大学报告使用了大学入学考试分数，比州平均要高将近 36%；在学生的选择性问题上，州级层次与大学层次之间出现了断裂。此外，州政府和大学都推高了研究竞争的优先地位，二者报告中研究资助的比例都多于 3/2。更为重要的是，它们共同欠缺了对学生学习和院校改进测量的支持。

从绩效报告与绩效拨款的指标对比来看，二者的优先排列也存在一定的差异，如表 4-3 所示（Burke，2005c）。

表 4-3 绩效指标偏好对比

绩效报告（29 州）		绩效拨款（11 州）	
毕业与保留	24%	毕业与保留	10%
种族入学	21%	工作安排	8%
研究资助	20%	学生转学	6%
学生转学	19%	教师工作量	5%
学费	18%	院校选择	5%
财务资助	17%	完成学位时间	5%
学位授予	16%	资格证书考试分数	4%
资格证书考试分数	16%	劳动力与经济发展	4%
大学准备率	16%	教职工的多样性	3%
入学（按学位层次）	14%	大中小学的连接	3%
补习活动效率	14%	非教学人员成本	3%
州运营拨款	14%	专业重复	3%
入学趋势	13%	满意度调查	3%
工作安排	13%	研究资助	3%
技术与远程学习	13%	标准化考试的分数	3%
入学（按居所）	12%	技术与远程学习	3%

尽管绩效报告与绩效拨款都强调了诸如毕业、转学、工作安排、资格证书考试分数、研究资助以及技术与远程学习这些共同指标，但二者的关注点有所不同。绩效报告对于入学、可负担性以及多样性更感兴趣，而绩效拨款则对教师工作量与完成学位时间的效率测量更感兴趣。进一步讲，在绩效指标所传递的政策价值中，绩效拨款以效率为主导，而绩效报告则是效率与质

量并重，并且后者对于质量与平等的强调要高于前者。从政策制定者的立场出发，绩效报告与绩效拨款都侧重于政府优先事务和市场力量。随着州政府削减对公立大学的支持以及提高作为教育服务消费者的角色，政府优先事务与市场力量之间靠得更近并趋向融合（Burke，2005c）。

从总体来看，绩效报告与绩效拨款受到外部政治与经济环境变动的强烈影响。在一些州加入绩效报告行列的同时，一些州则选择退出绩效拨款。例如，在 2000 年采用绩效拨款政策的有 17 个州（占全国 34%），到了 2003 年则下降到 15 个州（30%），而采用绩效报告的在 2000 年有 30 个州（60%），到 2003 年上升到 46 个州（92%）。在当时，越来越多的州政府官员和高等教育管理者将绩效报告视为一种替代绩效拨款的"无成本"选项（Burke & Minassians，2003）。此外，绩效拨款的发展受阻除了实施效果欠佳，财政刺激的力度易受经济波动干扰之外，也与州政府层面的权力支持有关。例如，佛罗里达州推行的"劳动力发展教育基金"（WDEF），作为一项问责计划由于提倡的议员们卸任而消失；在伊利诺伊州，由于州级社区学院委员会中关键推动者的缺席，新任州长对于高等教育绩效问责不感兴趣，以及缺少议会和商业组织的呼应，州级问责的努力面临政治支持不足的困境；在肯塔基州，大学校长和当地董事会能够对教育政策施加影响，虽然高等教育委员会和大学校长还在为适当的问责标准而争论，州长却对政策能否带来有意义的变革失去了信心（Long，2010）。

然而从 2010 年到 2015 年，加入绩效拨款的州数量不断递增，到 2015 年达到 34 个，占到全国总数的 68%。在 Kelchen（2018）看来，美国公立大学的绩效拨款发展经历了三次浪潮。① 同时，绩效指标体系与绩效拨款政策之间存在着明显的张力。绩效指标体系的本意是要体现大学的完成情况，但其包含的指标过多而显得庞杂，而且极易受到大学不择手段的操控而使之在表面

① 第一次浪潮以田纳西州为代表，它于 1979 年率先实施绩效拨款政策。在 1979—2000 年的 20 年间，其绩效指标的发展特点表现为：指标数量从最初的 5 项增加到 10 项，从最初适用于所有类型高校的 5 项指标转变为承认不同院校使命与目标差异的指标体系，评价标准相对政策期望而言，从主要是院校自我指涉（Self-Referential）转变为鼓励洲际之间相似院校的绩效比较，洲高等教育绩效拨款的比例从 2% 增长到 5.54%，绩效指标或标准从适用于所有类型高校到承认院校之间使命的差异，并评估院校对于实现自身战略目标和州政府战略目标的贡献程度（Bogue & Hall，2003）。其他州采用绩效拨款政策，都是以田纳西州为模板的。随着在 20 世纪末到 21 世纪初绩效拨款的式微，使人易产生这种最新的问责体系已经成为过去式的错觉。第二次浪潮开始于 2006—2007 年，到 2008 年，18 个州参与到绩效拨款，相比第一次浪潮而言，绩效指标的数量要更少，但也更能反映出院校之间使命与目标的差异。受经济衰退的影响，此次浪潮持续的时间相对较短，影响规模相对较小。第三次浪潮出现

上显得非常光鲜（Bogue & Hall，2003）。绩效拨款政策是重要的刺激工具，但也面临着为州政府削减教育投入进行合理化的质疑（Blumenstyk，2015）。此外，如果绩效指标太容易达到或拨款比例过低，就会失去刺激大学内部改进的效果，如果拨款比例过高，又会影响大学内部的财政稳定性，由州政府推动的绩效拨款更多的是出于政治因素的考量，因此就存在绩效指标体系是否能够公平或真实地反映大学绩效的问题。Layzell（1999）提出，不同的绩效指标之间缺少明确的政策框架，以至于哪些目标最为重要以及该如何测量，都成了问题。更为重要的是，绩效拨款政策会产生一系列与预期相互背离的后果。例如，越来越多的大学以经济人的方式行事，主要关注的是如何达到指标体系要求并使获得的拨款数额最大化，而不是大学教育质量的优化。由于公立大学承担着服务低收入和少数族裔等学生的重任，但其中很多学生的学业基础并不牢固，这既限制了大学自我改进的能力，又在绩效拨款的刺激下诱导大学作出增强入学选择性的"理性选择"。由此可能导致的一种悖论是，一方面大学在绩效评估结果上表现优异，获得的绩效拨款增加，但另一方面大学在教育的质量与公平上毫无进展，甚至是遭受到损失。

二、市场引导机制

市场引导机制体现了对大学办学行为的资源约束，即社会资源整体的稀缺性，以及由市场引导的大学对于资金、生源以及声望的竞争性行为。在高等教育市场中，有关大学质量的信息与信号是引导消费者择校与雇主选聘人才的重要基础。在 Bok（1992）看来，大学也许像 30 年前那样对教育质量投入相同的关注，但问题是，它们在当时就做得不够，现在也是如此。在现代大学中，外部刺激并非有利于教学和教育，而是鼓励了研究与声誉。由私营性质的报刊企业和数据平台发起的市场导向的问责压力，对于现代大学产生了深远影响。

（接上注）

于 2011 年，不仅在 2015 年州数量上达到了 34 个，而且与绩效指标相互绑定的资助比例更大，绩效拨款所涉及的经费不再是以前的额外奖励资金（Bonus Funds），而是基本资金（Base Funds）。同时，推动绩效拨款政策发展的力量，不仅仅是之前的州政府官员，也包括一些具有重要影响力的基金会和决策咨询机构，如"比尔与梅林达·盖茨基金会"（Bill & Melinda Gates Foundation）、"光明教育基金会"（Lumina Foundation for Education）、HCM Strategists 等；盖茨基金会就在自己的官网上设立了倡导"基于结果的拨款"（Outcomes-Based Funding）模块，并强调了这种拨款方式所能带来的收益。

（一）美国大学排名的形成与扩散

排名（Ranking）或称为排行榜（League Tables）与锦标赛（Tournaments），涉及使用数字来比较个人、工作群体、组织、城市或者国家等不同单元的绩效，其目的是驱使被比较方相对于其竞争对手而非一些绝对标准进行绩效改进。排名能够引起媒体注意，并成为公共管理的工具以及竞选或游说团体展开活动的方式。排名具有多种实现形式并在公共与私营管理中有着很长历史，如对美国不同城市和市政当局绩效的比较实践，最早可以追溯到19世纪早期，在公共服务领域，排名于20世纪80年代被广泛应用于学校与大学，在跨国层面，治理、公共服务绩效以及相关事务的排名在最近几十年蓬勃发展，其中就包括1993年由"透明国际组织"（Transparency International）启动的世界政府排名，以及随后由世界银行（World Bank）发起的治理排名等（Hood，2012）。

大学排名可以视为是从实证主义假设出发，试图在多样化和差异性的高等教育世界中形成正式化质量等级秩序（Order Based on Formalized Hierarchies of Quality）的社会建构与制度化过程（Fowles et al.，2016）。《美国新闻与世界报道》（U. S. News & World Report，USNWR）主持的排名是大学排名的先驱和典范。Carey（2006）认为，它在共同的尺度上评价大学，并创造出了驱使大学努力提高评级的强劲刺激，已经成为事实上的全国高等教育问责系统。USNWR排名始于1983年，并从1987年成为每年发布。在随后的发展中，排名的方法论与规模都在不断变化（Sanoff，2007）。例如，1983年的排名方式主要是就识别全国最好的院校进行大学校长调查，到了1987年，不仅在杂志上公开发布排名结果，而且发行题为"美国最好大学"的单行指南。在1989年的版本中，将调查的范围扩大到系主任和招生人员，而且将主观判断与学生选择性、教师质量、院校资源以及学生保留四类客观数据结合起来，并在随后的版本中根据其他指标的陆续加入而调整不同组成的权重。时至今日，USNWR分别就不同类型的高等教育机构进行前50强的排名。从理论上来讲，它可以排列出每一所大学的等级，之所以采取有限排名主要基于两点考虑：越是排名靠后的院校越是难以获取满足排名方法论的所有客观数据，同时避免将某些院校贴上最差大学的标签。当前USNWR的指标体系如表4-4所示（Carey，2006）。

表 4-4　《美国新闻与世界报道》大学排名构成　　　　　单位:%

测　量	排名中百分比	测量性质	整体百分比
同行评议	25	名望	25
少于 20 名学生的班级比例	6	财富	30
多于 50 名学生的班级比例	2	财富	
平均教师薪水	7	财富	
某领域拥有最高学位的教授比例	3	财富	
师生比	1	财富	
全职教师比例	1	财富	
生均支出	10	财富	
从前 10 位高中班级毕业学生比例	6	排他	40
学生 SAT 成绩	7.5	排他	
接收率	1.5	排他	
毕业率	16	排他	
保留率	4	排他	
校友捐赠率	5	排他	
毕业率绩效（预期相对实际）	5	质量	5

　　由于排名影响到公众对于大学质量的认知，并且"比较、判断与排名是内在地镶嵌于消费者市场之中的"（Carey & Kelly，2011），因此尽管很多大学虽然并不愿公开承认大学排名，但它们都感受到了提高排序名次的压力。更为微妙的是，许多院校对于排名表现出了分裂的两面性：一方面措辞激烈地抨击排名，质疑其合理性和对大学多样性的损害，另一方面当自己可以从中捞取好处时，又不遗余力地利用排名来做自我标榜和公共宣传（Sanoff，2007）。在 USNWR 的示范下，其他组织机构依据不同的政策偏好和质量理解，发展出了自己对于大学或者学术项目的排名形式，如表 4-5所示（Kelchen，2018）。

　　由于两年制大学相对于高选择性大学而言吸引性较低，并且在可获得的数据质量上相对较差，因而四年制大学成为大学排名的主要对象。从 2000 年以来新近发展起来的排名工具来看，除了传统上所强调的声誉和资源指标，更加关注学生接受大学教育后所能获得的经济回报，运用更加严谨的经验方法来确定大学是否在合理的成本范围内对学生进行良好的教育，以及借助更加复杂的数量化方法来估测教育质量与效果。除了美国大学的排名之外，USNWR 还影响到不同地区的大学排名实践以及全球大学排名工具的发展。[①]

表 4-5 美国大学主要排名

组 织	开始年份	排名规模	主要标准
《经济学家》杂志（The Economist）	2015	1275 所 4 年制大学	毕业生的实际收入对比预期收入
《福布斯》杂志（Forbes）	2008	660 所高绩效 4 年制大学	收入、知名校友、学生对教师的评议、学生结果
《吉普林格》杂志（Kiplinger's）	1999	300 所高绩效 4 年制大学	选择性、可负担性、毕业率、学生债务
《财富》杂志（Money）	2014	705 所高绩效 4 年制大学	教育质量、可负担性、劳动力市场结果与福利
薪酬标准公司（Payscale）	2008	381 所 2 年制大学、963 所 4 年制大学	毕业生中期职业生涯收入（Midcareer earnings of graduates）
《普林斯顿评论》杂志（Princeton Review）	1992	381 所高绩效 4 年制大学	基于学生调查的 62 份大学清单（主要清单不排名）
《美国新闻与世界报道》（USNWR）	1983	1374 所 4 年制大学	毕业率、名望调查、选择性、院校资源
《华尔街日报》（Wall Street Journal）	2016	1000 所 4 年制大学	院校资源、学生投入、学生结果与声誉、多元环境
《华盛顿月刊》（Washington Monthly）	2005	1406 所 4 年制大学	社会流动、研究、社区与国家服务

① 特殊排行榜（Specialized League Tables）与排名主要包括英国《金融时报》（Financial Times）的全球商学院与项目排名、美国《商业周刊》（BusinessWeek）的美国与全球商学院排名、《经济学家》的全球商学院排名等。国家排行榜与排名主要包括《美国新闻与世界报道》、美国"全国研究理事会"（National Research Council，NRC）的博士项目排名、英国《泰晤士报》（Times）的"良好教育指南"（Good Education Guide）、英国《卫报》（Guardian）的大学排名、美国《福布斯》杂志的大学排名、德国 CHE Das 的大学排名、荷兰"学习选择 123"（Studychoice123）等。全球排行榜与排名主要有：a. 上海交通大学 2003 年发起的"全球大学学术排名"（Academic Ranking of World Universities，ARWU），涉及大学 500 所，主要指标包括校友获奖、教师获奖、引用次数、在顶级科学杂志发表论文数量；b. 阿拉伯联合酋长国"世界大学排名中心"（Center for World University Rankings，CWUR）于 2012 年发起的全球大学排名，涉及大学 1000 所，主要指标包括校友获奖与雇用、教师获奖、引用次数与专利数量；c. Quacquarelli Symonds Ltd（QS）于 2004 年发起的世界大学排名，涉及大学 916 所，主要指标包括大学在其他学者与雇主中的声誉、学生—教师比例、引用次数、国际化水平；d. 《泰晤士报高等教育增刊》（Times Higher Education，THE）于 2009 年发起的全球大学排名，涉及大学 978 所，主要指标包括教学与研究声誉、引用次数、国际化水平；e. 《美国新闻与世界报道》于 2014 年发起的全球大学排名，涉及大学 750 所，主要指标包括研究声誉、发表数量、引用次数、国际化水平（Westerheijden，2015；Federkeil et al.，2012；Kelchen，2018）。

（二）大学排名的影响与争议

Hazelkorn（2011）指出，排名意识（Rankings Consciousness）的迅速崛起，是对全球化发展、追求作为经济增长基础的新知识以及呼求公共问责和透明的必然反应。排名已经变成了众所周知的在世界范围内的"声誉竞赛"和"追求卓越的战争"，它被认为是可以决定个体院校地位、评估高等教育系统的质量与绩效、测量一国全球竞争力的重要方式。事实上，大学排名并不是高等教育领域的独特现象，应当把它放置在要求问责、透明与效能，以及对个体与组织进行绩效评估的社会测量这一更大情境下进行认识（Fowles et al.，2016）。或者说，大学排名并不仅仅是满足学生及其家长的择校需要，而是与更多的社会利益诉求相互联系。

排名对美国大学发挥着重要形塑作用的表现之一，就是它渗透大学的战略规划之中，其中以肯塔基大学（University of Kentucky，UK）为典型。UK是一所建立于1865年的公立赠地大学，以致力于通过卓越的教育、研究与创造性工作、服务与医疗保健而改进人民生活为宗旨。作为肯塔基州的旗舰大学，UK在提升多样性、包容性、经济发展与公众福祉方面发挥着至关重要的领导作用。① 早在1997年6月，肯塔基州议会或称为肯塔基州大会（Kentucky General Assembly）通过的《肯塔基州中学后教育改进法》（Kentucky Postsecondary Education Improvement Act），就为州内所有的公立大学设定了若干目标，其中尤以UK的目标最为特别，即规定到2020年要把UK建设成为全美顶尖的，排名进入前20强的公立研究型大学。在2001年7月，经UK董事会批准，拥有学术与商业多重身份的Lee T. Todd，Jr成为UK第11任大学校长。Todd校长将大学领导力视为是一种商业冒险，认为由州议会传递出来的"20强大学"要求是UK与全州人民签订的一份协议（Compact），因而他上任后不久即着手建立起"20强任务组"和作为咨询机构的UK未来委员会，并将这一目标写入了名为"梦想与挑战：2003—2006年战略规划"（The Dream and the Challenge：The 2003—2006 Strategic Plan）之中。鉴于计划在执行中可能遇到的财政挑战，UK董事会于2005年12月批准了Todd校长提出的"肯塔基大学20强商业计划"（University of Kentucky Top 20 Business Plan，TOP

① 参见 http://www.uky.edu/sotu/2015-2020-strategic-plan#UK%20Mission。

20 Plan)。① 在出任校长将近 10 年后，Todd 校长于 2010 年 9 月辞职，而此时 UK 在 USNWR 排名中，位于全国高校的第 129 名，公立大学的第 38 名，距离 20 强的目标依然较远，甚至出现了名次滑落的迹象。Kenny Blair 在 2013 年发布的一份研究报告指出，虽然相比自己在没有实施 "20 强商业计划" 之前，UK 的确在包括同行评价的分数与毕业率等很多领域中实现了实质性改进，但与自己所选择的基准院校相比，并没有缩小排名缺口，也没有在实现 20 强目标上有所突破。② 尽管如此，在 UK 最新出台的名为 "改造明天"（Transforming Tomorrow）的 2015—2020 年战略规划中，将本科学生成功、研究生教育、多元与包容、研究与学术工作、社区参与五个关键领域作为有限事务。虽然在措辞上没有明确提出 20 强大学的目标，但依然能够发现通过全国性排名提升内部与外部声誉的努力，尤其是在研究与学术工作领域中博士生项目排名的指标上，要由目前处于排名前列的六个项目发展到 2020 年整个学科位列前茅。③

---

① 《2003—2006 年战略规划》提出了六项具体目标作为朝向 20 强地位的关键指标。它首先关注的是通过获得 "国家卫生研究院"（National Institutes of Health, NIH）、"全国研究理事会"（NRC）或 USNWR 的排名认可而实现全国卓越，强调吸引和培养优秀学生，吸引、增强和保留杰出教师，发现、分享和应用新知识，培育思想、文化、性别和种族的多元化，并改善全体肯塔基州人民的生活质量，每一项目标后面都设置了 3—5 项需要完成的子目标。鉴于在 2005 年的 USNWR 排名中，UK 处于全国公立研究型大学的第 35 位，"20 强商业计划" 进一步提出，为实现 20 强地位需要在教师、学术支持、本科教育、学生财政援助、支持服务和基础设施六大领域中加大投入力度。该计划详细估算了到 2020 年需要投入的经费缺口总额约为 4.2 亿美元，并指出 UK 承担其中的 40%，而肯塔基州政府则需要承担其中的 60%，即需要在未来 15 年内为 UK 增加公共财政支持约为 2.6 亿美元。UK 董事会认为，"20 强商业计划" 是令人印象深刻和极具创新的，并且州政府在 2007 年对 UK 的投入的确有所增加，达到了 0.18 亿美元（DeYoung & Baas, 2012; Fowles et al., 2016）。

② Analyzing the University of Kentucky's Top 20 Business Plan. 参见 https://uknowledge. uky. edu/ cgi/viewcontent. cgi? article = 1033&context = mpampp_etds.

③ Hazelkorn（2011）认为，排名对于大学使命陈述与战略规划的影响，可以分为四种类型。a. 作为明确目标的排名（Rankings as an Explicit Goal），即排名成为院校计划的内在组成，它达成了共识性目标的明确部分，或者体现在校长与院系之间签订的契约以及个体教师绩效合同之中；b. 作为含蓄目标的排名（Rankings as an Implicit Goal），它通常体现在要院校提出的发展成为 "世界一流的" "引领的" "顶级的"（Top Tier）表述中；c. 设定目标的排名（Rankings for Target Setting），即院校对排名抱有爱恩交织的矛盾态度，并出于管理目的而有选择地加以使用，通常是将它作为关键绩效指标（KPI）的一个选项；d. 作为测量成功的排名（Rankings as Measures of Success），即排名成为证明特定战略或行动效果的工具，它一般体现在 "大学正朝着正确的方向前进" 或者 "大学在不断取得进步" 等较为含糊的措辞中。Fowles et al.（2016）认为，虽然大学在排行榜中的名次在短期内可能会有所起伏，但从长期来看则会趋向均衡和保持稳定。这也能部分解释，在名次大幅提高有很大难度的情况下，为降低风险，UK 在新的战略规划中会放弃 20 强地位的明确规定，转而使用较为模糊或具有弹性的措辞来表述自己的发展目标，同时将排名作为 KPI 之一。参见 http://www. uky. edu/sotu/sites/www. uky. edu. sotu/files/2Strategic%20Plan%202015_2020_Metrics. pdf。

  同时，大学排名本身也一直面临着极大的争议。在 1997 年，作为 USNWR 咨询机构、位于芝加哥大学（University of Chicago，UChicago）的"国家舆论研究中心"（National Opinion Researc Center，NORC）指出，USNWR 当前最为主要的弱点是，排名中不同测量指标的权重设定，缺少任何经得起推敲的经验或理论基础。在批评者看来，排名刺激了大学过度关注声望，并对争相攀登名次阶梯趋之若鹜，而这些既与学术质量风马牛不相及，又与应当作为大学核心活动的教学和学习南辕北辙。颇为自相矛盾的是，USNWR 本身也成了努力使排名变得更加严谨的受害者。如果它改变评价的方法论，就会面临为了动摇之前发布的"啄食秩序"（Pecking Order）而提高报刊出售额度的指责；如果它不作出任何改变，又会面临着在矫正排名缺陷上碌碌无为的批判（Wildavsky，2010）。

  此外，USNWR 具有的缺陷之一就是，它没有考虑到大学如何教育学生以及学生离开大学后如何取得成功的这些基本问题，名望、财富与排他三项要素直接或间接地解释了整个排名的 95%。与此类似，Dill（2003）的研究也说明，基于声望或追求声望的大学排名，并不能很好满足消费者的需求。或者说，排名不能提供基于展示有效教育的"名气"与历史累积形成的"声望"之间的分化信息，从而导致市场信息的不完善与学生择校时的盲目与错位。除了批评排名指标与权重的有效性之外，Clarke（2007）的研究显示，排名影响学生入学、选择与机会的方式创造了不同学生群体之间的结果不平等。在一般情况下，排名对于高收入背景与高学业成就的学生最为有利，他们最有可能使用排名来帮助选择大学。排名对于少数族裔和低收入家庭的学生是最为不利的，因为他们更有可能就读低选择性院校与社区学院，而这些高等教育机构通常是不反映在 USNWR 排名之中的。同时，学位授予的院校地位也会影响到学生的就业机会和收入水平。更为重要的是，由于大学在排名中的名次直接影响到

（接上注）

  无独有偶，西顿霍尔大学（Seton Hall University，SHU）在 2010 年发布了题为《从力量到力量》（From Strength to Strength）的新战略规划，旨在将自己建设成为在天主教大学中进入前 10，在全国大学中进入前 100 的高校。到 2016 年，SHU 在 USNWR 的排名中为 123 位，这一名次要比 2011 年向上跃迁了 13 个点。SHU 校长 A. Gabriel Esteban 认为应当在发展定位上更加大胆一些，提出了在天主教大学中进入前 5，在全国大学中进入前 75 的新要求；他相信通过在学术项目、教师和学生上加大投入，到 2025 年即可实现这一新目标。参见 http://www.thesetonian.com/2016/01/13/president-weighs-in-on-strategic-plan/。

自己的公众形象和切身利益，可能会诱发许多大学的不端行为。①

三、社会影响机制

社会影响机制的形式集中体现为公共问责（Public Accountability），即第三方专业机构或传播媒体，直接对大学的办学行为形成约束，或者将社会的教育诉求上升为公共议程并影响和改造政府的教育政策，它带有基于参与和公开的说服性特点。

（一）"测量报告"

"测量报告"（Measuring Up）是由"国家公共政策与高等教育中心"（National Center for Public Policy and Higher Education，NCPPHE）自 2000 年到 2008 年每隔两年发布的系列高等教育全国报告卡。该中心是建立于 1998 年的独立非营利性组织，为"高等教育政策研究所"（Higher Education Policy Institute，HEPI）发起的项目之一，其使命是引导政策研究并培育表达公共政策议题的公共意识以影响中学后教育和训练，从而刺激改进全国和各州面临的高等教育效率与入学的公共政策。②

---

① 例如，USNWR 排名中的同行评议一般由大学校长、教务长和招生人员进行，其权重占到了一所大学总体评分的 25%。在 2009 年的全国大学评估中，佛罗里达大学（University of Florida，UF）校长 Bernie Machen 将自己所在大学评定为最高的"卓越"（Distinguished）等级，与哈佛大学、普林斯顿大学和耶鲁大学并列，将佛罗里达州立大学（Florida State University，FSU）和迈阿密大学（University of Miami，UM）评定为中等的"良好"级别，而佛罗里达州内其他的高校，则全部列入更低的"充分"（Adequate）或"边缘"（Marginal）层次。事实上，Machen 校长长期以来一直致力于将 UF 发展成为全国十强的公立大学，而在 2008 年的 USNWR 排名中，UF 位于公立大学的第 17 名，全国大学的 49 名。UF 校友、艾克特学院（Eckerd College）校长 Donald Eastman 指出，同行评估是大学排名中最为薄弱的环节，甚至大学排名本身都是完全没有意义的；认为 UF 要比哈佛大学或哥伦比亚大学强，这是一种狂妄自大的言论。FSU 教务长 Larry Abele 则认为，如果让他自己做选择，会将 UF 和 FSU 一起评定为中等级别，而如果不是受到过去两年佛罗里达州政府持续削减大学预算的影响，自己则可能将 UF 列入"卓越"的行列。参见 https://www.gainesville.com/news/2009/06/16/on-survey-machen-rates-uf-with-harvard-other-fla-schools-low。

一个更为极端的案例是，在 2015 年，圣玛丽山大学（Mount St. Mary's University）校长 Simon Newman 为了在排名中获得更好的位次，试图在 9 月底之前就开除 20—25 名大学新生以提高 4%—5% 的学生保留率。Newman 校长不断向教务长、副教务长以及系主任等暗示和施压，希望这些学生的名单能够从名为"选班"（Cull the Class）的新生调查中产生出来。Newman 校长的意图因校内其他人员的抵制最终落空，但也从侧面反映出了，改进绩效结果与提升排比名次的焦虑可能会干扰甚至扭曲大学领导者的办学思想和行为。参见 http://msmecho.com/2016/01/19/mount-presidents-attempt-to-improve-retention-rate-included-seeking-dismissal-of-20-25-first-year-students/。

② 参见 http://www.highereducation.org/about/about.shtml。

"测量报告"是六个评价、比较和排列各州高等教育的关键领域的绩效。①准备（Preparation），这一范畴确定有助于学生接受大学层次教育和训练的学术准备的因素。②参与（Participation），主要是指评估每州居民接受中学后教育的机会。③可负担性（Affordability），它主要基于三个概念：将就读大学的类型、可接受的财政资助与收入的因素考虑进来之后，学生与家庭的教育支付能力；抵消院校成本后学生能够获得的基于需要的补助数额；与院校成本相联系的贷款负担。④完成（Competion），它体现在两个概念上：大学新生在第二学年的坚持性和及时完成文凭与学位。⑤收益（Benefits），体现在教育成就、经济收益与社会收益三方面。⑥学生学习（Student Learning），主要关注接受大学教育的居民在知识与技能的多种测量上的绩效。①

为协助各州发展体现本州居民和团体需要的新公共议程，"国家高等教育政策合作"（National Collaborative for Higher Education Policy）在"皮尤慈善信托基金"（Pew Charitable Trusts）的资助下，与密苏里州、罗得岛州、弗吉尼亚州、华盛顿州以及西弗吉尼亚州展开合作，通过使用"测量报告"的框架，帮助州领导者确认和评估各州高等教育的需要、优先事项和强弱之处。从实施效果来看，除了"可负担性"这一项各州评级有所下降之外，其他各

---

① 具体绩效指标及其权重分布如下：a. 准备，包括高中毕业率（25%）、K—12 课程学习（30%）、K—12 学生成绩（35%）与教师质量（10%）。其中，"K—12 课程学习"具体包括 9—12 年级至少学习 1 门高级数学课程（8.57%），9—12 年级至少学习 1 门高年级科学课程（12.86%），8年级学生学习代数（8.57%）；"K—12 学生成绩"具体包括 8 年级学生在全国评估考试中数学分数达到或超过精通水平（3.5%），8 年级学生在全国评估考试中阅读分数达到或超过精通水平（3.5%），8年级学生在全国评估考试中科学分数达到或超过精通水平（3.5%），8 年级学生在全国评估考试中写作分数达到或超过精通水平（3.5%），低收入 8 年级学生在全国评估考试中数学分数达到或超过精通水平（3.5%），每千名高中毕业生在 SAT/ACT 大学入学考试成绩排名前 20% 的数量（8.75%），每千名高年级学生在跳级考试中的成绩达到或超过 3 分的数量（8.75%）；b. 参与，包括年轻成年人（66.67%）与工作年龄成年人（33.33%）。其中"年轻成年人"具体包括 19 岁青年进入大学机会（33.33%）与 18—24 岁青年就读大学（33.33%）；"工作年龄成年人"主要是指没有本科及以上学位的 25—49 岁成年人就读各类中学后教育（33.33%）；c. 可负担性，包括家庭支付力（50%）、可负担战略（40%）与大学生每年平均借贷数量（10%）。其中，"家庭支付力"具体包括收入占减去财政资助后的社区学院费用的平均比例，收入占减去财政资助后的四年制公立大学费用的平均比例，收入占减去财政资助后的四年制非营利性私立大学费用的平均比例；"可负担战略"具体包括州政府相比联邦投入的基于需要的财政资助（20%）和在最低价格学院中最贫困家庭收入占学费支出的份额（20%）；d. 完成，包括持续（20%）与完成（80%）。其中，"持续"具体包括社区学院新生第二年的返回情况（10%）和四年制大学新生二年级返回情况（10%）。"完成"具体包括全日制学生在入学 6 年内第一次获得本科学位（26.67%），所有大学每百名本科毕业生取得资格证书或学位与文凭（26.67%），所有大学每千名没有大学学位的成年人取得资格证书或学位与文凭（26.67%）；e. 收益，包括教育成就（37.5%）、经济收益（31.25%）和社会收益（31.25%）。其中，"教育成就"具体包

项几乎都有所改进。"测量报告"的分级量表如表4-6所示。①

表4-6　分级量表

分　　数	等级	分　　数	等级	分　　数	等级
93及以上	A	80—82	B-	67—69	D+
90—92	A-	77—79	C+	63—66	D
87—89	B+	73—76	C	60—62	D-
83—86	B	70—72	C-	60以下	F

结合表4-6的评级指标,参与"全国合作计划"(National Collaborative Project)5个州的绩效变动如表4-7所示(Davies,2006)。

表4-7　"测量"报告绩效指标及权重

状态年份 地区	准　备		参　与		可负担性		完　成		收　益	
	2002	2006	2002	2006	2002	2006	2002	2006	2002	2006
密苏里州	B-	C	C+	B	D+	F	B-	B+	D+	A
罗得岛州	C	C+	A	A	F	F	A	A	A-	B
弗吉尼亚州	B+	A-	B	B	B-	F	B	B+	B	A
华盛顿州	B-	B	C-	C-	C-	D-	A-	A	B	A-
西弗吉尼亚州	C+	C-	C-	C-	F	F	C-	C+	F	D+

"测量报告"代表了一种独特和杰出的成就,它在可获得的全国数据的基础上建立起来指标体系,对50个州高等教育中关键领域的绩效进行比较,填补了在通用性的全国框架下,评价和对比州级高等教育绩效的空白

(接上注)

括25—64岁成年人获得副学士及以上学位(18.75%)和25—64岁成年人获得学士及以上学位(18.75%)。"经济收益"具体包括接受一定大学教育(不包括本科学位)的人口百分比变动所带来的个人总收入的增长(18.75%)和拥有本科学位的人口百分比变动所带来的个人总收入的增长(12.50%);"社会收益"主要包括国家选举中的居民投票(10.50%),慈善捐赠占公民缴纳联邦个人所得税的百分比(10.375%)和大学教育带来志愿活动增加(10.375%);f. 学生学习,包括接受大学教育人口的能力素养(25%)、学院与大学对教育资本的贡献(25%)和大学毕业生完成复杂任务的绩效(50%)。参见 Technical Guide for Measuring Up 2008: Documenting Methodology, Indicators, and Data Sources. http://measuringup2008.highereducation.org/print/Technical Guide.pdf。

① 参见 Technical Guide for Measuring Up 2008: Documenting Methodology, Indicators, and Data Sources. http://measuring up 2008.highereducation.org/print/Technical_Guide.pdf。

（Callan et al.，2001；Burke，2002）。Callan & Finney（2005）认为，"测量报告"的具体特点是，首先强调结果、产出和绩效而不是努力或过程，主要关注量化测量而不是受众或资助者的意见或判断，由相对独立的组织来开展，与高校或政策制定者没有直接联系，面向广大公众进行测量结果的呈现、解释和传播而并不囿于专业人员、学者和政策制定者的范围，定期报告以监测进展或退步情况，在连续迭代中不断提炼和改进数据与评估方法论。

近年来，多数州政府对大学问责的政策与实践，包括州政府主导的项目评估和绩效拨款在内，其主要缺陷是围绕院校目标和效能，而非公共目标和需要来进行设计的。"测量报告"则是站在州的视角上，可以成为一种有益的自我"诊断工具"，即将它作为参照模板并与某一州的具体数据相结合，该州的报告卡就能够为分析本州的高等教育系统打下基础。同时，它也有助于推动政策制定者的注意力从投入和过程转移到绩效，从院校议程转移到基于教育目标、需要和缺口的公共议程。"测量报告"的方法论中包含的一个重要信息就是，相比批评或呼吁单个院校，公共政策可能是变革高等教育的更好方式。从人口统计来看，公立大学的入学规模占到全美的80%。改变公立大学的过程与结果就必然会增加整个高等教育系统的回应性（Zemsky，2011）。"测量报告"顾及州的整体，就难免会忽略院校之间的差异性。同时，如何与州政府推行的绩效报告与绩效拨款相互衔接，也是需要解决的问题。

NGA（2007）认为，在传统上政策制定者主要是从投入（如生均经费、申请标准）和活动（如入学、保留率）来测量高等教育绩效，而现在则关注学生学习，代表了州高等教育政策的重要转变，其背后的重要动因在于美国劳动力市场中高素质人才的短缺，要求进一步扩大大学的招生规模和提高学生成就。学生在不同院校之间流动性的增强，也意味着质量控制机制的演进，即从院校和课程作为分析的基本单元转变为更大范围的跨院校的学生学习。"测量报告"项目在2008年终结，其中最大的缺憾也许就是，由于没有足够的数据支持富有意义的州际比较，所有的州在"学生学习"这一领域，在历次报告中都被评定为"未完成"（Incomplete），这也恰好例证了美国高等教育问责已经变成了让人多么感到困惑的问题（Zemsky，2011）。尽管如此，"测量报告"也让各州看到了自身在学生学习评估方面的不足，从而直接刺激了州级层面相应的政策出台与活动开展。①

（二）公众意见调查

"公共议程"（Public Agenda）是美国非营利性和无党派组织，它旨在通过研究和公共参与，为人们建立共识和寻找解决方案提供洞见、工具和支持。"公共议程"在同"国家公共政策与高等教育中心"（NCPPHE）合作下，就与高等教育有关的事项对社会公众的意见进行了长期调查，并自1993年以来发布了多份调查研究报告。从总体上来看，主要涉及以下主题和基本结论（Immerwahr & Foleno，2000；Immerwahr，2004；Immerwahr & Johnson，2007，2009，2010；Immerwahr et al.，2008）。

就大学教育的价值而言，一个不断增长的信念是，高等教育对于在当代美国取得成功变得必不可少，如表4-8所示。

表4-8　大学教育对个人成功的必要性

单位：%

年份	2009	2008	2007	2003	2000
十分必要	55	55	50	37	31
其他成功途径，无须大学学位	43	43	49	61	67
不知道	2	2	1	2	3

①　例如，到2002年，在学生学习结果的州级评估方面，在阿肯色州、佛罗里达州、佐治亚州、南达科他州、田纳西州、德克萨斯州开展了全国标准或州发展的通用州级考试（Common Statewide Test）；在密苏里州和俄克拉荷马州开展了州主导的评估活动或地方选择的全国标准考试；在科罗拉多州、康涅提克州、肯塔基州、马萨诸塞州、新墨西哥州、罗得岛州、犹他州和弗吉尼亚州推进建立学习结果评估的通用途径；在夏威夷州、艾奥瓦州、堪萨斯州、路易斯安纳州、马里兰州、内华达州、纽约州、北卡罗纳州开展了州主导的评估活动，或者地方发展与选择的评估工具，并要求报告评估结果；在伊利诺伊州、北达科他州、俄勒冈州、华盛顿州、威斯康星州开展了州主导的评估活动，或者地方发展与选择的评估工具，但尚未要求报告评估结果（SHEEO，2002）。根据SHEEO和AASCU于2006年联合开展的"大学学习州/系统层面评估"（State/System Level Assessment of College-Level Learning）显示，运用标准化考试或调查工具（如CLA、CAAP、NSSE）以及州主导评估方式的州数量明显增多（AASCU，2006）。NGA（2007）认为，佐治亚州、肯塔基州、南达科他州、田纳西州、德克萨斯州与弗吉尼亚州，为在州高等教育问责系统中嵌入学生学习结果提供了典范和不同模式：a. 从全国标准的外部考试中整合数据（Aggregating Data from Nationally-Normed, External Examinations），b. 调查中学后学习体验（Surveying of the Postsecondary Learning Experience），c. 出台要求各个院校选择、管理和公开报告学生绩效数据的州规定政策（Creating a State Mandate that Institutions Select, Administer, and Publicly Report Student Performance Data），d. 要求所有公立学院和大学开展通用的州级考试（Requiring Common Statewide Examinations for All Public Colleges and Universities）。这些模式的共同特点是，在州级层面与院校层面建立面向问责的共同责任，增强大学之间，以及大学与基础教育之间的联系，通过使用信息比较和长期监控，将评估数据放在具体情境下进行分析，为发展和维持评估与问责系统提供必要的组织基础。

考虑到美国不断朝向知识密集型的经济发展，对于大学必要性强调的增加不难理解，但大学的价格上涨与学生成本分担的加重，为美国高等教育发展的前景蒙上一层阴影，如表4-9和表4-10所示。

表4-9　大学价格相对其他事物的上涨速率　　　　　　单位:%

年份	2009	2008	2007	1993
速率更快	65	63	58	64
速率相同	20	25	20	5
速率更慢	3	2	3	17
不知道	12	10	19	14

表4-10　大学教育需要学生更多借贷　　　　　　单位:%

年份	2009	2008	2007	2003	2000
强烈同意	65	67	60	55	56
有些同意	18	19	18	22	24
不太同意	8	7	12	13	11
强烈不同意	6	5	8	6	4
不知道	3	2	3	4	5

随着对价格与贷款的关注，越来越多的美国人感觉到入学机会正在受到威胁。于是，两股相互冲突的趋势出现：一方面高等教育变得更加重要，另一方面对于许多合格者而言，却变得越来越难以企及和负担，如表4-11所示。在入学、质量与成本的"铁三角"中，公众的意见与大学校长的认识并不相同，如表4-12所示。

表4-11　合格者是否有机会进入大学　　　　　　单位:%

年份	2009	2008	2007	2003	2000	1998	1993
有机会	28	29	36	37	45	49	37
没有机会	69	67	62	57	47	45	60
不知道	3	4	2	7	8	5	4

表 4-12 入学、质量与成本

单位:%

年份	2009	2008	2007
招收更多学生而不降低质量或提高价格			
强烈同意	33		30
有些同意	27		28
不太同意	22		20
强烈不同意	11		16
不知道	7		6
大学减少开支同时能维持高质量			
同意	54	53	56
不同意	40	42	40
不知道	6	5	4

　　在公众看来,入学、质量与成本之间并不存在必然冲突,维持质量、扩大入学以及减少成本可以同时实现而不需要牺牲任何一方。但大学校长们认为,这三者之间存在"牢不可破的相互关系",一方的改变必然影响其他两方。大多数校长相信,如果要提高大学质量,就必须投入更多的资金或提高大学的选择门槛。相反,减少大学的成本,最终会导致质量的下滑或入学的减少。由此,对于高等教育财政公众表现出了一种"矛盾态度"。这不是说公众"敌视"高等教育,而是说公众可能不会对高等教育系统的内部问题产生特别的同情。尽管人们相信高等教育变得重要和必要,但由于没有证据表明公众同情大学的财务困难,如果大学的领导们想要发出对高等教育进行意义重大的再投资的主张的话,他们可能会发现公众对于自己的言论充耳不闻。因此大学领导者们想要达到目的,就必须使自己的主张变得更加明确和有说服力,从而拉拢更多的民众站在自己这一边。

　　概言之,公众对于高等教育的态度有一种"明日黄花"之感。随着信任的侵蚀,美国大学面临着持续增长的期望与不断缩减的公共支持的"悖论"(AASCU,2001)。人们认为大学现在更多地只考虑自己,像商业一样行事而罔顾学生利益,对公立大学系统进行"根本性革新"的声音也变得更加强烈,如表 4-13 所示。

表 4-13 对大学关注事务和改革的看法   单位:%

年份	2009	2008	2007
大学关注的事务			
今天的大学主要关注教育并保障学生获得良好的教育经验	32	35	43
今天的大学几乎像商业一样,主要关注盈亏总额	60	55	52
不知道	7	9	5
大学改革			
公立大学系统需要从根本上革新①	49	48	48
公立大学系统需要任其自然	39	39	39
不知道	12	13	12

然而作为"公众意见的悖论"的再一次显现,美国公众对于高等教育系统的整体评价并不低,甚至在一些方面有了很大提高,如表 4-14 所示。

表 4-14 对大学的高度评价 (2007 年)

大学与中学相比	大学教育投资	大学教学
公立中学(37%) 评价优秀比例(6%) 评价良好比例(31%)	尽管大学教育十分昂贵,但今天的大学是值得的(67%)	大学教授给学生们需要知道的重要内容 1998 年认同比例(53%) 2007 年认同比例(66%)
两年制大学(44%) 评价优秀比例(10%) 评价良好比例(34%)	大学生的付费是值得的(57%)	大学没有教授给学生们需要知道的重要内容 1998 年认同比例(28%) 2007 年认同比例(27%)
四年制大学(51%) 评价优秀比例(16%) 评价良好比例(35%)	大量借贷上学是值得的,这种投资终将得到回报(49%)	—

在某种意义上,大学教育的重要性以及相对较高的整体评价,充当了缓解要求公立大学改革紧迫感的减压阀。但一个也许更为重要的疑问是,既然当前美国高等教育有了如此之高的外部打分,为什么公立大学问责还会不断

① 认为公立大学系统需要从根本上进行革新的受访者比例,在 1993 年为 54%,1998 年为 39% (Immerwahr & Johnson,2007)。

发展出来？

参考 Lipset（1960）提出的解释框架，Lipset & Schneider（1983，1987）对于 20 世纪 80 年代美国社会的信任研究，以及 Dogan（2004）对于合法性的分析，为上述问题提供了一种解释思路，如图 4-2 所示。①

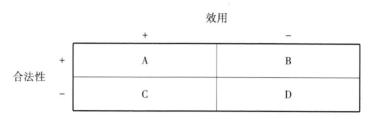

图4-2　Lipset 矩阵

事实上，近年来社会公众对高等教育认识的"倾向缺口"（Partisan Gaps）并没得到明显改观。一方面，根据 2017 年"皮尤研究中心"（Pew Research Center）和"盖洛普"（Gallup）展开的调查显示，在社会公众对 16 类组织机构的信任度上，高等教育排在军事、小企业和政治机构之后，位列第 4，高于银行、医疗系统、教会等其他组织。受访者中选择不信任大学的主要原因是，大学太过昂贵，太过自由或政治化，不允许学生为自己考虑以及学生没有受到良好教育。其中第 1 条涉及学生入学成本，而其他 3 条则与大学完成自身使命的能力有关。② 另一方面，根据"公共议程"2016 年的调查，相比 10 年前，美国民众认可"大学教育是必需的"比例，出现了实质性下滑。从 20 世纪 90 年代末到 2016 年，认为"许多学生合格但却没有机会进入大学"的投票比例由 45% 上升到 69%。此外，全国新闻媒体关于高等教育事务的报道论调在主流上是负面的，并主要关注一些颇有争议性的事项，对于学生而言，

———————————

① 就美国公立大学而言，问责的发生与发展处于由长期效用的累积而获得高合法性的 A 区间向随着规模扩大、信任下降以及对效用产生怀疑的 B 区间转移的过程。公立大学问责出现本身就意味着社会对大学效用的不满，但这种容易受经济形势、偶然事件、媒体宣传、多重参照等因素影响的不满，并未达到拒绝公立大学系统与体制合法性，要求颠覆和重构的程度，于是问责作为一种渐进调适的方式得到承认和发展。因此，虽然社会对大学整体有比较好的评价，但由于信任缺失与资源紧张，处于 B 区间的公立大学难以向 A 区间进行有效的移动，所有无论效用评价在短时段内有何种改进或波动，大学问责的发展与之是相互隔离的。同时，考虑到公众要求公立大学进行深刻改革的呼声，如果公立大学不能在长时段内维持较高标准的效用表现，就会出现由 B 区间移向 D 区间的可能，即公立大学系统合法性遭到严重挑战，大学问责也会被更为强硬的控制方式所取代。

② Public Confidence in Higher Education. 参见 https://www.agb.org/sites/default/files/report_2018_guardians_public_confidence.pdf。

进入大学就读更像是一场赌博,自己必须承担受损的风险。有学者评论认为,当公众不信任的增长与焦虑情绪相结合,就非常容易产生一种政治性怨恨(Political Resentment),而这是仅次于可以造成社会动乱的危险情感;有充足的理由相信,高等教育在未来很有可能成为被怨恨的对象。① 概言之,美国公立大学长期处于相互矛盾意见的撕扯之下,这也不断刺激了要求大学对自己行为向外部公众进行合理证明并承担责任的社会冲动。在这个意义上,大学问责增强的势头在短期内不会出现逆转。

四、自愿约束机制

(一) 美国高等教育问责的"自愿转向"

2006 年发布的《领导力的考验》报告,可以视为美国官方首次对于高等教育问责体系进行的全盘性集中评价。报告尖锐地指出,学生学习质量的滑坡与质量证据的欠缺,对于美国的全球竞争力构成了威胁,而改进问责机制是确保教育领域内其他项目改革成功、提振教育创新发展的关键所在。学院与大学的成本、价格和学生成功结果等方面必须更加透明,尤其是与院校成功密不可分的学生学习成就,必须进行基于增值的测量,同时将所有这些信息以高度聚集的结构、便于获取的方式和易于理解的语言,向社会公开报告,以促进不同院校之间相对绩效的比较,推进教育消费者和政策制定者作出明智的选择和决策(SECFHE, 2006)。尽管强调学生学习评价与推崇标准化考试工具的视野引发了广泛争议,这份报告对于美国高等教育而言,所催化的连锁反应和造成的深度冲击,时至今日仍然影响未衰。但是从历史的发展来看,依靠外部分化驱动的发散式问责所能取得的"边际效益"和社会效用都在减少,甚至有可能制造一种透明与公开的"幻象"而阻碍真正的改革。因此,在 The Spellings Report 的框架下,由高等教育协会等专业组织发起的一系列"自愿问责"(Voluntary Accountability)创议,可以看作是回应现实要求与转变问责思路以期重构问责体系的一种重要尝试。

总体来看,美国高等教育自愿问责主要有以下代表性行动。其一是 2007 年由"全美独立学院与大学协会"(NAICU)发起创建的"大学问责网络"(University and College Accountability Network,U-CAN),被誉为是"全国首次

---

① The Business of Higher Education. 参见 https://www.agb.org/sites/default/files/report_2017_guardians_business_higher_ed 0.pdf。

由大学自己发展起来的消费者信息工具"。① 紧随私立大学行动之后，"全美州立学院与大学协会"（AASCU）和"公立与赠地大学协会"（Association of Public and Land-grant Universities，APLU）② 联合建立了"自愿问责系统"（Voluntary System of Accountability，VSA），标志着使用标准化手段评价大学教育效率的"里程碑"（Liu，2011）。在四年制大学的示范下，两年制学院亦被卷入进来。自 2008 年秋开始，"全美社区学院协会"（AACC）联合"社区学院校董协会"（Association of Community College Trustees，ACCT）创建的"自愿问责框架"（Voluntary Framework of Accountability，VFA），成为致力于以一种清晰、连贯且有效的方式来测量两年制学院学生进步与结果以及院校绩效的全国首创。③ 此外，其他影响较大的自愿问责创议还包括西部洲际高等教育委员会（Western Interstate Commission for Higher Education，WICHE）下属的教育技术合作部（WICHE Cooperative for Educational Technologies，WCET）于

---

① 大学"轮廓"（Profile）是 U-CAN 开发的通用格式和页面平台，它面向学生与家长，包含入学分数、注册分布、学生统计、毕业比例、学位授予、教师信息、班级规模、学费趋势、就读价格、财政资助、学生生活、校园安全等 49 类要素，与各自大学主页相关联的 26 条链接，以及用于高级检索的 17 项条目。作为一种简化数据和愉悦视觉的设计，U-CAN 结合定量分析与叙事描述，力图在体现办学特色的基础上，引导教育消费者在不同院校之间进行评价和比较。截至 2014 年 9 月，共有来自 43 个州的 866 所非营利性私立院校申请加入，包括普林斯顿大学、霍普金斯大学等顶尖机构在内的 630 所提供了自己的大学"轮廓"，被浏览的次数累计接近 400 万。参见 http://www.ucan-network. org/，http://www.ucan-network.org/about/page/commonly-asked-questions-about-u-can-2。

② 全国州立大学与赠地学院协会（NASULGC）于 2009 年 3 月 30 日改称为 APLU。

③ VFA 的意义表现在，它为社区学院量身定做，能够最大限度地容纳院校使命、学生需求及其教育经验的多样性，并为社区学院当前发展与未来改革，提供了一种基础性的问责框架，其主要目标在于为学院领导者提供评估自身机构的当前绩效和总体效益的形成性与总结性数据，以便改善和促进社区学院教育目标的实现，向各级政府机构、基金会和其他重要利益相关方展示机构运行效率，提供课程内容、学费等详细信息以及学生学习结果的证据，以便学生和家长择校参考。与 U-CAN 和 VSA 相比，VFA 并不提供统一的报告式样允许各参与者据此独立建构，而是与联邦教育部"中学后教育整合数据系统"（IPEDs）关联并建立起"全美社区学院协会"数据库，结合不同院校通过其设计的网站和成员账户提供信息，自动生成相应学院信息公开的"大学概览"（College Profile）。评价学生在数学、英语与阅读方面的发展教育以及相应证书或文凭获得情况的"学生进展与结果"（Student Progress and Outcomes，SPO），职业技术教育与成人基础教育的"劳动力、经济与社区发展结果"（Workforce，Economic and Community Development，WECD），以及"学生学习结果"（Student Learning Outcomes，SLO）是 VFA 覆盖的三大领域。其中，帮助社区学院界定适合自身的学习结果，是 VFA 的核心目标之一，也体现了与 VSA 相同的抱负。有所不同的是，VFA 所迈出的步调相对平缓，借鉴"全国学习结果评估研究所"（National Institute for Learning Outcomes Assessment，NILOA）开发的"透明框架"（Transparency Framework）认定的 6 项指标，包括学生学习结果陈述、评估计划、评估资源、当前评估活动、学生学习证据及其使用，以增加透明度而非直接评估和报告学生学习结果作为自愿行动的初步勘探。167 所申请者加入了"自愿问责框架"，并对外发布了各自的"大学概览"。参见 About VFA．http://vfa.aacc.nche.edu/about/Pages/def-ault.aspx。

2008 年建立和管理的"透明设计"（Transparency by Design，TbD）。[①] 在某种意义上，上述诸种行动共同推动并形成了颇具规模和声势的自愿问责运动，席卷了美国几乎所有类型的院校，在深刻影响问责话语的同时，也在悄然改变问责发展的走向。

（二）"自愿问责系统"的发展过程

自愿问责系统（VSA）的形成经历了一个前期酝酿阶段。2006 年 4 月 NASULGC 主席 Peter McPherson 起草了名为"通过更好的问责和评估改进高等教育中的学生学习"（Improving Student Learning in higher Education through better Accountability and Assessments）的讨论文件。在广泛吸收 NASULGC 和 AASCU 成员领导者们的反馈意见后，于同年 7 月和 8 月又分别起草了两份文件，[②] 并在第三份文件中首次提出了"自愿问责系统"这一概念。这三份文件共同构成了初步的设计蓝图，以满足三重主要目标：为公立院校提供一种展现透明与问责的机制，为学生、家长、高中辅导员以及其他消费者提供精简的大学信息工具，通过原创性研究和搭建合作与交流平台以支持院校测量与报告学生学习结果，同时传递出一些深层考虑。[③]

---

① 共有 20 所营利性与非营利性从事成人在线教育的机构参与 TbD。"成人教育机会"（College Choices for Adults，CCFA）是 TbD 推出的跨院校或专业比较的网络工具，用以揭示院校及其特殊学位课程、学生成功等有价值的信息，帮助成人学习者成为在线高等教育的内行消费者，使潜在顾客能够将个人和职业目标与可获得的教育机会相互匹配（Robinson，2013）。

② 这两份报告分别为 Elements of accountability for public universities and colleges 和 Toward a Voluntary System of Accountability program（VSA）for public universities and colleges。

③ a. 避免政府集权化干预的渗透，维护大学的自由和自主。The Spellings Report 传达出来的一个基本思想是，如果高等教育对外部环境变化不作出响应，不具备战略眼光，联邦政府的问责标准和规则就将施行。因此 VSA 极力主张公立院校掌握变革主动权，对学生学习评估等内部事务保持控制权。在这点上，充分体现了"自愿"（Voluntary）的本意，即大学的自主性和主导性，并形成战略联盟和联合行动。b. 维护多样性。多样性被认为是美国高等教育的特色与力量之源。VSA 的核心就是满足外界对本科生学习经历的透明化要求，在维持不同高等教育机构多样使命的重要意义方面发挥实际功用（Keller & Hammang，2008）。c. 形成公众对公立院校的理解和信任。Peter McPherson 希望，通过 VSA 所提供的本科教育信息，使公众对每一参与成员的重要方面，都能获得一种公平的和有益的认识。VSA 期待转变学生和家长的择校观念，以确凿的证据使之相信，无论精英型大学与否，都能够使学生受益，并帮助学生和家长找到最适合于其家庭条件和学习要求的院校，增强学生学习成功的信心和对公立院校的信任。参见 http://www. Voluntarysystem. org/docs/background/DiscussionPaper3_Aug06. pdf。

　　此外，NASULGC 和 AASCU 在讨论中形成了设计 VSA 的一系列原则。① 总体而言，在对 VSA 的设计构想上体现了美国公立院校领导层应对新挑战的一些基本思考，其核心是思维范式的转换。现行问责的逻辑起点是，接受公共资助的公立院校必须向政府和社会就资源使用和教育事务等进行报告和证明，体现出的是一种基于资源投入—回报的"交易"哲学，带有很大的强迫性。因此公立院校对问责的反应常常是被动和消极的，接受问责只是为了达到设定的最低标准。与此不同，VSA 的逻辑起点是公立院校对教学质量以及整个美国社会发展所应担当的集体责任，体现出来的是一种基于承诺—履行的伦理契约，强调在无序的市场竞争和庞杂的评估活动中建立秩序，从国家利益的宏观视野出发，从微观的学习结果评价入手，将问责视为对学生发展和院校自身负责，超越外部问责与内部改进的二元对立，变被动为主动，发挥院校的领导力和想象力，形成"前瞻性"（Proactive）的思考和行动，以实现教育卓越。在新条件下找寻教学与科研的平衡，向本科教育和人才培养回归，延续美国高等教育自由、竞争、多样性的传统价值。从某种意义上讲，公立院校真正担负起改进本科教育的责任，也就展示了对社会问责最好的和最令人信服的证据。

　　基于提供本科经历信息和报告学生学习结果的前提，VSA 设计出充当可视化界面与在线报告模板的"大学肖像"（College Portrait）。进一步而言，其诸多创新之处，都与联邦政府的要求相呼应。在 2008 年《高等教育机会法》规定学费在信息公开的基础上，建立了与 U-CAN 相似但更适合公立四年制大

---

　　① 　a. 可比较性。按照统一的概念和工具，就共同项目进行调查、测量和报告，准确反映关键性事实并适用于跨院校的绩效和结果比较，同时，这种比较应当严格限定在具有可比性的院校范围之内，限定在同一测量工具之间。b. 透明。不同数据的定义清晰明确，各种数据收集和报告的规约都良好建立，所有问责工具的使用方法和所得结果都应当公开，并且提供可进一步获取施测管理、抽样、反馈率等详细资料的渠道。c. 可理解性。各种信息是方便获取和简单明了的，并纳入一个标准格式的框架内，使之适宜消费者。d. 可靠性。所提供的信息是经过严格筛选和高度结构化的，它并不发挥百科全书式的作用，而是规范信息值得信赖的来源。地区认证委员会董事会（Council of Regional Accrediting Commissions）主席 A. Barbara 明确表示，VSA 所提供的评估策略和数据可以作为院校在参与认证审查过程中的支撑证据。e. 控制成本。主张充分调动已有的数据资源，用自己所选择的测量工具代替那些笨重的、散漫的和昂贵的问责测量，尽可能控制成本而不增加院校的负担。f. 指导。VSA 并不尝试对自己所呈现的多种信息作优先性排列并影响人们的判断，而是通过提供具有一定宽度和种类的客观信息，充当消费者指南的作用，使不同的指标与学生及家长的特殊环境、选择偏好发生关联并生成意义和价值，较之预设性和结论式的院校排名而言更有弹性和适切性。g. 持续改进。发展问责工具为改进学生产出和教育质量提供最大化帮助，关注教育的价值增值。参见 http://www.voluntarysystem.org/docs/vsa/accreditor_letter.pdf, http://www.Voluntarysystem.org/docs/background/Discussion Paper3_Aug06.pdf.

学的"净价格计算器"(Net Price Calculator),方便学生及家长在综合考虑家庭条件、经费资助等因素之后,估算就读所需负担的实际成本,而不必为表面的高学费所吓阻。以学生"成功与进展率"(Success & Progress Rate)取代联邦教育部采用的学生毕业率,将非全日制和非秋季注册的学生及其在不同院校之间的受教育经历与流转的情况考虑进来,从而描绘学生发展更为完整的图景。更为重要的是,VSA 首次要求针对批判思考能力与写作沟通能力,在由美国大学入学考试(ACT)发展的"大学学术能力评估"(CAAP)、兰德公司(RAND Corporation)教育援助委员会(Council for Aid to Education, CAE)研发的"大学生学习评估"及其升级版本(CLA/CLA+)、美国教育考试服务中心推出的"能力测试"(ETS Proficiency Profile)以及美国学院与大学协会(AAC&U)主持的"本科教育学习有效评估规定"(Valid Assessment of Learning in Undergraduate Education, VALUE Rubrics)所构成的工具框架中进行选择和运用,以"增值"(Value-Added)或"基准测量"(Benchmarking)的方式呈现"学生学习结果",并在"大学肖像"中加以披露。有评论认为,VSA 对美国高等教育的贡献主要体现在两个方面:协助公立院校开展自我评价与改进这一十分困难和复杂的任务,使国家的关注点从以往基于院校声望的问责报告向基于为学生发展服务的院校绩效报告转变(Keller et al., 2009)。尤其意义深远的是,为支持未来更为强大和成功的美国发展出更为强大和成功的公立院校(Miller, 2008)。从目前的发展来看,共计 275 所公立院校参加"自愿问责系统","大学肖像"不仅拥有每年超过 75 万名访客和 300 万次浏览,且为纽约、北卡罗纳、密苏里、印第安纳、俄亥俄、宾夕法尼亚、加利福尼亚等州政府所认可并与其主导的高等教育问责机制相结合,同时影响着全国范围内的问责政策讨论。

总体而言,以 VSA 为代表的自愿问责运动引起了美国社会的广泛关注和学界的热烈讨论,并对美国高等教育的发展初步显露出自己的独特价值。① 公平地讲,高等教育协会及其领导者们所倡导的自愿问责,是一种有可能使大

---

① a. 它将一些试探性的思想或观点付诸坚实的行动,并在此过程中不断修正和改进原初的设想。例如,在学生学习结果评估这一核心问题上,VSA 在后续发展中将"本科教育学习有效评估规定"纳入进来,以增强原有测量工具的弹性;VFA 也在未来规划中,拟使用和检测光明教育基金会(Lumina Foundation for Education)推出的"学位资格测试"(Degree Qualifications Profile, DQP),为构筑适切社区院校的学习结果框架作出铺垫。正是在实践的意义上,自愿问责发挥了对 The Spellings Report 所倡议的更为严格控制的某种实质性的平衡功能,并形成了一堵无形的"防火墙",将大学与四周蔓延的问责"火势"相对隔离开来。b. 传统学术组织一般将关注点仅仅停留在课程与专业层面,限制

学陷入难堪的过程与机制。Miller（2008）评论指出，美国大学之所以"作茧自缚"，是因为他们认定自愿问责是高等教育控制自我命运并讨论为局外公众所不能理解的关键学术事务的良机，认为大学如果没有公开描述自己以及与同伴比较的过程，就无法取得改善和进步。

（三）自愿问责的改革动向

作为一种新的发展动向，VSA 的出现和发展必然伴随着质疑。有批评指出，它是一种满足政治家们渴求对大学问责的尝试，不过是"尽快告诉人们一组数字"而已。[①] Kelly & Aldeman（2010）认为，它不能在信息的可比较性与成本估算的实用性上提供有益帮助，并对精英型大学的吸引力不足。Carey（2007）则指出，VSA 始终都是在强调报告信息，然而欠缺行动的成分。事实上，公立高校协会的领导者们在设计和推动这项创造性项目之初就期待，通过 10 年的努力，在学生学习结果这一领域，就"应当测量什么和如何进行测量"等问题，能够在学术界达成某种共识（Miller，2008）。然而遗憾的是，围绕学习结果的定义以及评估活动的展开，在不同高校的理解与实践中，依然存在着分歧和混乱。Margaret Spellings 坦言，以 VSA 为代表的自愿问责，在学习结果评价与吸引更多院校关注和参与上，取得了不小的成就。然而对于形成具有完整性和可操作性的评估准则和工具，为教育消费者与政策制定者提供有价值的信息，进而合理证明大学办学行为等方面，依然有漫长的道路

（接上注）

和模糊了大学思考的视野。自愿问责强调从专业社团的整体视角出发，在更高的维度上来思考学生的学习、毕业等问题，有利于转变传统学术组织的"原子化"性质。由于欠缺确凿的学生学习投入与结果的直接证据，大学对于教育活动及其质量的自我评判，容易滋生主观臆断。因而在积累资料、扩大数据容量的同时，自愿问责对于院校自身的准确把脉与合理定位，避免"自我夸耀偏误"，亦具有重要意义。c. 体现了一种整合努力以及相互协作的集体行动力量。尽可能不增加院校的额外负担，争取以较小的参与成本换取较大的社会收益，是构思自愿问责的重要理念。基于此种考虑，在调查工具选择、数据获取来源等方面，自愿问责大力借鉴与吸收成熟的测量技术及其研究成果，特别是注意发掘联邦教育部"中学后教育整合数据系统"中的有价值数据，并在不同的报告框架之下进行适当的精简化和结构化。值得注意的是，为更好追踪更大范围内大学生的"进展与完成"情况，包括"美国大学协会"（AAU）、"美国教育理事会"（ACE）在内的六大高等教育协会组织于 2013 年合力发动了"学生成就测量"（Student Achievement Measure，SAM），并在这项工程的副学士学位/证书和学士学位两种主要模式的测量规格中，分别同 VSA 的"学生进展与结果"以及 VFA 的学生"成功与进展率"相互衔接和打通，从而搭建不同问责机制之间的"立交桥"，修筑信息流通交换的"高速路"，为增大院校集体的声音提供了制度化安排。

① 参见 Doug Lederman. A Call for Assessment of the Right Kind. http://www. insidehighered. com/news/2009/01/08/aacu。

要走。①

　　为应对一系列挑战，自愿问责也在不断调整，"卓越评估"（Excellence in Assessment，EIA）② 就是其中的重要举措之一，体现了自愿问责回应质疑、进一步深化改革的进展。2015 年 10 月，"公立与赠地大学协会"（APLU）、"州立学院与大学协会"（AASCU）、"美国学院与大学协会"（AAC&U）与"全国学习结果评估研究所"（NILOA）联合发起了卓越评估创议，成为在全美范围内对富有成效开展学生学习结果评估活动的院校进行认可的首创。③ 它对院校评估进行再评估，并甄选出具有普遍示范意义的典型。学生学习评估在国家高等教育议程中的重要性不断攀升，但即便是那些采用多种方式呈现学生学习结果的院校，也难以向校园内外的利益相关者清晰且有说服力地传达它们为此所付出的一切努力。EIA 的出台，也是基于破解以上难题的考虑。在院校微观层面上，广泛认定现有评估活动的质量，在肯定和奖掖表现优异者的同时，为其他院校树立自我改进的指引路标和参照模式。在国家宏观层面上，协调各院校评估行动的步调，作为一个整体向社会展示出具有标志性影响和标准化运作的集体行动，以回应外部问责的压力和对高等教育价值的怀疑。可以说，VSA 在鼓励院校提供有意义的和透明的学生学习信息上迈出了重要一步，而 EIA 则填补了识别其中表现出众院校的空白，并创建了高校之间相互分享经验和彼此观摩学习的平台。④

　　EIA 的特点主要表现在两个方面，⑤ 其认可主要基于各院校对于校级学习评价结果及其过程的自我报告。这种自我报告或自我叙述（Narrative）的样

　　① 参见 Doug Lederman. Public University Accountability 2. 0，https://www. insidehighered. com/news/2013/05/06/public-university-accountability-system-expands-ways-report-student-learning。

　　② "卓越评估"（EIA）另外常用的表达是 Excellence in Assessment Designation（卓越评估认定）和 Excellence in Assessment Program（卓越评估项目）。为了表述的简便和一致，统一使用"卓越评估"的提法。

　　③ 参见 Excellence in Assessment Designations，http://www. aplu. org/projects - and - initiatives/accountability-and-transparency/excellence-in-assessment/index. html。

　　④ 参见 Higher ED Groups Unveil New National Designation for Colleges & Universities Excelling at Self-assessment to Drive Student Success，http://www. aascu. org/MAP/PSSNRDetails. aspx?id=15810。

　　⑤ a. 突出评估整合，强调向校级层面的学习结果评估聚焦。在 EIA 看来，不同高校虽然在开展学习结果测量方面付出了大量的心血，也产生了颇为可观的数据，但由于评估的形式高度分化、维度漂移不定和结果支离破碎，极大地限制了评估应当取得的收效和影响。EIA 主张超越碎片化的评估实践，力图从垂直和水平两个方向上整合多种评估努力，并向院校层面汇聚。在垂直维度上，强调课程、专业、院系与校级（Campus-Level）四级层次评估之间的相互贯通与深度融合。在水平维度上，强调对于评估的参与广度以及参与群体的具体贡献。由于校级层面评估是一个整合性过程，会牵涉院校内

式，借鉴了 NILOA 开发的"透明框架"中六大构件（Components），并在此基础上形成了自我叙述需要包含的八大领域（Domains），即评估活动参与、全校学生学习结果陈述、校级评估计划、校级评估资源、当前校级评估活动、校级学生学习证据与证据使用，以及反思与增长/改进计划。① 同时在两年多

（接上注）

外几乎所有领域的决策者和其他重要群体。这些群体可以是在部分或全部的意义上协助、参加或监督整个校园范围内的各项评估项目，推动评估活动整合，或者使用院校评估数据和报告。EIA 强调，院校层面的学习评价及其产生的结果，犹如露出水面的"冰山一角"，是与其展开的真实情境和支持条件联系起来的，是对校园内相互关联且彼此印证的多层多维评估活动与结果的全方位整合。b. 由直接评估转向间接认可，强调评估结果对于教育改进的提升效果。引导不同高校将分散化的学习测量系统化，推动评估重心上移并在院校层面上加以锚定，是 EIA 得以展开的前提和基础。院校层面学习结果评估既是 EIA 开展认可的主要对象，也是使认可之后的反馈意见在院校内部得以广泛渗透并提挈各层次教育持续改进的中间环节。关注高校推动学习评估的过程，以及如何运用评估结果来指导院校决策和提高学生学业表现，而不是直接针对学生收获或学习绩效本身，集中体现了 EIA 在设计上的新思路，并带有某种"元评价"的意蕴。

① EIA 所涉及的报告领域脱胎于"透明框架"。二者都认为，有关学生学习和院校绩效方面的信息应当是富有意义和易于理解的，它高度情景化并与不同院校的发展目标相互关联。由信息组合而形成的自我报告框架，并不是一张检查清单，而是一种向内外受众开放与交流信息时厘清优先事务与可能边界的行动指南。不同的是，"透明框架"中的构件覆盖多个层次，其重心相对漂移所要求的信息可以是相对离散的，它以增强透明度为主旨，并不对不同院校的评估项目进行大范围的再评价。EIA 则提出，评估领域的重心应当放在校级层面并以此统合多层面评估活动，将多种评估结果相互汇集并以"证据流"的形式呈现学生学习的完整图景。同时，EIA 不同领域中包含的引导性问题，也构成了在认可院校评估时的评分依据。按照评估结果对于院校自身内部改进的影响程度，EIA 将通过认可而获得相应荣誉资格的高校分为两个等级："卓越"（Excellence Designees）和"持续卓越"（Sustained Excellence Designees）。就前者而言，它要求高校在围绕校级评估结果的使用中，尤其是在建构基于证据的院校决策文化方面，展现出了强大的领导力和极高的投入度。但这些高校在多种评估的整合或评估的过程上，可能还存在一定的缺口与不足。就后者而言，它要求高校至少已经开展了为期五年的校级学习结果评估工作，形成了整合评估数据和利用评估结果来指导院校决策以及专业和课程改革的坚实基础与追踪记录。根据 2017 年的要求，申请认可的院校需要提交一份 2000 到 3000 字篇幅的申请叙述。各高校需要对照 EIA 的八大领域，结合自己的具体实践，就学习评估情况进行详得当的报告，以突出自身的重点和特色，并可以增加网络链接或附录的形式作进一步的补充说明。高校的申请叙述会经过 EIA 发起者所建立的专家组评审，评审结论和反馈意见可以在所有申请高校之间分享，在正式的认可名单出台之后，申请高校需要公开发布自己的认可结果。"美国学院与大学协会"（AAC&U）在每年 1 月举行的年会上，对通过认可的院校进行奖励并授予纪念牌、证书与标识。通过认可的高校所取得是一种浮动资格，有效期限一般为 5 年，在临近期限之前，先期获得认可的高校若要继续保持或提升评定级别，则需要重新提交申请再认可。由此，整个 EIA 的运行形成了一个可以动态调整的连续循环。

的时间内，EIA 已经取得了初步成效。①

此外，在 2018 年，VSA 进行了一系列新的改革举措，其重点是将"中学后教育整合数据系统"（IPEDS）、"国家科学基金会"主持的"高等教育研究与发展调查"（NSF's Higher Education Research & Development Survey）、"学生成就测量"（SAM）以及联邦教育部的"大学计分卡"（College Scorecard）四大数据来源中的重要信息在院校层面整合为 25 项关键绩效指标，以便于不同院校对照自定义比较组进行基准测试，允许不同高校使用 SAS-Visual Analytics 平台以构建自定义分析和图形报告以取代原来的"大学肖像"，并为大学领导者制订战略计划和进行决策提供更加有力的数据支持。②

五、小结

从总体上看，美国公立大学问责的诸种宏观运行机制之间，可以建构如下互动关系框架，如图 4-3 所示。③

---

① Muriel Howard 发表评论指出，EIA 在为高校应对问责和投身于学生学习与成功提供例证上，意义非凡。AAC&U 主席 Lynn Pasquerella 也认为，这些获得认可的院校必将在进一步推进全美关于质量与问责的讨论中，在提高透明度与提升最佳教育实践的交流中，发挥重要作用。不仅如此，加入认可活动的院校本身，也在进行自我梳理和审查的过程中促进了内部的教学改革和制度调整。例如，盐湖城社区学院（Salt Lake Community College）借机厘清和诊断了全校学生的学习状况，并以此为参照来指引一线教师修订授课内容和革新评分方式。堪萨斯州立大学（Kansas State University，KSU）评估办公室主任 Frederick Burrack 也认为，参与 EIA 对于该校课程改革产生了积极影响，它调动了教师之间教学交流的积极性，并推动了课程体系的相互衔接。参见 Ten Colleges & Universities Named in Inaugural Class of Excellence In Assessment Designees. http://www. aascu. org/MAP/PSSNRD etails. aspx? id = 20979, Doug Lederman. Awards for Campuswide Assessment. https://www. insidehighered. com/news/2016/08/22/ awards-recognize-colleges-excel-assessing-learning-campuswide。

② 参见 http://www. voluntarysystem. org/, http://www. voluntarysystem. org/about, https://s3. amazonaws. com/newvsa/VSA+FAQ+July+2018. pdf。

③ 这一图景的形成主要参考了 Parsons & Smelser（1984）提出的不同系统之间的"双重交换"（Double Interchanges）思想，Parsons & Platt（1973）关于社会系统的结构与"交换集"（Interchange Sets）思想，以及 Münch（1987）关于微观互动与宏观结构相互渗透的思想。在 A—G 之间，政府通过出台政策调控高等教育市场。由于联邦政府往往直接资助学生，而州政府则直接资助高校，从而导致二者问责体系和逻辑的差异。前者更加强调为学生择校提供消费者信息，而后者则强调在大学拨款中导入绩效与竞争的市场原则。同时，大学也可以通过增加投入以提升排名的方式证明办学绩效，从而在争取政府拨款中获得有利地位。在 A—L 之间，虽然大学有不参与或不公开相关信息的自由，但不作为就会将自己置于不利的境地。在此意义上，自愿约束机制设计了大学不得不面对的"市场测试"（Miller，2008）或市场压力，而导入竞争、选择自由等市场要素，目的是在大学之间刺激和模拟市场行为，

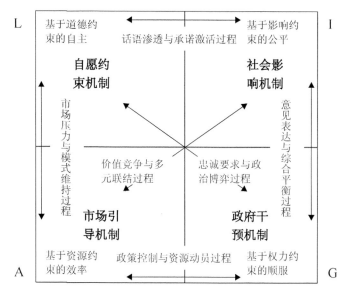

图4-3　宏观问责机制之间的相互作用

（接上注）
提高大学的效率与回应能力，同时，自愿约束机制抵制排名，呼吁"不要排名，不许编造，只求事实"，其顾虑是作为市场引导机制的大学排名，推销给社会的是高度结构化与直观的结果，极易为美国高等教育设置具有示范性和影响力的固定模式，进而损害院校的多样性。在 A—I 之间，市场引导机制的立论基础是消费者选择，潜藏着过度追求选择性和效率而牺牲公平的风险；社会影响机制的立论基础是公众的参与，更加关注教育的入学与公平，二者在价值取向上相互竞争与平衡。同时，它们一起服务于学生及其家长，并共同关注毕业率、教育质量、成本、毕业生收入等议题，因而在具体观点上存在多重交集。在 G—I 之间，社会影响机制作用于公立大学的重要渠道，就是将社会的教育诉求通过综合与表达而上升为公共议程并影响政府决策与行政活动，从而间接作用于大学；政府在决策中则会对不同的声音和利益进行调和，并最终反映在出台的大学问责政策之中。在 G—L 之间，自愿约束机制是对联邦政府 The Spellings Report 的直接回应，同时在大学协会等游说组织的影响下，政府对公立大学的干预体现了强烈道德政治博弈的特点。在 I—L 之间，公众的意见都会不断向大学组织及其协会施压，要求大学更好履行自己的教育使命；同时，这是刺激大学根据自己的价值承诺而行事，对社会要求切实担负起责任的过程。"不要排名，不许编造，只求事实"（No Rankings，No Spin，just the Facts）是"自愿问责系统"（VSA）提出的反对大学排名的代表性观点。参见 http://www.collegeportraits.org/。

第五章

美国公立大学问责的微观实践

　　高等教育问责具有极强的穿透性，不仅在宏观层面展开，也在院校层面进行。对于美国公立大学问责的院校实践而言，需要对"内部问责"（Internal/Inward Accountability）做进一步分析。按照 Trow（1998）的解释，内部问责表现为一种自我研究的形式，亦即由院校对自身的运行进行探究和分析以实现内部改进。外部问责类似于审查，亦即学院和大学对其支持者并最终对社会整体承担责任，以确保院校忠实完成使命、诚实使用资源和切实满足预期。他将内部问责聚焦于"学术卓越"（Academic Excellence），主要包括大学的教师质量、学生质量、研究和学术质量以及课程与教学质量。同时，在高等教育问责"三角协调模型"的框架下，许多学者将大学组织视为其中的"学术关注"（Academic Concern）力量的代表。因此，国内学界往往将美国公立大学问责的院校行动抑或内部问责，直接等同于"专业问责"（Professional Accountability）。

　　值得注意的是，不仅高等教育问责具有多副面孔，大学组织本身也具有多副面孔。在 Millett（1962）看来，美国大学就是多重身份的重叠。①

---

① 　a. 作为宗教机构。在殖民地时期，大学由教会建立，并且教师和学生被认为是构成更大的教会群体中的神职人员。虽然在南北内战之后高等教育世俗化的进程加快，但大学与教会最终达成休战，并且二者的联系并未完全阻断，高深学问由对宗教的信仰转变为对智识的信仰。b. 作为福利机构。大学是社会的一项慈善事业，既接受社会的资助和捐赠，又对增进社会发展中的自信、平等与自治具有重要意义。c. 作为经济机构。大学置身于市场环境中，需要考虑教育的经济产出之于社会经济增长的贡献度；教育是一项智力投资，尤其是要在学生个体及其家长分担教育成本的情况下，应当关注资源的使用效率；这种作为经济机构的趋势，并非出自大学的本意，而是生存的必要。d. 作为政府机构的组成部分。大学被视为是服务公共利益、促进社会流动、保障国家安全的重要渠道，政府在增加对大学财政资助和科研拨款的同时，也在不断增强监督和控制的力度；大学越来越呈现出一种政府机构的面貌。e. 作为独特机构。大学以保存、传播和增进知识为使命，并通过促进学生的知识发展而改变社会，因此大学应当致力于追求学术自由，并免于政府和其他社会群体的干预。

Hodgkinson（1971）也认为，大学治理中存在多种模式。[①] 基于 Weick（1976）提出的大学作为"松散联结系统"（Loosely Coupled Systems）的观点，在政策定义（宽松与严密）与执行控制（宽松与严密）的分析维度上，McNay（1995，2003）将大学的组织模式分为四类：共治式（Collegium）、官僚式（Bureaucracy）、公司式（Corporation）与企业式（Enterprise）。综合而言，如表5-1所示。

表5-1 大学的四种组织模式

组织模式	共治式	官僚式	公司式	企业式
主导价值	自由	社会正义	忠诚	能力
追求目标	卓越/精英主义	公平/平等	经济/效率/效用	创业/事业
权威角色	劝服的	调控的	指令的	支持的
组织文化	个人	角色	权力	任务
主导单元	学系/个人	教师/委员会	院校/高层管理团队	分支单元/项目组
决议场域	非正式群体网络	委员会与管理指示	院校高层管理团队	项目组
管理方式	共识的	正式的/理性的	政治的/策略的	下放领导力
服务对象	学术社区	委员会	院校领导	内外部客户
时间安排	长期的	循环的	短期/中期的	即刻的
环境适应	进化	稳定	危机	动荡
变革属性	机体创新	反应性适应	主动转型	策略性弹性
系统协调	学术力量	学术权威/政府	政府/行政机关	市场/政策
外部参照	无形学院	调控机构	政策制定者	客户/资助者
内部参照	学科	规则	计划	市场力量/学生
评估基础	同行评议	过程审计	绩效指标	持续交易
学生地位	学术门徒	统计数据	资源单元	消费者

Pilbeam（2009）在上述分类基础上，提出了自己的解释，如表5-2所示。

[①] 主要包括："共同权威"（Shared Authority）模式，权力主要集中于董事会和强有力高层行政人员之手的"经典模式"（Classic-Tall Model），包含教师与学生评议会在内的"两院制或一院制代表大会"（Bicameral or Unicameral Representative Assembly）模式，"公开听证"（Open Hearing）模式，包含大学所有群体在内的"社群模式"（Communitarian Model），基于参与地域标准的"都市社区模式"（Urban Community Model），学生致力于参与特定问题解决的"纸巾模式"（Kleenex Model），以及"学生辛迪加模式"（Student Syndicalist Model）。

表 5-2　大学组织设计的关键要素

大学类型	关键部分	协调活动	组织形态	目标导向	价值基础	环境特征
共治式	运行核心	标准化技术	专业性官僚	精通	认知的	稳定/复杂
官僚式	技术专家制	工作流程	机械性官僚	效率	调控的	稳定/简单
公司式	战略高层	监督/产出	事业部模式	集中	规范的	稳定/复杂
企业式	支持人员	相互调整	无固定结构	创新	认知/规范	动态/复杂

　　同时，Olsen（2005）也对大学组织进行四个维度的区分。[①] 从"场域"（Field）理论的视角出发，Scott（2015）将美国高等教育区分为三类相互竞争的组织模式。[②] 综上所述，当研究视角从社会宏观层面逐渐下移到院校微观层面，大学组织的属性也就会由相对单一的学术性或专业性机构转变为混合着多种身份与属性的复合体。大学"场域"内部的多种力量拥有不同的利益诉求和运行逻辑，并且相互之间进行着"政治博弈"。在这个意义上，专业问责并非是院校层面（内部）治理过程与问责行动的全部，只不过是其中一个侧面或维度。在 Kelchen（2018）看来，院校层面问责是一种"自我问责"（Self-Accountability）的形式，其目的是在学生及其家长、教职员工、校友等大学不同利益相关者之间建立信任关系，更加有效地使用稀缺资源，以透明和有效的方式满足联邦政府、州政府与认证组织等对大学绩效的外部问责要求。在这种关系结构中，董事会、终身教职教师和学生一般处于问责主体的

　　① 　a. 作为学者的自治社区。它遵循自由探究、发现真理以及强调理性与专家意见的逻辑，以科研质量作为评估标准，依靠知识权威的身份获得自治，并由科学发展内在动力的驱使而缓慢演进，只有遇到绩效危机之时才会发生剧烈变革。b. 作为达成国家政治议程的工具。它遵循管理的、执行既定政治目标的逻辑，以有效实现国家目标为评估标准，依靠授权或者运行绩效而获得自治，并因外部政治决定、优先事务以及政治联合等事务的影响而发生变革。c. 作为代议制民主的形式。它遵循利益表达、选举、谈判和多数人决定的逻辑，以适应内部利益为评估标准，依靠院校民主、功能性绩效与现实政治的混合而获得自治，并受协商与冲突的解决方案以及权力、利益与联盟等变化的作用而发生变革。d. 作为镶嵌于竞争市场的服务性产业。它遵循社区服务、市场交换和价格系统的逻辑，以满足社区需要和经济、效率与弹性等原则为评估标准，依靠对利益相关者和外部诉求的回应而获得自治，并在消费者的市场选择和消费环境的变动等要素影响下而产生变革。

　　② 　a. 作为制度场域。高等教育被视为是一种成熟的产业和高度结构化的场域。在这一场域中，不同行动者之间有着紧密的互动、多样化的信息流动渠道、强烈的同形化压力、清晰的地位和声誉结构以及稳定的联合模式。b. 作为战略行动的场域。大学之间以及大学内部各部门之间为竞争包括经费、优质师生等稀缺资源，采取妥协、回避、操纵、对抗等战略措施。c. 作为产生需求的场域。通过向学生赋权，将学生视为是拥有独立行动能力的学习者并且占据智力资源网络的中心，从而形成改造传统大学课程设计与治理模式的新兴力量。

位置，而教职员工与院校管理者是被问责的对象。若问责主体将各自的利益凌驾于其他主体之上，则自我问责就会削弱对公众负责的效用。本书认为，美国公立大学问责的微观实践是与大学内部的治理机制相互结合的，后者为前者提供了必要的运行构架，前者则是后者在操作层面的具体延伸。在 AGIL 理论的视野下，它主要包括以行政力量主导的院校董事会治理机制（G），以学术权力和专业自主主导的教师治理机制（L），表达教育消费者诉求的学生治理机制（A），以及体现社会公开和互动、增强大学合法性的信息透明机制（I）。

一、董事会治理机制

美国高校运行的最大特点就在于通过由校外人士组成的董事会（Iay Boards of Trustees）以及强有力的校长来进行治理（Kerr & Gade，1989），"理解校外人士管理在美国高等教育中所发挥的作用，对于理解当代学院和大学的治理关系至关重要"（Baldridge et al.，1978）。作为一项历史的恩赐，美国高校的董事会治理结构缘起于新教改革，特别是加尔文教派建立的高等教育机构（Kerr & Gade，1989）。加尔文教派既担忧独裁统治者的暴政和乌合之众的无政府主义，也反对等级制度，认为在教会、城市、学校和大学中应当由外行人士组织起来进行教导与训诫，通过公民参与而使公共利益掌握在公众手中，才是问题的解决之道。这种治理学术组织的模式和原则伴随着新教徒的迁徙而带到美洲，在殖民地学院的创建中得以确立，并扩展到后来兴起的美国公立高等教育。董事会的主要职责是任命校长并支持和评价校长工作，批准预算和长远发展规划，监督教学计划执行以及投资、法律事务和校园设施，评价大学所有重要方面的绩效，向社会展示大学、提高大学公众形象并获取资源，充当内部冲突的最高裁决，并保护大学自治。就现代美国公立大学而言，董事会治理结构成为连接院校层面与州政府管理实践以及大学与社会互动的节点。这种类似公司董事会的机构带有作为美国社会文明与高等教育发展共同特征的民主印迹（Brubacher & Rudy，1976），体现了一种支持社会利益、回应公共意志的哲学，它促进大学运行中动态调节的灵活性，为公共福祉担负责任（Kerr & Gade，1989），并在公立大学的民主控制与办学自由之间形成某种制衡关系。

（一）董事遴选

由于公立大学需要服从公共程序的控制并遵守州立规章和法律规定，公立大学董事会一般通过州长任命或公共选举产生，对个体院校或整个高等教育系统进行治理，代表和服务于广大公众的利益。董事会对大学的利益和完整性负责，并拥有最终决策权。至少在理论上，董事会应当把政策放在首要位置，并作为整个大学利益的托管人，由董事会和其他管理者共同选举出来的校长来负责具体的管理事务，而学术政策则交到教师手中（Duderstadt & Womack，2003）。

一般而言，公立大学董事会平均由 12 名成员构成，并且绝大多数四年制公立大学的董事是由政治任命的。一项调查统计显示，在公立大学中，由州长任命并获得州议会批准的董事比例达 77%（Schwartz，2010）。不同的州在安排董事人选时，会综合考虑他们的地域、政治、种族或性别多样性的问题，以确保其能够最大限度地代表整个州（Kelchen，2018）。在科罗拉多、内布拉斯加、内华达以及密歇根四个州，四年制公立大学的董事会成员有部分是由公共选举产生的，并且这种方式也体现在上述各州的中小学校和社区学院的董事会构成之上。虽然政治任命能够尽可能地将董事会与州长的意识形态相互匹配，但是在两年制高等教育层次，由选举产生的董事成员却并没有带着非常鲜明的党派标签与色彩。"党派关系"（Partisan Affiliation）能够对公立大学的运行产生重要影响。例如，2008 年科罗拉多大学董事会（University of Colorado's Board of Regents）就是在政党竞选中产生的，并将一位前共和党州长提名人任命为大学校长。

鉴于美国公立大学的复杂性，董事会成员除了任命与选举之外，还有其他较为特殊的混合型治理结构。① 从总体来看，政治任命的公立大学董事成员对于大学发展而言具有自己独特的价值（Kelchen，2018）。董事成员与州长和议员之间紧密的联系，能够帮助所在的公立大学占据政府事务中的优先地位，甚至获得额外的资助。将近 2/3 的董事成员拥有商业、律师以及医生等教育领域之外的专业背景，这也为大学贴近社区和筹措资金提供

---

① 例如，a. 南卡莱罗纳州的克莱森大学（Clemson University）是一所公立的研究型大学，在其董事会成员构成中，有 7 个"自我延续"（Self-Perpetuating）的席位，他们拥有终身任期并可以选择自己的继任者；有 6 个席位依据政府拨款的规定由州议会任命。由此构成的董事会结构，能实现克莱森大学长期的稳定性和公共问责，并通过政策制定以确保学术质量和自由，保护大学财务安全，以及通过选择校长与行政人员确保管理效率和效用。参见 Board of Trustees Home. https://www.clemson.edu/administration/bot/. b. 新泽西州立罗格斯大学（Rutgers, The State University of New Jersey）因作为"殖民地学院、赠地学院和州立大学"三重身份交叠的发展历史，形成了独特的治理结构。罗格斯大学可追溯到 1766 年建立的"女王学院"（Queen's College），并由当时设置的"校董会"（Board of Trustees）进行管理。其"董事会"（Governing Boards）由两部分构成。其一是根据

了便利。同时，州政策制定者可以通过选择董事人选的方式对大学进行监视并传递州政府的政策意图和目标偏好，这也成为政府约束公立大学办学行为的另一条问责渠道。①

（二）共同治理

1. 形成与发展

"纽约州立大学"（State University of New York，SUNY）总校校长 Nancy L. Zimpher 在 2012 年一篇题为"共同治理驱动我们最伟大成就"（Shared Governance Drives Our Greatest Accomplishments）的短文中指出，高等教育共同治理是指管理部门、教师、专业工作人员、董事会和学生参与到影响院校整体的政策发展和决策的结构与过程；共同治理的有效运行能够为高等教育系统

（接上注）

新泽西州 1956 年法案第 61 章建立的"理事会"（Board of Governors）为全校首要治理机构。它由 18 位成员构成，其中包括 15 位具有表决权的成员和 3 位由"大学评议会"（University Senate）推选出来的无表决权代表。在 15 位具有表决权的成员中，有 8 位由新泽西州参议院批准和州长任命，剩余 7 位由"校董会"（Board of Trustees）推选。在 3 位无表决权代表中，有 2 名教师和 1 名学生代表，并且校长是其中的"当然成员"（Ex Officio）。其二是于学校初创时期建立并延续至今的校董会。在 1956 年法案之后，校董会退居次席，对理事会发挥咨询作用并承担部分信托责任，它由 75 位成员构成，其中 41 位具有表决权，校长是其中的当然成员，但不享有表决权；另外有 2 名教师和 2 名学生由大学评议会推选出作为无表决权代表。41 位具有表决权的成员按照州相关法律规定而加以选择，其中包括 20 名"创始成员"（Charter Members）、16 名校友成员和 5 名公共成员。在创始成员中，女性至少占据 3 个席位，并为学生保留 3 个名额。校友成员由"校董会提名委员会"（Nominating Committee of the Board of Trustees）进行提名，公共成员由新泽西州参议院批准和州长任命。大学校长在罗格斯大学各分校高级管理者的协助下执行董事会制定的各项政策。参见 Governing Boards of the University. https://governingboards.rutgers.edu/. c. 佛蒙特大学（University of Vermont，UVM）是美国办学历史最为悠久的公立研究型大学之一。董事会对于 UVM 财产和事务拥有完整的管理和控制权，负责设定和批准大学政策、预算和战略计划，并任命校长。董事会由 25 名成员构成，其中包括 9 个州议会选择席位、9 个自我延续席位、3 个州长任命席位和 2 个学生席位，佛蒙特州州长和 UVM 校长在各自任期内是董事会的当然成员。董事会中学生成员的任期为两年，其他成员的任期为 6 年，并且所有任期都从 3 月 1 日开始计算。参见 http://www.uvm.edu/trustees/.

① Duderstadt & Womack（2003）评论认为，公立大学与私立大学之间的董事会之间存在着不同的治理哲学。私立大学的董事会成员倾向于将自己的角色定位为"保管者"（Stewardship），并且通常追求所在院校利益的最大化。与之相对的是，公立大学的董事会成员选择过程的政治属性，往往使其认为应当首先对选民而非对所在院校负责。事实上，很多公立大学的董事会成员倾向于关注对特定政治选民所承担的狭隘责任，他们更多的是充当管理者或立法者，而不是扮演委托人的角色。私立大学与公立大学的董事会之间存在的保管者与监视者哲学的反差，既是公立与私立大学二者最为重要的区别之一，也是当今公立高等教育所面临的最为艰巨的挑战之一。

持续以最优方式服务于政府、企业和社区等利益相关者提供基础。① Millett（1962）认为，美国高等院校的组织基础是"集体权力"（Community of Power）而不是官僚权力。"共同治理"是现代美国高等教育最为基本的准则之一（AGB, 2017a）。它是实现目标的手段，也是需要得到保持和珍视的价值；它是一种协作的过程，也是"共治"（Collegiality）的产物；它植根于历史传统，也在应对内外部压力之中不断变革（Crellin, 2010）。

现代美国大学的共同治理观念是在董事会、教师和管理者追求在大学组织的控制权力的过程中逐渐演变的。在殖民地学院时期，董事会和校长几乎占据了院校运行的所有权力，校长承担日常管理活动，并倾向于自我领导。这种安排源自于英式学院模式并体现了学院的建立者和董事会对教师缺乏信任。例如，威廉和玛丽学院（College of William and Mary）虽然在学院宪章中赋予了教师任命校长和为学院制定规章的权力，但在建校后不到 30 年间，董事会就觉得应当把教师所掌握的这部分权力弃之不理。在美国建国后，教师参与院校管理的呼声和诉求逐渐得到认可。教师对当时大学治理模式的不满推动了共同治理概念的发展（Morphew, 1999）。例如，1825 年哈佛大学的教师抓住人们抗议殖民地学院管理僵化和课程停滞的机会，为自己争取到了开展学生规训和授课定向的内部控制权力，而这也成了学术自由的先声。在早期的教师参与中，也强调应当将其范围严格限定在学术事务之上（Birnbaum, 2004）。1858 年，密歇根大学（University of Michigan）首任校长塔潘（Henry P. Tappan）就提议，教师应当在教学方法和课程上有自主权力，因为学者是大学建造之基。这项原则虽然被广泛认可，但在 19 世纪的下半叶，许多高校却并没有真正贯彻落实。随着 20 世纪最初几十年教师专业化的增长以及"二战"后学术革命的推动，许多高校逐渐接受了教师不仅可以控制课程，而且对其他与教育相关的事务同样能够发出强有力的声音。

多个大学协会组织在推动共同治理发展中充当了积极行动主义者的角色，主要包括"大学与学院董事会协会"（Association of Governing Boards of Universities and Colleges, AGB），② "美国校董与校友理事会"（American Council of

---

① Special Issue on Shared Governance. http://system. suny. edu/media/suny/content-assets/documents/faculty-senate/bulletin/BulletinFall2012specialissue. pdf.

② AGB 成立于 1921 年，以通过研究、服务和倡议来增强和保护美国高校独特治理方式为使命。它包含了超过 1300 个成员董事会、1900 所院校和 4 万名个人，是唯一向公立与私立高校的校长、董事会主席、董事、在董事会中起到支持和协调作用的"董事会专业人士"（Board Professionals），以及与高校相关的基金会供给资源以提升其办事效能的全国性组织（AGB, 2016）。

Trustees and Alumni，ACTA），① "美国大学教授协会" （American Association of University Professors，AAUP）②。早在 1920 年，AAUP 就在首次发布的声明中，强调了教师参与人事任命、甄选行政人员、编制预算以及决定教育政策方面的重要性。③ 在随后几年，这份声明的内容被不断修订，并最终汇聚形成了对现代理解共同治理产生巨大和持续影响的 "1966 年学院和大学治理声明" （1966 Statement on Government of Colleges and Universities）。这份声明由 AAUP 与 "美国教育理事会" （American Council on Education，ACE） 和 AGB 联合起草。该声明认为，鉴于外部立法机构和行政部门对于大学控制的增强，美国大学已经发展到了要求适当的 "共同责任" （Shared Responsibility） 和相互协作，在内部制度结构中培育 "建设性的联合思想和行动" （Constructive Joint Thought and Action） 以对抗不适宜的外部干预，保护大学完整性的阶段了。同时，高等教育机构从事活动的多样性与复杂性也在董事会、管理者、教师、学生以及其他群体之间形成了 "无可逃避的相互依存" （Inescapable Interdependence） 关系，发展和增进 "相互理解" （Mutual Understanding）、"利益共同体" （Community of Interest） 以及 "联合努力" （Joint Effort），对于身处变革时代的美国大学而言至关重要。在此基础上，该声明提出了保障共同治理的两条基本准则。④ 1966 年 10 月，ACE 的指导委员会提出，这项声明是迈向将董事会、教师和管理者各自角色澄清化的重要一步，并推荐 ACE 的成员院校遵照贯彻；AGB 的执行委员会于 1966 年 11 月也发出了相同的声音。AAUP 的理事会于 1966 年 10 月采用这项声明，并在 1967 年 4 月召开的第 53 届年会上获得批准。基于此，AAUP 在随后发展中补充了多项衍生的政策说明，涉

---

① ACTA 成立于 1995 年，是一个致力于保障美国学院和大学的学术自由、卓越与问责的独立性非营利性组织，也是唯一与横跨全美的大学校友、捐赠者、院校董事、教育领导者展开合作，共同推进自由教育、提升学术标准、保护思想自由交流、保障年轻一代能够在经济可负担的前提下享受富有哲思和优质大学教育的组织。参见 https://www.goacta.org/about/mission。

② AAUP 成立于 1915 年，其宗旨在于推进学术自由和共同治理，界定基本专业价值和高等教育标准，提高教师、学术专业人士、研究生、博士后以及参与到教学与科研活动中的其他人员的经济安全，帮助高等教育界实现自身目标，并确保高等教育服务于公共之善。它有助于通过发展保持教育质量与学术自由的标准和程序以塑造美国高等教育。参见 https://www.aaup.org/about/mission-1。

③ Shared Governance. 参见 https://www.aaup.org/our-programs/shared-governance。

④ 其一，大学组织中重大事务的决策，不否认部分成员有时发挥 "创议能力" （Capacity Initiatives），但必须要有所有成员的参与。这一原则也可称为共同责任，对全体成员都有约束力。它具体表现在大学通识教育政策的制定、大学长期发展计划的编制与执行、物质资源的使用、预算过程、新任校长的遴选以及在公开场合发表言论等领域。其二，大学治理中不同群体话语分量的差异，应当由各自在处理特定事务中所承担的责任来决定。这一原则也可称为责任分解，不同群体承担的责任侧重有所

及学生的权利与自由、教师治理与学术自由、预算与工资、财政危急状况、选择和评价管理人员、集体谈判等多方面内容。AAUP 为全国高校的教师参与学术治理提供建议和帮助，并在 1991 年召开的年会上，AAUP 的理事会促成了对明显不符学术治理标准的院校实施惩罚。①

进入 20 世纪 90 年代，美国大学面临着一系列新的挑战，来自政府与公众的更大问责压力，教师对于所属学科与所在院校的忠诚分裂，高校管理者对于学生兴趣的变化和就业市场的转型更加敏感，传统大学在高等教育市场中遭受到营利性大学、在线教育等新兴竞争者的冲击，许多高校的董事会、教师群体和院校管理层认为现行的内部治理安排变得烦冗低效而难以及时作出决策，大学内部治理过程常常只能产生一个"最低公分母"（Lowest Common Denominator）的决定而无法触及深层次的问题。鉴于此，在世纪之交，AGB（1998）发表"大学治理声明"（Statement on Institutional Governance），

（接上注）

不同。a. 董事会是全校最高权力机构，它负责确定院校的大政方针、预先谋划未来发展、募集捐赠、筹措办学经费和制定人事政策，在对院校进行总体审视之时将日常管理活动委托给校长以及其他管理人员，将教学和研究活动委托给教师，并应当对自身行为保持适当的自我约制。b. 校长对外代表院校，并在提出创新与创议的基础上凝聚院校共识和结成共同行动方面负有特别责任，校长需要确保在院校中操作使用的标准和程序既符合董事会出台的政策，又能够满足良好学术实践的要求，他需要发挥在董事会、教师和管理者之间的沟通纽带作用，对院校资源的维持和开拓负有主要责任，并对大部分的非学术活动承担最终的管理责任，同时需要增进公众对大学的理解。c. 教师对课程设置和课程标准、授课内容与教学方式、科学研究、教师地位以及与教育过程相关的学生生活方面负有首要责任。教师地位及其相关事务主要包括教师的聘用与解聘、晋升、终身任职资格的批准与解除、评价同行学术能力等。除非特殊情况或者能够提供有说服力的反对证据，董事会和校长应当在这些教师负有首要责任的事务上赞同教师的判断。教师应当积极参与决定工资调整方面的政策与程序，并在校长和院系领导的选择上建言献策。同时，在大学治理的各个层次，通过教师全员参与或选举，建立院系的教师执行委员会，以及更大范围的或全校性的教师评议会或理事会，增进教师、管理者与董事会之间的相互沟通，建立三方备忘录与报告的流通机制、联合特设委员会和常设联络委员会，扩大教师在管理部门和董事会中的代表资格。d. 鼓励学生参与大学治理，同时也需要考虑他们在经验与能力方面的欠缺、学生流动带来的归责困难以及大学其他群体所拥有的评价学生的地位，增强学生对院校的敬意，应当给予他们以下机会：在课堂上表达观点而不用担心遭受惩罚，自由讨论院校政策和运行中存在的问题，当面临违反学校规定指控时拥有诉诸学术正当程序的权利，以及与大学其他群体同等的聆听自己所选择演讲者的权利。参见 Statement on Government of Colleges and Universities. https://www. aaup. org/report/statement-government-colleges-and-universities。

① Shared Governance. https://www. aaup. org/our-programs/shared-governance.

对共同治理机制进行改革。该声明明确提出了大学治理应当遵循的七条准则。①

　　进入 21 世纪，AGB 连续发布了多项关于大学治理改革的报告，尤其关注共同治理中的董事会治理机制改革。② 随着社会其他部门问责改革政策的外溢，大学外部法律与调控环境的转变，以及非营利性组织和高等教育团体中的某些参与者在面临利益冲突和财务监督等时表现出来的诚信与治理的失误和失败，共同推动了联邦政府和州政府不断增强对大学的监督力度，并要求大学清晰陈述董事会自主和权威的原则。其中，在"安然公司"（Enron Corporation）和"世界通信公司"（WorldCom）财务丑闻刺激下于 2002 年出台的"萨班斯—奥克斯利法案"（Sarbanes-Oxley Act），虽然主要是针对企业组织规制，但也驱动了对包括大

---

　　① 　a. 董事会对大学承担最终责任，董事会不能将自己的信托责任分解为大学的学术完整性和财务稳定性。b. 董事会应当保留对于决定大学使命的最终责任和完全权威，并接受院校管理层的咨询和建议；董事会对于确定大学或大学系统发展的战略方向负有责任；在其他许多事务的规划上，董事会应当取得部分利益相关者的共识或理解，并从资源可获得性的现实角度出发，考虑达成战略目标或使命的可行性。c. 一方面，要认识到大学与商业企业之间的共同性。董事会应当确保在大学的财务和管理事务上，合理采用一般可接受的商业标准；另一方面，也应当考虑到大学使命和目标的特殊性，不能将教学与研究活动直接等同于商业过程，并尊重大学的共同治理传统。d. 董事会应当在行为方式上为全校其他群体作出表率。经常自我检视董事会的任职资格、结构与绩效，周期性评价自我的工作效率以及对于组织发展的贡献，努力理解和尊重所在院校的独特文化，通过与管理层协商和给予相关方充分表达自己观点的机会从而对事务形成全面了解，对作出的决定给出充足的理由。同时，董事会和管理者应当尊重教师个体在教室和实验室行使学术自由的需要；董事会应当避免对行政人员微观事务管理的干预；董事会成员和教师应当负责任地参与治理过程中，将对"良好院校公民"（Good Institutional Citizenship）的考量置于院系或个人特殊利益之上。e. 扩大共同治理的参与范围，由传统的董事会、管理者和全职教师的内部利益相关者，拓展到非学术性工作人员、非终身教师、兼职教师、兼任教师和学生。同时，董事会需要负责制定能够将不同声音都能得到充分体现的规则，并确保没有任何一个利益相关者在治理的任何领域中被赋予"独占权力"（Exclusive Franchise）。f. 所有的董事会成员，不论其出身，都应当有责任将大学或大学系统作为一个整体来服务。基于判断独立的原则，董事会中的教师、工作人员和学生代表，不应当拥有投票权，不论教师、工作人员和学生成员占有多少席位，董事会都应当与其所代表的利益相关者群体展开充分的沟通和协商。g. 在多校园大学系统中，各个大学应当接受总校董事会的合法权威和总体责任；董事会应当将各大学校长、总校领导，以及任何院校准治理机构或咨询委员会等具有的权力、责任和期待进行明晰，并尽可能增大各个大学的自主权。此外，该声明强调了董事会在协调大学与外部利益相关者关系中的重要作用，即为大学的使命、优先事务和项目进行表达和辩护，并向外部利益相关者进行传递，同时作为桥梁，向州政府领导者们表明，公立大学的行为是与州的需要和优先事务密切关联的。这种大学与不同外部政治和调控检视群体的关系，应当反映出一种理解，即公立大学是为达成认可目标的结果而承担问责的，同时使外部检视和规制最小化。这种安排保留了大学至关重要的自主，又能清楚表明大学是能够为结果负担责任的。

　　② 　这些报告主要包括 2001 年出台的"公共信任治理的声明：外部对学院与大学的影响"（Statement on Governing in the Public Trust: External Influences on Colleges and Universities），2004 年出台的"董事会对校际运动竞技责任的声明"（Statement on Board Responsibilities for Intercollegiate Athletics）等。

学在内的非营利性组织的董事会运作施加更多监管，如董事会问责、董事会成员选择、是否展开"资信调查"（Due Diligence）、董事会的行为是否符合大学章程和规定（Jackson，2006）。在此背景下，AGB（2007）出台了"董事会问责声明"（Statement on Board Accountability）。①

考虑到外部环境的急剧变化，尤其是随着公众与政府对学生学习结果和不断上涨的学杂费问责要求的扩张，美国大学的院校治理效率问题变得日益突出。AGB（2010a）在出台的"大学治理的董事会责任声明"（Statement on Board Responsibility for Institutional Governance）中，将董事会责任概括为八条准则，确认并发展了在前述声明中的思想观点。②

在美国大学共同治理实践中，学术界对其认识也在不断深化。作为其中的代表性观点，2014 年 Steve Bahls 在 AGB 出版的"变革时代的共同治理"（Shared Governance in Times of Change）一书中提出了四类分析视野。③ 随着现

---

① 该声明将董事会问责界定为：董事会应当对所在院校的使命和传统负责任，对公共利益和公共信任负责任，对包括教师、工作人员、学生及其家长、校友、捐赠者、社区、地方政府等在内的不同支持者所要求的合法和相关利益负责任，对引导和塑造美国高等教育的非凡价值负责任。这些具有持久意义的价值包括自我管理与大学自主、学术自由与程序正义、共同治理、教育质量、公开透明以及财务诚信；董事会不仅要以所在院校的名义，而且要以整个美国高等教育的名义，对这些价值负责。具体而言，董事会问责的主要维度包括对财务诚信、董事会绩效、教育质量以及校长评估和补偿进行仔细检视。

② 除了重申董事会对大学治理承担最终责任、尊重学术决策的文化传统，强调董事会与其他群体保持有效沟通与密切协作、扩大内部治理的参与范围、董事会进行制度化的自我检查之外，该声明还进一步提出：a. 董事会应当承担清晰界定董事会、管理者与教师各自角色的责任，尽可能减少有多个群体参与领域的模糊或重叠部分，在咨询或决策过程中建立合理的时间安排或最终期限，提高运行效率。b. 增强董事会在预算过程和资源分配中的指导作用。c. 董事会应当展现出对问责和透明的义务，应当尊重教师个体在教学、研究和学术活动中对学术自由和"负责任的专业主义"（Responsible Professionalism）的要求。d. 公立大学董事会应当在大学与外部政治结构、政党政治以及州政府压力之间做好精巧的平衡，推进建立大学与外部利益相关者的互惠关系，并对采纳外部组织倡议的政策和过程保持警觉。

③ a. 作为"平等权利"（Equal Rights）：共同治理确保教师、工作人员和管理部门在包括预算、院校的学术方向以及战略计划等所有治理事务中，都能够发出平等的声音，只有达成共识才能作出决策。b. 作为"协商"（Consultation）：共同治理要求那些负责作出决策的群体能够考虑到其他群体的立场并与之相互磋商。c. 作为"参与规则"（Rules of Engagement）：共同治理是一套关于规范董事会、教师和管理部门在诸如学术决策、预算决策、校长遴选以及其他运行决策中不同角色和权威的规则，它也是当三者之间意见产生分歧时进行裁决的依据。d. 作为"调整优先序列的制度"（A System of Aligning Priorities）：共同治理是一种致力于调整优先事务次序的开放交流制度，并要求建立一整套可以用于测量运行成功与否的共识性评价指标体系，它有助于培植一种服务院校整体利益的共同责任文化，并创设一种确保院校不会偏离自身使命的制衡机制。相对于前三类传统视角而言，它是共同治理应对当下挑战的最佳选择。参见 https://www.agb.org/store/shared-governance-times-change-practical-guide-universities-and-colleges，https://www.agb.org/blog/2015/12/22/what-is-shared-governance.

代大学价值遭受公众怀疑不断增长，大学内部张力日趋复杂，加之新闻媒体对大学丑闻和功能失调等负面报道的放大效应，对董事会治理的期望进行清晰指引以重新激发董事会活力，显得尤为必要。AGB（2018）提出，"董事会善治"（Good Board Governance）是指确保董事会能够选择最好的人选以有利于价值增值的正确方式来处理正确的事务。[①]

通过对共同治理的发展梳理，并结合 AGB 开展的院校运行实践分析，[②] 从总体来看，美国大学共同治理具有以下特点。

（1）共同治理是董事会治理的重要形式和实践延伸。虽然传统意义上，共同治理强调校园内部多方群体，尤其是教师的参与，但这一理念与行动是在董事会主导的制度框架下得以实现的。随着现代美国大学外部问责压力的增大，董事会在协调和整合全校资源与行动中的作用变得尤为重要，这也在AGB 近 20 年发布的各项声明和指导意见中反复提到的"董事会问责""董事会责任""董事会善治"中得到体现。[③]

（2）对比 1966 年 AAUP "学院和大学治理声明"与 1998 年 AGB "大学治理声明"，大学教师在院校治理中的权力呈现下降趋势（Hamilton，2002）。教师治理的权力更多地保留和体现在微观领域、学者个人所从事的教学与研究活动中，即使是在董事会中，教师代表也不应赋予表决权。这些观点也都在 2010 年 AGB "大学治理的董事会责任声明"中再次得到重申。此外，随着共同治理的参与范围，由传统上的董事会、专职教师与管理部门逐渐扩大到非学术性的工作人员、非专职教师、学生及其家长、校友、社区、资助团体、州政府等大学内外利益相关者，加之外部问责压力的持续增强，共同治理本

---

① 具体而言，董事会的构成人员应当具有多样性，通晓自己作为托管者的角色和责任，积极参与董事会工作并献身于自己服务的院校，着眼院校发展的大局和长远，富有效率地使用时间并总是能够获得充足的信息支持。董事会成员之间以及董事会与校长之间相互尊重和信任，广泛协商和有效倡议，推动共同治理制度良好运行。依据上述三项内容和标准，对董事会工作绩效的评估常态化，并认识到董事会善治是最好的人选、正确的事务和正确的方式三种关键要素持续整合的过程。

② https://www.agb.org/revitalizing-shared-governance-for-the-21st-century.

③ 或者说，在共同治理中，各方的话语权并不是平均分布的；对共同治理的考验，在很大程度上，是对"董事会领导力"（Boardship）的考验。与之相伴，董事会以及在其监视之下的行政部门的管理权力，也在不断趋向膨胀。Veiga et al.（2015）认为，对大学治理的"共同"属性的关注，大学组织的复杂性以及公众对效率和问责的期待，在大学的所有层次都强化了管理治理的分量；虽然美国教师评议会强调对自身利益的倡导和看护，抵制糟糕的行政决策，然而颇为自相矛盾的是，这种反应立场却使得建立在组织绩效取决于董事会绩效这一假设基础之上的公司式治理模式得以合法化。美国大学共同治理中管理权力扩张与学术自我治理和在大学决策中学术权力削弱并行的趋势，可以抽象概念化为"董事会主义"（Boardism）。

身也面临着诸多内在张力。①

（3）共同治理的形式是高度流变和情景化的，它内嵌于不同院校独特的历史、价值与文化之中（AGB，2017b），是一种要求对共同治理的价值和实践不断关注、周期评估、自我反思、持续改进的动态演化过程（AGB，2017c，2017f）。一方面，它应当以多种形式，在大学治理的所有层次上得到体现，并且对参与各方的责任和权力明晰化和制度化，尤其是在院校层面，要求所有参与者能够拥有整体格局和视野，将院校利益置于个体考量之上；发展"合作但有决断的领导力"（Collaborative but Decisive Leadership），避免相互推诿、久议不决和陷入僵局。② 另一方面，非正式治理结构与"关系"（Relationships）同样重要，它包括在群体内部以及群体之间应当培植心怀善意、彼此尊重和信任、相互理解和沟通、透明与开放、诚实与正直的亲密情感和共同纽带（AGB，2017a，2017d，2017e）。这些对于成功和有效的共同治理，对于大学文化的健康和活力，都至关重要。

值得注意的是，AGB（2016，2017a）一再提醒，虽然共同治理可以在理论层面上作出较为清晰的描述或界定，但不同大学之间，以及同一所大学内部的董事会、校长以及教师等不同群体之间，对共同治理的实际理解和应然操作，是存在重大分歧的。大学领导者们应当汇集院校各方以探讨和确认共同治理的含义和意义。这也从侧面表明，虽然共同治理的价值被广泛认可，但在具体的结构设计、运行过程和实践效果上，依然是充满复杂性和不确定性的。③

---

① 一方面，大学治理结构中更多参与者的加入，既增加了治理冗繁的风险，与强调结果与效率的问责要求相悖，也相对冲淡和弱化了教师在治理过程中的权力与声音。另一方面，共同治理也提出了如何以大学的学术能力满足不断上升的外部质量标准期望的问题，同时会引入"群际领导力"（Intergroup Leadership）的准则，而这又会强调将管理者的权力置于学者们之上（Veiga et al.，2015）。

② https://www.agb.org/trusteeship/2014/3/how-make-shared-governance-work-some-best-practices，https://www.agb.org/blog/2017/08/08/what-shared-governance-is-not.

③ 例如，a. 纽约州立大学（SUNY）是全美最大的公立高等教育综合系统，它由64所大学组成，学生规模接近60万人，教师员工数量超过9万人。在总校校长 Nancy Zimpher 带领下，SUNY 为推进共同治理采取了一系列创新性举措。2010年 SUNY 在执行名为"纽约州立大学的力量"（The Power of SUNY）的10年期战略规划中，建立了由大学教师评议会（UFS）主席和社区学院教师理事会（FC-CC）主席共同领导的"共同治理转型小组"（Shared Governance Transformation Team）。这一小组的重要成果之一，就是推动召开名为"纽约州立大学声音"（SUNY Voices）的会议。该会议每年举行，为期两天，参会人员包括董事会成员、64所大学的校长、教师评议会主席和员工理事会主席，以及 UFS 和 FCCC 的成员。Nancy Zimpher 校长认为，SUNY Voices 的目标是双重的，其一是在考虑到 SUNY 独特性和复杂性下增强对共同治理关注的可视化，其二是在 SUNY 内改进沟通与决策过程。同时 SUNY Voices 也为主题讨论、定期发布以及安排工作坊等活动提供网络支持和交流平台资源，如建立"学生

2. 教育质量监督

在传统上，由外部人士构成的大学董事会一般聚焦于院校财务监督。随着学习结果成为评价教育质量的核心议题，尤其是 2006 年联邦教育部"领导力的考验"报告督促大学进行学生成就测量以证明院校业绩和回应质量问责，要求董事会转变思维方式，在更宽的广度和更深的纵向上，卷入到对于教育质量的理解、讨论和监督之中，切实担负起教育质量责任。AGB（2007）提出，教师和学术管理人员应当建构教学内容、确定教学人选和发

（接上注）

与教师治理工作坊"（Student & Faculty Governance Workshop）、"大学治理领导力机构"（Campus Governance Leadership Institute）以及在线的"大学治理领导者工具包"（Campus Governance Leaders Toolkit）等（AGB，2017f）。

b. 2018 年荣获由"大学系统员工理事会"（Council of University System Staff，CUSS）颁发，代表着董事会治理成就最高荣誉"董事会员工奖"（Board of Regents' Staff Awards）的"马里兰大学系统"（The University System of Maryland，USM），由包括研究型大学到小型综合院校的 12 所公立高校组成。在 1996 年，USM 董事会就要求在系统层次和院校层次的规章制度中体现共同治理的原则。在制度设计上，USM 在系统层次建立了四种理事会，包括由各院校领导组成的"大学校长理事会"（Council of University System Presidents，CUSP），由各自大学评议会任命的教师代表组成的"教师理事会"（Council of University System Faculty，CUSF），由各自大学评议会任命的员工代表组成的"员工理事会"（Council of University System Staff，CUSS），以及由各院校学生会主席组成的"学生理事会"（University of Maryland System Student Council，USMSC）。理事会之间及其与"总校校长"（System Chancellor）和董事会之间，建立了常态化的会议沟通机制，并且对总校校长、大学校长以及其他高层管理者开展年度绩效评估，以检验共同治理的执行和实践。在每年 5 月份，都会面向各大学评议会就校长和管理部门在共同治理中的表现进行调查。这项调查由 16 项标准组成，涉及各大学共同治理的效率、沟通状况以及教师参与院校决议等事务。调查结果会作为校长年度绩效评估的参考，并由 CUSF 主席进行汇编和公开。2016 年的调查结果显示，针对共同治理中的校长贡献和实践状态的评估，不同院校之间的满意度有着显著差异，评议会和理事会在各自的成员之间，以及与它们所代表的群体之间，存在沟通低效的问题（AGB，2017e）。可以说，考虑到大学的多样、院校领导力的不同以及系统的庞杂，USM 共同治理会持续面临着各种挑战。

c. 随着"密歇根州立大学"（Michigan State University，MSU）前体育医生 Larry Nassar 性侵犯丑闻的曝光，将该校董事会推向了全美舆论的风口浪尖，其治理能力受到广泛质疑和尖锐批评。MSU 创办于 1855 年，是全美第一所开办科技农业教学的院校，并为 1862 年"莫里尔法案"建立的 69 所赠地学院提供了样板，现已发展成为顶尖的公立研究型大学。Nassar 于 1993 年在 MSU 获得骨科医学博士学位，并于 1997~2016 年在 MUS 工作，同时也在"美国体操协会"（USA Gymnastics，USAG）任职。他被控对超过 150 名女性实施性侵犯，其中就包括数十名 MSU 学生，并于 2018 年 1 月判处终身监禁。以 Nassar 案为切入点，在"底特律自由报"（Detroit Free Press）、"大西洋月刊"（The Atlantic）等媒体的持续报道下，更多有关 MSU 董事会治理的内幕和深层矛盾被披露和展现出来。其一，董事会成员对性侵犯丑闻的回避和不作为，问责机制不健全。根据最新的诉讼披露，早在 1992 年，Nassar 就被控性侵犯 MSU 曲棍球队女队员 Erika Davis。在其任职 MSU 的数年间，对于他的投诉不断，却一直安然无恙。如是，MSU 董事会成为众矢之的，政府、公众、MSU 的师生不禁发问，董事会是否在掩盖 Nassar 的劣迹，是否采取了干预性措施。在丑闻公开之后，MSU 数位管理者组织了一场"市政厅会议"，希望与董事会成员公开讨论。超过 600 位学生、教师、员工和校友齐聚大学会议中心，然而最终 8 位董事会成

展学生学习结果的评估方式，董事会要宽泛界定大学的教育使命，决定提供给学生的学术项目的一般类型，并对学生学习质量进行最终问责。

2009 年 11 月，AGB 就董事会如何理解针对学生学习开展的院校评估，面向超过 1300 位主管大学学术事务的副校长和教务长，以及董事会的学术事务委员会主席展开了一项大规模调查。调查结果显示，大部分的高校董事会能够接收到关于学生学习结果的部分信息，但却不确定如何去解释或回应。大多数董事会成员出身于商业与工业界，更多地趋向财务事务，而很少趋向教育评估与质量。在大多数情况下，董事会将大学排名作为教育质量的替代与表征，相对于以往而言董事会投入到关注教育质量的时间有所增加，但还远远不够。在评价董事会对于促动评估学生学习院校努力的作用上，董事会与主管学术事务的管理者之间的意见并不一致，同时也很

（接上注）

员中只有 Brian Mosallam 一人露面。即使在 Nassar 判决之后，Mosallam 在接受"大西洋月刊"记者采访时指出，董事会成员依然没有将所有注意力放在大学正在发生的事情上，一些董事会成员漠不关心，一些害怕诉讼，另外一些则只是将头埋在沙子里希望风暴尽快过去。ACTA 主席 Michael Polia-koff 评论指出，董事会应当对大学中发生的任何事情承担最终责任，显然 MSU 董事会没有像他们应该作为的那样积极主动。由于 MSU 董事会是由密歇根全州选民选举产生的，并且每届任期 8 年。他们和大学之间的关系并不是十分紧密，几乎没有办法强迫他们对抗大学中的管理部门，或者对 MSU 的师生员工负责。实际上，董事会对大学管理层，尤其是校长 Lou Anna K. Simon 的态度非常温和，甚至双方很少碰面。Mosallam 指出，由选举产生的 MSU 董事会是一种非常奇怪的结构，除非成员之间相互制约，董事会几乎不受监督。Simon 校长于 2018 年 1 月 24 日引咎下台，同时外界要求董事会全体辞职的呼声高涨，但除非是改选或者自己主动挂冠，几乎没有办法触动现有的董事会结构。其二，董事会与大学体育部门之间存在复杂的关系网络和利益纠葛。在董事会成员中，George Perles 曾担任 MSU 的体育主管和长达 11 年的足球主教练，他也是 1992 年 Nassar 诉讼的重要涉案者，另有两位董事会成员曾经是 MSU 足球队成员。此外，MSU 建造的篮球馆，就是以董事会成员 Brian Bres-lin 的父亲来命名的。根据 MSU 规定，董事会成员可以跟随大学运动队一起乘坐包机和汽车，并且免除所有的差旅费用。据统计，在高峰时期，董事会 8 位成员中的 6 位，在 1 个月内每人至少享受到了一次这种便利，而合计数量达到 41 次。ACTA "受托人与政府事务"（Trustee and Government Affairs）副主席 Armand Alacbay 认为，MSU 董事会成员的这种出行方式在法律意义上没有任何错误，但它本身不仅是有问题的，而且也会导致偏袒行为。其三，大学内部对如何应对危机和推进大学改革意见有分歧。在 Simon 校长辞职后，MSU 教师评议会建议选择一位有经验的临时校长来领导大学，同时直接处理性侵害与骚扰的案件。董事会则在 2018 年 2 月 5 日选择了密歇根州前任州长 John En-gler 出任代理校长，而他在 1991—2003 年任职州长期间，就曾遭到对于女囚检举狱警性骚扰采取忽视态度的公开指控。教师评议会闻讯后立即发起了一项不信任投票，并要求全体董事会集体下台。然而，截至 2018 年 11 月，MSU 董事会依然毫发无损，民众只能寄希望于在 2018 年年底的 2 个董事会席位改选中，能够作出更加明智的选择。根据 MSU 官网显示，按照正常的任职年限，颇具争议的 George Perles 要任职到 2023 年的 1 月 1 日，而下一次董事会成员改选的时间则要等到 2020 年年底。参见 ht-tps://www.goacta.org/news/the-impunity-of-michigan-states-board-of-trustees，https://www.goacta.org/news/michigan-state-trustees-are-frequent-fliers-on-team-road-trips，http://president.msu.edu/president/index.html，http://trustees.msu.edu/about/index.html，https://msu.edu/about/thisismsu/facts.php.

少有董事会能够将财务决策与教育质量联系起来综合考虑。大学董事会卷入学生学习评估是情景化的，并常常由认证活动所驱动。在有些时候，董事会没能从评估活动中获取有用的信息，是因为很多大学并没有建立评估学生学习的可靠过程。在调查中有大学董事会的成员提出，在自己任职的12年里，从未记得所在大学的董事会对于学生学习评估有过任何严肃的讨论，董事会会议时间欠缺，精力被其他事务分散，以及学生学习结果的测量不足，都阻碍了董事会对于学生学习与评估活动的理解（AGB，2010b）。2015年Public Agenda公布的"艰难的平衡：董事会谈论综合性大学面临的挑战"（A Difficult Balance：Trustees Speak About the Challenges Facing Comprehensive Universities）调查报告也显示，董事会成员几乎异口同声地认为大学必须关注学生成功，特别是将自己的作用定位在为提高学生保留率和毕业率设定目标，但他们对于以何种具体方式来更好支撑学生成功却知之不多。① 从总体看，院校之间正在形成和发展的评估文化，有助于展现董事会卷入学生学习评估的最大价值，即强调董事会对于教育质量的信托责任，包括更深入的理解学生学习评估结果、更清晰的董事会教育质量问责、更积极的应对外部需求变化与挑战。

AGB（2011，2014）在不断澄清董事会在教育质量监督中扮演作用的基础上，为帮助董事会更好理解教育质量，提出了教育质量的总体框架，如表5-3所示。

表5-3　教育质量证据

投入	教育过程	学生学习结果
学生属性	保留率与毕业率	专业考试通过率
教师属性	师生比	文化、批判思维、沟通以及其他学习结果的多样化测量
	学生满意度	在通识教育和专业教育考试中合格学生与优异学生的比例
	教学效率	毕业生满意度、雇主满意度
	投入教育指导与学术支持的预算比	毕业生安置率
	学术项目评审	学术项目改进

① https://www.publicagenda.org/files/ADifficultBalance_PublicAgenda_2015.pdf.

在操作层面上，发挥董事会对教育质量的监督作用，可以通过多种途径展开。

（1）运用"仪表板"（Dashboards）汇集学生学习结果数据，并帮助董事会深入理解。例如，在"摩根州立大学"（Morgan State University）① 董事会的要求下，学校管理部门设计了一套用于追踪教育质量进展的仪表板，它包括入学、保留与毕业率等间接测量，以及书写与口头交流等学生绩效信息。根据最新公布的仪表板显示，摩根州立大学将院校战略分解为五项目标，在每项目标之下有与之相对的观测点和用以区分满意度的颜色标识，同时将教育质量评估镶嵌于整体计划推进之中。② 与之类似，"马里兰大学巴尔的摩分校"（University of Maryland, Baltimore, UMB）也采用了类似的仪表板以监测该校"2011—2016 战略计划"的执行进展情况。不同的是，UMB 采用的是范围更加广泛、包含更多细节的"主题"加"基本领域"的条块式呈现方式。在九大主题和四大基本领域之下，分别包含了多个具体目标、与之相配套的测量指标以及用以表征进展情况的颜色标识。③ 摩根州立大学将教育质量评估作为仪表板中相对聚合的模块，而 UMB 则将其分散在多个主题和基本领域之中。AGB（2014）提出，仪表板应当在追踪的指标数量及其对于董事会在适当的战略层面上具体关注的效用之间做好平衡。一些大学的董事会面临信息

---

① 它最初是一所由巴尔的摩卫理公会教会于 1867 年建立的教会学校。马里兰州政府在 1939 年出资购买了该校以给更多黑人市民提供就读机会。1975 年州议会批准其升格为大学，给予博士学位授予权，并允许拥有自己独立的治理机构。1988 年州议会给予了摩根州立大学更多的办学自主权，并认定其为马里兰公立城市大学（Maryland's Public Urban University）。参见 https://www.morgan.edu/about/history.html.

② 具体而言，a. 提升学生成功，主要包括入学、保留率、毕业率、本科学位授予量、教育价值增值。b. 博士研究任务，主要包括资助与合同数量、平均教师工资、博士学位授予量、STEM 学位授予量、图书馆藏量。c. 改进基础设施/过程，主要包括学生满意度、再次选择意愿、经济可负担性、学生负债情况、运行成本。d. 拓展资源，主要包括私人资助募集、捐赠规模、净资产比率、州政府拨款。e. 参与社区，主要包括"摩根社区服务项目"（Morgan Community Service Programs）和"西方大学发展项目"（West Campus Development）。根据仪表板显示，摩根州立大学在学生满意度、学生再次选择意愿、经济可负担性和学生负债情况等方面亮起了红灯。参见 https://www.morgan.edu/office_of_the_provost/academic_units/office_of_institutional_research/university_dashboard.html.

③ 九大主题（Themes）包括以创新达至卓越，提升多样性和包容文化，培养问责和透明文化，追求跨学科研究优异，实现跨专业教育、临床护理和实践以及公共服务优质，针对关键事务发起地方性和全球性倡议，驱动经济增长，创建具有持续性和责任感的大学财务模式，打造富有生机与活力的大学共同体。四大基本领域（Fundamental Areas）包括建立适合信息技术的组织结构，改进双向沟通，教师与员工训练，处理与政府和外部环境的关系。以主题三"培养问责和透明文化"为例，目标 1 是将问责和透明作为全校的核心基本准则，主要观测点包括每所学院和管理部门准备各自的战略优先事务报告并经过校内同行评价，发展用以测量和管理全校绩效的关键指标，校长办公室每年向全校发布

过载的压力，因此有关绩效测量的呈现方式，应当有助于董事会抓住重点，并能够将数据与董事会责任和院校战略联系起来。

（2）发挥董事会"学术事务委员会"（Academic Affairs Committee）的杠杆作用。在董事会的常设机构中，应当有一个专门负责监督教育质量的委员会，这种机构一般称为"学术事务委员会"，或者"教育委员会"（Educational Committee），或者"教育卓越委员会"（Educational Excellence Committee）。它既可以独立设置，又可与学生生活或学生发展委员会合署办公。学术事务委员会有助于推动董事会践履对于教育质量的最终责任。一般而言，它应当与教师群体和学术管理部门合作，在多个领域进行常态化监测，主要包括学习目标和产出，专业质量、院校与专业认证以及项目评审，学生保留率、毕业率、毕业生被研究生院接受与工作安置状况，与教师薪酬、招聘、任职和晋升相关的政策、程序与建议，学术计划，学术项目的结构以及对增设、修订和剔除学术项目的提议进行评审，与学术项目和服务配套的预算等（AGB，2011）。学术事务委员会应当建立面向董事会的报告制度，并根据董事会的考虑和行动，就与教育质量相关的政策和资助形成建议框架。在 AGB（2014）推介的示范中，"罗切斯特理工学院"（Rochester Institute of Technology，RIT）的教育委员会在与院校各方密切沟通的基础上，获取了适当与及时的信息，增强了自身的咨询和指导能力，从而保障了学术项目整体能够反映出院校使命、战略优先事务和教育质量期待。

（接上注）

大学现状报告，校长办公室联合各院系领导每年召开和传播大学共同体论坛（University Community Forum），每所学院和主要管理部门在每学年末报告各自实现目标的进展情况，重新设计"院校研究和问责办公室"（Office of Institutional Research and Accountability）网站以增强其发布数据和信息的可获取性与可理解性，将"首席问责官"（Chief Accountability Officer）发起的问责与透明倡议在大学内部各方中进行宣传，将对问责、礼仪（Civility）、专业主义的期待与绩效评价和发展过程相互结合并作为年度评审的标准之一，为建立教学问责、礼仪和专业主义的分配资源。目标 2 是基于评估和持续改进文化推进院校绩效提升，主要观测点包括增强评估和问责与导向持续改进的院校计划和预算之间的深度整合以及建立与之相互适配的组织结构，创建监督者可以使用的评估工具套件，建立常设性的认证评审和协助委员会以分享和积累符合外部认证标准与报告要求的信息。目标 3 是提升全校各领域追求高绩效标杆的组织文化，主要观测点包括树立贯通全校所有层次的服务供给的卓越标准，建立一整套认可和奖励员工对功能和结果担负责任的目标体系，设计能够激励员工改进效率和达成目标的组织结构。就 UMB 而言，目标 1 下的前两个测量指标结果并不理想，处于停滞状态。参见 https://www.umaryland.edu/about-umb/strategic-plan/2011-2016-strategic-plan/implementation-process/dashboards/，https://www.umaryland.edu/media/umb/strategic-plan/pdfs/dashboards/Theme-3-Account-Trans-Dashboard-7-22-13.pdf.

此外，还有其他可供参考的选项。① 虽然这些示例中的举措对于其他高校而言可能并不一定合适，但其重点在于，每一所院校的董事会都应当在教育质量监督上，开发和推动适合自己校情的战略与行动。AGB 执行副主席与首席运营官 Susan Whealler Johnston 评论认为，对于一所大学的董事会应当肩负的责任而言，再也没有比监控和确认作为高等教育机构核心使命的教与学的质量更为重要了。董事会所做的其他一切事情，都是在支持教育活动，它的信托责任如果不是指向教育使命，就会变得没有任何意义。② 值得注意的是，董事会监督教育质量的活动本身，既不是直接介入到微观的学术管理领域，就应该是高质量的：开发监测教育质量的政策与程序，周期性讨论和理解院校的"学术项目组合"（Academic Program Portfolio），拥有理解学生学习结果、学生学习评估以及其他与教育概念与实践相关的知识体系，洞悉多种教育测量工具的优劣及其背后的方法论差异，检视教育质量的证据是否完整和透明，将可靠的教育质量证据作为院校持续改进和资源分配决策的坚实基础。

（三）发展挑战

总体而言，美国公立大学董事会治理机制面临着诸多挑战。

（1）董事会成员的资质（Qualifications）问题。不论公立大学董事会成员是选举还是任命产生，更多的是基于其政治关系的考量，比如政治观点、人脉资源、公众形象、知名程度等，而不是他们拥有治理高等教育的知识或经验的多寡。由这种政治过程所决定的公立大学董事会，往往并不能很好理解现代大学的复杂性。公立大学董事会的总体质量水平要落后于私立大学董事会（Duderstadt & Womack，2003）。Minor（2008）发现，相对遴选程序较为松散的州而言，严格遴选董事会成员的州，其公立院校的绩效表现也要更好。

---

① 例如，a. "罗德学院"（Rhodes College）的董事会基于对特定成功人士大学在读期间生活周期的考察，提出了自己对于监测教育质量的理解。这些指标包括：大学一年级参与探讨的经历，"共同智力经验"（Common Intellectual Experiences），学习社区，写作精修课程，协作作业与项目，本科研究，多样性/全球化学习，服务学习与基于社区的学习，实习，顶点课程与项目。b. "丹佛大都会州立大学"（Metropolitan State University of Denver）"学术与学生事务委员会"在董事会的大力支持下投入到教育质量监督中，并积极吸收教师的意见和建议。董事会中的教师代表，经常听取教师评议会主席所作的报告，并鼓励教师列席董事会与委员会会议（AGB，2014）。此外，就操作层面而言，AGB 主持的 Teagle Project 所研发的"董事会调查"（The Board Survey）和"董事会学生评估问卷"（The Board Student Assessment Questionnaire），前者能够帮助董事会对自己卷入到学生学习和教育质量事务中的投入度进行"基准检测"（Benchmark），并诊断董事会发展的薄弱环节，后者有助于董事会开发一系列评估材料和战略，进而框定有关教育质量的讨论。

② https://www.agb.org/store/academic-affairs-committee.

然而从目前的发展来看，针对董事会成员资质问题的探讨，实证分析依然较为欠缺。据统计，就大学董事会中建立专门的"治理或托管委员会"（Committee on Governance or Trusteeship）而言，私立高校的比例达到 84%，而公立高校的比例只有 24%。AGB 呼吁各高校增强该机构建设，为推进对董事会成员开展资质评估提供必要的组织基础，建议综合运用"董事会评估调查"（Board Assessment Survey）、"董事会成员访谈"（Board Member Interviews）、"董事会行动案例研究"（Case Study of Board Action）等评估工具，并为评估过程的展开和结果运用提供专家支持。[①]

（2）外部政治压力的问题。由政治任命的董事会成员，可能会受到那些帮助他们获取职位的政治人物或特殊利益所传递出来的压力。例如，根据"芝加哥论坛报"（Chicago Tribune）援引州"信息自由法"（Freedom of Information Act）要求文件公开，并通过对获取到的约 1800 份文件的梳理后发现，2005—2009年，"伊利诺伊大学"（University of Illinois, U of I）[②] 将 800 多名大学入学申请者列入"第一类候选人"（Category I Candidates）并给予其更高录取率的特殊对待。在 U of I 众多入学竞争者中，这些申请者中很多人在学业表现上并不优异，但是与州政府官员、州议会议员、慷慨的捐赠者或者大学董事会成员之间有着千丝万缕的联系。U of I 录取丑闻曝光后，校长 B. Joseph White 和多位董事会成员递交了辞呈。虽然外部政治力量矢口否认干预 U of I 入学录取工作，但他们又表示，如果某些候选人没有被接收的话，那么 U of I 招生制度可能需要改造。有公众评论指出，U of I 不是一所私立院校，而是全州民众所共有的大学；这样一所声名显赫的州立旗舰大学，不应当陷入任何政治诡计之中。[③]

（3）董事会中内部利益相关者之间的平衡问题。除了外部选任的董事会成员之外，很多大学的董事会中还有教师、员工和学生的代表。据统计，在2010 年 13% 的公立大学董事会中至少有 1 位拥有投票权的教师席位，7% 的公

---

① 参见 https://www.agb.org/consulting/services/board-assessment。

② U of I 系统包括厄巴纳—香槟分校（Urbana—Champaign）、芝加哥分校和春田（Springfield）分校 3 所主要大学，以及一些地区性大学（Regional Campuses）、健康医院和诊所、研究机构等构成，为伊利诺伊州最大的高等教育系统，在校学生规模将近 8.6 万人。U of I 董事会由 13 名成员构成，其中 9 人由州长任命，任期 6 年；3 名学生代表由 3 所分校分别选举产生，任期 1 年，并且只有 1 位拥有投票权；伊利诺伊州州长为董事会当然成员。参见 https://www.uillinois.edu/about，https://www.bot.uillinois.edu/。

③ https://www.chicagotribune.com/news/chi-uofi-clout-story.html，https://www.chicagotribune.com/news/chi-u-of-i-clout-19-aug19-story.html。

立大学董事会中至少有 1 位拥有投票权的员工席位，半数公立大学董事会中至少有 1 位拥有投票权的学生席位，而超过 28% 的公立大学董事会中至少有 1 位不具投票权的学生席位（Schwartz，2010）。尽管 AGB（1998，2010a）反复提醒，不应当给予教师、员工、学生等内部利益相关者代表以董事会投票权，但他们在最高的治理过程中直接表达观点，有助于董事会会议讨论。同时，也存在将各自代表群体的利益置于院校整体之上，从而引发内部利益冲突的风险（Kelchen，2018）。尤其是在大学外部环境压力增大的情境下，极易导致"组织失衡"（Organizational Overemphasis）的现象，即导向共同治理和相互影响的大学治理系统趋向于蜕变为权力关系和官僚组织（McConnell，1971a）。在董事会治理过程中管理权力的扩张，就可能破坏互惠影响的决策平衡，并最终撕裂院校内部各方之间的相互信任。

二、教师治理机制

教师治理是大学共同治理机制的应有之义。早在 AAUP（1940）发表的声明中，就强调了教师在学术自由和终身职位方面所享有的权利。从传统来看，共同治理被设计成一种平衡机制，用以对抗来自管理者、董事会成员以及其他外部机构施加的压力，并给教师提供了保障院校始终聚焦于教学与学习活动的机会。同时，共同治理过程也经常面临着保护教师群体利益或者对发起行动的要求回应缓慢的批评。相对于问责而言，共同治理应视为是喜忧参半（Kelchen，2018）。

（一）共同治理中的教师参与

1. 教师评议组织

尽管许多大学的董事会中给教师留有一席之地，但教师权威的实现机制集中体现在教师评议会（Faculty Senate）。根据 2009 年开展的一项调查，90% 的受访高校建立了校级的教师评议会，但其影响力在不同院校之间有着相当大的差异，59% 的院校将其定位为"影响政策"（Policy-Influencing）机构，29% 将其定位为"咨询"（Advisory）机构，13% 将其定位为"决策"（Policy-Making）机构，教师评议会的影响被认为是重要或非常重要的比例分别是 50% 与 42%，将教师评议会描述为咨询机构的比例中，公立与私立院校分别为 40% 与 26%，在评定其为非常重要的比例中，公立与私立院校分别为 32% 与 44%。虽然许多批评声音认为教师评议会欠缺影响力，但受访的大学校长、教务长和董事会主席都宣称它的影响力是无处不在和颇有分量的（Schwartz et al.，2009）。

以 AGB（2017d）推荐的"加利福尼亚州立大学"（California State University，CSU）为例，它是全美最大的公立四年制高等教育系统，由 23 所院校组成，拥有近 50 万名学生和 5.2 万名教职员工，每年毕业学生达 12 万人。CSU 董事会由 25 名成员构成，大部分由州长任命，任期 8 年，其中教师和校友代表各 1 人，学生代表 2 人（其中 1 人没有投票权），均任期 2 年，董事会任命 CSU 总校校长（Chancellor）和各分校校长，现任总校校长为 Timothy P. White。[①]

始建于 1963 年的"学术评议会"（Academic Senate of the California State University，ASCSU）由 23 所分校的"大学评议会"（Campus Senates）选举出来的 53 名成员组成，是教师参与院校治理的重要渠道。它致力于在 CSU 推进学术自由以及通过自由探索提升学术卓越的准则，就整个系统的学术、专业以及学术人事事务向董事会和总校校长提出建议，作为全体教师的代表就所有关切发出官方声音，为 CSU 财政决策的学术意义提供首要咨询，并负责向州长推荐董事会中教师席位的提名人选。ASCSU 配置了学术事务委员会、教师事务委员会、财务与政府事务委员会、学术准备与教育项目委员会等常设机构，并建立了保障组织运行的一系列章程（Constitution）、规定（Bylaws）和指南（Guidelines）。由评议会主席领导的 ASCSU"执行委员会"（Executive Committee）负责组织具体活动，并代表 ASCSU 与包括董事会、总校校长及其办公室、加利福尼亚州学生协会、CSU 校友理事会、州政策制定者以及公众在内的诸多团体打交道。[②]

从总体上看，ASCSU 通过公开发表一系列"决议"（Resolution）的形式为保障学术自由和共同治理持续发声，并与董事会、总校校长以及管理部门之间形成多方协商与响应机制。例如，2008 年就教师承担决定课程首要责任的问题，ASCSU 强烈重申了 AAUP 提出的共同治理原则和由教师首要决定课程的声明，"加州政府管理法典"（California Government Code of Regulations）中关于 CSU 发展和实施课程免受政治影响的条款，以及"ASCSU 准则和政策汇编"（Principles and Policies：Papers of the Academic Senate CSU）中的有关规定，并强烈敦促全校现已涉及或未来影响到课程的一切创议、项目与机构，应当

---

① https://www2.calstate.edu/csu-system/about-the-csu/facts-about-the-csu/Pages/leadership.aspx.

② 参见 http://www.calstate.edu/AcadSen/Records/About_the_Senate/。

遵循七项准则。①

2009 年 10 月，CSU 向各分校校长和教务长发布了"提供总体成绩和缩小差距：实现卓越目标"（Raising Overall Achievement and Closing Gaps：Delivering the Access to Excellence Goals）的报告，要求他们在自己的管理指南和标准中采用和贯彻"实现学"（Deliverology）② 的准则和方法论，并体现在各自提高大学生 6 年毕业率的计划之中。ASCSU 就此发表声明，要求与 CSU 执行副主席和教务长展开对话，在 CSU 应用实现学的管理哲学背景下，特别是随着公共资金投入不确定性和课程结构重大调整潜在必要性的持续增强，建立清晰定义 ASCSU 和各分校的大学理事会在共同治理中地位与作用的保障程序和共识协议，就显得更加重要和紧迫。③ 为督促 CSU 管理部门和董事会对于自己提出的意见作出及时和正面的回应，ASCSU 进一步明确了相应的规范程序。管理部门应当以书面文字的方式进行应答，如果 ASCSU 要求行动的建议被管理部门采纳，还应当包括具体的执行计划和时间安排，如果管理部门不接受

---

① 这些创议、项目与机构包括但不限于"促进毕业项目"（Facilitating Graduation）、"转变课程设计"（Transforming Course Design）、"早期评估计划"（Early Assessment Program，EAP）、"学术技术咨询委员会"（Academic Technology Advisory Committee）、"通识教育咨询委员会"（General Education Advisory Committee）等。七项准则分别是：a. 在考虑发起新的创议或筹建新的委员会的初始阶段，都应当与 ASCSU 进行协商；b. 新创议或委员会的提议阶段应当广泛宣传和为全校各方充分知晓，并为获取反馈意见留下足够的时间；c. 在影响全校的创议下发展建立的任何委员会、任务组或群体的成员构成中，都应当包含有声望的教师代表；d. 当学术自由和课程自主与创议或委员会的建议相互冲突时，解决方案应当以前者为准；e. 在影响全校的创议下业已建立或可能形成的委员会、任务组、群体或其他跨部门机构的所有成员，都应当充分了解 AAUP、"加州政府管理法典"以及"ASCSU 准则和政策汇编"中阐述的学术自由与课程自主的原则；f. 上述群体的所有成员都应当在形成最终决策之前及时展开协商；g. 上述群体关于课程的决定应当反映出学术自由和课程自主的原则。参见 http://www.calstate.edu/acadsen/records/resolutions/2007-2008/2845.shtml.

② 本书将 Deliverology 翻译为"实现学"，它由 Michael Barber 等人提出。Barber 曾于 1997—2005 年在英国教育与就业部任职，并担任"首相执行机构"（Prime Minister's Delivery Unit）主管。鉴于政府政策和改革创议在执行中往往容易偏离最初目标，他提出了能够体现最优绩效管理核心准则的实现学思想，并阐述了其所包含的六大互动循环要素，即设定方向和内容，建立清晰的问责机制和绩效指标，创建具有可行性的预算、计划和目标，有效追踪绩效，展开强有力的绩效对话，确保落实行动、奖励和后果。同时，国外学者也对 Barber 的实现学提出质疑。John Seddon 认为，现实学过于沉迷强调少数有限的固定目标，并依靠自上而下的方式进行驱动，可能会引发各种欺骗和诡计行为，从而导致失效、失败甚至是负面影响。当服务质量由少数人来界定并且所有人都要依据目标是否达成而接受处罚或奖励的话，其结果很可能就是这种服务所包含的更大的公共价值的丢失以及服务质量整体的受损。或者说，实现学面临的一种悖论是，在实现有限预设目标的同时却偏离了服务使命，降低了服务质量。Susan Meisenhelder 不无担忧的指出，希望通过运用实现学的准则以提升毕业率的 CSU，很可能会重蹈覆辙。参见 https://www.mckinsey.com/industries/public-sector/our-insights/deliverology-from-idea-to-implementation，https://www.calfac.org/sites/main/files/Deliverology_Book_Reviews_for_web_0410.pdf.

③ http://www.calstate.edu/acadsen/records/resolutions/2009-2010/2934.shtml.

ASCSU 的建议，则应在 ASCSU 各常设委员会举行临时会议之间，以书面形式合理解释不接受的理由，或者要求 ASCSU 对存在理解分歧的建议本身作出进一步澄清。[①]

随着 2012 年 12 月 Timothy P. White 出任 CSU 总校校长，特别是他曾经担任过 CSU 一所分校的大学校长，教师们最初乐观地认为，White 校长会尊重和保持体现在 CSU 章程文件上，强调教师在共同治理中重要作用的传统。然而，White 校长在履职后与分校的教师、工作人员和学生举行的多次会面中，当被问及自己对于共同治理的理解和贡献时，他指出，自己并不相信共同治理，而是相信"共同领导力"（Shared Leadership）。治理这个词是一种"管制的"（Regulatory）术语，而自己则想强调的是每一个人都参与到 CSU 的未来发展中；共同领导力意味着集体问责和将最好的智识汇聚起来以关注 CSU 面临的主要挑战；关键之处在于，如果有许多人共同卷入到讨论、争辩和谋划之中，就会有许多人为了利益相关者而以主人翁的姿态来行事（AGB，2017d）。教师们注意到，White 校长关于共同领导力的言论虽然也强调包容和参与，但它并没有主要指向 CSU 章程文件对于各方在共同治理中不同角色的规定，尤其是近年来，管理部门在制定审核新入职教师背景的政策前，没有与 ASCSU 相互协商；总校校长办公室的回应，很少与 ASCSU 的要求在实质内容或主观意图上相互匹配，在学术政策的制定中，教师往往最后一个才得知，处于被动反应的地位而不是真正意义上的相互协作。由此不难理解，虽然从 Shared Governance 到 Shared Leadership 只有一字之差，却引起了教师们的强烈不安。或者说，这不仅仅是表面上的措辞变化，而是涉及在管理权力与学术权力之间对于共同治理话语权的争夺，以及教师在院校治理和决策过程中处于何种地位和发挥何种作用的问题。

ASCSU 在 2016 年 3 月份就此对管理部门和董事会公开发表了措辞严厉的批评，认为共同领导力是与 CSU 业已接受的共同治理原则相互对立的，这一概念本身是商业背景而不是学术背景下的产物；其中关于团队建设的表达，规范意义要多于治理实践意义，尤其是涉及课程方面，有不断增多的证据表明，教师的专业知识和对于保持教育质量的教师责任，在事实上不仅受到拨款减少、绩效评价指标不科学等外部威胁，也受到来自大学内部的威胁。[②] 2016 年 4 月，时任"州立大学学监"（State University Dean）的 Leo Van Cleve

---

[①] http://www.calstate.edu/acadsen/Records/Resolutions/2011-2012/3074.shtml.

[②] https://www.calstate.edu/acadsen/Records/Resolutions/2015-2016/documents/3236.shtml.

代表 White 校长在致 ASCSU 主席 Steven Filling 的公开信中，试图安抚教师的焦虑情绪并就 ASCSU 的指责为共同领导力作出辩解。[①] 虽然承认了既存治理结构的重要性，但该信在进一步说明共同领导力意涵的同时，也指出了正式的共同治理机构并不能总是很好应对 CSU 发展挑战的事实（AGB，2017d）。很显然，这种稍显暧昧的表态并不能令教师和 ASCSU 满意，而且论辩双方似乎谁也没有说服谁，但这种隔空对话也表明了 ASCSU 维护共同治理和教师地位的坚定信念和强硬立场。随后在 2016 年 5 月份，White 校长与 ASCSU 会面，并就共同治理、共同领导力的概念以及如何在实践中将其操作进行了长时间磋商。从目前来看，关于共同治理议题的讨论和博弈依然在继续。[②]

此外，ASCSU 还推动了对教育质量的调查行动。在近年来高等教育话语中，作为关键性的学生学习结果之一的"定量推理能力"（Quantitative Reasoning），受到越来越多的关注。然而 CSU 关于课程中定量推理能力的标准已经存在多年，它很有可能变得落后于现实要求，并成为许多学生，尤其是出身于弱势群体和就读于"加利福尼亚社区学院"（California Community Colleges，CCC）学生的发展障碍。为此，在 2015—2016 学年，ASCSU 召集和组建了"定量推理任务组"（Quantitative Reasoning Task Force），旨在评审 CSU 对大学入学前和毕业时学生定量推理能力发展的期望，并就现存的政策和实践提出改革建议。该任务组遵循任何由 CSU 制定的教育政策都必须"平衡入学和达至公平的机会"的

---

① 信中指出，White 校长自就任伊始，就一直强调共同领导力的理念，并将其视为是在大学中分享领导力，确保彼此之间相互学习和评估得失的重要途径。建基于共治关系（Collegial Relationships）的共同领导力，是与我们对大学共同治理传统的理解相互兼容的，也是对包括 ASCSU 在内的现存治理结构下一起共事工作的概念化。ASCSU 与大学管理部门承担着为了 CSU 和全加州人民的福祉服务的共同使命，并期待进一步合作以塑造未来。同时信中也指出，虽然许多事务是通过大学层面的共同治理过程得到处理的，但现在的问题是，很多时候我们面临着更为困难的挑战，它们都有着各自独特的历史和复杂性，因而不能指望通过一种途径或方式得到解决；负责任的治理要求我们仔细审视和辨识每一个具体事项及其特性，并将这些特性纳入到处理对策的考虑之中，在任何情况下，我们都坚信共治（Collegiality）、协商和信任是建立和维持 CSU 共同治理关系的核心要素。同时 White 校长也建议，在谋划解决方案时应当思考具有多样化和差异性的方式和路径，从而尽可能将各方的自主（Ownership）和成功最大化。参见 http://www. calstate. edu/AcadSen/Records/Resolutions/co_response/documents/CO_Responses_ASCSU_March_2016_Resolutions. pdf。

② 例如，2018 年 4 月 30 日，总校副校长助理（Assistant Vice Chancellor）Leo Van Cleve 在致 ASCSU 主席 Christine Miller 公开信的第 6 款和第 11 款中表示，对于 AAUP 支持 CSU 共同治理的举措表示赞赏，并愿意应 AAUP 的要求提供额外信息；对于由 ASCSU 执行委员会与总校长办公室（Office of the Chancellor）就在 CSU 系统层面上开展共同治理讨论表示支持，认为公开与诚恳的探讨以及最后形成的文件能够为进一步推进共同治理打下坚实基础。参见 http://www. calstate. edu/AcadSen/Records/Resolutions/co_response/documents/CSUCO_Responses_May_2018. pdf。

准则；或者说，真正的平等在于，能够为所有背景出身的学生，不仅在入学和毕业上，而且在为毕业后的优质工作准备富有意义的学位上，提供公平的前景。任务组由不同学科的教师、总校与分校管理人员，包括副州长在内的公选官员、公立学校专家，以及企业代表构成，与全国知名的专家交换意见，并参与联邦教育部发起、CSU 总校长办公室主办的全国性论坛，最终调研报告的撰写由教师成员负责完成，以体现教师在课程事务中的重要作用，并于 2016 年 9 月 1 日发布。该报告就学生定量推理能力的培养与评价提出系列改革建议，① 并在 2016 年 11 月获得 ASCSU 的一致通过。与此同时，ASCSU 还批准筹建通识教育研究任务组和学生成就任务组。

2. 集体谈判

集体谈判（Collective Bargaining）是大学教师参与到院校治理过程中的重要形式，它一方面依托教师工会（Faculty Union）或教师联合化（Faculty Unionization），另一方面又指向教师薪酬待遇、工作条件保障，以及终身教职（Tenure）与终身教职轨道（Tenure-Track）获取等权益和事务。与美国公立大学问责发生的时间几乎同步，教师联合化运动发端于 20 世纪 60 年代末期。据调查，在 2012 年，从由各个大学管理部门与代表其雇员利益的教师工会之间签署的书面合同，或称为集体谈判协议（Collective Bargaining Agreements）的覆盖面来看，涉及全美 500 多所机构和 1174 所大学中超过 43 万名教师成员和研究生雇员（Graduate Student Employee，GSE）。集体谈判协议所代表的占比中，全美大学教师为 27%，其中全职教师为 26%，兼职教师 21%；在不同类型大学中，这一比例在公立两年制院校中达到最高，为 42%；专职教师的代表占比在社区学院和私立大学分别为 60% 和 3%。此外，公立大学中教师工会发展主要集中在加利福尼亚州、伊利诺伊州、密歇根州、新泽西州与纽约州，它们占到了美国高等教育教师工会的将近 2/3（NCSCBHEP，2012）。根据 1980 年联邦最高法院的决议，进入到终身教职与终身教职轨道的教师一般只能在公立大学中才能联合化；私立大学中的全职终身教职系列被管理者认为可以通过共同治理机制发挥，因而不被允许联合化；"全国劳资关系委员会"

---

① 概言之，主要包括：a. 在 CSU 最佳实践和体现全国标准的基础上，形成对定量推理能力的全新定义；b. 修订 CSU 对于定量推理能力的要求，并且以公平与可行的方式，与"加利福尼亚大学"（University of California，UC）和加利福尼亚社区学院（CCC）对于定量推理能力的要求相互衔接；c. 确保所有 CSU 学生享受到公平的入学和机会；d. 创建 CSU "定量推理能力教学促进中心"（Center for Advancement of Instruction in Quantitative Reasoning）。参见 http://www.calstate.edu/AcadSen/Records/Reports/documents/QRTF.Final Report. KSSF.pdf。

（National Labor Relations Board，NLRB）则在 2014 年允许私立大学中的全职但非终身教职系列的教师，在不从事宗教活动的前提条件下可以选择联合化（Kelchen，2018）。

教师工会与教师评议会都由教师成员构成。一般而言，许多教师联合化的大学，如学术声望等级较低的社区学院等，并没有非常强烈的评议会传统，在许多顶尖大学中也没有教师工会，因为进入终身教职的教师成员已经获得了相对较高的工作安全、工作收入和话语权力。教师工会对有关教师的人事程序、工作安全、经济福利等领域的改进和澄清能够产生强有力的影响，而教师评议会则主要关注学术事务的决策。在学术治理过程中，集体谈判有力地推动了由传统上资深教师和高层管理者相互结合的控制权力朝向初级教师与兼职教师话语增强的方向发展，同时也加剧了教师与管理部门之间的紧张，而教师评议会则或多或少地保留了学术精英的原则，并主要充当教师群体与董事会、管理部门之间的沟通纽带。此外，教师工会与管理部门之间达成的集体谈判协议在各大学之间并不完全相同，时至今日其总量数以千计。事实上，由于美国高等教育的多样性，教师工会与集体谈判在实践运行中的形式与作用非常复杂，与教师评议会的关系也是十分微妙和高度情景化的。针对在许多大学中出现的教师工会与教师评议会并存的双元结构，Bucklew et al. (2013) 提出了美国大学集体谈判中的四种学术治理模式。①

---

① a. 综合模式（Comprehensive Model）。其主要特点是集体谈判成为决定在教师与大学之间所有政策和正式实践的过程，它既包括传统的劳动管理合同事务，也囊括了共同治理中的实质性事务；教师工会发挥了广泛教师的代表作用，替代了包括教师评议会在内的其他教师组织；社区学院最有可能采用这种模式，其代表是"洛杉矶社区学院区"（Los Angeles Community College District）。b. 共定模式（Co-Determination Model）。其主要特点是教师工会既与大学谈判，同时又作为与共同治理相关的官方与合法的共同决定者（Co-Determiners）；各方协商的内容既包括传统上的集体谈判的主题，又能够在合同中设置与共同治理活动的延续相关的"授权语言"（Enabling Language），这些相关条款包含但不限于晋升和终身教职过程、教师评议会结构以及课程委员会结构；或者说，共同治理的安排是教师与大学之前合同协议的一部分，采用这种模式的代表是"常青州立学院"（Evergreen State College）。c. 允许模式（Permissive Model）。其主要特点是各方协商的内容可以是传统的集体谈判主题，但任何与共同治理相关的主题都被视为是非强制性的或允许的，仅仅具有参考价值，大学保留了在集体谈判过程之外修改这些共同治理政策的权力，即使在合同中包含了共同治理的主题，这些规定也常常会被排除在申诉或仲裁条款之外，因而合同对于共同治理的影响非常有限，佛罗里达州的许多公立大学采用了此种模式，这种方式使用一种前置的条款，在签订正式的集体谈判协议之外，联合承认既存的共同治理传统。d. 限制或有限模式（Restrictive or Limited Model）。其主要特点是协议各方将谈判的主题和集体谈判协议的内容严格限定在传统的劳动管理主题内，教师治理事务交付给教师评议会，这种限制的有限的方式既可由各方自愿采取，也可由法律来加以规定。在这种模式下，教师工会和教师评议会处于一种相对持久的共生状态。一般而言，助理、讲师和助教等学术员工倾向于采用此种模式，"佛罗里达大学"（University of Florida）是其中的典型院校。

大学和政策制定者可以综合运用与集体谈判协议内容相互交叉的多种杠杆，使教师对自己的绩效表现负责。其中之一就是，教师晋升与终身教职申请需要获得终身教职教师群体、大学管理部门以及最终的董事会的批准。在多数情况下，管理部门和董事会尊重教师群体的推荐，但也有 54% 的大学校长提出，因为对候选者学术能力存在疑问，至少否定过 1 名教师成员的终身教职申请（Jaschik & Lederman，2015）。在少数情况下，董事会也可能否决教师的终身教职申请或者聘用决定，其中以 2014 年伊利诺伊大学（U of I）董事会否决给予 Steven Salaita 终身教职工作为代表。① 此外，学术基层对于教师申请终身教职的赞成意见，也可能会遭到更高审议链条的否决。② 另外一种能够刺激教师对自己的工作绩效负责的潜在机制，是通过绩效工资的形式实现的，即将教师薪资增长的一部分与其科研、教学与服务的生产率挂起钩来，同时这也是避免明星教师流失的重要方式（Kelchen，2018）。教师联合化与集体谈判除了受到校内因素影响外，还受到外部政治环境的左右，这在近年来"威斯康星大学系统"（University of Wisconsin System，UW）教师与管理者和州政策制定者之间的纷争表现得尤为突出。③

（二）教育质量内部问责

一般而言，美国公立大学内部问责最为直接的体现，是在大学内部治理

---

① Steven Salaita 于 2014 年从"弗吉尼亚理工大学"（Virginia Tech）的终身教职任上离职，并获得 U of I 提供的终身教职岗位。在 2014 年 7 月 Salaita 距离正式开始工作的几周前，U of I 从捐赠者、学生及其家长等多方的反馈中了解到，Salaita 曾在推特上公开发表过反对以色列的激烈言论。尽管 Salaita 为自己的行为作出了辩解，但 U of I 的管理层决定不希望看到他出现在教室中，并在 8 月份撤销了对他的聘用，董事会随后在 9 月份批准了这项决定。2015 年 1 月，Salaita 提起诉讼，控告 U of I 侵犯了自己学术自由和言论自由的权利。到 2015 年 11 月，U of I 董事会以 9∶1 的投票结果通过了维持对 Salaita 解聘的最初裁定并向其支付 60 万美元的和解费用，随后 Salaita 撤销了针对 U of I 的两项指控。参见 http://www.chicagotribune. com/news/local/breaking/ct-steven-salaita-settlement-met-20151112-story. html.

② 例如，2016 年达特茅斯学院的英文副教授 Aimee Bahng 在申报终身教职时得到了所在院系教师和学生的大力支持，并通过了学系终身教职委员会审核，但她的申请却在面向校长的、更高层级的教师咨询委员会上被否决。由此，也引发了人们对达特茅斯学院教师治理中是否存在性别不公与短视行为的担忧。参见 https://www. insidehighered. com/news/2016/05/17/campus-unrest-follows-tenure-denial-innovative-popular-faculty-member-color.

③ UW 是全美最大的公立大学系统之一，它在威斯康星州 1971 年大学合并法案的推动下，由原来的"威斯康星大学"（University of Wisconsin）和"威斯康星州立大学"（Wisconsin State Universities）两大系统合并而成，并建立了统一的董事会（Board of Regents）。目前，UW System 包含 13 所四年制公立大学与 13 所两年制分校，每年招收学生超过 17 万人，师资规模达到 3.9 万人。2009 年 6 月，时任威斯康星州州长的 Jim Doyle 在签署 2009—2011 年预算法案的条款中，将集体谈判权延伸至 UW System 中超过 2 万名的教师、学术工作人员（Academic Staff）和研究助理之中。然而随着 2011 年新当选的共和党州长 Scott Walker 的上台，

过程中，由学术力量主导的针对教育质量开展的多种内部评估活动。Graham et al.（1995）认为，大学的内部问责主要关注的学术事务是以大学为中心。Mortimer（1972）指出，高等教育内部问责的展开受到大学组织特性的制约，包括特殊的权力结构、目标界定的模糊以及由结构多样性和不同内部群体参与决策过程的要求而导致的组织复杂性。或者说，对于教育质量问责的探讨不能够抽掉这一行动得以展开的院校组织基础和制度环境。

在传统上，对于教育质量问责的标准以及其中教师与学生的权利和责任是非正式化的。传统的指导原则在总体上虽然没有形成正式的书面文字，但在教师群体和管理者之间形成了关于学术生活的实质及其中良好行为的共同理解，这种理解主要涉及对于专业伦理的共治认同，以及对于教师在自己教学和研究中的行为采取最大限度的包容（CCHE，1971）。然而随着 20 世纪 70 年代以来对大学不满的增长和干预的扩张，这种共同理解逐渐被正式的评估机制所取代。事实上，对于教育质量的定义在学术界一直以来就存在争议。因为不同的利益相关者对于质量的实际含义有着不同的看法，并且这种看法在不断变化的社会—政治背景下也在不断变动（Williams & Harvey，2015）。美国学院与大学协会（AAC&U）和高等教育认证理事会（CHEA）也指出，追求教育卓越的主要责任应当由高校来承担，质量标准的设定和达成必须由院校自身而不是外部机构来实现。每一所高校应当发展与自己的使命、资源、传统、学生以及社区背景相适合的学生学习目标，并且这种目标应当远大、特别和能够清晰陈述。[①] Campbell & Carayannis（2013）提出，高等教育质量包含着效率、相关性、可靠性与效用四个维度；Suskie（2015）则认为，卓越的高等教育质量包含五个维度的文化诉求，即相关性、共同体、聚焦和激励、

（接上注）

情况发生了逆转。Walker 州长宣布了一项将会终结由民主党州长 Doyle 两年前刚刚写入法律中的教师联合化权利的法案，并要求研究生会（Graduate Student Unions）每年接受审核。这导致了在麦迪逊长达数月的抗议活动，但是该法案最终于 2015 年获得议会通过并开始施行。此外，威斯康星州的立法者将教师终身教职保护从 2015—2017 年的预算法案中剥离开来，并要求 UW System 董事会重新拟定新的终身教职保护政策。在董事会出台的新规定中，赋予了 UW System 总校校长撤销学术项目并临时解聘教师的权力，引发了教师的强烈不满。UW System 中超过半数的教师评议会对董事会进行了不信任投票。Walker 州长对教师的投票举动评价认为，一些教师组织显得对保护过时的且"一辈子饭碗"的终身教职的兴趣，要超过尽可能帮助学生获得优质的教育；大学不应当仅限于保护教师的利益，而是关乎威斯康星州价值与卓越的传递。参见 https://www.wisconsin.edu/about-the-uw-system/, https://madison.com/wsj/news/local/education/university/scott-walker-blasts-professors-as-uw-milwaukee-faculty-vote-no/article_2ab47aeb-3344-50c2-a026-869386f1144c.html.

① 参见 https://www.aacu.org/sites/default/files/files/publications/New_Leadership_Statement.pdf.

证据以及优化。

正是由于对教育质量理解的分歧，不同院校开展内部评估的组织形式、关注层次以及测量工具的差异，导致美国公立大学的教育质量内部问责表现出极大的动态性、多样性和复杂性。自我调查（Self-Study）、学术项目评审（Academic Program Review）、学术审计（Academic Audit）、内部质量保障和提升等多钟类型，都可以视为是内部问责的具体形式，并且彼此之间存在不同程度的交集。本书认为，与大学本科教育质量的关系最为密切和直接的是教师的教学质量与学生的学习质量，教育质量内部问责可以分为对教师的教学活动评估和对学生的学习结果评估。

1. 教师教学活动评估

教师的教学活动被期望作用于学生学习，但本身就具有多重意义。Broudy（1963）提出了教学的三种主要模式，即教授（Didactic）、启发（Heuristic）与演说（Philetic）。教授意味着直接的教学和传授知识与技能，演说意味着在师生之间建立联系，并激励学生乐于接受教师的教学内容，启发意味着间接教学和合理安排环境以使学生变得更加富有教养。McConnell（1969）分析了让个体教师负担起责任的四种方式。其一是教师对自己的良心，尤其是对自己的学术标准和智力诚实负责；其二是教师对自己的学术同行负责，尤其是当同行就自己的学术水平和工作绩效作出的判断成为职务晋升、终身教职以及工资收入等事务的决策依据；其三是通过多种方式对学生负责，包括教学质量、允许学生在课堂上自由表达观点或不满并为学生的信仰与意见保密；其四是对自己所在院校管理学术项目的方式和程序负责，对其他教师成员的准则负责，对维持创造性的教育环境负责。一般而言，良好的教学包括课程解说、激发动机、安排进程、作出分配、监督课堂互动、展开测试、进行评分、提出建议、与同行和管理者保持合作与交流等。然而，教师在一个环节中做好并不能必然保证在其他所有环节都能做好。在不同情境下，对于教师在各个环节上所负担责任的权重考量也会存在差别，这在无形中增加了教学评估的难度。同时应当注意到，许多大学教师往往基于学术自由的原则而希望能够保护课堂教学的隐私，认为在安全与受保护的状态下，才能有助于更加有效的教学；将教学活动公开展示并接受评估，则有可能成为教学改进的阻碍。

Stake et al.（2012）认为，教学评价活动应当建立在教师置身于"实践共同体"（Community of Practice）和"集体教学"（Communitarian Teaching）的视野下

进行考察，并提出了大学教学活动评价的总体框架，如图5-1所示。①

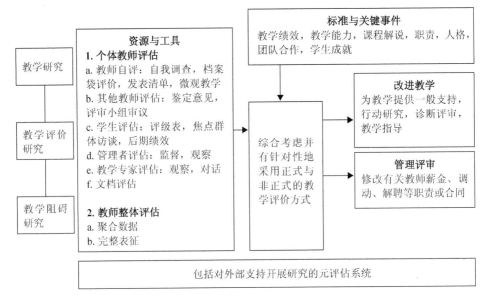

图5-1 高等教育教学的正式与非正式评价

值得注意的是，尽管针对教学的评价涉及大学内部的多个利益相关者，但教师是教学活动的主导力量并担负首要责任。教师的授课如同歌唱家进行的演唱表演，按部就班、吐词发音无误并不能保证演出的高质量，只有在歌唱中注入自己的感情和灵魂，才能对听众的内心造成冲击。然而在这个过程中，只有歌唱家自己才知道是否是敷衍了事、竭尽全力还是有所保留。在这个意义上，在高度情景化进行的教学活动的质量，最终取决于教师自己的良心和责任感，以及以此为基础的个体问责和自反性问责。而这些，都是外在于教师的评估活动所难以触及的。

————————

① 就"改进教学"而言，主要包括为改进提供建议，发展教师个人的自我调查，为增进教学效用提供测量服务，同时让学科中教学经验更为丰富的教师发挥传帮带的作用。就"标准与关键事件"而言，"教学绩效"主要是指依据教师实际的教学情况进行绩效评价；"教学能力"主要是指通过访谈和评审教师工作档案袋等方式，来评价教师对教授内容的理解程度；"课程解说"主要是指依据教师在传授课程内容时对不同主题所作出的优先性排序和相应介绍来评价教学活动；"职责"意味着教师依据合同、工作安排或传统中的固定标准负责任地行事；"人格"意味着基于共情、幽默感以及与学生紧密的情感关系等理想品质以确立行动准则；"团队合作"意味着具有能够以一种协作的方式投入到自己的同行之中并共同工作的人格特质；"学生成就"意味着以学生成绩、项目、表现，或者标准化考试取得的分数来评价教学。评价的最终结果，既可以推动教师的教学改进，也可以刺激教师人事制度改革。

McGehee（1980）在探讨质量界定时就曾发问，自己对自己负责要多于自己对他人负责，是否就意味着自己不负责任？他进一步指出，自我问责（Self-Accountability）和个人自由在现实生活中弥足珍贵，如果我们不对自己负责，那么我们就不是自由的；如果不是由自己对自己作出的判断，那么对于我们的判断都是徒劳无益的，真正的卓越源自个人自身，不是源自对个体的遥远控制，否则的话，往往就会出现把由他人界定和强加的"近似卓越"误以为是真正的卓越。Bogue & Hall（2003）也认为，不仅教师的教学活动在向学生传递道德态度和价值模式，高等教育质量本身也具有道德维度。大学教师的教学活动是一项非常珍贵的工作，只有在没有外部威胁的情况下，作为体现真正教育者本色的对于学生关爱和怜悯的责任感才会生发出来。

2. 学生学习结果评估

随着由"教"的范式向"学"的范式转变，学生学习结果不仅能够指代教师的教学质量（Cambridge，1996），而且导向学生学习结果的"新问责范式"的不断确立（Millett et al.，2007a）。然而从目前来看，对学生学习结果的理解及其测量工具的选择，依然存在争论和分歧。

作为其中的代表性观点，美国学院与大学协会（AAC&U）在推进"自由教育与美国承诺"（Liberal Education and America's Promise，LEAP）创议时，提出了"本科教育学习有效评估"（Valid Assessment of Learning in Undergraduate Education，VALUE）规定。VALUE 是一种校本评估的方式，用以测量学生是否以及在多大程度上达到了雇主和教师认为能够体现毕业水平的重要学习结果，它适用于所有类型高校的学生，包含了 16 项关键学习结果（Essential Learning Outcomes）。[①] 美国教育考试服务中心（ETS）认为，学生学习结果主要包括四个维度，即工作准备与一般技能（Workplace Readiness and General

---

① 关键学习结果主要由"智力与实践技能"（Intellectual and Practical Skills）、"个人与社会责任"（Personal and Social Responsibility）、"整合与应用学习"（Integrative and Applied Learning）三组"规定"（Rubrics）构成。其中，智力与实践技能具体包括探究与分析、批判思维、创造思维、写作沟通、口头沟通、阅读、量化素养（Quantitative literacy）、信息素养（Information literacy）、团队精神以及问题解决十项学习结果，个人与社会责任具体包括地方与全球性的公民参与、跨文化知识与能力、道德推理、终身学习的基础与技能、全球化学习五项学习结果。自 2009 年秋发布以来，VALUE Rubrics 已经成为全美乃至跨国高校用以评估学生学习的广泛参照和操作工具。截至 2015 年 12 月，它已覆盖包括 2800 多所高校在内的超过 4200 所独立机构中的 4.2 万人。同时，VALUE Rubrics 为自愿问责系统（VSA）建立高等教育问责的国家标准提供支持，同时也被所有区域性认证和一些专业性认证中开展的自评报告和审议活动所采用。参见 https://www.aacu.org/value，https://www.aacu.org/value-rubrics.

Skills)，特定领域的知识与技能（Domain-Specific Knowledge and Skills），诸如团队精神、沟通与创造性的软技能（Soft Skills），学生学习投入（Student Engagement with Learning）。在此基础上，ETS 提出了与重要学习结果测量相互适配的评估框架，如表5-4所示（Millett et al., 2007b）。

表5-4　学生学习结果评估概览

学生学习结果维度	评估工具	涉及领域
D1：工作准备与一般技能	1. 大学基础学科考试（College Basic Academic Subjects Examination, College BASE）	英语、数学、科学、社会研究、写作
	2. 大学生学术能力评估（Collegiate Assessment of Academic Proficiency, CAAP）	批判思维、数学、阅读、科学、写作
	3. 大学生学习评估（Collegiate Learning Assessment, CLA）	批判思考、分析推理、写作
	4. iSkills（前身为信息与通信技术素养评估，ICT Literacy）	定义、获取、管理、整合、评价、创造与沟信信息的能力
	5. 学术能力和发展测量（Measure of Academic Proficiency and Progress, MAPP）	批判思维、数学、阅读、写作
	6. 信息素养技能标准化评估（Standardized Assessment of Information Literacy Skills, SAILS）	选择发现工具、检索、运用发现工具特点、检索、评估和编制资源等
	7. 工作关键（WorkKeys）	信息阅读、应用数学、信息定位、观察、应用技术、聆听与写作、商务写作、团队精神
D2：特定领域知识与技能	1. 区域集中成就测试（Area Concentration Achievement Tests, ACAT）	农业、艺术，生物学、地质学、历史学、英语文学、政治科学、心理学、社会工作等
	2. 主要领域测试（Major Field Tests, MFTs）	生物学、商业、化学、计算机科学、犯罪正义、经济学、教育学、数学、音乐、物理学等
D3：软技能	1. 工作关键的团结精神评估（WorkKeys Teamwork）	协作完成任务和培养积极的专业关系的能力

续表

学生学习 结果维度	评估工具	涉及领域
D4：学生 投入	1. 社区学院学生投入调查（Community College Survey of Student Engagement，CCSSE）	学术挑战、积极与合作学习、学生——教师互动、学习支持、学生努力
	2. 全国大学生投入调查（National Survey of Student Engagement，NSSE）	学术挑战、积极与合作学习、学生——教师的互动、校园支持性环境、丰富教育经历

据统计，2013 年 84% 的高校对自己的全体本科生阐述了明确的学生学习结果要求，这一比例相对 2009 年而言上升了 10%，高校开展学习评估的活动次数和选择的工具种类，相对于 2009 年都有大幅增长（Kuh et al.，2014）。同时应当注意到，不同的评估工具都有着各自的长处与不足，如表 5-5 所示（Liu，2017）。

表 5-5 常用学生学习结果评估工具的优缺点

评估工具	优 点	缺 点
学习投入与体验调查（Engagement and Experience Survey）	符合成本效益，易于管理，能够提供可比较信息	学生学习的非直接证据
地方开发的调查（Local Developed Survey）	潜在对准院校发展需求，满足院校的特定目标	不能与其他院校进行基准比较，评估的质量取决于资源和个体院校投入
标准化测量（Standardized Measures）	跨院校比较，能够提供充足具有信度和效度的证据	不能充分对准院校发展的特殊要求
规定（Rubrics）	充分的操作弹性	评估结果的一致性因使用者对规定理解和训练的不同而产生差异
绩效评估（Performance Assessment）	能够提供真实的评估情境	成本高，难以执行，信度不足
学习历程电子档案（E-Portfolio）	能够捕捉到多重绩效指标，真实	数据收集困难，可比较性有限

随着学习评估"作为对大学抱负和社会未来需要的回答而逐渐显露出来"（AAC&U，2002），作为学生学习结果标准化测量工具的典型，大学生学习评估（CLA）成为一种新颖和实用的方式而受到更多青睐。AASCU（2006）宣

称，CLA 是直接的价值增值评估的最好范例。2000 年秋，兰德公司（RAND Corporation）的"教育援助委员会"（Council for Aid to Education，CAE）发起了一项旨在评估美国本科教育质量的全国性"价值增值评估计划"（VAAI）。该计划涉及全美所有层次和类型的大学，并为推动高等教育持续改进和创造大学所有的主要利益相关者都能够使用的质量测量提供了一种模式和刺激。CLA 就是这一计划的延伸。Shavelson（2010）认为，学生学习评估在今天的大学问责追求中处于最优先地位。虽然它被描述为"新鲜事物"，但其历史可以追溯到 20 世纪初期卡耐基教学促进基金会领导的考试运动。

在这段时期，学习评估经历了一系列重要转变。例如，从院校发起到外部强制，从内部认可到外部支持，从关注陈述性和程序性知识到一般推理能力，以及从强调相对某些标准的个体层面能力到与他人比较的相对位次等。从中可以得出的部分启示就是，需要为大学结果以及成绩、学习评估发展和论证一套概念框架，设计出能反映单个时间节点（成绩）和持续时间（学习）绩效的评估系统，并在多种维度上和宽阔的频谱内测量与分析结果（Shavelson，2007）。由此，可以形成如图 5-2 所示的"学生学习评估框架"（Shavelson，2007，2010；Klein et al.，2007）。

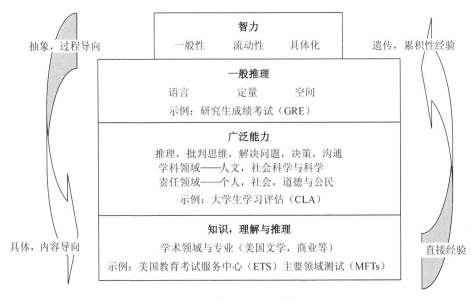

图5-2　学生学习结果框架

在图5-3中，不同的认知产出需要有相应的学习考试加以测量。同时也表明CLA聚焦于批判思维、分析推理、写作沟通等通识教育技能。这既与社会各界对于什么是"最为重要的大学结果"的选择基本上保持一致，[①] 也与企业雇主关注学习结果以及对大学毕业生的要求是相互契合的，如表5-6所示（Peter D. Hart Research Associates，2006，2010）。

表5-6　大学学习结果的企业雇主意见调查

大学学习结果的不同维度	2006 年	2010 年
1. 人类文化与物理和自然世界知识		
科学与技术的概念和新发展	82%	70%
全球事务和发展以及对于未来的意义	72%	65%
美国在世界中的角色	60%	57%
美国以及其他国家的文化价值与传统	53%	57%
2. 智力与实践技能		
团队工作技能，与不同背景的多元群体合作能力	76%	71%
有效的口头与书写沟通能力	73%	89%
批判思维与分析推理技能	73%	81%
对多种来源的信息进行定位、组织与评价的能力	70%	68%
创新与创造性思维能力	70%	70%
解决复杂问题的能力	64%	75%
处理数字与理解数据的能力	60%	63%
3. 人格与社会责任		
正直与伦理感	56%	—
4. 整合学习		
通过实习或其他实践经历应用知识和技术的能力	73%	79%

---

　　① 参见 Peter D. Hart Research Associates 2004 年 8 月发布的 Summary of Existing Research on Attitudes toward Liberal Education Outcomes for the Association of American Colleges and University 报告。美国大学协会、大学生、家长、一般公众与商业管理人员各方在认为"重要"或"高度重要"的选择中，"沟通技能"与"解决问题技能"两项成为相互重叠的部分。这一研究是在三项前期研究的基础上形成的，主要包括 2004 年由 GDA Integrated Services 为 The Chronicle 发布的 Survey of Public Opinion on Higher Education 报告，1999 年由 Public Agenda 为 NCPPHE 发布的 Great Expectations：How the Public and Parents—White，African American and Hispanic—View Higher Education 报告，以及 1998 年由 DYG，Inc 为 The Ford Foundation Campus Diversity Initiative 发布的 National Survey of Voters 报告。

不难看出，比例提高最大的三项，分别是"有效的口头与书写沟通能力"（增幅16%），"解决复杂问题的能力"（增幅9%）以及"批评思维与分析推理技能"（增幅8%）。

从结构来看，CLA主要包括"绩效任务"（Performance Task）与"分析性写作任务"两部分。"绩效任务"通过展现给学生一个问题以及相关信息，要求他们在有证据支撑的基础上解决问题或提出行动的方案。"分析性写作任务"要求学生在一个主题上确立自己的立场，推演出结论或评论某一个结论。CLA的主要特征如表5-7所示（Shavelson，2007，2010）。

表5-7 大学生学习评估的特征

特征	属性
开放性任务	1. 开发批判思维，分析推理，问题解决与写作沟通 2. 提供现实的工作样本 3. 吸引人的任务标题 4. 适用于不同学术专业
计算机技术	1. 互动式的网络平台 2. 无纸化管理 3. 自然语言处理软件为写作沟通评分 4. 在线评分与校准绩效任务 5. 报告院校（与分支院系）绩效（学生表现会秘密反馈给个人）
聚焦	1. 关注院校或院校内的分支机构与专业 2. 不关注个体学生表现
抽样	1. 样本学生而非所有学生完成所有任务 2. 为随机分组的学生提供样本任务 3. 在院校或分支机构/专业层次上进行评分（依据抽样规模）
报告	1. 控制学生能力使具有"相似情境"基准的大学能够相互比较 2. 通过新生到高年级学年之间，或者在同一抽样中对新生与高年级学生进行测量，提供增值估算 3. 提供百分位数值 4. 提供基准院校

CLA与其他的学习评估形式，如学术能力和发展测量（MAPP）和大学生学术能力评估（CAAP），在评估哲学和理论上都有所不同。后者是从经验哲学和心理测量/行为的传统中生发出来的。在这一传统中，日常复杂任务被分解为不同组成部分，并且每一个单元都被分析以确认其能力是否符合成功绩效的要求。例如，批判思维、解决问题等成分会对应到不同的测量之中，

学生分别考试，最后将分数加总以描述学生的绩效。其假设是部分之和等于整体绩效。与此不同，CLA 是基于认知建构主义和"置身情境"（Situated-in-Context）传统的理性主义与社会历史哲学的结合。这种途径的假设是复杂任务不能先拆散然后再组装。正是因为整体大于部分之和，所以复杂任务要求能力的整合化，这种能力不可能分散以作为单独成分加以测量而捕捉得到（Shavelson，2010）。

具体来看，CLA 的开放性、情景性、建构性与整体性特点可以从评分标准中得到进一步体现，如表 5-8 所示（Shavelson，2010）。

表 5-8　大学生学习评估评分标准提示

绩效任务评分标准提示	分析性写作任务评分标准提示
1. 评价证据 决定信息与任务的相关性 区分意见中的理性与带有情感的观点 识别证据可能的局限或折中的方式 发现他人理由中的骗局与漏洞 考虑证据所有的来源 2. 分析与整合证据 展示自己的分析 避免和认识到逻辑缺陷 分解证据到其组成部分 从离散的数据和信息中抽取出联系 处理相互矛盾、不充分或模糊的信息 3. 得出结论 建构基于数据或信息的令人信服的观点 选择最有力的支持数据 排列观点组成部分的优先顺序 避免夸大或缩小结论 识别证据中的漏洞以及可能的弥补建议 4. 承认其他解释与视角 认识到问题的复杂性和没有确定的答案 提议其他选择并权衡其在决定中的分量 虑及行动建议中会牵涉的群体 作出合乎标准的回答并承认改进的需要	1. 呈现 清楚表述观点及其背景 正确和恰当地使用证据为观点辩护 综合与连贯地呈现证据 2. 发展 有逻辑和条理地组织观点 避免观点发展中的无关成分 有序呈现证据 3. 说服力 有效呈现支持观点的证据 在证据可获得的范围内全面和广泛抽取 在简明呈现观点之外分析证据 虑及相反的意见并坦言自己观点的缺陷

当然，CLA 也面临着一系列质疑与争议。例如，评价结果与大学入学考试成绩的高度关联降低了大学教育对于学生学习及其增值的影响，评价结果主要聚焦于院校层面而非学生个体层面，学生无法知晓自己的真实水平并进

行相互比较，评分技术的质量缺乏足够的证据，增值分数的不可靠等。也许更为重要的是，作为评估的工具本身所具有的价值分裂，Ewell（2008a）所提出的为了内部改进的评估与为了问责的评估的两分"范式"就是这种观点的代表。或者说，抛开评估的科学合理性与技术可行性不论，在社会背景下，对于相同的形式与结果，不同的立场会形成不同的甚至相反的解释。联邦高等教育未来委员会（Commission on the Future of Higher Education）主席 Charles Miller 在委员会的纳什维尔（Nashville）会议上，将 CLA 描述为"处于航道中间的完美驱动"（Field，2006），它是实现大学问责的良好形式。而在 CAE 内部的部分人士看来，CLA 是由改进的承诺驱动的，虽然它并非完全与问责不相兼容，但他们之间的差异仍然是十分显著的（Benjamin et al.，2009）。可以说，这种对于评估工具及其测量价值解释的分歧或多目标指向也限制了其传递全面、可靠的教育质量信息的作用。针对 CLA 的不断改进，集中体现在其升级版 CLA+之上，如表 5-9 所示。①

表 5-9 大学生学习评估与其升级版的比较

比较纬度	CLA	CLA+
技能评估		
1. 批判思维与写作能力总体评估	√	√
2. 分析与问题解决评估	√	√
3. 写作效能评估	√	√
4. 写作机制评估	√	√
5. 对论证中存在逻辑谬误的认识能力评估	√	√
6. 科学与定量推理评估	—	√
7. 对批判阅读与评价的评估	—	√
工具		
1. 围绕 CLA 绩效任务锚定基于绩效的评估	√	√
2. 包含基于文档的、选择题型（Selected-Response）	—	√
3. 对准许多国家的共同核心标准（Common-Core State Standards）	√	√
结果		
1. 为大一和大四学生提供总体结果	√	√

① 参见 https://cae.org/images/uploads/pdf/cla_vs_cla_plus.pdf。

续表

比较纬度	CLA	CLA+
2. 为大二和大三学生提供总体结果	—	√
3. 向学生和院校报告学生层面结果的效度和信度	—	√
4. 提供基于规范的结果（Norm-Based Results）	√	√
5. 提供精通层面上标准参照结果（Criterion-Referenced Results，Mastery Level）	—	√
6. 包含并报告学生动机/努力调查问题（Student Motivation/Effort Survey Questions）	—	√
使用		
1. 测量院校层面的价值增值	√	√
2. 中等风险的形成性使用（Medium-Stakes Formative Uses）	—	√
3. 为申请学生提供入学要求	—	√
4. 为毕业学生提供能力证明	—	√
管理		
1. 评估活动在 90 分钟内完成	√	√
2. 更为弹性化的管理选项	—	√

　　此外，在呈现结果方面，CLA+引入新的度量级别标准，根据学生答题的情况以及最后给出的分数，将学生分成五个等级。① 在评分方式方面，从人工评分转化为人工和智能评分相结合，提高评估的准确性，综合使用人工评分和皮尔逊知识技术公司（Pearson Knowledge Technologies）开发的智能评分系统（Intelligent Essay Assessor，IEA），并将两种评分方式所得分值进行相互校验，从而有助于提高评分的准确性，减少测试管理和提交报告的时间，并且在一定程度上降低成本，同时，运用电子认证系统（E-Verification System）对评分人员自身的资质进行考核认证和动态管理，保障评分人员的业务水平。在结果使用方面，CLA+最后形成的测量报告有助于使学生了解自己的成绩在某一院校或区域内的相对位置，学生无论是打算深造或者就业，其 CLA+成绩报告都具有重要的参考价值。②

---

　　① 主要包括低于基本水平（Below Basic）、达到基本水平（Basic）、熟练水平（Proficient）、精通水平（Accomplished）和先进水平（Advanced）。参见 http://cae. org/images/uploads/pdf/Sample_CLA_Plus_Student_Score_Report. pdf.

　　② 参见 http://cae. org/images/uploads/pdf/Introduction_to_CLA_Plus. pdf。

（三）发展挑战

本书认为，相对于学术界针对教育质量及其测量工具上的纷争，教师队伍结构的转变及其背后助推的大学内部管理权力的扩张，对于教师治理机制造成了更加深刻的影响。事实上，无论是教师参与院校治理还是教育质量内部问责，其背后的主导力量，在传统上都是大学的全职教师，尤其是拥有终身教职或者进入到终身教师轨道的教师。据统计，近年来占据所有类型高校教师多数的是兼职教师与非终身教职轨道教师。例如，在私立研究型大学，终身教职或进入到终身教职轨道的教师占比，从 1993 年的 50% 下降到 2013 年的 35%；在公立研究型大学中，这一比例由 62% 下降到 49%；在社区学院，终身教职系列教师的比例非常低；而在营利性大学中，则几乎不存在终身教职（Kelchen，2018）。随着外部问责压力与资源获取难度的增大，在教师人事政策上，大学管理者和董事会一有机会，就会更加倾向于采取经济理性的态度而偏离终身教职制度，这既有利于降低大学运行成本和保持财务弹性，又有利于刺激教师更加关注管理部门所设定的优先事务而不是自身的利益诉求。这种人事政策的变化，既与高等教育问责扩张和市场化相互呼应，又体现了管理权力扩大的趋势，同时进一步分裂了教师队伍及其对于院校的忠诚，弱化了学术权力的地位与作用，从而放大了陷入恶性循环的风险。此外，许多高校开展的"终身教职后评估"（Post-Tenure Review），虽然在理想层面上提供了将教师行动、问责和责任同院校转型与活力激发进行整合的契机，并且为增强学术人员控制自身命运的能力奠定基础（Licata & Morreale，1999），但也为治理实践中管理人员进一步侵入和压缩教师的学术事务与自主空间提供了可能。[①]

三、学生治理机制

学生治理是院校治理过程与问责实践中容易忽视的环节。虽然在多数公立大学董事会中至少保留了 1 个学生席位，但由于其经验和能力的欠缺，或者任期相对较短、不具有投票权，极大限制了学生在治理结构中的作用。在

---

① 例如，在威斯康星大学系统董事会（UW Board of Regents）2016 年年底出台的政策中，措辞强硬的要求大学管理部门必须对终身教职教师进行"独立的和实质性的评审"（Independent, Substantive Reviews）。教师们认为，这一评审过程可能为武断推翻由教师同行作出的决议，并最终解聘教师打开了大门，许多老师已经相信，自己手中的权力已被大学管理者夺走。参见 https://www.jsonline.com/story/news/education/2016/12/08/nonresident-tuition-uw-schools-going-up/95145354/.

Klemenci（2015）看来，学生所掌握的资源和行动能力对于一所大学的质量提升意义重大，并且学生亲身经历教育过程和学习环境，从而形成了其富有价值的洞见，基于此，学生行动者对于教育环境的影响，可以通过个人行动、学生代表或者学生会组织作为确保共同期望结果的集体效能三种形式展开，即与之相互对应的个人化的、代理式的与集体性的三种模式。在高等教育市场化与外部质量问责的多重压力下，学生集体的声音更多地体现在类似消费市场中顾客评分、需求与满意度调查的多种方式上。

（一）学生评教机制

学生可以通过课程评价的方式对教师进行问责（Kelchen，2018）。学生教学评价（Student Evaluations of Teaching，SETs），或者学生教学评级（Student Ratings of Instruction，SRI），或者学生课程评价（Course Evaluations）是广泛用以表达学生对教学服务质量和测量教师效能的关键要素。学生的声音能够为教学与学习提供直接反馈并发挥积极变革作用，同时也成为涉及教师绩效工资、终身教职、职务晋升、帮助教师改进课程和教学等决策的重要组成部分。从历史发展来看，最早关于美国高校学生评价的研究可以追溯到 20 世纪 20 年代 Hermann Henry Remmers 所进行的开创性工作，他针对学生的判断是否与教师同行和校友得出的结论相互吻合等主要议题进行了探讨。在 1927—1960 年，美国的学生评价研究由 Remmers 及其在普渡大学（Purdue University）的同事所主导；在 20 世纪 60 年代，不同高校使用学生评价几乎都是出于自愿的；20 世纪 70 年代属于"学生评价研究的黄金期"，证明学生评价的有效性与实用性，及其服务于形成性与总结性目的等内容处于研究的热潮之中；20 世纪 80 年代以来，学生评价研究的重点在于将研究发现进行澄清和放大，包括与其他相关研究进行综合的元分析等（Centra，1993）。

事实上，学生评教机制依然存在很大争议，并且运行受到诸多因素影响。[①] 通过梳理莱斯大学（Rice University），Betsy Barre 针对不同学者关于学

---

① 支持一方认为，学生评价有助于改进教学，增加教学优异的概率，与学生学习之间存在正相关关系，证明学生具有准确评价教学水平的能力，并与校友对教学的评价意见高度相关。反对一方则认为，学生评价是建立在对有效教学达成共识这一子虚乌有的假设前提之上的，教学是一种艺术和情感，难以通过评价工具轻易测量；教师可能对因投入精力到管理评价形式而造成教学时间损失感到怨恨，并对改进教学方法不太热心；教师和管理者对于学生评价研究方面的知识不足，可能导致评价活动的误用和滥用；对学生评教的使用降低了教师士气和工作满意度；为迎合学生评价的教学可能降低课业标准或学业负担，从而与良好的教育实践背道而驰，那些能够或假装与学生态度保持一致的教师，在评价过程中具有获取更高评分的优势，许多学生在评教工具中的项目太过模糊、空洞、主观或者游

生评教的研究进行的文献汇编，可以得到以下发现。①尽管有许多研究显示学生评价结果与学生学习之间并不相关，甚至是负相关，但是事实上有更多的证据表明，二者之间是密切相关的。②学生评价活动具有高度复杂性，很少有能够回答任何疑问的直接答案。③许多容易识别但难以控制的独立因素，如学生动机、学生努力程度、班级规模、学科类别等，都会导致评价的数值结果产生偏差。④即使是我们能够控制上述偏差，评教分数与学生学习之间，也并非是一一对应关系，尚有许多我们目前无法理解的影响评教结果的因素，因此学生对于教师效能的评价是一种有用但并不完美的方式。⑤尽管并不完美，但除了学生评价之外，我们目前还没有找到具有与学生学习存在强烈正相关的其他替代性测量方式，学生评价虽非尽善尽美，但是目前最优选择。⑥学生评教与其他针对教学效能的评价方式联合起来使用，则其效用会变得更好。①

就学生评教的院校安排而言，以加利福尼亚州立大学（CSU）系统中的圣迭戈州立大学（San Diego State University，SDSU）为例，它建立于 1897 年 3 月，现已经发展成为拥有在校学生 3.6 万人、教职员工 0.6 万人的公立研究型大学。② SDSU 要求所有的学系在 SETs 中询问共同的问题，并采取通用的评分量表，在教师评议会的政策文件中对学生评教的具体展开作出详细规定。③

（接上注）
离于课堂教学行为之外。此外，评价活动可能受到多种因素的影响，如组织管理方面的评价时机、匿名评价、目标陈述等；课程性质方面的选择性、授课时间、课程层次、班级规模、学科分类、课业负担等；教师属性方面的职称和经验、学术声望和产出、人格特征与魅力、性别与种族等；学生属性方面的学科兴趣、性别、期待、情感状态、学生年龄等（Wachtel，1998）。

　　① 参见 http://cte.rice.edu/blogarchive/2015/02/01/studentratings，http://ctl.sdsu.edu/teaching-issues/assessing-teaching-and-learning/student-evaluations-of-teaching.

　　② 参见 http://advancement.sdsu.edu/AandD/index.html。

　　③ 除非事先取得学院院长和学院同行评议委员会（Peer Review Committee）同意，教师教授的所有课程都应当由学生来进行评价，评价结果应以电子文档的形式加以保存并进入到教师个人的人事行动档案（Personnel Action File）。为了便于澄清和相互比较，所有量化条目的选项都应当遵循由 1—5、从低到高的顺序排列。在每种 SETs 形式中，都应当设置一些共同的量化问题并在评价中首先发问，以作为全校教师评价过程的通用参照，这些问题主要涉及教师对课程内容的总体组织和呈现方式、教师依据教学大纲对学生学习结果的关注情况、教师的整体教学水平等，除此之外，每一种 SETs 形式中还应当包括至少两项开放式的质化条目以推动学生作出书面评论，这两项共同问题主要涉及教师教学的长处以及教师改进课程的可能途径。在由各个院系自己增添的评价条目中，量化问题不超过 10 项，质性问题不超过 2 项，并且所有这些问题的设置，都应虑及评价的可靠性原则，诸如教学清晰性、教师

SDSU 的教学与学习中心（Center for Teaching & Learning）重点推荐了由 IDEA 编制的 SRI 工具。IDEA 是一所长期协助高等院校开展学生评教活动的非营利组织，其学生评级系统（Student Ratings System）最初源于 1968—1969 年的堪萨斯州立大学（Kansas State University，KSU），随后的 7 年里，这一学生评级系统在帮助 KSU 教学改进中不断修订和完善。在凯洛格基金会（W. K. Kellogg Foundation）的资助下，IDEA 中心（IDEA Center）于 1975 年成立，它以提供分析、资源和建议而改进高等教育中的学生学习作为使命，在将自己的学生评价系统向其他高校推广之时，也进一步拓展了自己的服务范围，增加了领导力反馈系统（Leadership Feedback Systems），以帮助高校评估和改进管理人员绩效。2001 年，IDEA 中心获得了基于美国"国内税收法"（Internal Revenue Code）501 条 C 款第 3 条规定的非营利组织资格，为更加有效地完成使命和服务数百所高校奠定了基础。目前，IDEA 指导委员会由 13 位在教学、学习、评估和高等教育领导力领域卓有建树的全国知名学者组成，并由 Jason Caniglia 出任委员会主席。①

IDEA 开发的 SRI 工具秉持"学生话语权"（Student Voice Matters）的哲学，并且这一信念为 IDEA 及其客户院校，以及其他致力于形成对高等教育学习整体性观念的人士所认同。IDEA 主席 Ken Ryalls 认为，为了获取教学的完整图景，学生的声音就应当被聆听，因为校园中没有其他人比他们花费更多的时间来观察教师，学生的反馈对于增强我们的教学、建议、项目乃至整个大学而言，都是无可辩驳的，如果要想让学生评价做好，我们就需要向学生

（接上注）

对任务和考试进行反馈的有用性与及时性、对待学生的公平性、准时与可信赖、激发学生学习兴趣的能力、专业知识的交流能力、问题解决能力等，都可以纳入到评价内容的范围内，而教师专业知识储备和教学方法论等学生不太够格评价的内容，则不应列入其中。如果 SETs 形式中包含了人口统计条目或者学生自评的内容，则应当将其放在问题清单的最后并与教师评估条目相互区别，评价结果报告应当呈现所有共同性量化问题的综合平均值。作为常规性的学生评价过程的组成部分，SETs 的收集应当是匿名的，只有卷入评价的课程或课程部分才能够识别，而常规性学生评价过程之外的学生沟通或者其他评价结果，应当是实名制的，以方便进入到教师的人事行动档案。SETs 结果是教学评价的重要组成部分，并应列入教师周期性评估、对处于试用期和终身教职教师的评估之中，但它不应是教学质量的唯一指标。参见 http://ctl. sdsu. edu/resources/university-policies.

① 参见 https://www. ideaedu. org/About-Us/Mission-History，https://www. ideaedu. org/About-Us/Board-of-Directors.

询问更好的问题以便得到更好的回答。[①]

　　具体而言，SRI 由"大学实验室"（Campus Labs）提供技术支持，是一种交互式的、使用方便和易于访问的学生评教系统与网络平台。它主要包括诊断性反馈（Diagnostic Feedback）、学习精要（Learning Essentials）、教学精要（Teaching Essentials）和及时性反馈（Instant Feedback）四个模块与工具。诊断性反馈是一种能够就学生在相关课程目标上的进展情况、教师教学方法以及对教师和课程总体印象提供总结性与形成性反馈的综合评价工具。最后形成的评价报告为教师和管理者改进课程提供了包括总体评分、学生在相关学习目标上的进展情况、对具体教学方法的观察、定性与定量数据等关键反馈。这一评价工具的主要特点在于能够收集学生进展数据，对学生学习习惯和动机等不受教师控制的外界因素进行限制。评价结果可以在学生完成网络填报后的 48 小时之内形成，能够为个体教师提供定制化报告，并与校内的其他群体或全国标准进行相互比较。[②] 及时性反馈是在课后立即收集学生反馈的

---

　　① 2016 年 4 月 Stephen L. Benton 与 Kenneth R. Ryalls 在合撰的"挑战学生教学评级的错误观念"（Challenging Misconceptions About Student Ratings of Instruction）一文中指出，与其将时间和精力浪费在学生是否能够进行教学评级的口水战中，不如在评价设问的拟定和优化上下功夫。发表于 2018 年 5 月"高等教育纪事"（Chronicle of Higher Education）上的一篇题为"为学生评教辩护"的论文中，IDEA 合作伙伴之一的远景大学（Grand View University）卓越教学与学习中心（Center for Excellence in Teaching and Learning）主任 Kevin Gannon 指出，学生诚然不是能够评判教师是否使用了最好和最合适课程阅读材料的合格专家，但他们是能够对自己在课程中亲身体验和学习收获上具有发言权的专家，并不能因为他们的反馈有时被误用而认定反馈本身是徒劳无效或没有必要的。参见 https://www.ideaedu.org/Services/Student-Voice-Matters，https://www.ideaedu.org/Portals/0/Uploads/Documents/Challenging_Misconceptions_About_Student_Ratings_of_Instruction.pdf，https://www.chronicle.com/article/In-Defense-Sort-of-of/243325.

　　② 根据 IDEA 提供的 2016 年诊断性反馈样本来看，涉及教学过程的题项有 19 道，涉及学生进展的题项有 13 道，涉及课程比较的题项有 2 道，涉及学习动机、准备背景、一般满意度等的题项有 6 道。其中，a. 关于教学过程的调查是按照从"几乎没有"到"几乎总是"的 5 级评分标准，具体的测试内容包括：帮助学生解答自己提出的问题，帮助学生从不同视角来解释学科内容，鼓励学生反思和评价自己所学知识，展现学科内容的重要性和意义，组建推动学习的小组或团队，清晰阐述每一个学习主题与课程之间内在联系，为学生的学术表现提供有意义的反馈，刺激学生的智力努力以超越课程普遍设定的要求边界，鼓励学生使用多样化资源以增进理解，清晰简明地解释课程内容，将课程内容与真实生活情境关联起来，为学生创造在课外应用课程内容的机会，引入学科相关的富有启发性的思想观点，让学生参与到需要亲自动手的研究、案例分析、现实活动等项目，激励学生设定并实现具有挑战性的目标，要求学生向具有不同背景和意见的他人分享自己的想法与经验，要求学生在理解思想或概念时彼此帮助，布置要求原创性或创新性思维的项目、测试或任务，鼓励师生之间的课外互动。b. 关于学生进展的调查是按照从"没有明显进展"到"显著进展"的 5 级评分标准，具体的测试内容包括：获得学科知识、方法、准则或理论等的基本理解，增进对不同视角、全球意识或其他文化的知识与理解，学会如何应用课程知识，发展与课程密切相关专业领域所需的特殊技能与思想观点，

工具，可以为教师在授课过程中作出必要调整提供形成性信息。①

许多 IDEA 的客户和机构高标准运用了其提供的服务和 SRI 工具，取得了一系列研究成果和实践收获。如位于伊利诺伊州的奥古斯塔纳学院（Augustana College）提出了促进教师参与评价和改进过程的"故事脊柱"（Story Spine）理念；位于佛蒙特州的查普林学院（Champlain College）反思和探讨了自己能够取得 SRI 高回应率的历史与文化原因；位于加利福尼亚州的阿兹塞太平洋大学（Azusa Pacific University）将 SRI 中的诊断性报告数据与教师发展规划结合起来；同样位于伊利诺伊州的拉什大学（Rush University）结合自身运用 SRI 所积累的数据，指出刺激学生兴趣、培育学生合作、建立友好关系、鼓励学生投入以及结构化班级经验这五种涉及教学方法的要素，对于学生在课程优秀、教师优秀以及自身进步上的评价，具有较高的预测性。②

Kevin Gannon 坦言，对于学生教学评价的措辞，评级（Rating）要比评价（Evaluation）更为合适，因为后者往往包含了超过这些工具所可能取得结果

（接上注）
获得团队工作的技能，发展创造性能力，获得对知识或文化活动更加广泛的理解和欣赏，发展口头或书面自我表达的技能，学会如何发现、评价和使用资源以对某一个主题展开深入探究，发展道德推理或道德决策能力，学会对思想与争论进行分析和批判性评价，学会应用知识与技能使他人受惠或服务公共之善，学会运用适当方式以收集、分析和解释数字信息。此外，学习精要对应诊断性反馈工具中的学生进展和学生学习动机、准备背景、一般满意度部分，教学精要对应诊断性反馈工具中的教学过程和对教师与课程总体印象的一般满意度部分，但它将教学过程的题项数量压缩到7道。参见 https://www.ideaedu.org/Portals/0/Uploads/Documents/IDEA-CL%20SRI%20Sample%20Instruments/Sample-SRI_diagnostic-2016.pdf，https://www.ideaedu.org/Services/Diagnostic-Feedback，http://www.ideaedu.org/Portals/0/Uploads/Documents/Client%20Resources/SRI%20Infographic_Diagnostic_Form.pdf，https://www.ideaedu.org/Services/Learning-Essentials，https://www.ideaedu.org/Portals/0/Uploads/Documents/IDEA-CL%20SRI%20Sample%20Instruments/Sample-SRI_learning-essentials-2016.pdf，https://www.ideaedu.org/Services/Teaching-Essentials，https://www.ideaedu.org/Portals/0/Uploads/Documents/IDEA-CL%20SRI%20Sample%20Instruments/Sample-SRI_teaching-essentials.pdf.

① 它的形式较为简单，题项也只有7道。以"根本不"和"完全是"为选项的两级，主要涉及教学过程，包括教师展示出对学生和学生学习的个人兴趣，帮助学生解答自己提出的问题，展现学科内容的重要性，清晰阐述每一个学习主题与课程之间内在联系，清晰简明地解释课程内容，引入学科相关的富有启发性的思想观点，以及最后以"是"与"否"作答对当天授课内容的理解情况。参见 https://www.ideaedu.org/Services/Instant-Feedback，https://www.ideaedu.org/Portals/0/Uploads/Documents/IDEA-CL%20SRI%20Sample%20Instruments/Sample-SRI_feedback.pdf.

② 参见 https://www.ideaedu.org/Services/IDEAs-Impact，https://www.ideaedu.org/Portals/0/Uploads/Documents/Old%20Blogs%20referenced%20on%20new%20site/Mark%20Blog.pdf，https://www.ideaedu.org/Portals/0/Uploads/Documents/Old%20Blogs%20referenced%20on%20new%20site/Ellen%20Blog.pdf，https://www.ideaedu.org/Portals/0/Uploads/Documents/Old%20Blogs%20referenced%20on%20new%20site/Stephanie%20Blog.pdf，https://www.ideaedu.org/Portals/0/Uploads/Documents/Old%20Blogs%20referenced%20on%20new%20site/Mathew%20Blog.pdf.

的更为复杂和微妙的过程。在评估的术语中，学生评价只是对教学效能的一种间接测量，而任何依靠间接测量的评估过程都不能产生准确的信息，事实上，学生评价应当补充而非压倒教师叙述、同行观察与反思性对话，并应当公平使用，避免对特定教师群体产生偏见。① 然而在具体实践中，学生评教的实际效果可能会产生各种偏差或意外效果。一个典型例子是，2016 年"拉法耶特学院"（Lafayette College）校长 Alison Byerly 拒绝了该校西班牙语副教授 Juan Rojo 对终身教职的申请。尽管 Rojo 获得了两个教师委员会的推荐，但 Byerly 援引学生对其教学评价的负面证据采取了否定态度。② 此外，2015 年爱荷华州参议院（Iowa State Senate）议员 Mark Chelgren 提出了一项旨在增强学生对于教师问责力量的法案，它要求州内所有公立大学都应当完全基于学生对于教师教学效能的评价结果而评定教师绩效，达不到最低分数标准的教师就遭大学自动解聘。同时，针对每年在教学评级分数中排名最低的 5 位教师，不论其是否拥有终身教职或者聘用合同中的条款如何规定，学生都有权在网上投票以决定其去留。③

（二）学生与校友调查

学生与校友调查（Student and Alumni Surveys）可以视为通过询问学生"顾客"意见而对高等院校施加问责方式，而调查结果可能最适用于教育质量

---

① 参见 https://www.chronicle.com/article/In-Defense-Sort-of-of/243325。

② Rojo 在教师会议上表示，尽管申请遭校长拒绝的这一事件可能对于自己和家人存在某种不公，但其冲击是更为巨大的，因为它威胁着教师群体在终身教职过程中所发挥的作用，如果准许获得终身教职首要地是由教师决定的，并且自己在两个教师委员会的投票环节中获得了 12∶1 的通过，校长手中的单独一票如何能够推翻先前的决定？这很明显是不正确的。在 Byerly 校长看来，根据学院教师手册中"教学是获得终身教职和晋升的最为重要标准"的规定，Rojo 的学生评价表明他还没有达到获得终身教职所要求的"教学卓异"的要求。教师群体站在了 Rojo 这一边，认为对 Rojo 的教学评价没有参考对其教学活动的现场观察或者同行评议，并且学生评价活动本身是高度主观化的，同时特别容易针对女性和有色人种学者产生偏见，而这些在教师申请终身教职时应当不足采信，至少不能只听学生的一面之词。为表达自己的不满，Rojo 宣布进行绝食抗议。参见 https://www.insidehighered.com/news/2016/09/01/lafayette-professor-goes-hunger-strike-protest-presidents-veto-his-tenure-bid。

③ 尽管这一法案最终没有通过，同时也是一个极端的例子，但都表现了州立法者对于公立大学如何为学生服务变得更加关注。Chelgren 在接受"高等教育纪事"访谈时，就这一法案背后的个人考虑进行了阐述。他指出，鉴于目前就读公立大学的许多学生承受着巨大的债务压力，当我们讨论教育质量的议题时，有时最终可以归结为大学教师是否在为学生工作，或者教师在课堂上是否给予学生特殊照顾的问题；如果这是一个自由市场体系，教师就应当理解学生顾客的需求；教师诚然可以对学生在学习上提要求，同时反过来而言，学生也可以对教师施加问责，以确保自己获得的教育和知识物有所值。参见 https://www.chronicle.com/article/Iowa-Legislator-Wants-to-Give/229589.

保障和院校改进（Kuh，2005）。学生与校友调查工具极具多样性，其中产生重要影响之一的是，由加利福尼亚大学洛杉矶分校（University of California, Los Angeles，UCLA）高等教育研究所（Higher Education Research Institute, HERI）主持的"合作机构研究计划"（Cooperative Institutional Research Program，CIRP）。CIRP 是全美最大和运行时间最长的大学生年度调查，它由新生调查（CIRP Freshmen Survey，TFS）、第一年调查（Your First College Year, YFCY）、多元学习环境调查（Diverse Learning Environments，DLE）、大学高年级学生调查（College Senior Survey，CSS）等系列工具构成。TFS 在学生入学前测试，涉及的关键问题包括高中阶段的既定行为（Established Behaviors in High School）、学术准备、入学决定、大学期待、与同辈和教师之间的互动、学生价值与目标、学生人口学特点、资助事务（Concerns about Financing College），其中许多选项是前测问题（Pre-Test Questions）；YFCY、DLE 与 CSS 紧随其后，提供学生就读期间在认知和情感方面发展的纵向测量。不同院校可以根据自己的需要，在 CIRP 调查的基础上增设问题。①

　　学生调查与学生学习结果评估在测量方式上存在不同程度的交集，其中最为典型的是印第安纳大学（Indiana University，IU）中学后研究中心（Center for Postsecondary Research，CPR）开发的大学生体验问卷（College Student Experiences Questionnaire，CSEQ）、大学生期待问卷（College Student Expectations Questionnaire，CSXQ）、全国大学生投入调查（National Survey of Student Engagement，NSSE）、初期大学生投入调查（Beginning College Survey of Student Engagement，BCSSE）等一系列工具。CSEQ 最早由 1979 年 UCLA 的 C. Robert Pace 发起，他相信通过测量学生的学习努力质量就能够实质性增加我们对学生学习和发展的理解。CSEQ 分别于 1983 年、1990 年和 1998 年进行修订，它是一种可以评估学生花费在使用院校资源和学习与发展机会之上努力质量的多用途工具，努力质量是理解学生满意度、坚持性和就读大学效果的核心维度，学生投入到教育活动越多，他们就越能够从其学习与发展中获益。对于大学而言，CSEQ 调查结果可以用于决定项目绩效、测量学习结果与校园环境影响、评估学年内各类学术创议，为丰富对学生发展事务的理解补充全校性数据、积累认证数据，检查大学学术事务和学生事务部门的工作绩效、评估具体部门范围内的发展规划和学生学习、评估学生卷入各类校园创议的情况。自 1979 年开始，超过 500 所高校和独立研究者使用了 CSEQ，并

————————

① 参见 https://heri.ucla.edu/cirp-freshman-survey。

且超过 40 万学生完成了问卷。① CSXQ 改编自 CSEQ 于 1998 年开始实施，共有超过 100 所高校的 12 万学生完成了问卷。CSXQ 旨在评估大学新生的学习目标和动机，主要涉及同教师互动的性质和频率、与多元背景同辈群体的交往方式、使用校园学习资源和机会、大学满意度、大学学习环境的性质等内容的一系列就读期待，院校发展的研究、评价与评估学生体验的活动，入学管理以及学生招生和保留创议，教师发展、咨询和学术支持服务，学生第一年体验项目，定向、居住生活与学生活动等，都能够从 CSXQ 调查结果中获得教益。②

虽然 CSEQ 和 CSXQ 的运行于 2014 年春季终结，但其遗产为 NSSE 所继承，NSSE 中有 2/3 的测试题目是从 CSEQ 中抽取或改编的，二者都关注学生行为以及学生投入到具有教育目的意义的实践之中。NSSE 于 2000 年开始启动并于 2013 年更新，旨在评估学生在高层次学习与发展相联系的教育实践方面的投入程度。问卷主要收集五大领域的信息：对数十项具有教育目的活动的参与情况，院校要求与课程任务的挑战性，对大学环境的认识，对入校以来教育与个人成长的评价，背景与人口统计信息。在 NSSE 看来，学生投入（Student Engagement）体现了大学质量的两个关键特征，其一是学生在学习与其他具有教育目的活动上所花费的时间与精力，其二是院校如何调动资源和组织课程与其他学习机会以使学生参与到学习活动之中。③ 从总体上看，对比修订前后的 NSSE 设计思路，体现了从关注有效教育实践的测量基准（Benchmarks of Effective Educational Practice）到参与度指标（Engagement Indicators）和高影响力实践（High Impact Practices，HIPs）的转向，具体内容如表 5-10 所示。④

---

① 参见 http://cseq. indiana. edu/cseq_generalinfo. cfm，http://cseq. indiana. edu/cseq_closeInfo. cfm。

② 参见 http://cseq. indiana. edu/csxq_generalinfo. cfm。

③ 参见 http://nsse. indiana. edu/html/survey_instruments. cfm，http://nsse. indiana. edu/html/a-bout. cfm。

④ 其中，高阶学习主要是指学生参与到超过简单记忆、具有复杂认知任务的学习活动，如应用、分析、判断和整合。高端经历主要涉及顶点课程、高级项目或论文、综合考试、代表作品集等，共有 47 项调查条目包含在投入指标之下。建立 NSSE 的主导者之一 George Kuh 认为，某些本科机会或活动，它们要求大量的时间和努力投入，可以帮助学生课外学习，强调师生之间富有意义的互动，鼓励多元化背景学生之间的合作，并且能够提供经常性和实质性的反馈，可以将其命名为 HIPs，HIPs 与学生学习和保留具有正相关关系，参与这些活动有助于改变学生的命运。因此，Kuh 建议，每一所大学应当激励所有的学生至少参与两项 HIPs。参见 http://nsse. indiana. edu/pdf/Benchmarks%20to%20Indicators. pdf，http://nsse. indiana. edu/html/engagement_indicators. cfm，http://nsse. indiana. edu/html/high_im-pact_practices. cfm。

表 5-10　全国大学生投入调查更新前后比较

NSSE 测量基准 （2000—2012 年）	投入指标 （2013 年后）	主要变化
学术挑战水平 （Level of Academic Challenge）	学术挑战主题 1. 高阶学习（Higher-Order Learning） 2. 反思与整合学习 3. 学习策略 4. 定量推理	将视野扩展到学术努力的独特维度，如学生感兴趣的新主题；报告关于阅读、写作和学习时间等重点条目
积极与合作学习 （Active and Cooperative Learning）	同辈共同学习主题 1. 合作学习 2. 与多元化他人进行讨论	强调学生与学生之间的合作；将原属"丰富教育经验"模块中的多元化条目迁移过来并进行更新
学生—教师互动 （Student-Faculty Interaction）	教师互动体验主题 1. 学生—教师互动 2. 有效教学实践（Effective Teaching Practices）	将师生互动指标进行更新并与有效教学实践的测量联合进行
校园支持性环境 （Supportive Campus Environment）	校园环境主题 1. 互动质量 2. 支持性环境	将学生在校园中与关键人士的互动及其对于院校学习环境的认识加以区别和关注
丰富教育经验 （Enriching Educational Experiences）	高影响力实践 1. 学习社区 2. 服务学习 3. 与教师开展合作研究 4. 实习或实践经验 5. 国外学习 6. 高端经历（Culminating Senior Experience）	对六项"高影响力实践"分别报告；将之前测量"学生与多元化他人讨论"的条目移至"同辈共同学习主题"

　　此外，NSSE 鼓励院校在参与调查中增加"主题模块"（Topical Modules），以便在一些重要领域根据自身需要进行更为深入的探究。[①] NSSE 为每所参与院

---

　　① 这些主题模块包括学术咨询，公民参与，发展诸如口头与书写流畅性和分析性探究等可转化技术（Transferable Skills），使用技术进行学习（Learning with Technology），包含互动性、意义建构与清晰性三个维度的写作经验，信息素养经验，第一年经验和向高年级过渡（First-Year Experiences and Senior Transitions），全球学习，对多元文化的接纳和参与。每个主题之下都有相对应的一组简短问题，并且额外的主题模块会不断开发出来。参见 http://nsse.indiana.edu/html/modules.cfm。

校提供的调查报告可以进行跨院校比较,其范围涵盖十项参与指标和六项 HIPs,报告结果既可以用于内部质量提升,也可以用于学生择校参考。同时,弗吉尼亚州高等教育委员会(Virginia State Council of Higher Education)、肯塔基州中学后委员会(Kentucky Postsecondary Council)等州级高等教育协调结构,德克萨斯大学系统(University of Texas System)、南达科他大学系统(South Dakota University System)等大学系统,以及新罕布什尔州立大学(New Hampshire state universities)、德克萨斯农工大学(Texas A &M University)、威斯康星大学(University of Wisconsin)、北卡罗来纳大学(University of North Carolina)等高校,都将 NSSE 结果作为观测大学教育质量的重要参考和绩效指标。

在校友调查方面,大学成绩表(College Results Instrument,CRI)或大学结果调查(Collegiate Results Survey,CRS)是其中的代表性工具。CRI 是一项检测大学就读经历如何影响学生学术成就和就业结果的更大调查项目的一部分,它由 Robert Zemsky 和 Susan Shaman 领导的全国中学后改进中心(National Center for Postsecondary Improvement,NCPI)[①] 研究人员集体开发,旨在进行大学结果测量和相互比较,以提供更好的消费者信息。Zemsky 认为,在对毕业生进行调查时,应当聚焦于五个方面的问题:校友认为的就读大学的重要价值、能够自信完成的复杂任务、当前工作与年收入、工作需要的技能以及开展终身学习的情况。[②] 具体而言,CRI 调查的问题主要包括毕业生的工作与收入、教育成就、工作技能、沟通领域的感知能力和缺陷、定量推理、信息搜集、终身学习和反映艺术与文化的价值观念、公民参与、身体状况以及宗教信仰(Kuh,2005)。CRI 于 1999 年秋正式启动,全美 80 所高校中毕业于 1991—1994 年的 3.4 万名毕业生通过一个安全网站进行反馈,测量工具在 2000 年之后交给充当大学指南发布机构的 Peterson's 教育服务公司进行管理。不同于线性的大学排名,CRI 产生了关于大学校友价值、能力、在不同维度获得技能的轮廓,它有助于帮助学生在申请大学之时能够作出更加明智的选

---

① NCPI 建立于 1996 年,并得到联邦教育部教育研究与改进办公室(Office of Educational Research and Improvement,OERI)的资助,它是由斯坦福大学、宾夕法尼亚大学与密歇根大学合作开展的研究机构,旨在通过研究、传播和拓展活动,创建一种检查与改进教学与学习的全国性论坛,并推动所有中学后教育进行重组的努力(SHEEO,2002)。

② Robert Zemsky. A New Way to Look at Colleges: How to Discover the Reality Behind The Dream. 参见 http://web. stanford. edu/group/ncpi/unspecified/students_parents_toolkit/pdf/zemsky. pdf.

择。① 就两年制的社区学院而言，Public Agenda 在 2012 年发布的"学生对高等教育途径的呼声"（Student Voices on the Higher Education Pathway）报告产生了重要影响。②

除了一些通用的调查模板外，还有大量的充满差异性的地方发展（Locally-Developed）工具，并且将学生调查与校友调查混合使用。Kuh（2005）指出，尽管学生与校友调查形式多样，但很多调查结果并没有广泛应用于质量保障项目和对外公开报告，究其原因，主要表现在人们对调查工具效度与信度的疑虑、使用调查结果目的的混乱、大学将调查信息转化为变革行动的笨拙、精英大学对调查态度的冷淡，以及大学可能因为调查结果的不佳或误解而对遭受难堪与伤害的顾虑，然而无论如何，学生的反馈意见被绩效问责系统吸收的趋势不断发展，同时也有助于破除基于声誉和威望的大学传统幻象。

（三）发展挑战

本书认为，与董事会治理和教师治理不同，学生治理的悖论在于，虽然问责与治理的主体是学生，但是具体的机制设计、运行过程以及评价与调查的结果使用，都往往不掌握在学生手中。或者说，学生治理本身具有替代治理的色彩，由学生之外的群体来为学生发声，而这本身所隐藏的风险就是治理机制本身是否能够真正体现学生的利益与诉求，是否能够与其他类型治理机制之间形成实质性的权力制衡。学生到底是拥有自由意志的行动主体，还是处于被监护和照看的依附地位，决定了学生治理的实际效果。同时，学生治理中的教学评价与意见调查，带有非常强烈的主观化色彩，并在具体操作

---

① Douglas C. Bennett. Assessing Quality in Higher Education. 参见 https://www. aacu. org/publications-research/periodicals/assessing-quality-higher-education.

② 这份报告源于 Public Agenda 和 WestED 在 2012 年 3 月主持的焦点群体讨论。在 161 位访谈成员中，包括了在读、毕业和辍学三种类型的社区学院学生，年龄分布在 18—27 岁之间，职业主要集中在卫生保健和技术等行业的行政工作。讨论的内容主要有八个方面，即对高等教育成就的态度，影响就读大学的因素，大学准备，包括发展教育、定向和学生成功课程在内的大学的早期体验，决定学习一门专业的信念与经验，对完成学业的院校支持或障碍，对在读生而言的使用与社区学院经历相关的技术，对有助于坚持学业和获得学位或证书的建议。研究发现，学生希望能够更多接触到职业方面的信息，以便自己在设定目标和采取步骤之时能够更加明智地决定。虽然毕业生和就读生坚持认为他们在大学准备方面较为欠缺，但大部分又认定发展教育和学生成功课程太过昂贵和耗时，如果他们能够有清晰的目标和明确的修读路径，就会有更大的坚持、完成与转学的机会；学生对建议者、咨询者和教师提供的正确、可获得以及与自己教育和职业目标相互适配的支持和指导，一方面具有高度需求，另一方面又难以获得；学生意识到大学提供了非常广泛的服务，但在自己想要寻求获得的特殊信息或服务方面，却又往往是徒劳无功的。参见 http://www.publicagenda.org/files/student_voices.pdf.

中容易模糊体现应然性状态的"期望"（Expectation）与对实然性的效果进行"评价"（Evaluation）二者之间的界限；更为重要的是，学生的满意度高低与自身设定的期望值大小是密切相关的，而高校和教师往往难以对后者进行适当的干预和控制。此外，通过学生调查发现，院校内部的差异较之于院校之间的差异甚至会更加显著（Kuh，2005）。从侧面证明，传统声名卓著的大学并不能在教育活动的所有方面都表现优异，他们也会有自己的短板，因而会在报告调查结果中损失更多；另一方面也意味着，如果学生与校友调查能够得到推广，且调查结果能够公开，就会悄然改变人们谈论与评判优秀大学的话语与准则，而这与问责所强调的结果和效率取向是一致的。

四、信息透明机制

公开（Disclosure）与透明（Transparency）是问责的基本价值要求。尽管透明有助于民主、回应、合法性等实质性价值，但在其工具价值的意义上，则常常与问责相互联系，相关信息的可获得性是任何问责过程中信息阶段的前提条件，正是因为现代治理对透明要求的不断增长，使之成为社会的新信仰（Meijer，2014）。在最近十多年间，无论是在年度报告、网络使用、组织陈述甚至是促销材料之中，问责机制都体现出了加速朝向以各种传媒方式增强"可视化"（Visual）的社会趋势（Davison，2014）。就美国公立大学而言，信息公开与透明既受到社会要求的牵引，又受到各州"阳光法案"（Sunshine Law）或"信息自由法"的保障。

（一）松散式透明

松散式透明意味着公立大学将自己的诸多重要信息散布在不同主题之下，没有建立专门的问责仪表板（Accountability Dashboard）或者核心信息相对聚焦的发布平台。以田纳西州立大学（Tennessee State University，TSU）为例，它是一所综合性的赠地大学。TSU 成立于 1912 年，其前身是 1909 年成立的农业与工业州立师范学校（Agricultural and Industrial State Normal School），1922 年转变为四年制的师范学院，1958 年升格为赠地大学，1979 年合并田纳西州立大学纳什维尔分校（University of Tennessee at Nashville）。[①] TSU 将作为教育质量重要体现的学生成就（Student Achievement）归于学术事务的主题之下，与操作手册（Operating Manual）、组织结构图（Organizational Charts），甚至师生办理事务

---

① 参见 http://www.tnstate.edu/about_tsu/fast_facts.aspx。

的申请表格等相互并列。学生成就的测量主要基于 TSU 战略计划的五项关键性绩效指标（Key Performance Indicators，KPIs），即学生入学与多元化、学术质量与学生成功、商业友好型实践（Business Friendly Practices）、参与（Engagement）、创收（Revenue Generation），其中前四项体现了学生成就与成功的目标。[①]

在 2008 年 9 月出台的学术总体规划（Academic Master Plan，AMP）中，将 TSU 的核心价值表述为卓越、学习、问责、正直、共同治理、多样性与服务，并认为自己的声誉建立在学术质量之上，包括教师质量、学术项目质量、学生质量、研究质量与学术员工质量。在学术项目质量维度上，应当增加毕业生的毕业率，并结合学习技术的使用，以持续的学生学习评估改进课程与教学，尤其是教务长和院校应当督促学术领导者和教师对施行通识教育课程（General Education Curriculum，GEC）的学习评估，以及打通 GEC 技能要求与更上位部门的课程及其评估活动担负起责任。在学生质量方面，要求在维持现有入学水平的同时，增加入学学生的准备水平，如到 2015 年至少有 75% 的申请者不需要补习教育，同时提高雇主对毕业生的满意度和毕业成绩，有 60% 的毕业生成绩应当超过资格证书考试与州委员会考试（State Board Examinations）的全国平均水平。[②]

根据联邦高等教育法第四章（Federal Title IV）规定，要求向预期与在读学生、申请者以及雇员提供消费者信息，TSU 在财政资助的主题下，以列表清单的方式，呈现出一般信息、学生活动、健康与福利、安全、学术信息、学生团体信息、学生资助、贷款披露、选民登记等条目及其所包含具体事务

---

① 从 TSU 提供的信息来看，主要集中在 2014—2016 年。例如，学生入学与多元化主要包括入学增长、远程教育与少数族裔和低收入人口群体。根据统计显示，总体入学人数保持稳定，选择就读医疗保健和 STEM 学科的人数有所波动，远程教育的规模持续扩大，但非洲裔美国人和低收入家庭学生的数量却分别呈现下滑趋势。学术质量与学生成功主要包括大学毕业率和学生进步基准测量，但后者并不是基于标准化测验成绩，而是以学生取得不同学分所花费时间为依据的。商业友好型实践主要体现了学生、校友、雇员、其他外部群体等用户对于 TSU 核心事务与教育功能的满意度，它使用 NESS 进行调查，并与东南部公立大学（Southeastern Public Universities）、黑人学院与大学（Historically Black Colleges and Universities，HBCUs）等进行对比。参与主要是指社区服务投入、拥有国外学习机会以及 TSU 招收的国际学生的数量。从总体上看，TSU 学生成就信息涉及多个方面，其内在结构相对离散，尤其是在院校之间比较结果的呈现上较为笼统和模糊，并欠缺详细的阐述。在很大程度上外部公众几乎很难从中获取到有价值的信息。参见 http://www.tnstate.edu/academic_affairs/achievement-data.aspx.

② 参见 http://www.tnstate.edu/academic_affairs/documents/AcademicMasterPlan.pdf.

的网络链接。① 以大学导航（College Navigator）网站为例，在 1998 年再授权高等教育法（Reauthorization of the HEA）支持下，于 2000 年以网上大学机会（College Opportunities On-Line）的形式启动。目前，大学导航网站由全国教育数据中心（National Center for Education Statistics，NCES）负责维护，它成为公众便捷了解大学价格、学生贷款违约率、毕业率、校际运动以及其他重要信息的平台，同时学生也可以使用这一网站进行多个院校的相互比较并形成择校的参考意见。TSU 的大学导航网站提供了 2014—2015 年和 2016—2017 年的平均净价格，同时也提供了学生入学、保留率与毕业率、结果测量（Outcome Measures）、项目与专业分布、服务成员和退伍军人、大学运动队、认证、校园安全以及贷款违约率等链接条目。② 批判的声音认为，大学导航网站将学生及其家长淹没在信息泛滥之中而没有聚焦到最为重要的要素，并使他们陷入"选择悖论"（Paradox of Choice），即选择越是变得更加复杂，个体就越是倾向于在选择中采用简化策略。大学导航的本意是帮助学生及其家长基于充分信息而合理择校，但颇为讽刺的是，其结果却是把他们引向了依据片面性和表面化的一些因素而仓促作出决定（Castleman，2015）。

（二）结构化透明

结构化透明意味着公立大学将自己的诸多重要信息以相对聚合的方式加以呈现和公开。例如，马里兰大学巴尔的摩分校（UMB）建立的"问责与合规办公室"（Office of Accountability and Compliance，OAC），旨在以问责、文明、协作、多元、卓越、知识、领导力的 UMB 核心价值为指引，致力于在大

---

① 具体而言，"一般信息"包括计算机使用与文件共享中的版权侵害、大学导航（College Navigator）网站上的消费者信息、残疾学生服务信息、住房与居住、校际运动项目参与率和财务支持数据、学生记录隐私、举报欺诈或凌辱的程序；"学生活动"包括校园娱乐、活动日历与住宿生活规划；"安全与福利"包括校园安全政策、犯罪统计和犯罪日志、消防安全、突发事件处理程序、突发事件通知系统；"学术信息"包括认证、学术项目、课本信息、学分转换政策；"学生团体信息"包括学生团体的性别类型、种族类型与财政资助受助人；"学生资助"包括国家补助金、学生贷款信息、家长 PLUS 贷款信息、经济援助退款、联邦财政援助的退出和退还、净价格计算器、争取财政援助的可观学术进展（Satisfactory Academic Progress for Financial Aid）；"贷款披露"包括全国学生贷款数据系统（National Student Loan Data System，NSLDS）、学生借款人的贷款申请咨询、学生贷款人的贷款退出咨询、院校行为准则（Institutional Code of Conduct）；"选民登记"包括戴维斯县选举委员会（Davidson County Election Commission）、田纳西州选举委员会。参见 http://www.tnstate.edu/financial_aid/consumer_information.aspx.

② 参见 https://nces.ed.gov/collegenavigator/?q=Tennessee+State+University&s=TN&zc=37209&zd=0&of=3&ic=1&id=221838#outcome。

学共同体中的每一位成员之间营造一种透明文化，从而鼓励和支持他们在负责任地解决问责与合规问题方面需求指导和帮助。OAC 将公开信息的区分为 9 种责任领域（Areas of Responsibility），即研究诚信、负责任的研究行为与研究不端行为，利益冲突处理，人类研究保护（Human Research Protections），多元与包容创议，Title IV 规定，非歧视事务，多元、美国残疾人法案（American with Disabilities Act，ADA）与肯定行动，教育项目，面向贫困处境的青年工作（YouthWorks）。此外，还提供认证、学生知情权、学生投诉，以及相关政策与报告等信息。①

加利福尼亚州立大学（CSU）在学校主页上，建立了专门的"透明与问责"（Transparency & Accountability）链接，其中涉及财务声明、内部审计报告、可持续性财务模式任务小组、学生成功费用（Student Success Fees）、可获得性技术（Accessible Technology）、利益冲突法典（Conflict of Interest Code）、外部就业以及立法报告等模块。② 其中具有地方特色的是学生成功费用。它是根据 CSU 学生收费政策或称为 1102 号行政命令（Executive Order 1102），旨在提升学术项目、改进课程可获得性并促进学生获得学位，由 CSU 系统 12 所大学自主控制和强制收取费用。每一所大学的学生成功费用都是独特的并反映各自的优先事务，但其总体额度控制在 171—814 美元之间；这一费用又被称为大学质量费用（Campus Quality Fees）或者"学术准入、提升与卓越费用"（Academic Access，Enhancement and Excellence Fees），主要用于延长图书馆时间、扩大残疾学生与退伍军人服务、雇用额外的教师和学术顾问、增加和拓展实验室空间、加强技术基础设施、加大对图书馆扩建项目等的资金投入。这一收费政策是在与学生群体展开广泛协商的基础上由学生投票通过，最后经过总校校长批准于 2016 年年初实施的，其延续时间为 6 年，校长通过大学费用咨询委员会（Campus Fee Advisory Committee）对费用及其收益进行管理，CSU 还拟定了创设、修订和撤销学生成功费用的具体程序。通过批准、监督和问责的协商过程，最大限度地确保学生、教师、校长和总校校长各方都能够充分参与和行使权力。③ 此外，对于 Federal Title IV 规定的消费者信息要求，CSU 在内部审计报告模块中进行详细的回应。

---

① https://www.umaryland.edu/oac/，https://www.umaryland.edu/president/core-values/.

② https://www2.calstate.edu/csu-system/transparency-accountability.

③ https://www2.calstate.edu/attend/paying-for-college/csu-costs/student-success-fees/Pages/a-bout.aspx，https://www2.calstate.edu/attend/paying-for-college/csu-costs/student-success-fees.

威斯康星大学系统（UW）对外部的信息公开，提供了一种将总体的战略规划、系统层次的问责仪表板（Accountability Dashboard）与分校每年度发布的问责报告相互贯通的整合化透明模式。UW 提出的 "2020FWD" 战略框架是 2015 年秋季在全州范围内举行听证会聆听来自各方的建议，更好满足利益相关者需求的基础上而形成的，其中共举行 8 次会议公开讨论威斯康星州面临的重要问题。这一框架主要包括教育管道（Educational Pipeline）、大学经历（University Experience）、商业与社区动员（Business & Community Mobilization）以及运行卓越（Operational Excellence）四个模块。① 作为运行卓越的行动安排，问责仪表板中共呈现出七类主题和四种问责领域，并与发展战略中的不同模块相互对应。这些主题包括入学、学生进步与毕业（Progress &

---

① a. "教育管道" 要求在学生个体终身的教育经历中增加入学和成功的机会。在大学系统层次的优先安排上，应当扩大高中阶段的课程选择项目（Course Options Program），为学生成功和缩短完成学位时间提供全方位咨询，打造无缝转学通道，提供成年与非传统学生的学位完成机会，以及开发对接州劳动力需求的学术项目等。在大学层面的关注重点上，应当增强大学与基础教育以及威斯康星技术学院系统的相互衔接，扩大高中毕业生和成人学生的大学入学规模，缩小弱势群体就读机会缺口，改进学生留存率、成功率和毕业率，提高学生及其家庭的经济可负担性，拓展大学与商业和企业雇主的联系以发展适合劳动力需求的项目。b. "大学经历" 主要是指通过增加更加具有创造性和参与性的教育经历使所有学习者都能够在全球环境中竞争和胜出，它要求发展高质量的师资队伍以为学生投入高影响力实践（HIPs）提供资源和支持，并提升和鼓励文化流动性（Cultural Fluency），增加跨地域沟通和理解的多元视野和必要技能。在大学系统层次的优先安排上，应当为教师专业发展和技术运用提供额外资源并支持学生至少参与两项 HIPs，为全体学生提供文化流动性课程并开展评价，鼓励创新思想与创造实践，投入资源以鼓励和奖励基础研究与应用开发，增强研究成果转换为技术、服务与产品等。在大学层面的关注重点上，应当提升对研究与创新的文化支持，增加开展研究与学术活动的数量，为研究、教学与学习提供必要的设备和设施，培育一种能够容纳多元群体和思想的包容性共同体，将文化流动性纳入到所有的绩效评估过程中，为学生的生活、职业以及承担公民责任做好准备。c. "商业与社区动员" 旨在拓展威斯康星理念，在服务州发展需要的同时证明 UW 的价值。在大学系统层次的优先安排上，举办 "大学城市年"（UniverCity Year）活动，增加医疗卫生专业的人才培养，创建专门网站将大学专业知识与社区需要联系起来，召开各界广泛参与的 "威斯康星理念峰会"（Wisconsin Idea Summits）。在大学层面的关注重点上，应当增强大学与基础教育以及威斯康星技术学院系统的相互衔接，为商业和社区发展提供专业支持，扩大与社区、地方政府以及非营利机构的合作，改进全州人民的生活质量、福祉与健康。d. "运行卓越" 是指在行政管理与学术过程中，追求具有透明、效率与效能的运行实践。在大学系统层次的优先安排上，推进 "运行改革与卓越"（Commitment to Operational Reform and Excellence，CORE）项目，建立问责仪表板以测量改进过程，缩短学生获得学位时间，奖励表现卓越的教职员工。在大学层面的关注重点上，应当吸引和留住优质的教职员工，减少所有非教学成本（Non-Instructional Costs）并将节省下来的资源投入到学术项目，在保持和提高质量的同时培养更多学位持有者，推进非教学过程（Non-Instructional Processes）的标准化。参见 https://www.wisconsin.edu/2020FWD/, https://www.wisconsin.edu/2020FWD/educational-pipeline/, https://www.wisconsin.edu/2020FWD/university-experience/, https://www.wisconsin.edu/2020FWD/business-community-mobilization/, https://www.wisconsin.edu/2020FWD/operational-excellence/.

Completion）、成本与效率、本科教育经历（Undergraduate Experience）、教师与学生、经济发展以及院校亮点（Institution Highlights），问责领域包括财务管理、行政管理、教育绩效以及研究与经济发展，同时二者之间存在着一定程度的交叠。具体而言，学生进步与毕业主要包括保留率、毕业率、每年学位授予总量、少数族裔与低收入家庭学生获得学位数量，以及在非 UW 院校中的毕业人数。本科教育经历主要包括四年制与两年制大学中参与 HIPs 的学生比例、学生在批判思维上的收获以及对自己就读经历的评级。教育绩效主要包括 UW 的毕业率与转出率、公平缺口（Equity Gap）以及学位授予数量。① 同时，在院校亮点主题，提供了与 UW 系统各大学问责报告的链接。以麦迪逊分校（UW-Madison）为例，在 2018 年问责报告中，主要涉及绩效、财务报告、入学与可负担性、本科教育、研究生与专业教育、教师、经济发展以及合作八项一级指标。② 从总体来看，UW 的信息透明体现了不同层次之间的相互嵌套，以及在同一层次上进行聚类呈现的特点。

（三）发展挑战

在 Hood（2010）看来，不能把问责与透明简单等同起来，应当看到二者之间关系存在的不确定性；它们既能像连体双生（Siamese Twins）一样，难以真正彼此区分，又能类似手足兄弟（Matching Parts），彼此独立但又相互补

---

① 从问责仪表板显示的结果来看，2000—2016 年，保留率维持在 80% 左右，毕业率维持在 60% 左右，并且与全国平均水平大体持平；2006—2017 年，参与 HIPs 的比例，四年制大学为 82%—89%，两年制大学为 5%—14%；认为大学经历有助于学生批判思维与分析思维发展的比例，四年制大学为 85%—88%，两年制大学为 69%—75%；对自己的大学经历评价为良好与卓越的比例，四年制大学维持为 87% 左右，两年制大学为 79%—85%。UW 对于公平缺口的计算方式有两种，其一是获得佩尔（Pell）奖学金与未获得佩尔奖学金学生毕业率之间的差距，其二是未能充分代表的少数族群（Uniform Resource Monitoring，URM）与其他族群学生毕业率之间的差距。URM 一般是指墨西哥裔美国人、拉丁美洲裔美国人、非洲裔美国人、美洲印第安人以及阿拉斯加原住民（Chicano/Latino, African American, American Indian/Alaskan Native）。在 2000—2014 年，公平缺口并没有得到显著改观。参见 https://www.wisconsin.edu/accountability/progress-and-completion/，https://www.wisconsin.edu/accountability/undergraduate-experience/，https://www.wisconsin.edu/accountability/educational-performance/.

② 其中，"绩效"指标由毕业生总量、保留率、毕业率、获得学位的时长与学分、在高需求和前沿领域授予的学位数量、毕业生安置，以及毕业 10 年后居住州内的校友比例七项二级指标构成；"入学与可负担性"由家庭收入、低收入家庭学生比例、URM 学生比例、州内转学学生分布、学分转换数量、高中生取得大学学分数量、州内居民就读大学的公开成本与实际成本、贫困学生的院校财务援助八项二级指标构成；"本科教育"由课程可获得性、学生专业分布、总体学生体验改进、努力缩小成就缺口、参与实习或合作工作经验、毕业后成功六项二级指标构成。参见 https://uwmadison.box.com/s/n8sjw1o5c2v1bz74h3yjqubz85kmue68.

充从而产生良好治理，也可如同一对反目夫妻（Awkward Couple），充满了潜在的或现实的冲突与张力。也许更为重要的是，作为透明与清晰的对立面，不透明或模糊（Ambiguity）是人类存在的内在属性，是政治与组织生活的核心方面（Olsen，2014）。在这个意义上，追求问责的过程只能试图划清模糊的边界，但不能完全消除，甚至问责本身与模糊是共生的。鉴于问责—透明—模糊（不透明）之间相互交织的复杂关系网络，如何通过公立大学的信息透明机制来保障问责的实现，同时为模糊留下空间，避免大学因过度暴露在炙热的阳光下而造成机体的灼伤，是需要进一步思考的重要课题。此外，信息公开中还存在院校操控的风险，主要表现为院校选择有利于自己利益的数据进行报告，尤其是当一些重要指标结果与外部各种有形和无形资源分配相互挂钩时，大学甚至为了迎合外部期望而采取欺骗性行为（Kelchen，2018）。即使大学如实公布的信息，对于普通大众而言，也依然存在可理解性的问题，亦即如果大学自己或第三方专业机构没有形象说明和充分解释一些学术术语、关键指标和评估结果所包含的内容、意义与价值，仅仅只是呈现一些零散的量化数据或在数据之间作简单比较，也会使公众产生一种大学的象征性姿态要多于实质性效用的负面印象。[1]

五、小结

从总体上看，美国公立大学问责的院校诸种实践，存在多重交互关系，如图5-3所示。[2]

公立大学问责宏观运行与院校实践之间，可以建构如图5-4的关系图景。[3]

---

　[1]　这也许能够部分解释大学信息透明的一种悖论，即一方面大学所提供的信息数量能够多到让外部公众茫然不知所措（Overwhelmed），另一方面公众却不断施压和强烈要求提供更多的信息让大学感到精疲力竭（Overloaded）。从根本上而言，真正的信息透明机制是要求大学换位思考，不是仅仅从自身的利益或价值出发，而是要站在社会的立场和视角上来思考、解释教育问题，进而建构双向的相互信任。

　[2]　在A—G之间，既表现为院校领导层对学生权力的规范与限制，又表现为学生在董事会治理中的参与。在A—L之间，教师群体及其教学行为相对于学生而言处于主导地位，但学生可以行使评价权力来约束和平衡教师的影响。在A—I之间，信息透明机制成为学生意见和诉求表达的重要方式，尤其是学生对学习的投入状况。在G—I之间，院校领导层可以通过教育质量监测以控制相关信息发布，同时信息透明也是院校对自身办学过程与结果向外界进行自我证明的重要过程。在G—L之间，鲜明体现了在共同治理中教师评议会与董事会之间的权力博弈与相互制衡过程。在I—L之间，信息发布机制是推动教师群体进行自我改进的重要方式。

　[3]　参考Münch（1987）关于微观互动与宏观结构相互联结的思想，在A—a之间，市场引导机制与学生治理机制之间可以形成信息流的相互交换，并且学生与校友调查可以视为是大学机构在面临市场化压力之下增强自身适应性的改革举措。在G—g之间，州长、州政府可以通过直接遴选和任命董事会成员而对公立大学施加问责压力，同时董事会亦可联合州议会的校友对政府决策进行游说和改造。在I—i之

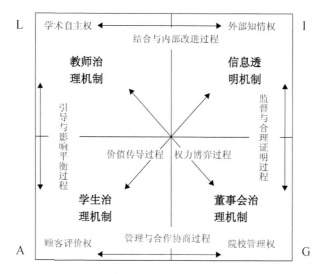

图 5-3　微观问责实践之间的相互作用

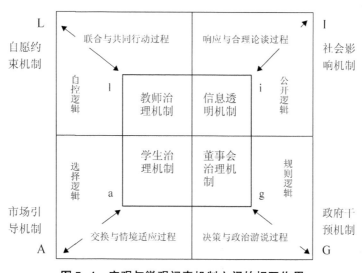

图 5-4　宏观与微观问责机制之间的相互作用

（接上注）

间，信息透明机制可以视为是公立大学在社会影响机制作用下的主动响应，并共同对大学价值、教育质量、毕业率、学生学费等事务展开合理辩论和讨论。在 L—l 之间，自愿约束机制可以视为是教师治理机制的跨院校联合与放大，二者都担负着维护学术自由和自治传统价值的使命。事实上，宏观运行与微观实践之间的交互作用十分复杂，既涉及宏观运行与微观实践层面上不同机制的相互组合及其交互影响，也涉及 AGIL 与 agil 之间更多类型的两两影响，如 A—g、A—i、A—l、G—a、G—i、G—l、I—a、I—g、I—l、L—a、L—g、L—i 等多种类型。本书只是初步探讨了两个层面上的大体对应关系。

　　结合美国高等教育问责的"自愿转向"以及自愿约束机制的基本特点，为更好保障公立大学的自由与自主，可以建构以自愿问责机制为缓冲中介，沟通问责的宏观运行与院校实践的理想型关系结构图，如图5-5所示。

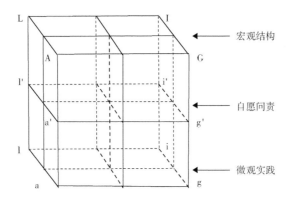

图5-5　自愿约束机制作为宏观与微观问责机制之间的联结

第六章

讨论与反思

一、美国公立大学问责的模式变迁与改革动向

从总体来看，美国公立大学问责的变迁可以划分为不同的问责模式，即呈现出 M_1（内部主导的前问责）—M_2（州政府主导的初期问责）—M_3（结构分化与多元卷入）—M_4（协调与整合）的整体发展图景。具体而言，在外部问责兴起之前的 M_1 时期，美国高等院校就已经基于自我诊断和改进，自发开展各种教育评估活动。以学习评估为例，Shavelson（2007）认为，1900—1933 年是学习的标准化考试诞生阶段，1933—1947 年是通识教育学习评估与研究生入学考试发展阶段，1948—1978 年是多种考试组织不断兴起阶段，从1979 年至今，则是外部问责的时代。在某种意义上，前 3 个阶段与 M_1 在时间上大体重合，并且院校有自主选择是否进行学习评估的自由。在 20 世纪 90年代，随着州政府发起以绩效报告与绩效拨款为代表的问责政策的出台与推广，逐渐由 M_1 过渡到 M_2。由于在管理结构上公立大学与州政府的密切联系，同时其他问责形式尚处于发展初期或作用并不明显，M_2 是以州政府为主导的。随着问责的进一步发展，包括联邦政府干预的强化、大学排名的成熟与扩散、社会专业组织与新闻媒体对于高等教育事务卷入的加深，在外部问责压力下院校内部问责实践的持续开展，各种教育质量评估理论的发展与评估技术的应用，以及网络平台的广泛渗透，共同推动由 M_2 向 M_3 发展。与 M_3深入推进相伴随的尖锐问题是高等教育的"问责矩阵"太过分化和复杂，以至于影响到问责体系整体的实效与合法性。由此，如何更好协调与整合各种问责机制以实现效率优化，成为摆在美国公立大学问责发展面前的一道难题。

在这个意义上，M_4 是未来美国公立大学问责改革的重要方向。①

参考 AGIL 理论，结合本书的总体结构关系，美国公立大学问责的模式变迁图景，如图6-1和图6-2所示。②

l 教师治理机制	i 信息透明机制	l 知识逻辑	i 信任逻辑
L 微观实践		**I 发生逻辑**	
a 学生治理机制	g 董事会治理机制	a 责任逻辑	g 历史逻辑
l 系统扩张动力	i 社会变迁动力	l 自愿约束机制	i 社会影响机制
A 动力机制		**G 宏观运行**	
a 市场化动力	g 政治化动力	a 市场引导机制	g 政府干预机制

图6-1　问责演进与运行关系结构

① Burke（2005b）就提出，一个关键之点是，澄清问责的范围和限度，并发展出有效的和整合的问责。问题在于，什么样的整合方式才能在提高问责机制本身效率的同时，又具有可行性，同时不过分侵犯大学自主以及与之相联系的高等教育系统的多样性？在帕森斯看来，实现社会整合取决于对普遍主义价值观的信奉。Luhmann（1982）则将高度分化社会的整合定义为"避免由一种子系统的运行而对其他子系统产生不可化解问题的情形"。或者说，社会整合取决于各子系统之间的相互尊重和不干扰。在一个价值多元与社会系统紧密联系的时代，这两种整合观都带有理想主义的色彩。Lockwood认为，整合除了涉及"社会体系中部分彼此之间具有秩序性或冲突性"关系的"体系整合"外，还包括"有关行动者间具有秩序性或冲突性"关系的"社会整合"（叶启政，1991）。在这个意义上，自愿约束机制的出现代表了一种从宏大体系整合的抱负中退而求"社会整合"，同时也可能更具有可行性的整合努力。无独有偶，Graham et al.（1995）也颇有预见性地提出，高等教育问责改革的方向在于，聚焦教学与学习、减少冗余、简化过程、澄清角色和责任以及提供更好的公共保障。

② 就问责演进与运行的关系而言，A 主要涉及高等教育问责系统在演变过程中的动力性适应问题，G 主要涉及高等教育外部问责的诸种机制的目标指向问题，I 主要涉及高等教育内部及其与外部环境之间深层次关系协调问题，L 主要涉及院校层次问责实践的运行与再生产问题。就公立大学问责的模式变迁图景而言，在横轴上，由于发展逻辑的结构效用具有时间延续性，它与动力机制之间可以形成一种叠加关系和历时性关系；在纵轴上，按照从微观层次到宏观层次的方式由下至上进行排列。由 M_1 到 M_3 的过程，意味着随着时间的推移，问责机制趋向多元和主导力量由院校内部上移到院校外部；由 M_3 到 M_4 的过程，体现出随着整合压力的增大，问责体系的重心出现下移的趋势。

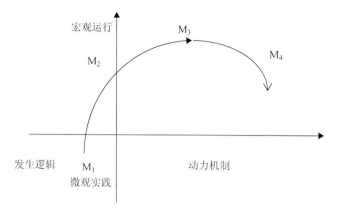

图6-2　美国公立大学问责的模式变迁

从具体层面来看，美国公立大学问责发展与改革呈现出以下动向。

（1）政府对大学的权力约束不断扩张，并且趋向与市场力量相互合流。虽然美国有着悠久的分权化传统，但从 21 世纪以来，联邦政府试图通过标准化考试、大学评级系统等创议实现某种程度上"分权中的集权"意图十分明显，尤其是在高等教育国际竞争日趋激烈的背景下，问责改革中的国家意志和国家利益会更加凸显。州政府推进的绩效报告和绩效拨款政策虽然有所波折和起伏，但就目前而言，绩效拨款的采纳范围和实施力度也在增大。[①] 同时，政府在出台问责政策与分配经费时，其中所体现的市场原则的色彩也变得越发浓厚，或者说，政府与市场在相互靠拢和结合，追求产出、结果与效率，成为公共政策的基调。

（2）作为对外部问责压力增大的反应，公立大学在大学协会框架下不断聚合并发展出多种自愿约束机制，同时，自愿约束机制本身也由相对松散走向不断联合，强调构建支持自愿问责的"共同体"，实现在大学联合基础上的再联合。其中的典型代表包括由多个高等教育协会机构联合发起的"学生成就测量"（SAM），作为美国学院与大学协会（AAC&U）发起"质量协作"（Quality Collaboratives，QC）的延伸，由 AAC&U、州高等教育行政官员协会（SHEEO）、12 个高等教育委员会和将近 100 所两年制与四年制公立大学参与

[①]　Blumenstyk（2015）指出，在传统上，大学拨款主要是基于入学数量，而不是现在这样的基于完成某些目标的结果，虽然在多数州绩效拨款只占到公立大学开销的一小部分，但在俄亥俄州，与绩效相联系的拨款数额在 2015 年占到了公立大学拨款的 30%，而在田纳西州，近年来绩效拨款则几乎占到了大学拨款的全部。

的"学习结果评估跨州协作"（Muti-State Collaborative for Learning Outcomes Assessment，MSC）等。

（3）在院校问责实践中，由数据积累走向改进行动，强调对于教育质量的提升效果和外部需求的响应能力；由直接测量走向间接测量，增强学生学习结果评估的弹性，其中以"卓越评估"（Excellence In Assessment，EIA）为代表。

（4）在学生学习评估这一问责的核心议题上，由校内表现延伸到校外表现，关注学生学习结果和进步的连贯性。它体现在多个维度上，包括通识性教育技能—专业/学科性教育技能—软技能的综合考察，入学准备（College Readiness：Lever of Preparation，Entering Characteristics）—大学绩效/学生学习结果—本科后结果（Post-Collegiate Outcomes：Economic Well-Being，Ongoing Personal Development，Civic Engagement）的相互结合，课程层面—专业/学科层面—院校层面—州优先事务的相互贯通。

二、美国公立大学问责发展的经验与教训

Kelchen（2018）总结了美国高等教育问责政策的十条经验与教训，以及在未来需要重点考虑的五项问题。① 事实上，这些经验与教训之间，也是充满张力的。例如，如果问责体系要与每一所院校的使命和能力相互结合，那么就会降低院校之间的可比性。一种"反问责诡异"对于大学而言，（Anti-Accountability Gambit）如果大学是独具一格的，那么它是不能被比较的，倘若大学不能被比较，也就无从作出判断（Carey，2007）。由于涉及极其复杂和多

---

① 十条经验与教训包括，a. 问责系统如果要想变得更加有效，就需要与每一所大学的使命和能力建立起合理的联系，如许多排名忽略了大学对所在社区和公共之善的贡献；b. 数据自身的局限限制了对许多感兴趣的短期结果进行精确测量的能力，如联邦政府的多数数据往往显得过于粗略，而州政府的数据虽然较为具体，但在追踪学生流动方面依然存在缺陷；c. 对于一些需要较长时间才能充分展露或者难以直接测量的结果，找寻合适的替代变量（Proxy Variables）就显得非常重要，如学生毕业后的短期与长期收入之间存在高度相关，可以用短期结果作为长期结果的替代；d. 对问责系统中采用的数据进行审计，以改进数据收集过程的质量，但目前对于这一领域的关注较为薄弱；e. "绩效悖论"（Performance Paradox），即以牺牲不可测量的绩效为代价而将可测量部分最大化会最终损害机构的整体绩效，使得评估真正的绩效变得困难重重；f. 应当避免问责系统变得过于复杂；g. 除非是已经存在有适当的保障措辞，问责系统可能会触发大学抬高入学标准和门槛，从而损害教育公平；h. 随着问责系统与更多的经费相关联，会刺激大学将主要精力放在那些最有可能取得成功的一小部分学生身上，而其他学生则未引起足够重视；i. 相比基础教育而言，要让大学中的个体教师和工作人员负起责任更为困难；j. 新的问责系统的推行应当循序渐进。五项问题分别是，问责政策能否在院校层面或专业层面展开与施行，问责政策目标是指向最低绩效表现的院校还是所有院校，与结果相关联的拨款占多大比例才算是合适的，谁来担负起界定大学学术与财务价值的责任，是否有关闭未能达到绩效标准院校的政治意愿。

样的卷入群体、价值期待、运行形式等，从美国公立大学实践的效果来看，是毁誉参半和极具争议的，并不能用好与坏来简单概括之。然而值得注意的是，早在大学问责刚刚兴起之际，Teller（1974）就提醒我们注意与问责相关的七种神话。① 他认为，问责运动代表了一种替代当下教育的危险选项，它只会制造出机械性的表面和谐而无法真正培育出通往未来道路所依靠的创新性和人文精神。Bailey（1973）在一篇题为"问责的限度"的论文中也深刻指出，在我们这个时代，人们之所以感到绝望，是因为我们热衷于把人当作动物和物体来看待，遗忘了人的创造精神和作为人的高贵品质（Man as Noble Subject）；对于大学而言，尽管我们有理由反对铺张浪费，并且也有责任让公众知道教育经费的使用并非漫无目的，但首要的任务并不在于如何改进教育的管理绩效，而是在于提醒我们自己和社会公众，高等教育是以滋养受教育者的心智和灵魂作为终极价值的，因为自由是高贵的条件，而知识又是自由的前提。在这个意义上，美国公立大学问责的主要教训即过于关注问责系统的结构设计、运行过程与外部效用，甚至是为了问责而问责，把受教育者自身完整性发展这一教育宗旨和目标边缘化，甚至将其扔到了爪哇国，而这最终又会伤害公众对于大学的信任。大学本科教育的价值并不仅仅是教会学生掌握某些就业技能或取得一纸文凭，而是为他们毕业之后增进终身发展与履行社会责任打下坚实基础（Cowan，2013）。尽管以学生为中心的学习质量测量成为问责的焦点，但也似乎并没有逃脱 Donald T. Campbell 于 1979 年提出的"悲观定律"（Pessimistic Laws）。② 或者说，越是将注意力集中于学习结果的某些可观测指标，也就越会远离学生发展的整体性，并且越容易损害学生学习与发展过程本身。

在问责趋势不可逆转的情况下，一种可能更为现实的态度与选择是增强非正式问责以平衡和消解正式的问责体系带来的负面影响，进而建构一种基

----

① 这些神话是指一种"美国精神构造的基本结构"（Underlying Structure of the Fabric of the American Psyche），主要包括：a. 问责运动是从美国民众对于效率的关注中产生的；b. 商业是效率的典范；c. 行为要比潜在的动机更为重要；d. 问责运动将解决我们的经济问题；e. 问责运动有助于我们解决政治危机；f. 技术能够解决我们的教育问题；g. 问责运动将造就有教养的人。教育中的问责运动是形成和塑造美国社会品质的理念和价值这一复杂模式的组成部分。

② 即用于社会决策的任何量化指标越多，它就越容易受到破坏压力的支配，也就越倾向于扭曲和损害其应当监控的社会过程；同时，这条定律至少在美国的情境下是适用的（Campbell，1979）。

于共同责任、充满善意和包容的相互关爱共同体。①

三、问责脉络下现代大学自主的再诠释

在"问责—自主"的解释框架下，如同高等教育问责一样，现代大学自主也具有多副面孔。参考 AGIL 理论，可以形成如下关系结构，如图 6-3 所示。

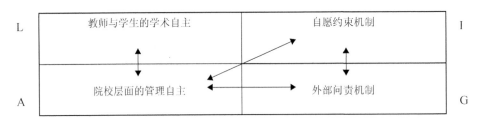

图 6-3　问责—自主关系结构

以院校为基点进行审视，在 A—L 之间，由于师生群体与院校董事会和管理层在如何实现共同治理上存在观点分歧和利益冲突，大学整体的自治能力就面临着学术自主与管理自主的内在张力问题，这两种自主的整合程度直接影响到大学回应与抗衡外部约束的行动能力与实际效果。在 A—I 之间，由大学协会发起的自愿约束机制并不会必然导致大学自主的增强；自愿问责主要体现的是一种更高层面的集体性专业独立与行动自由，而大学自主侧重的是个体性管理独立与行动自由；集体自由既能为个体自由提供庇护，也可能会对个体自由形成压制，因此二者之间也面临着如何平衡与协调的问题。在 A—G 之间，一方面，应当承认外部问责的合理性。现代大学存在的合法性以及发展的物质基础，都需要由外在于大学的社会结构，尤其是政府与市场来加以认可和支持。在大学的程序性自主方面，即大学选择行动方式与采用工具上，问责—自主之间并没直接矛盾，二者有时甚至是一致的。Leslie（1975）提出，与自主相联系的真正问题，并不是大学是否应当接受来自政府

---

① 例如，发展非正式问责的选项包括：a. 关注和建构"自发性问责"（Spontaneous Accountability），它意味着某些问责领域的浮现并非是出于明确意图或朝向特定目标的，可以增强问责领域的混合性并矫正传统正式问责的不足（Scott, 2006）；b. 培育"共生性问责"（Convival Accountability），它强调镶嵌于共同经历、价值、符号、身份与理解的缄默性专业知识，有助于多元化的非明确性的社区和平共处，渐进和务实地处理相互矛盾，并填补了传统"技术官僚型问责"（Technocratic Accountability）中的缺失部分（Morgan, 2006）。

部门的干预，而是如何将这种无可避免地干预限定在合适的主题之下，并通过适宜的机制体现出来。问责—自主之间的尖锐对立，或者说此消彼长，主要体现在大学的实质性自主方面，即大学能否基于学术传统和自身使命，自主设定教育目标和质量标准。另一方面，鉴于 G—I 之间，以及外部问责机制内部多种形式之间的多重博弈和相互制衡，可以形成对大学结构的约束，或者说，对现代大学的主要考验之一，即如何在与外部干预进行对抗之时找到其中可以联合的力量并形成战略联盟和集体行动，增强自身的自主能力。可以说，现代大学自主应当体现出流动性与多形态的特点。①

值得注意的是，大学自主中的时间约束。时间约束是一种特殊类型的结构约束：

（1）对比不同时段大学的表现以及由此形成的反差，会对现实的大学自主形成更强的约束要求，这在美国 20 世纪 60 年代问责发生的时期表现得十分明显。

（2）过去对自主的断言不能适用于现在。随着信任的削弱与问责的发展，大学再也不能刚愎自矜，"信任我们，我们知道自己在做什么，而且我们做得很好。如果你不认同，那仅仅是因为你不理解而已"（Graham et al.，1995）。

（3）大学镶嵌在更大的社会系统的时间安排之中，必须服从其同步化的要求，并且接受因违背时间安排而带来的消极后果。社会其他领域的问责实践，会对大学产生影响，并且大学自主的约束就表现为社会结构对大学"私人时间"的挤压、侵占与分割，大学需要将稀缺的时间资源投入到回应多种问责的要求之中。在这个意义上，现代大学自主的重要方面，是需要重建时间秩序以获得时间自主。

美国经验的本土启示主要有以下几点：

（1）深化对于"问责—自主"相互关系的认识。"问责—自主"的关系实际上是"问责空间—自主空间"的关系，二者之间存在着非常广阔的中间地带，并且存在一定程度上的交叠领域，并非必然是相互对立或矛盾关系，或者说，在本土情境下，政府干预的扩大与大学自主的增强是可以同时发生

---

① 例如，现代大学自主有着新的措辞方式。在传统意义上，大学自主指向自我管理（Self-Regulation）、自由（Freedom）、独立（Independence）或自治（Self-Governance）。在问责的语境中，"完整性"（Integrity）、"弹性"（Flexibility）、"地方测量"（Locally Developed Measures）与"透明化自我管理"（Transparently Self-Regulating）等表达得以凸显，成为大学自主的新诠释。能否向学生、家长以及其他受众"讲述基于证据的、情景化的与院校特色细节化的生动故事"（Jankowski et al.，2012），构成了对大学自主能力的新挑战。

和现实的。

（2）拓展现代大学制度建设的思路。在现代大学制度建设中，既要强调院校内部各群体各司其职，明确各自首要责任与共同责任的边界，同时也要关注相互之间的关系整合与协调，构建基于透明、信任、共同治理的院校内部问责机制，推动院校在情景性脉络下开展多样化的内部改进。

（3）强化大学协会组织的力量。我国大学的教育质量问责机制主要包括政府主导的本科教学审核评估以及具有市场引导功能、名目繁多的高等教育排行榜，大学及其协会组织几乎缺位和失语。增强高等教育协会组织的力量，发展协会主导的自愿约束机制，意味着大学作为集体所应当表现出来的自我反思、责任担当、主动作为与价值引领，不仅有助于问责系统整合和提高运行效率，也有助于在院校主导的内部问责与社会主导的外部问责之间建立缓冲区间并发挥协调作用。

（4）警惕问责改革中的功利化倾向，尤其是对大学在时间安排上的过度管束和急功近利。希望大学在最短的时间内达成最大化的成果，既与教育效果的滞后效应相悖，也极易造成在各种短期指标上表现优异的同时损害人才培养完整性和降低教育质量，并且过度耗竭大学的精神和精力而出现机体上的病变。大学的生长与生产如同农作物一般，我们只能尽可能给它提供好的生长环境，人为扰乱其内在固有的发展节律，其结果要么是揠苗助长并最终导致枯萎，要么是在各种"激素"的作用下产量倍增但品质滑坡。

（5）改进政府的管理方式。其中的选项包括：规范与调控高等教育问责系统的发展过程，既要培育与不同教育类型和人才培养规格相互适配的差异化问责体系，精确满足特定群体的教育需求，又要防止问责形式的过度分化和膨胀，对多种高等教育问责机制进行官方的认定或认可，综合考虑和打通多种问责机制的指标体系与评价结果，建立更加合理的大学绩效拨款参考标准，延长大学评估的时间跨度。

参考文献

一、中文文献

[1] [美] 塔尔科特·帕森斯. 社会行动的结构 [M]. 张明德, 译. 南京: 译林出版社, 2012: 49-52.

[2] [美] 维克多·里兹. 塔尔科特·帕森斯 [M] // [美] 乔治·瑞泽尔. 布莱克维尔社会理论家指南. 凌琪, 译. 南京: 江苏人民出版社, 2009: 410.

[3] [美] 罗伯特·K. 默顿. 社会理论和社会结构 [M]. 唐少杰, 译. 南京: 译林出版社, 2006: 113, 636.

[4] [美] 伊曼纽尔·沃勒斯坦. 知识的不确定性 [M]. 王昺, 译. 济南: 山东大学出版社, 2006: 24-28.

[5] [美] 兰德尔·柯林斯, [美] 迈克尔·马科夫斯基. 发现社会之旅 [M]. 李霞, 译. 北京: 中华书局, 2006: 347.

[6] [美] 斯蒂夫·富勒. 科技研究与社会科学哲学 [M] // [美] 斯蒂芬·P. 特纳, [美] 保罗·A. 罗思. 社会科学哲学. 杨富斌, 译. 北京: 中国人民大学出版社, 2009: 238.

[7] [美] 汉斯·凯尔纳. "另见文学批判": 介于事实与比喻之间的社会科学 [M] // [美] 斯蒂芬·P. 特纳, [美] 保罗·A. 罗思. 社会科学哲学. 杨富斌, 译. 北京: 中国人民大学出版社, 2009: 271-273.

[8] [美] 保罗·A. 罗思. 超越理解: 人文科学对 "理解" 概念的探讨历程 [M] // [美] 斯蒂芬·P. 特纳, [美] 保罗·A. 罗思. 社会科学哲学. 杨富斌, 译. 北京: 中国人民大学出版社, 2009: 346.

[9] [美] 彼得·伯格, [美] 托马斯·卢克曼. 现实的社会构建 [M]. 汪涌, 译. 北京: 北京大学出版社, 2009: 3, 56.

[10] [美] 诺曼·列维特. 被困的普罗米修斯: 科学与当代文化的矛盾 [M]. 戴建平, 译. 南京: 南京大学出版社, 2003: 37.

[11] [美] 弗里兹·马克卢普. 美的知识生产与分配 [M]. 孙耀君, 译. 北京: 中国人民大学出版社, 2007: 337.

[12] [美] 雷蒙德·卡拉汉. 教育与效率崇拜: 公立学校管理的社会影响因素研究 [M]. 马焕灵, 译. 北京: 教育科学出版社, 2011: 212.

[13] [美] 查尔斯·霍默·哈斯金斯. 大学的兴起 [M]. 梅仪征, 译. 上海: 上海三联

书店，2007：36.

[14] [美] 约翰·奥伯利·道格拉斯. 加利福尼亚思想与美国高等教育：1850-1960 年的总体规划 [M]. 周作宇，译. 北京：教育科学出版社，2008：286-293.

[15] [美] 菲利普·阿特巴赫. 比较高等教育 [M]. 符娟明，译. 北京：文化教育出版社，1985：58-59.

[16] [英] A. N. 怀特海. 科学与近代世界 [M]. 何钦，译. 北京：商务印书馆，2012：87.

[17] [英] 安东尼·吉登斯. 现代性的后果 [M]. 田禾，译. 南京：译林出版社，2000：6-9.

[18] [英] 吉尔德·德兰逊. 社会科学：超越建构论和实在论 [M]. 张茂元，译. 长春：吉林人民出版社，2005：36-37.

[19] [英] 菲利普·梅勒. 理解社会 [M]. 赵亮员，译. 北京：北京大学出版，2009：127.

[20] [英] 丹尼斯·史密斯. 历史社会学的兴起 [M]. 周辉荣，译. 上海：上海人民出版社，2000：4.

[21] [英] 约翰·霍姆伍德，[英] 莫林·欧马利. 进化论和功能主义的历史社会学 [M] // [英] 杰拉德·德兰迪，[英] 恩靳·伊辛. 历史社会学手册. 李霞，译. 北京：中国人民大学出版社，2009：76.

[22] [英] 约翰·哈萨德. 时间社会学 [M]. 朱红文，译. 北京：北京师范大学出版社，2009：导论.

[23] [英] 芭芭拉·亚当. 时间与社会理论 [M]. 金梦兰，译. 北京：北京师范大学出版社，2009：7, 91.

[24] [英] Basil Bernstein. 教育、象征控制与认同：理论、研究与批判 [M]. 王瑞贤，译. 台北：学富文化事业有限公司，2005：134-136.

[25] [英] 巴兹尔·伯恩斯坦. 论教育知识的分类和构架 [M] // [英] 麦克·F. D. 扬. 知识与控制：教育社会学新探. 谢维和，译. 上海：华东师范大学出版社，2002：61.

[26] [英] 帕特里克·贝尔特，[英] 阿兰·希普曼. 重围之下的大学：当代学术领域中信任和责任制 [J]. 大学·研究与评价，2007，(2)：66-76.

[27] [英] 帕特里克·贝尔特. 时间、自我与社会存在 [M]. 陈生梅，译. 北京：北京师范大学出版社，2009：12-14.

[28] [法] 埃米尔·涂尔干. 教育思想的演进 [M]. 李康，译. 上海：上海人民出版社，2003：20-21.

[29] [法] 米歇尔·福柯. 规训与惩罚：监狱的诞生 [M]. 刘北成，译. 北京：三联书店，1999：169-182.

[30] [法] 乔治·古尔维奇. 社会时间的频谱 [M]. 朱红文，译. 北京：北京师范大学

出版社，2010：11.

[31] ［法］让-弗朗索瓦·利奥塔尔. 后现代状态：关于知识的报告 ［M］. 车槿山，译.
南京：南京大学出版社，2011：13-14.

[32] ［法］古斯塔夫·勒庞. 乌合之众：大众心理研究 ［M］. 冯克利，译. 北京：中央
编译出版社，2004：48.

[33] ［德］卡尔·曼海姆. 重建时代的人与社会：现代社会结构研究 ［M］. 张旅平，译.
南京：译林出版社，2011：85.

[34] ［澳］马尔利姆·沃特斯. 现代社会学理论 ［M］. 杨善华，译. 北京：华夏出版社，
2000：39.

[35] ［加］尼科·斯特尔. 知识社会 ［M］. 殷晓蓉，译. 上海：上海译文出版社，1998：
144-145，392.

[36] ［加］约翰·范德格拉夫. 学术权力：七国高等教育管理体制比较 ［M］. 王承绪，
译. 杭州：浙江教育出版社，2001：导论.

[37] ［日］青井和夫. 社会学原理 ［M］. 刘振英，译. 北京：华夏出版社，2002：108.

[38] ［波］彼得·什托姆普卡. 社会变迁的社会学 ［M］. 林聚任，译. 北京：北京大学
出版社，2011：42-48.

[39] ［波］彼得·什托姆普卡. 默顿学术思想评传 ［M］. 林聚任，译. 北京：北京大学
出版社，2009：146.

[40] ［印］雷德哈卡马·马克吉. 时间、技术和社会 ［M］ // ［英］约翰·哈萨德. 时间
社会学. 朱红文，译. 北京：北京师范大学出版社，2009：37.

[41] 叶启政. 进出"结构-行动"的困境：与当代西方社会学理论论述对话 ［M］. 台北：
三民书局，2004：初版序.

[42] 叶启政. 制度化的社会逻辑 ［M］. 台北：东大图书公司，1991：53-54.

[43] 谢维和. 教育活动的社会学分析 ［M］. 北京：教育科学出版社，2007：130-131.

[44] 赵立伟. 规范与自由：重构帕森斯社会理论 ［D］. 北京：中国社会科学院，2007：
114.

二、英文文献

[1] A. R. Radcliffe-Brown. On the Concept of Function in Social Science ［J］. American Anthropologist, 1935, 37 (3)：394-402.

[2] AAC&U. Greater Expectations：A New Vision for Learning as a Nation Goes to College ［R］. Washington, DC：Association of American Colleges and Universities, 2002.

[3] AAC&U. Our Students' Best Work：A Framework for Accountability Worthy of Our Mission ［R］. Washington, DC：Association of American Colleges and Universities, 2008.

[4] AASCU. Financing State Colleges and Universities：What is Happening to the "Public" in Public Higher Education? ［R］. Washington, DC：American Association of State Colleges and

Universities, 2001.

[5] AASCU. Value – Added Assessment: Accountability's New Frontier [R]. Washington, DC: American Association of State Colleges and Universities, 2006.

[6] ACSFA. Access Denied: Restoring the Nation's Commitment to Equal Educational Opportunity [R]. Washington, DC: Advisory Committee on Student Financial Assistance, 2001.

[7] AGB. Statement on Institutional Governance [R]. Washington, DC: Association of Governing Boards of Universities and Colleges, 1998.

[8] AGB. Statement on Board Accountability [R]. Washington, DC: Association of Governing Boards of Universities and Colleges, 2007.

[9] AGB. Statement on Board Responsibility for Institutional Governance [R]. Washington, DC: Association of Governing Boards of Universities and Colleges, 2010a.

[10] AGB. How Boards Oversee Educational Quality: A Report on a Survey on Boards and the Assessment of Student Learning [R]. Washington, DC: Association of Governing Boards of Universities and Colleges, 2010b.

[11] AGB. Statement on Board Responsibility for the Oversight of Educational Quality [R]. Washington, DC: Association of Governing Boards of Universities and Colleges, 2011.

[12] AGB. Overseeing Educational Quality: A How–To Guide for Boards of Universities and Colleges [R]. Washington, DC: Association of Governing Boards of Universities and Colleges, 2014.

[13] AGB. Shared Governance: Is OK Good Enough? [R]. Washington, DC: Association of Governing Boards of Universities and Colleges, 2016.

[14] AGB. Shared Governance: Changing with the Times [R]. Washington, DC: Association of Governing Boards of Universities and Colleges, 2017a.

[15] AGB. Shared Governance Case Study: Augsburg College [R]. Washington, DC: Association of Governing Boards of Universities and Colleges, 2017b.

[16] AGB. Shared Governance Case Study: Stockton University [R]. Washington, DC: Association of Governing Boards of Universities and Colleges, 2017c.

[17] AGB. Shared Governance Case Study: California State University [R]. Washington, DC: Association of Governing Boards of Universities and Colleges, 2017d.

[18] AGB. Shared Governance Case Study: University of Maryland System [R]. Washington, DC: Association of Governing Boards of Universities and Colleges, 2017e.

[19] AGB. Shared Governance Case Study: State University of New York [R]. Washington, DC: Association of Governing Boards of Universities and Colleges, 2017f.

[20] AGB. An Anatomy of Good Board Governance in Higher Education [R]. Washington, DC: Association of Governing Boards of Universities and Colleges, 2018.

[21] Alan J. DeYoung., Tara K. Baas. Making the Case for a Strong Public Research University:

The University of Kentucky Top – 20 Business Plan ［M］//Wojciech Bienkowski. , Josef C. Brada. , Gordon Stanley. The University in the Age of Globalization: Rankings, Resources and Reforms. New York: Palgrave Macmillan, 2012: 89−92.

［22］ Alan Norrie. Punishment, Responsibility and Justice: A Relational Critique ［M］. Oxford: Oxford Uiversity Press, 2000: 6−7, 201, 219−220.

［23］ Albert Meijer. Transparency ［M］//Mark Bovens. , Robert E. Goodin. , Thomas Schillemans. The Oxford Handbook of Public Accountability. Oxford: Oxford University Press, 2014: 507−512.

［24］ Aleksandra Rabrenović. Financial Accountability as a Condition for EU Membership ［R］. Belgrade: Institute of Comparative Law, 2009.

［25］ Alexander W. Astin. The Unrealized Potential of American Higher Education ［J］. Innovative Higher Education, 1992, 17 (2): 95−114.

［26］ Alnoor Ebrahim. Accountability Myopia: Losing Sight of Organizational Learning ［J］. Nonprofit and Voluntary Sector Quarterly, 2005, 34 (1): 56−87.

［27］ Alnoor Ebrahim. Towards a Reflective Accountability in NGOs ［M］//Alnoor Ebrahim. , Edward Weisband. Global Accountabilities: Participation, Pluralism and Public Ethics. Cambridge: Cambridge University Press, 2007: 198, 202, 220.

［28］ Alvin P. Sanoff. The U. S. News College Rankings: A View from the Inside ［R］//IHEP. College and University Ranking Systems: Global Perspectives and American Challenges. Washington, DC: Institute for Higher Education Policy, 2007.

［29］ Amanda Sinclair. The Chameleon of Accountability: Forms and Discourses ［J］. Accounting, Organizations and Society, 1995, 20 (2−3): 219−237.

［30］ Amelia Veiga. , Antonio Magalhaes. , Alberto Amaral. From Collegial Governance to Boardism: Reconfiguring Governance in Higher Education ［M］//Jeroen Huisman. , Harry de Boer. , David D. Dill. , Manuel Souto−Otero. The Palgrave International Handbook of Higher Education Policy and Governance. New York: Palgrave Macmillan, 2015: 409−410.

［31］ Andreas Schedler. Conceptualizing Accountability ［M］//Andreas Schedler. , Larry Diamond. , Marc F. Planner. The Self−Restraining State: Power and Accountability in New Democracies. Boulder: Lynne Rienner Publishers, 1999: 13−14.

［32］ Andrew P. Kelly. , Chad Aldeman. False Fronts? Behind Higher Education's Voluntary Accountability Systems ［R］. Washington, DC: Education Sector, 2010.

［33］ Ann Elisabeth Aubagen. , Hans−Werner Bierhoff. Responsibility at the Beginning of the Third Millennium ［M］//Ann Elisabeth Auhagen. , Hans−Werner Bierhoff. Responsibility: The Many Faces of a Social Phenomenon. New York: Routledge, 2001: 181.

［34］ Anthony Giddens. Risk and Responsibility ［J］. The Modern Law Review, 1999, 62

(1): 1-10.

[35] Anthony Lising Antonio. , Marcela M. Muñiz. The Sociology of Diversity [M] //Patricia J. Gumport. Sociology of Higher Education: Contributions and Their Contexts. Baltimore: Johns Hopkins University Press, 2007: 266-267.

[36] Arthur M. Cohen. The Shaping of American Higher Education: Emergence and Growth of the Contemporary System [M]. San Francisco: Jossey – Bass, 1998: 61, 103, 111 – 112, 374.

[37] Arthur W. Combs. Educational Accountability: Beyond Behavioral Objectives [R]. Washington, DC: Association for Supervision and Curriculum Development, 1972.

[38] Arun Kumar. Accountability and Autonomy in Higher Education: Needed Internal Democracy [J]. Economic and Political Weekly, 1987, 22 (44): 1858-1861.

[39] B. Guy Peters. Performance-Based Accountability [M] //Anwar Shah. Performance Accountability and Combating Corruption. Washington, DC: World Bank, 2007: 20.

[40] B. Guy Peters. Accountability in Public Administration [M] //Mark Bovens. , Robert E. Goodin. , Thomas Schillemans. The Oxford Handbook of Public Accountability. Oxford: Oxford University Press, 2014: 222.

[41] Barbara Brittingham. Accreditation in the United States: How did We Get to What We Are? [J]. New Directions for Higher Education, 2009, 145: 7-27.

[42] Barbara L. Cambridge. The Paradigm Shifts: Examining Quality of Teaching Through Assessment of Student Learning [J]. Innovative Higher Education, 1996, 20 (4): 287-297.

[43] Barbara S. Romzek. Dynamics of Public Sector Accountability in an Era of Reform [J]. International Review of Administrative Sciences, 2000, 66 (1): 21-44.

[44] Barbara S. Romzek. The Tangled Web of Accountability in Contracting Networks: The Case of Welfare Reform [M] //Melvin J. Dubnick. , H. George Frederickson. Accountable Governance: Problems and Promises. New York: M. E. Sharpe, 2011: 28.

[45] Barbara S. Romzek. , Melvin J. Dubnick. Accountability in the Public Sector: Lessons from the Challenger Tragedy [J]. Public Administration Review, 1987, 47 (3): 227-238.

[46] Barbara S. Romzek. , Patricia W. Ingraham. Cross Pressures of Accountability: Initiative, Command and Failure in the Ron Brown Plane Crash [J]. Public Administration Review, 2000, 60 (3): 240-253.

[47] Barbara S. Romzek. , Kelly LeRoux. , Jeannette Blackmar. The Dynamics of Informal Accountability in Networks of Service Provider [R]. Ohio: The 10th National Public Management Research Conference, 2009.

[48] Barbara S. Romzek. , Kelly LeRoux. , Jocelyn Johnston. , Robin Kempf. , Jaclyn Schede Piatak. Toward a Model of Informal Accountability within Multi-Sector Networks: A Cross-

Case Analysis of Children's Service Networks [R]. Washington, DC: Annual Meeting of the Association for Public Policy Analysis and Management, 2011.

[49] Ben Wildavsky. How College Rankings Are Going Global (and Why Their Spread Will Be Good for Higher Education) [M] //Kevin Carey., Mark Schneider. Accountability in American Higher Education. New York: Palgrave Macmillan, 2010: 217-218.

[50] Benjamin L. Castleman. Prompts, Personalization, and Pay-Offs: Strategies to Improve the Design and Delivery of College and Financial Aid Information [M] //Benjamin L. Castleman., Saul Schwartz., Sandy Baum. Decision Making for Student Success: Behavioral Insights to Improve College Access and Persistence. NewYork: Routledge, 2015: 84.

[51] Bernard Weiner. An Attributional Approach to Perceived Responsibility for Transgressions: Extensions to Child Abuse, Punishment Goals and Political Ideology [M] //Ann Elisabeth Auhagen., Hans-Werner Bierhoff. Responsibility: The Many Faces of a Social Phenomenon. New York: Routledge, 2001: 51.

[52] Beth Castiglia., David Turi. The Impact of Voluntary Accountability on the Design of Higher Education Assessment [J]. Academy of Educational Leadership Journal, 2011, 15 (3): 119-130.

[53] Brian J. Cook. Bureaucracy and Self-Government: Reconsidering the Role of Public Administration in American Politics [M]. Baltimore: Johns Hopkins University Press, 1996: 134-135.

[54] Brian Pusser. Reconsidering Higher Education and the Public Good: The Role of Public Spheres [M] //William G. Tierney. Governance and the Public Good. Albany: State University of New York Press, 2006: 19.

[55] Bridget Terry Long. Higher Education Finance and Accountability [M] //Kevin Carey., Mark Schneider. Accountability in American Higher Education. New York: Palgrave Macmillan, 2010: 156.

[56] Bryan S. Turner. Sickness and Social Structure: Parsons' Contribution to Medical Sociology [M] // Robert J. Holton., Bryan S. Turner. Talcott Parsons on Economy and Society. New York: Routledge & Kegan Paul, 1986: 119-120.

[57] Bronwen Morgan. Technocratic V. Convivial Accountability [M] //Michael W. Dowdle. Public Accountability: Designs, Dilemmas and Experiences. Cambridge: Cambridge University Press, 2006: 259.

[58] Burt Perrin. Towards a New View of Accountability [M] //Marie-Louise Bemelmans-Videc., Jeremy Lonsdale., Burt Perrin. Making Accountability Work: Dilemmas for Evaluation and for Audit. New Brunswick: Transaction Publishers, 2007: 56.

[59] Burt Perrin., Marie-Louise Bemelmans-Videc., Jeremy Lonsdale. How Evaluation and

Auditing Can Help Bring Accountability into the Twenty-First Century [M] //Marie-Louise Bemelmans-Videc. , Jeremy Lonsdale. , Burt Perrin. Making Accountability Work: Dilemmas for Evaluation and for Audit. New Brunswick: Transaction Publishers, 2007: 241, 253.

[60] Burton R. Clark. Recession and Retrenchment in Higher Education: Observations on the American Case [J]. Paedagogica Europaea, 1978, 13 (1): 143-154.

[61] Burton R. Clark. The Higher Education System: Academic Organization in Cross-National Perspective [M]. Berkeley: University of California Press, 1983: 12-13, 143, 254.

[62] Burton R. Clark. The Organizational Conception [M] //Burton R. Clark. Perspectives on Higher Education: Eight Disciplinary and Comparative Views. Berkeley: University of California Press, 1984: 112-113, 260.

[63] Business-Higher Education Forum. Public Accountability for Student Learning in Higher Education: Issues and Options [R]. Washington, DC: Business-Higher Education Forum, 2004.

[64] Carol A. Dwyer. , Catherine M. Millett. , David G. Payne. A Culture of Evidence: Postsecondary Assessment and Learning Outcomes [R]. Princeton: Educational Testing Service, 2006.

[65] Catherin M. Millett. , David G. Payne. , Carol A. Dwyer. , Leslie M. Stickler. , Jon J. Alexiou. A Culture of Evidence: An Evidence-Centered Approach to Accountability for Student Learning Outcomes [R]. Princeton: Educational Testing Service, 2007a.

[66] Catherin M. Millett. , Leslie M. Stickler. , David G. Payne. , Carol A. Dwyer. A Culture of Evidence: Critical Features of Assessments for Postsecondary Student Learning [R]. Princeton: Educational Testing Service, 2007b.

[67] CCHE (Carnegie Commission on Higher Education). Dissent and Disruption: Proposals for Consideration by the Campus [M]. New York: McGraw-Hill Book Company, 1971: 33.

[68] Christine M. Keller. , David Shulenburger. , John Hammang. Development of a Voluntary System of Accountability for Undergraduate Education [R]. Berkeley: University of California, 2009.

[69] Christine M. Keller. , John M. Hammang. The Voluntary System of Accountability for Accountability and Institutional Assessment [J]. New Directions for Institutional Research, 2008, Fall: 39-48.

[70] Christine M. Licata. , Joseph C. Morreale. Post-Tenure Review: National Trends, Questions and Concerns [J]. Innovative Higher Education, 1999, 24 (1): 5-15.

[71] Christopher C. Morphew. Challenges Facing Shared Governance Within the College [J]. New Directions for Higher Education, 1999, 105: 71-79.

[72] Christopher Hood. Accountability and Transparency: Siamese Twins, Matching Parts,

Awkward Couple? [J]. West European Politics, 2010, 33 (5): 989-1009.

[73] Christopher Hood. Public Management by Numbers as a Performance-Enhancing Drug: Two Hypotheses [J]. Public Administration Review, 2012, 72 (S1): 85-92.

[74] Christopher J. Lucas. American Higher Education: A History [M]. New York: Palgrave Macmillan, 2006: 116.

[75] Christopher Jencks., David Riesman. The Academic Revolution [M]. Garden City: Doubleday & Company, 1968: 155-157, 257, 541-542.

[76] Clark Kerr. Higher Education: Paradise Lost? [J]. Higher Education, 1978, 7 (3): 261-278.

[77] Clark Kerr. The Great Transformation in Higher Education: 1960-1980 [M]. Albany: State University of New York Press, 1991: 132.

[78] Clark Kerr. Troubled Times for American Higher Education: The 1990s and Beyond [M]. Albany: State University of New York Press, 1994: 5, 12.

[79] Clark Kerr., Marian L. Gade. The Guardians: Boards of Trustees of American Colleges and Universities [M]. Washington, DC: Association of Governing Boards of Universities and Colleges, 1989: 9-10, 17-19.

[80] Colin Pilbeam. Institutional Structures: Where Legitimacy and Efficiency Meet [M] // Malcolm Tight., Ka Ho Mok., Jeroen Huisman., Christopher C. Morphew. The Routledge International Handbook of Higher Education. New York: Routledge, 2009: 351.

[81] Colin Scott. Spontaneous Accountability [M] //Michael W. Dowdle. Public Accountability: Designs, Dilemmas and Experiences. Cambridge: Cambridge University Press, 2006: 175-190.

[82] Craig Mclnnis., Margaret Powles., John Anwyl. Australian Academics' Perspectives on Quality and Accountability [J]. Tertiary Education and Management, 1995, 1 (2): 131-139.

[83] Daniel Bell. The Coming of Post-Industrial Society: A Venture in Social Forecasting [M]. New York: Basic Books, 1999: 118-119, 359.

[84] Daniel T. Layzell. Linking Performance to Funding Outcomes at the State Level for Public Institutions of Higher Education: Past, Present and Future [J]. Research in Higher Education, 1999, 40 (2): 233-246.

[85] David Carless. Trust, Distrust and Their Impact on Assessment Reform [J]. Assessment and Evaluation in Higher Education, 2009, 34 (1): 79-89.

[86] David D. Dill. Allowing the Market to Rule: The Case of the United States [J]. Higher Education Quarterly, 2003, 57 (2): 136-157.

[87] David D. Dill. Will Market Competition Assure Academic Quality? An Analysis of the UK and US Experience [M] //Don F. Westerheijden., Bjørn Stensaker., Maria João Rosa.

Quality Assurance in Higher Education: Trends in Regulation, Translation and Transformation. Dordrecht: Springer, 2007: 67.

[88] David D. Dill. , Ms. Maarja Soo. Transparency and Quality in Higher Education Markets [R]. Dordrecht: Kluwer Academic Publishers, 2004.

[89] David E. Leveille. An Emerging View on Accountability in American Higher Education [R]. Berkeley: University of California, 2005.

[90] David F. J. Campbell. , Elias G. Carayannis. Epistemic Governance in Higher Education: Quality Enhancement of Universities for Development [M]. New York: Springer, 2013: 51.

[91] Denis J. Curry. , Norman M. Fischer. Public Higher Education and the State: Models for Financing, Budgeting and Accountability [R]. Texas: Annual Meeting of the Association for the Study of Higher Education, 1986.

[92] Derek Bok. Reclaiming the Public Trust [J]. Change, 1992, 24 (4): 13-19.

[93] Derek Bok. A Matter of Accountability [J]. Bulletin of the American Academy of Arts and Sciences, 1995, 48 (4): 31-39.

[94] Diana L. Robinson. Transparency by Design: A Four-Year Effort to Improve Accountability in Higher Education (Executive Brief) [R]. DeKalb: Center for Governmental Studies in Northern Illinois University, 2013.

[95] Diego Gambetta. Can We Trust Trust? [M] //Diego Gambetta. Trust: Making and Breaking Cooperative Relations. New York: Basil Blackwell, 1988: 233-234.

[96] Dieter Birnbacher. Philosophical Foundations of Responsibility [M] //Ann Elisabeth Auhagen. , Hans-Werner Bierhoff. Responsibility: The Many Faces of a Social Phenomenon. London and New York: Routledge, 2001: 9-11.

[97] Don Davies. The "Relevance" of Accountability [R]. Minnesota: Conference on Teacher Education, 1969.

[98] Don F. Westerheijden. Global University Rankings: An Alternative and Their Impacts [M] //Jeroen Huisman. , Harry de Boer. , David D. Dill. , Manuel Souto-Otero. The Palgrave International Handbook of Higher Education Policy and Governance. New York: Palgrave Macmillan, 2015: 417.

[99] Donald C. Orlich. , James L. Ratcliff. Coping with the Myth of Accountability [J]. Educational Leadership, 1977, 34 (4): 246-251.

[100] Donald E. Heller. The States and Public Higher Education Policy: Affordability, Access and Accountability [M]. Baltimore: Johns Hopkins University Press, 2001.

[101] Donald E. Heller. The Context of Higher Education Reform in the United States [J]. Higher Education Management and Policy, 2009, 21 (2): 1-16.

[102] Donald T. Campbell. Assessing the Impact of Planned Social Change [J]. Evaluation and

Program Planning, 1979, 2 (1): 67-90.

[103] E. Grady Bogue. , Kimberely Bingham Hall. Quality and Accountability in Higher Education: Improving Policy, Enhancing Performance [M]. Westport: Praeger, 2003: 201, 211, 222, 262.

[104] E. Grady Bogue. , Robert L. Saunders. The Evidence for Quality: Strengthening the Tests of Academic and Administrative Effectiveness [M]. San Francisco: Jossey-Bass Publishers, 1992: 44.

[105] Edward Rubin. The Myth of Accountability and the Anti-Administrative Impulse [J]. Michigan Law Review, 2005, 103 (8): 2073-2136.

[106] Edward Shils. Observations on the Amerian University [J]. Higher Education Quarterly, 1963, 17 (2): 182-193.

[107] Edward Shils. The Academic Ethos under Strain [M] //Paul Seabury. Universities in the Western World. New York: Free Press, 1975: 32, 42-43.

[108] Edward Shils. The Order of Learning: Essays on the Contemporary University [M]. New Brunswick: Transaction Publishers, 1997: 65, 225.

[109] Elaine El-Khawas. The Push for Accountability: Policy Influences and Actors in American Higher Education [M] //Ase Gornitzka. , Maurice Kogan. , Alberto Amaral. Reform and Change in Higher Education: Analysing Policy Implementation. Dordrecht: Springer, 2005: 287-304.

[110] Elaine El-Khawas. Accountability and Quality Assurance: New Issues for Academic Inquiry [M] //James J. F. Forest. , Philip G. Altbach. International Handbook of Higher Education. Dordrecht: Springer, 2006: 24.

[111] Ellen Hazelkorn. Rankings and the Reshaping of Higher Education: The Battle for World-Class Excellence [M]. New York: Palgrave Macmillan, 2011: 4, 97-99.

[112] Erik Hans Klijn. , Joop F. M. Koppenjan. Accountable Networks [M] //Mark Bovens. , Robert E. Goodin. , Thomas Schillemans. The Oxford Handbook of Public Accountability. Oxford: Oxford University Press, 2014: 242-244.

[113] F. King Alexander. The Endless Pursuit of Efficiency: The International Movement to Increase Accountability and Performance in Higher Education [R]. Miami: Annual Meeting of the Association for the Study of Higher Education, 1998.

[114] Francis Fukuyama. Trust: The Social Virtues and the Creation of Prosperity [M]. New York: Free Press, 1995: 7.

[115] Francis P. Hunkins. Accountability in Social Studies: A Questioning View [R]. Boston: National Council for the Social Studies Convention, 1972.

[116] Francois Bourricaud. The Sociology of Talcott Parsons [M]. Chicago: University of Chicago Press, 1981: 14-15.

[117] Frank Newman., Lara Couturier. The New Competitive Arena: Market Forces Invade the Academy [R]. Providence: The Futures Project, Policy for Higher Education in a Changing World, 2001.

[118] Frank Newman., Lara Coutourier., Jamie Scurry. The Future of Higher Education: Rhetoric, Reality and the Risks of the Market [M]. San Francisco: Jossey - Bass, 2004: 35, 111, 143-144.

[119] Frederick Rudolph. The American College and University: A History [M]. Athens: University of Georgia Press, 1990: 305-306.

[120] George A. Larbi. The New Public Management Approach and Crisis States [R]. Geneva: United Nations Research Institute for Social Development, 1999.

[121] George D. Kuh. Imagine Asking the Client: Using Student and Alumni Surveys for Accountability in Higher Education [M] //Joseph C. Burke and Associates. Achieving Accountability in Higher Education: Balancing Public, Academic and Market Demands. San Francisco: Jossey-Bass, 2005: 148-149, 155-163.

[122] George D. Kuh., Natasha Jankowski., Stanley O. Ikenberry., Jillian Kinzie. Knowing What Students Know and Can Do: The Current State of Student Learning Outcomes Assessment in U. S. Colleges and Universities [R]. Urbana: University of Illinois and Indiana University, 2014.

[123] George Prather. The Who, Whom, What, and How of Institutional Accountability [R]. California: Annual Convention of the Community College League of California, 1993.

[124] Gerald M. Platt. "The American University": Collaboration with Talcott Parsons [J]. Sociological Inquiry, 1981, 51 (3-4): 155-165.

[125] Gerald M. Platt., Talcott Parsons., Rita Kirshstein. Faculty Teaching Goals, 1968 - 1973 [J]. Social Problems, 1976, 24 (2): 298-307.

[126] Gernard Delanty. The Idea of the University in the Global Era: From Knowledge as an End to the End of Knowledge [J]. Social Epistemology, 1998a, 12 (1): 3-25.

[127] Gernard Delanty. Rethinking the University: The Autonomy, Contestation and Reflexivity of Knowledge [J]. Social Epistemology, 1998b, 12 (1): 103-113.

[128] Gernard Delanty. Challenging Knowledge: The University in the Knowledge Society [M]. Buckingham: Society for Research into Higher Education & Open University Press, 2001: 52, 130.

[129] Gero Federkeil., Frans A. Van Vught., Don F. Westerheijden. Classifications and Rankings [M] //Frans A. Van Vught., Frank Ziegele. Multidimensional Ranking: The Design and Development of U-Multirank. New York: Springer, 2012: 26.

[130] Gijs Jan Brandsma., Thomas Schillemans. The Accountability Cube: Measuring Accountability [J]. Journal of Public Administration Research and Theory, 2013, 23 (4):

953-975.

[131] Goldie Blumenstyk. American Higher Education in Crisis?: What Everyone Needs to Know [M]. Oxford: Oxford University Press, 2015: 110-111, 114-115.

[132] Gordon K. Davies. Setting a Public Agenda for Higher Education in the States: Lessons Learning from the National Collaborative for Higher Education Policy [R]. California: National Center for Public Policy and Higher Education, 2006.

[133] Graham D. Hendry. , Sarah J. Dean. Accountability, Evaluation of Teaching and Expertise in Higher Education [J]. The International Journal for Academic Development, 2002, 7 (1): 75-82.

[134] Guy Benveniste. New Politics of Higher Education: Hidden and Complex [J]. Higher Education, 1985, 14 (2): 175-195.

[135] Guy Neave. , Frans A. Van Vught. Conclusion [M] //Guy Neave. , Frans A. Van Vught. Prometheus Bound: The Changing Relationship Between Government and Higher Education in Western Europe. Oxford: Pergamon Press, 1991: 254.

[136] Hans-Werner Bierhoff. , Ann Elisabeth Aubagen. Responsibility as a Fundamental Human Phenomenon [M] //Ann Elisabeth Auhagen. , Hans-Werner Bierhoff. Responsibility: The Many Faces of a Social Phenomenon. London and New York: Routledge, 2001: 3.

[137] Harald Wenzel. Social Order as Communication: Parsons's Theory on the Move from Moral Consensus to Trust [M] //Renee C. Fox. , Victor M. Lidz. , Harold J. Bershady. After Parsons: A Theory of Social Action for the Twenty-First Century. New York: Russell Sage Foundation, 2005: 75.

[138] Harold L. Hodgkinson. College Governance: The Amazing Thing is That it Works at all [R]. Washington, DC: ERIC Clearinghous on Higher Education, 1971.

[139] Harold Perkin. The Historical Perspective [M] //Burton R. Clark. Perspectives on Higher Education: Eight Disciplinary and Comparative Views. Berkeley: University of California Press, 1984: 20, 45-48.

[140] Harry S. Broudy. Historic Exemplars of Teaching Method [M] //N. L. Gage. Handbook of Research on Teaching. Chicago: Rand McNally, 1963: 43.

[141] Henry M. Levin. A Conceptual Framework for Accountability in Education [J]. The School Review, 1974, 82 (3): 363-391.

[142] Howard K. Wachtel. Student Evaluation of College Teaching Effectiveness: A Brief Review [J]. Assessment & Evaluation in Higher Education, 1998, 23 (2): 191-211.

[143] Howard R. Bowen. Higher Education and America's Discontents [R]. Washington, DC: American Association of University Women, 1975.

[144] Ian McNay. From the Collegial Academy to Corporate Enterprise: The Changing Cultures of Universities [M] //Tom Schuller. The Changing University?. Buckingham: Open U-

niversity Press, 1995: 105-109.

[145] Ian McNay. The E-Factors and Organization Cultures in British Universities [M] //Gareth Williams. The Enterprising University: Reform, Excellence and Equity. Buckingham: The Society for Research into Higher Education & Open University Press, 2003: 21.

[146] J. David Lewis., Andrew J. Weigert. The Structures and Meanings of Social Time [J]. Social Forces, 1981, 60 (2): 432-462.

[147] J. David Wright. Exposing the Chameleon: Response to "Accountability and Public Administration" [J]. Canadian Public Administration, 2008, 39 (2): 226-234.

[148] J Victor. Baldridge., David V. Curtis., George Ecker., Gary L. Riley. Policy Making and Effective Leadership: A National Study of Academic Management [M]. San Francisco: Jossey-Bass, 1978: 240, 242.

[149] Jacob Fowles., H. George Frederickson., Jonathan G. S. Koppell. University Rankings: Evidence and a Conceptual Framework [J]. Public Administration Review, 2016, 76 (5): 790-803.

[150] James C. Hearn., Janet M. Holdsworth. Federal Student Aid: The Shift from Grants to Loans [M] //Edward P. St. John., Michael D. Parsons. Public Funding of Higher Education: Changing Contexts and New Rationales. Baltimore: Johns Hopkins University Press, 2004: 53-54.

[151] James Fairweather. U. S. Higher Education: Contemporary Challenges, Policy Options [M] //David Palfreyman., Ted Tapper. Structuring Mass Higher Education: The Role of Elite Institutions. New York: Routledge, 2009: 23-26.

[152] James J. Duderstadt., Farris W. Womack. The Future of the Public University in America: Beyond the Crossroads [M]. Baltimore: Johns Hopkins University Press, 2003: 37-38.

[153] James M. Kallison Jr., Philip Cohen. A New Compact for Higher Education: Funding and Autonomy for Reform and Accountability [J]. Innovative Higher Education, 2010, 35 (1): 37-49.

[154] James T. Minor. The Relationship between Selection Processes of Public Trustees and State Higher Education Performance [J]. Educational Policy, 2008, 22 (6): 830-853.

[155] James Williams., Lee Harvey. Quality Assurance in Higher Education [M] //Jeroen Huisman., Harry de Boer., David D. Dill., Manuel Souto-Otero. The Palgrave International Handbook of Higher Education Policy and Governance. New York: Palgrave Macmillan, 2015: 508-509.

[156] Jamil Salmi. The Growing Accountability Agenda in Tertiary Education: Progress or Mixed Blessing [R]. Washington, DC: World Bank, 2009.

[157] Jane Davison. Visual Accountability [M] //Mark Bovens., Robert E. Goodin., Thomas Schillemans. The Oxford Handbook of Public Accountability. Oxford: Oxford University

Press, 2014: 177.

[158] Jane Green. Education, Professionalism and the Quest for Accountability: Hitting the Target but Missing the Point [M]. New York: Routledge, 2011: 74, 177-178.

[159] Jane V. Wellman. The Tuition Puzzle: Putting the Pieces Together [R]. Washington, DC: Institute for Higher Education Policy, 1999.

[160] Jane V. Wellman. Accountability for the Public Trust [J]. New Directions for Higher Education, 2006, 135: 111-118.

[161] Janice M. Beyer. Review: The American University [J]. The Journal of Higher Education, 1974, 45 (7): 553-557.

[162] Jeanette Baird. Accountability of University Governing Bodies in Australia: Issues for Proponents of Corporate Models [J]. Tertiary Education and Management, 1997, 3 (1): 72-82.

[163] Jeffrey C. Alexander. Formal and Substantive Voluntarism in the Work of Talcott Parsons: A Theoretical and Ideological Reinterpretation [J]. American Sociological Review, 1978, 43 (2): 177-198.

[164] Jeffrey C. Alexander. Introduction [M] //Jeffrey C. Alexander. Neofuntionalism. California: SAGE Publications, 1985: 8-10.

[165] Jeffrey Isaac. Conceptions of Power [M] //Mary Hawkesworth., Maurice Kogan. Encyclopedia of Government and Politics. London: Routledge, 2004: 56-69.

[166] Jeffery P. Aper., Steven M. Cuver., Dennis E. Hinkle. Coming to Terms with the Accountability versus Improvement Debate in Assessment [J]. Higher Education, 1990, 20 (4): 471-483.

[167] Jeffrey W. Alstete. College Accreditation: Managing Internal Revitalization and Public Respect [M]. New York: Palgrave Macmillan, 2007: 33-34.

[168] Jeremy Lonsdale., Marie-Louise Bemelmans-Videc. Accountability: The Challenges for Two Professions [M] //Marie-Louise Bemelmans-Videc., Jeremy Lonsdale., Burt Perrin. Making Accountability Work: Dilemmas for Evaluation and for Audit. New Brunswick: Transaction Publishers, 2007: 13.

[169] Jerry Gaston. Review: The American University [J]. American Journal of Sociology, 1975, 80 (5): 1257-1260.

[170] Jerry L. Mashaw. Accountability and Institutional Design: Some Thoughts on the Grammar of Governance [M] //Michael W. Dowdle. Public Accountability: Designs, Dilemmas and Experiences. Cambridge: Cambridge University Press, 2006: 123.

[171] Johan P. Olsen. The Institutional Dynamics of the (European) University [R]. Blindern: University of Oslo, 2005.

[172] Johan P. Olsen. Accountability and Ambiguity [M] //Mark Bovens., Robert E-

. Goodin. , Thomas Schillemans. The Oxford Handbook of Public Accountability. Oxford: Oxford University Press, 2014: 108.

[173] John A. Centra. Reflective Faculty Evaluation [M]. San Francisco: Jossey – Bass, 1993: 49.

[174] John D. Millett. The Academic Community [M]. New York: McGraw–Hill Book Company, 1962: 35–55, 64.

[175] John D. Millett. Institutional Accountability [J]. Management Forum, 1974, 3 (4): 1–4.

[176] John Immerwahr. Public Attitudes on Higher Education: A Trend Analysis, 1993–2003 [R]. Brooklyn: Public Agenda, 2004.

[177] John Immerwahr. , Jean Johnson. Squeeze Play: How Parents and the Public Look at Higher Education Today [R]. Brooklyn: Public Agenda, 2007.

[178] John Immerwahr. , Jean Johnson. Squeeze Play 2009: The Public's Views on College Costs Today [R]. Brooklyn: Public Agenda, 2009.

[179] John Immerwahr. , Jean Johnson. Squeeze Play 2010: Continued Public Anxiety on Cost, Harsher Judgments on How Colleges are Run [R]. Brooklyn: Public Agenda, 2010.

[180] John Immerwahr. , Jean Johnson. , Paul Gasbarra. The Iron Triangle: College Presidents Talk about Costs, Access and Quality [R]. Brooklyn: Public Agenda, 2008.

[181] John Immerwahr. , Jean Johnson. , Paul Gasbarra. Campus Commons? What Faculty, Financial Officials and Others Think About Controlling College Costs [R]. Brooklyn: Public Agenda, 2009.

[182] John Immerwahr. , Tony Foleno. Great Expectations: How the Public and Parents – White, African American and Hispanic–View Higher Education [R]. Brooklyn: Public Agenda, 2000.

[183] John R. Thelin. A History of American Higher Education [M]. Baltimore: Johns Hopkins University Press, 2004: 42, 73, 309–310, 342–343, 359.

[184] John S. Brubacher. , Willis Rudy. Higher Education in Transition: A History of American Colleges and Universities, 1636–1976 [M]. New York: Harper & Row, 1976: 147–149, 165–166, 178–179, 378, 386–390, 399–410.

[185] Jonathan Fox. The Uncertain Relationship between Transparency and Accountability [J]. Development in Practice, 2007, 17 (4/5): 663–671.

[186] Jonathan G. S. Koppell. Pathologies of Accountability: ICANN and the Challenge of "Multiple Accountability Disorder" [J]. Public Administration Review, 2005, 65 (1): 94–108.

[187] Jonathan G. S. Koppell. Accountability for Global Governance Organizations [M] //Melvin J. Dubnick. , H. George Frederickson. Accountable Governance: Problems and Promises. New York: M. E. Sharpe, 2011: 55, 57, 60.

[188] Joseph C. Burke. Measuring Down and Up: The Missing Link [J]. New Directions for Institutional Research, 2002, 116: 97-113.

[189] Joseph C. Burke. The Many Faces of Accountability [M] //Joseph C. Burke and Associates. Achieving Accountability in Higher Education: Balancing Public, Academic and Market Demands. San Francisco: Jossey-Bass, 2005a: 1-3, 10, 23.

[190] Joseph C. Burke. Preface [M] //Joseph C. Burke and Associates. Achieving Accountability in Higher Education: Balancing Public, Academic and Market Demands. San Francisco: Jossey-Bass, 2005b: x, 24.

[191] Joseph C. Burke. Reinventing Accountability: From Bureaucratic Rules to Performance Results [M] //Joseph C. Burke and Associates. Achieving Accountability in Higher Education: Balancing Public, Academic and Market Demands. San Francisco: Jossey-Bass, 2005c: 225-226, 230-231.

[192] Joseph C. Burke. Performance Reporting: Putting Academic Departments in the Performance Loop [M] //Joseph C. Burke. Fixing the Fragmented University: Decentralization with Direction. Bolton: Anker Publishing Company, 2007: 215-219.

[193] Joseph C. Burke., Henrik P. Minassians. The New Accountability: From Regulation to Results [J]. New Directions for Institutional Research, 2002, 116: 5-19.

[194] Joseph C. Burke., Henrik P. Minassians. Performance Reporting: "Real" Accountability or Accountability "Lite". Seventh Annual Survey [R]. New York: Nelson A. Rockefeller Institute of Government, 2003.

[195] Joseph M. Bessette. Accountability: Political [M] //Neil J. Smelser., Paul B. Baltes. International Encyclopedia of the Social & Behavioral Sciences. Oxford: Elsevier Science Ltd, 2001: 39.

[196] Joseph R. Gusfield. Review: The American University [J]. Contemporary Sociology, 1974, 3 (4): 291-295.

[197] Joyce E. Canaan., Wesley Shumar. Higher Education in the Era of Globalization and Neoliberalism [M] //Joyce E. Canaan., Wesley Shumar. Structure and Agency in the Neoliberal University. New York: Routledge, 2008: 14-17.

[198] Judith S. Eaton. Accreditation in the United States [J]. New Directions for Higher Education, 2009, 145: 79-86.

[199] Kaare Strom. Parliamentary Democracy and Delegation [M] //Kaare Strom., Wolfgang C. Mler., Torbjorn Bergman. Delegation and Accountability in Parliamentary Democracies. Oxford: Oxford University Press, 2003: 63.

[200] Karl E. Weick. Educational Organizations as Loosely-Coupled Systems [J]. Administrative Science Quarterly, 1976, 21 (1): 1-19.

[201] Kathe Callahan. Elements of Effective Governance: Measurement, Accountability and

Participation [M]. Boca Raton: Taylor & Francis Group, 2007: 130, 141–142.

[202] Kathryn A. McDermott. Expanding the Moral Community or Blaming the Victim?: The Politics of State Education Accountability Policy [J]. American Educational Research Journal, 2007, 44 (1): 77–111.

[203] Kelly Field. Federal Panel Considers Giving Colleges a 'Gentle Shove' Toward Accountability Testing [R]. Washington, DC: The Chronicle of Higher Education, 2006.

[204] Kenneth E. Redd. Attracting and Retaining Students: Challenges and Opportunities for Today and Tomorrow [M] //Donald E. Heller., Madeleine B. d'Ambrosio. Generational Shockwaves and the Implications for Higher Education. Cheltenham: Edward Elgar, 2008: 79.

[205] Kenneth R. Minogue. The Concept of a University [M]. California: University of California Press, 1973: 51.

[206] Kenneth P. Mortimer. Accountability in Higher Education [R]. Grandview: American Association for Higher Education, 1972.

[207] Kenneth P. Mortimer., Colleen O'Brien Sathre. Be Mission Centered, Market Smart and Politically Savvy: The Art of Governance [M] //William G. Tierney. Governance and the Public Good. Albany: State University of New York Press, 2006: 82.

[208] Kevin Carey. College Rankings Reformed: The Case for a New Oder in Higher Education [R]. Washington, DC: Education Sector, 2006.

[209] Kevin Carey. Truth Without Action: The Myth of Higher-Education Accountability [J]. Change, 2007, 39 (5): 24–29.

[210] Kevin Carey., Andrew P. Kelly. The Truth behind Higher Education Disclosure Laws [R]. Washington, DC: Education Sector, 2011.

[211] Kevin P. Kearns. The Strategic Management of Accountability in Nonprofit Organizations: An Analytical Framework [J]. Public Administration Review, 1994, 54 (2): 185–192.

[212] Kevin P. Kearns. Accountability and Entrepreneurial Public Management: The Case of the Orange County Investment Fund [J]. Public Budgeting and Finance, 1995, 15 (3): 3–21.

[213] Kevin P. Kearns. Managing for Accountability [M]. San Francisco: Jossey – Bass, 1996: 43.

[214] Kevin P. Kearns. Institutional Accountability in Higher Education: A Strategic Approach [J]. Public Productivity & Management Review, 1998, 22 (2): 140–156.

[215] Kevin P. Kearns. Accountability in a Seamless Economy [M] //B. Guy Peters., Jon Pierre. Handbook of Public Administration. London: SAGE Publications, 2003: 585.

[216] Kevin P. Kearns. Performance as a False Promise of Accountability: The Case of American

Schools [R]. Vienna: University of Vienna, 2006.

[217] Kevin P. Kearns. Accountability in the Nonprofit Sector: Abandoning the One-Size-Fits-All Approach [M] //Melvin J. Dubnick., H. George Frederickson. Accountable Governance: Problems and Promises. New York: M. E. Sharpe, 2011: 206.

[218] Kirsimarja Blomqvist. The Many Faces of Trust [J]. Scandinavian Journal of Management, 1997, 13 (3): 271-286.

[219] Klaus Hüfner. Accountability [M] //Philip G. Altbach. International Higher Education: An Encyclopedia (Vol. 1). New York: Garland Publishing, 1991: 48-50.

[220] Kristina Cowan. Higher Education's Higher Accountability [J]. The Presidency, 2013, (11): 10-16.

[221] L. Scott Lissner., Alton L. Taylor. Financial Stress and the Need for Change [J]. New Directions for Higher Education, 1996, 94: 3-8.

[222] Larry L. Leslie. Accountability, Conflict and Academic Freedom in Higher Education [R]. Philadelphia: Seminar for State Leaders in Postsecondary Education, 1975.

[223] Larry T. McGehee. Definitions of Quality [R]. San Antonio: Seminar for State Leaders in Postsecondary Education, 1980.

[224] Laurence R. Veysey. The Emergence of the American University [M]. Chicago: University of Chicago Press, 1965: 104, 113-120.

[225] Lenore Heaphey. The Accountability Challenge to Higher Education: The SUNY Experience [J]. Comment, 1975, 2 (5): 1-5.

[226] Leo Goedegebuure., Frans Kaise., Peter Maassen., Lynn Meek., Frans Van Vught., Egbert de Weert. International Perspectives on Trends and Issues in Higher Education Policy [M] //Leo Goedegebuure., Frans Kaise., Peter Maassen., Lynn Meek., Frans Van Vught., Egbert de Weert. Higher Education Policy: An International Comparative Perspective. Oxford: Pergamon Press, 1993: 327.

[227] Lewis A. Coser., Rose Laub Coser. Time Perspective and Social Structure [M] //Alvin W. Gouldner., Helen P. Gouldner. Modern Sociology: An Introduction to the Study of Human Interaction. New York: Harcourt, Brace & World, 1963: 638-650.

[228] Lewis A. Rhodes. Educational Accountability: Getting it All Together [R]. Texas: Seminar on Accountability of the Annual Texas Conference for Teacher Education, 1970.

[229] Linda Deleon. On Acting Responsibly in a Disorderly World: Individual Ethics and Administrative Responsibility [M] //B. Guy Peters., Jon Pierre. Handbook of Public Administration. London: SAGE Publications, 2003: 570-572.

[230] Linda Suskie. Five Dimensions of Quality: A Common Sense Guide to Accreditation and Accountability [M]. San Francisco: Jossey-Bass, 2015: 25.

[231] Loren Loomis Hubbell. Quality, Efficiency and Accountability: Definitions and Applica-

tions [J]. New Directions for Higher Education, 2007, 140: 5-13.

[232] Louise M. Berman. Accountability Which Transcends [R]. Ohio: Supervision of Instruction Symposium 3: Accountability and the Supervisor, 1972.

[233] Lukasz Sulkowski. Accountability of University: Transition of Public Higher Education [J]. Entrepreneurial Business and Economics Review, 2016, 4 (1): 9-21.

[234] Manja Klemenci. Student Involvement in University Quality Enhancement [M] //Jeroen Huisman. , Harry De Boer. , David D. Dill. , Manuel Souto-Otero. The Palgrave International Handbook of Higher Education Policy and Governance. New York: Palgrave Macmillan, 2015: 528-529.

[235] Marc J. Epstein. , Bill Birchard. Counting What Counts: Turning Corporate Accountability to Competitive Advantage [M]. Massachusetts: Perseus Books, 1999: 5.

[236] Margaret A. Miller. The Legitimacy of Assessment [J]. Chronicle of Higher Education, 2006, 53 (5): B24.

[237] Margaret A. Miller. The Voluntary System of Accountability: Origins and Purpose. An Interview with George Mehaffy and David Shulenberger [J]. Change, 2008, 40 (4): 8-13.

[238] Marguerite Clarke. The Impact of Higher Education Rankings on Student Access, Choice and Opportunity [R] //IHEP. College and University Ranking Systems: Global Perspectives and American Challenges. Washington, DC: Institute for Higher Education Policy, 2007.

[239] Mark Bovens. The Quest for Responsibility: Accountability and Citizenship in Complex Organizations [M]. Cambridge: Cambridge University Press, 1998: 22-42, 49, 148-149, 228.

[240] Mark Bovens. Analysing and Assessing Accountability: A Conceptual Framework [J]. European Law Journal, 2007, 13 (4): 447-468.

[241] Mark Bovens. Two Concepts of Accountability: Accountability as a Virtue and as a Mechanism [J]. West European Politics, 2010, 33 (5): 946-967.

[242] Marie-Louise Bemelmans-Videc. Accountability, a Classic Concept in Modern Contexts: Implications for Evaluation and for Auditing Roles [M] //Marie-Louise Bemelmans-Videc. , Jeremy Lonsdale. , Burt Perrin. Making Accountability Work: Dilemmas for Evaluation and for Audit. New Brunswick: Transaction Publishers, 2007: 22.

[243] Marilyn H. Grantham. Accountability in Higher Education: Are There "Fatal Errors" Embedded in Current U. S. Policy Affecting Higher Education? [R]. Washington, DC: American Evaluation Association, 1999.

[244] Marilyn Strathern. The Tyranny of Transparency [J]. British Educational Research Journal, 2000, 26 (3): 309-321.

[245] Martin Trow. Reflections on the Transition from Mass to Universal Higher Education [J].
Daedalus, 1970, 99 (1): 1-42.

[246] Martin Trow. The Expansion and Transformation of Higher Education [J]. International
Review of Education, 1972, 18 (1): 61-84.

[247] Martin Trow. The Public and Private Lives of Higher Education [J]. Daedalus, 1975a,
104 (1): 113-127.

[248] Martin Trow. Notes on American Higher Education: "Planning" for Universal Access in the
Context of Uncertainty [J]. Higher Education, 1975b, 4 (1): 1-11.

[249] Martin Trow. American Higher Education: Past, Present and Future [J]. Educational
Researcher, 1988, 17 (3): 13-23.

[250] Martin Trow. The Exceptionalism of American Higher Education [M] //Martin Trow. ,
Thorsten Nybom. University and Society: Essays on the Social Role of Research and Higher
Education. London: Jessica Kingsley Publishers, 1991: 156-172.

[251] Martin Trow. Fedealism in American Higher Education [M] //Arthur Levine. Higher
Learning in American: 1980-2000. Baltimore: Johns Hopkins University Press, 1993:
39-46.

[252] Martin Trow. Managerialism and the Academic Profession: The Case of England [J].
Higher Education Policy, 1994, 7 (2): 11-18.

[253] Martin Trow. Trust, Markets and Accountability in Higher Education: A Comparative Per-
spective [J]. Higher Education Policy, 1996, 9 (4): 309-324.

[254] Martin Trow. On the Accountability of Higher Education in the United States [M] //Wil-
liam G. Bowen. , Harold T. Shapiro. Universities and Their Leadership. New Jersey: Prin-
ceton University Press, 1998: 16, 19-20.

[255] Martin Trow. From Mass Higher Education to Universal Access: The American Advantage
[J]. Minerva, 1999, 37 (4): 303-328.

[256] Martin Trow. In Praise of Weakness: Chartering the University of the United States and
Dartmouth College [J]. Higher Education Policy, 2003, 16 (1): 9-26.

[257] Martin Trow. Decline of Diversity, Autonomy and Trust in British Education [J]. Society,
2006, 43 (6): 77-86.

[258] Marvin C. Alkin. Accountability Defined [J]. UCLA Evaluation Comment, 1972, 3
(3): 1-5.

[259] Marvin W. Peterson. Improvement to Emergence: An Organization-Environment Research
Agenda for a Postsecondary Knowledge Industry [R]. Stanford: National Center for Post-
secondary Improvement, 1998.

[260] Marvin W. Peterson. The Study of Colleges and Universities as Organizations [M] //Pa-
tricia J. Gumport. Sociology of Higher Education: Contributions and Their Contexts. Balti-

more: Johns Hopkins University Press, 2007: 165.

[261] Marvin W. Peterson. , David D. Dill. Understanding the Competitive Environment of the Postsecondary Knowledge Industry [M] //Marvin W. Peterson. , David D. Dill. , Lisa A. Mets and Associates. Planning and Management for a Changing Environment: A Handbook on Redesigning Postsecondary Institutions. San Francisco: Jossey-Bass Publishers, 1997: 20-21.

[262] Mattel Dogan. Conceptions of Legitimacy [M] //Mary Hawkesworth. , Maurice Kogan. Encyclopedia of Government and Politics. London: Routledge, 2004: 116-126.

[263] Matthew A. Crellin. The Future of Shared Governance [J]. New Directions for Higher Education, 2010, 151: 71-81.

[264] Matthew Flinders. The Future and Relevance of Accountability Studies [M] //Mark Bovens. , Robert E. Goodin. , Thomas Schillemans. The Oxford Handbook of Public Accountability. Oxford: Oxford University Press, 2014: 667.

[265] Maurice Kogan. The Political View [M] //Burton R. Clark. Perspectives on Higher Education: Eight Disciplinary and Comparative Views. Berkeley: University of California Press, 1984: 66-67.

[266] Maurice Kogan. Transforming Higher Education: A Comparative Study [M]. Dordrecht: Springer, 2006: 78.

[267] Melvin J. Dubnick. Clarifying Accountability: An Ethical Theory Framework [M] // Charles Sampford. , Noel Preston. , C-A Bois. Public Sector Ethics: Finding and Implementing Values. London: Routledge, 1998: 70-72, 77-80.

[268] Melvin J. Dubnick. Seeking Salvation for Accountability [R]. Boston: Annual Meeting of the American Political Science Association, 2002a.

[269] Melvin J. Dubnick. The Rhetoric and Promises of Accountability [R]. Leiden: Leiden University, 2002b.

[270] Melvin J. Dubnick. Accountability and Ethics: Reconsidering the Relationships [J]. International Journal of Organization Theory and Behavior, 2003, 6 (3): 405-441.

[271] Melvin J. Dubnick. Orders of Accountability [R]. Oxford: World Ethics Form, Leadership, Ethics and Integrity in Public Life, 2006.

[272] Melvin J. Dubnick. Situating Accountability: Seeking Salvation for the Core Concept of Modern Governance [R]. New Hampshire: University of New Hampshire, 2007.

[273] Melvin J. Dubnick. Accountability as a Meta-Problem [R]. Minnowbrook: The Future of Public Administration, Public Management and Public Service Around the World, 2008.

[274] Melvin J. Dubnick. Move over Daniel: We Need some "Accountability Space" [J]. Administration & Society, 2011, 43 (6): 704-716.

[275] Melvin J. Dubnick. Accountability as a Cultural Keyword [M] //Mark Bovens., Robert E. Goodin., Thomas Schillemans. The Oxford Handbook of Public Accountability. Oxford: Oxford University Press, 2014: 29-30.

[276] Melvin J. Dubnick., Justin O'Brien. Rethinking the Obsession: Accountability and the Financial Crisis [M] //Melvin J. Dubnick., H. George Frederickson. Accountable Governance: Problems and Promises. New York: M. E. Sharpe, 2011: 291.

[277] Merrill Schwartz. Policies, Practices and Composition of Governing Boards of Public Colleges, Universities and Systems [R]. Washington, DC: Association of Governing Boards of Universities and Colleges, 2010.

[278] Merrill Schwartz., Richard A. Skinner., Zeddie Bowen. Faculty, Governing Boards, and Institutional Governance [R]. Washington, DC: Association of Governing Boards of Universities and Colleges, 2009.

[279] Michael B. Katz. The Moral Crisis of the University, or the Tension between Marketplace and Community in Higher Learning [M] //William A. Neilson., Chad Gaffield. Universities in Crisis: A Mediaeval Institution in the Twenty-First Century. Quebec: Institute for Research on Public Policy, 1986: 24.

[280] Michael Edwards., David Hulme. NGO Performance and Accountability [M] //Michael Edwards., David Hulme. Beyond the Magic Bullet: NGO Performance and Accountability in the Post Cold War World. West Hartford: Kumarian Press, 1996: 8.

[281] Michael F. Middaugh. Creating a Culture of Evidence: Academic Accountability at the Institutional Level [J]. New Directions for Higher Education, 2007, 140: 15-27.

[282] Michael Gibbons. What Kind of University? Research and Teaching in the 21st Century [R]. Melbourne: Victoria University of Technology, 1997.

[283] Michael Gibbons. Higher Education Relevance in the 21st Century [R]. Paris: UNESCO World Conference on Higher Education, 1998.

[284] Michael M. Harmon. Responsibility as Paradox: A Critique of Rational Discourse on Government [M]. California: SAGE Publications, 1995: 6.

[285] Michael Mumper., Lawrence E. Gladieux., Jacqueline E. King., Melanie E. Corrigan. The Federal Government and Higher education [M] //Philip G. Altbach., Patricia J. Gumport., Robert O. Berdahl. American Higher Education in the Twenty-First Century: Social, Political and Economic Challenges. Baltimore: Johns Hopkins University Press, 2011: 119.

[286] Michael Power. Organized Uncertainty: Designing a World of Risk Management [M]. Oxford: Oxford University Press, 2007: 9.

[287] Michael Sherer., David Kent. Auditing and Accountability [M]. London: Pitman Books, 1983: 4-8, 22.

[288] Mohammed A. A. Shami. , Martin Hershkowitz. , Khalida K. Shami. Dimensions of Accountability [J]. NASSP Bulletin, 1974, 58 (383): 1-12.

[289] Natasha A. Jankowski. , Stanley O. Ikenberry. , Jillian Kinzie. , George D. Kuh. , Gloria F. Shenoy. , Gianina R. Baker. Transparency and Accountability: An Evaluation of the VSA College Portrait Pilot [R]. Champaign: National Institute for Learning Outcomes Assessment in University of Illinois at Urbana-Champaign, 2012.

[290] NCAHE. Accountability for Better Results: A National Imperative for Higher Education [R]. Washington, DC: National Commission on Accountability in Higher Education, 2005.

[291] NCSCBHEP. Directory of U. S. Faculty Contracts and Bargaining Agents in Institutions of Higher Education [R]. New York: National Center for the Study of Collective Bargaining in Higher Education and the Professions, 2012.

[292] NEA. The Meaning of Accountability: A Working Paper [R]. Washington, DC: National Education Association, 1970.

[293] Neil Bucklew. , Jeffery D. Houghton. , Christopher N. Ellison. Faculty Union and Faculty Senate Co-Existence: A Review of the Impact of Academic Collective Bargaining on Traditional Academic Governance [J]. Labor Studies Journal, 2013, 37 (4): 373-390.

[294] Neil Hamilton. Academic Ethics: Problems and Materials on Professional Conduct and Shared Governance [M]. London: Rowman & Littlefield Publishers, 2002: 58.

[295] Neil J. Smelser. Social Structure [M] //Neil J. Smelser. The Handbook of Sociology. Newbury Park: SAGE Publications, 1988: 104-105.

[296] NGA. Higher Education Accountability for Student Learning [R]. Washington, DC: National Governors Association, 2007.

[297] Nico Stehr. The Fragility of Modern Societies: Knowledge and Risk in the Information Age [M]. London: SAGE Publications, 2001: 149-150.

[298] Nicole A. Vincent. A Structured Taxonomy of Responsibility Concepts [M] //Nicole A. Vincent. , Ibo Van De Poel. , Jeroen Van Den Hoven. Moral Responsibility: Beyond Free Will and Determinism. Netherlands: Springer, 2011: 16-19.

[299] Niklas Luhmann. The Differentiation of Society [M]. New York: Columbia University Press, 1982: 54.

[300] Niklas Luhmann. Social System [M]. California: Stanford University Press, 1995: 127.

[301] Niklas Luhmann. The Control of Intransparency [J]. Systems Research and Behavioral Science, 1997, 14 (6): 359-371.

[302] Niklas Luhmann. A Sociological Theory of Law [M]. Beijing: China Social Sciences Publishing House, 1999: 25.

[303] Niklas Luhmann. Risk: A Sociological theory [M]. New Brunswick: Transaction Publishers, 2005: 28.

[304] Onora O'neill. A Question of Trust [M]. Cambridge: Cambridge University Press, 2002: 70.

[305] Otis A. Singletary. Accountability and Higher Education [R] //Southern Regional Education Board. Efficiency and Effectiveness in Higher Education. Mississippi: Proceedings of the 24th Southern Regional Work Conference, 1975.

[306] Ou Lydia Liu. Measuring Learning Outcomes in Higher Education [J]. ETS R&D Connections, 2009, (10): 1-6.

[307] Ou Lydia Liu. Outcomes Assessment in Higher Education: Challenges and Future Research in the Context of Voluntary System of Accountability [J]. Educational Measurement: Issues and Practice, 2011, 30 (3): 2-9.

[308] Ou Lydia Liu. Ten Years After the Spellings Commission: From Accountability to Internal Improvement [J]. Educational Measurement: Issues and Practice, 2017, 36 (2): 34-41.

[309] Patricia Albjerg Graham., Richard W. Lyman., Martin Trow. Accountability of Colleges and Universities: An Essay [R]. New York: Columbia University, 1995.

[310] Patricia Cayo Sexton. Review: The American University [J]. Contemporary Sociology, 1974, 3 (4): 296-300.

[311] Patricia J. Gumport. Academic Restructuring: Organizational Change and Institutional Imperatives [J]. Higher Education, 2000, 39 (1): 67-91.

[312] Patricia J. Gumport. Restructuring: Imperatives and Opportunities for Academic Leaders [J]. Innovative Higher Education, 2001a, 25 (4): 239-250.

[313] Patricia J. Gumport. Built to Serve: The Enduring Legacy of Public Higher Education [M] //Philip G. Altbach., Patricia J. Gumport., D. Bruce Johnstone. In Defense of American Higher Education. Baltimore: Johns Hopkins University Press, 2001b: 87.

[314] Patricia J. Gumport. The Organisation of Knowledge: Imperatives for Continuity and Change in Higher Education [M] //Ivar Bleiklie., Mary Henkel. Governing Knowledge: A Study of Continuity and Change in Higher Education. A Festschrift in Honour of Maurice Kogan. Dordrecht: Springer, 2005: 116-122.

[315] Patricia J. Gumport., Maria Iannozzi., Susan Shaman., Robert Zemsky. Trends in United States Higher Education from Massification to Post Massification [R]. Stanford: National Center for Postsecondary Improvement, 1997.

[316] Patrick M. Callan., Joni E. Finney. State-by-State Report Cards: Public Purposes and Accountability for a New Century [M] //Joseph C. Burke and Associates. Achieving Accountability in Higher Education: Balancing Public, Academic and Market Demands. San

Francisco: Jossey-Bass, 2005: 209-214.

[317] Patrick M. Callan., William Doyle., Joni E. Finney. Evaluating State Higher Education Performance: Measuring up 2000 [J]. Change, 2001, 33 (2): 10-19.

[318] Paul Colomy. Revisions and Progress in Differentiation Theory [M] //Jeffrey C. Alexander., Paul Colomy. Differentiation Theory and Social Change: Comparative and Historical Perspectives. New York: Columbia University Press, 1990: 465-470.

[319] Paul G. Thomas. Accountability: Introduction [M] //B. Guy Peters., Jon Pierre. Handbook of Public Administration. London: SAGE Publications, 2003: 552.

[320] Paul Tiyambe Zeleza. The Transformation of Global Higher Education, 1945-2015 [M]. New York: Palgrave Macmillan, 2016: 110-116.

[321] Paul Westmeyer. A History of American Higher Education [M]. Springfield: Charles Thomas Publisher, 1985: 57, 59-61, 70, 116-117.

[322] PCCU (President's Commission on Campus Unrest). The Report of the President's Commission on Campus Unrest. Including Special Reports: The Killings at Jackson State, the Kent State Tragedy [R]. New York: Arno Press, 1970.

[323] Pedro Nuno Teixeira. Markets in Higher Education: Can we still Learn from Economics' Founding Fathers? [R]. Berkeley: Center for Studies in Higher Education, 2006.

[324] Peggy M. Jackson. Sarbanes-Oxley for Nonprofit Boards: A New Governance Paradigm [M]. Hoboken: John Wiley & Sons, 2006: 22-23.

[325] Peride K. Blind. Accountability in Public Service Delivery: A Multidisciplinary Review of the Concept [R]. Vienna: Expert Group Meeting Engaging Citizens to Enhance Public Sector Accountability and Prevent Corruption in the Delivery of Public Services, 2011.

[326] Peter Barberis. The New Public Management and a New Accountability [J]. Public Administration, 1998, 76 (3): 451-470.

[327] Peter D. Eckel., Christopher C. Morphew. Toward a Clearer Understanding of Privatization [M] //Christopher C. Morphew., Peter D. Eckel. Privatizing the Public University. Baltimore: Johns Hopkins University Press, 2009: 181-182.

[328] Peter D. Hart Research Associates. How Should Colleges Prepare Students to Succeed in Today's Global Economy? Based on Surveys among Employers and Recent College Graduates [R]. Washington, DC: Peter D. Hart Research Associates, 2006.

[329] Peter D. Hart Research Associates. Raising the Bar: Employers' View on College Learning in the Wake of the Economic Downturn [R]. Washington, DC: Peter D. Hart Research Associates, 2010.

[330] Peter McPherson., David Shulenburger. Elements of Accountability for Public Universities and Colleges [R]. Washington, DC: National Association of State Universities and Land-Grant Colleges, 2006.

[331] Peter T. Ewell. Assessment and Accountability in America Today: Background and Context [J]. New Directions for Institutional Research, 2008a, Fall: 7-17.

[332] Peter T. Ewell. U. S. Accreditation and the Future of Quality Assurance [R]. Washington, DC: Council for Higher Education Accreditation, 2008b.

[333] Peter T. Ewell. , Dennis P. Jones. State-Level Accountability for Higher Education: On the Edge of a Transformation [J]. New Directions for Higher Education, 2006, 135: 9-16.

[334] Piotr Sztompka. Evolving Forces on Human Agency in Contemporary Social Theory [M] // Piotr Sztompka. Agency and Structure: Reorienting Social Theory. Yverdon: Gordon and Breach, 1994: 28-35.

[335] Piotr Sztompka. Trust: A Sociological Theory [M]. Cambridge: Cambridge University Press, 1999: 25, 118, 140.

[336] Piotr Sztompka. Trust in Science [J]. Journal of Classical Sociology, 2007, 7 (2): 211-220.

[337] Pitirim A. Sorokin. , Robert K. Merton. Social Time: A Methodological and Functional A-nalysis [J]. American Journal of Sociology, 1937, 42 (5): 615-629.

[338] Rabbi Gerald Teller. What are the Myths of Accountability? [J]. Educational Leadership, 1974, February: 455-456.

[339] Raf Vanderstraeten. The Making of Parsons's The American University [J]. Minerva, 2015, 53 (4): 307-325.

[340] Richard J. Shavelson. A Brief History of Student Learning Assessment: How We Got Where We Are and a Proposal for Where to Go Next [R]. Washington, DC: Association of A-merican Colleges and Universities, 2007.

[341] Richard J. Shavelson. Measuring College Learning Responsibly: Accountability in a New Era [M]. California: Stanford University Press, 2010: 13, 35, 39, 47-48, 52-53.

[342] Richard M. Millard. The New Game [R]. Oklahoma: Seminar for State Leaders in Posts-econdary Education, 1976.

[343] Richard Mulgan. Contracting out and Accountability [J]. Australian Journal of Public Ad-ministration, 1997, 56 (4): 106-116.

[344] Richard Mulgan. 'Accountability': An Ever-Expansion Concept? [J]. Public Adminis-tration, 2000, 78 (3): 555-573.

[345] Richard Mulgan. Holding Power to Account: Accountability in Modern Democracies [M]. Basingstoke: Palgrave Macmillan, 2003: 9, 14.

[346] Richard Münch. Talcott Parsons and the Theory of Action. II. The Continuity of the Develop-ment [J]. American Journal of Sociology, 1982, 87 (4): 771-826.

[347] Richard Münch. The Interpenetration of Microinteraction and Macrostructures in a Complex and Contingent Institutional Order [M] //Jeffrey C. Alexander. , Bernhard Giesen. ,

Richard Münch. , Neil J. Smelser. The Micro-Macro Link. California: University of California Press, 1987: 320-322, 328.

[348] Richard Ohmann. Historical Reflections on Accountability [J]. The Radical Teacher, 1999, 57 (Fall): 2-7.

[349] Rob Jenkins. The Role of Political Institutions in Promoting Accountability [M] //Anwar Shah. Performance Accountability and Combating Corruption. Washington, DC: World Bank, 2007: 136-138, 145-146.

[350] Robert A. Huff. Definition and Measurement of the Outcomes and Activities of Higher Education [R]. Boulder: Western Interstate Compact for Higher Education, 1971.

[351] Robert Birnbaun. The End of Shared Governance: Looking Ahead or Looking Back [J]. New Directions for Higher Education, 2004, 127: 5-22.

[352] Robert Birnbaun. , Frank Shushok Jr. The "Crisis" Crisis in Higher Education: Is That a Wolf or a Pussycat at the Academy's Door? [M] //Philip G. Altbach. , Patricia J. Gumport. , D. Bruce Johnstone. In Defense of American Higher Education. Baltimore: Johns Hopkins University Press, 2001: 67.

[353] Robert C. Lowry. Reauthorization of the Federal Higher Education Act and Accountability for Student Learning: The Dog That Didn't Bark [J]. Publius: The Journal of Federalism, 2009, 39 (3): 506-526.

[354] Robert E. Stake. , Gloria Contreras. , Isabel Arbesu. Assessing the Quality of a University, Particularly Its Teaching [M] //Charles Secolsky. , D. Brian Denison. Handbook on Measurement, Assessment and Evaluation in Higher Education. New York: Routledge, 2012: 8-10.

[355] Robert Gregory. Accountability in Modern Government [M] //B. Guy Peters. , Jon Pierre. Handbook of Public Administration. London: SAGE Publications, 2003: 560, 562.

[356] Robert Gregory. , Colin Hicks. Promoting Public Service Integrity: A Case for Responsible Accountability [R]. Australian Journal of Public Administration, 1999, 58 (4): 3-15.

[357] Robert K. Merton. The Functions of the Professional Association [J]. The American Journal of Nursing, 1958, 58 (1): 50-54.

[358] Robert K. Merton. Dilemmas of Democracy in the Voluntary Associations [J]. The American Journal of Nursing, 1966, 66 (5): 1055-1061.

[359] Robert K. Merton. Social Theory and Social Structure [M]. New York: Free Press, 1968: 477.

[360] Robert K. Merton. Insiders and Outsiders: A Chapter in the Sociology of Knowledge [J]. American Journal of Sociology, 1972, 78 (1): 9-47.

[361] Robert Kelchen. Higher Education Accountability [M]. Baltimore: Johns Hopkins University Press, 2018: 23-24, 50, 71, 84-86, 120, 122, 133-137, 143-144, 146-

149, 152-171.

[362] Robert Zemsky. Making Reform Work: The Case for Transforming American Higher Education [M]. New Brunswick: Rutgers University Press, 2009: 107, 117, 119.

[363] Robert Zemsky. Accountability in the United States: Sorting Through an American Muddle [M] //Bjorn Stensaker. , Lee Harvey. Accountability in Higher Education: Global Perspectives on Trust and Power. New York: Routledge, 2011: 162-163, 165-166, 172.

[364] Robert Zemsky. , Gregory R. Wegner. , William F. Massy. Remaking the American University: Market-Smart and Mission-Centered [M]. New Brunswick: Rutgers University Press, 2006: 25-26.

[365] Robin Middlehurst. Quality Enhancement for Accountability and Transformation: A Framework for the Future [J]. Tertiary Education and Management, 1997, 3 (1): 15-24.

[366] Robin Middlehurst. New Realities for Leadership and Governance in Higher Education? [J]. Tertiary Education and Management, 1999, 5 (4): 307-328.

[367] Robin Middlehurst. Accountability and Cross-Border Higher Education: Dynamics, Trends and Challenges [M] //Bjorn Stensaker. , Lee Harvey. Accountability in Higher Education: Global Perspectives on Trust and Power. New York: Routledge, 2011: 183-184.

[368] Rodney T. Hartnett. Accountability in Higher Education: A Consideration of Some of the Problems Assessing College Impacts [R]. New York: College Entrance Examination Board, 1971.

[369] Roger Benjamin. , Marc Chun. , Chris Jackson. The Collegiate Learning Assessment's Place in the New Assessment and Accountability Space [R]. New York: Council for Aid to Education, 2009.

[370] Roger L. Geiger. The Ten Generations of American Higher Education [M] //Philip G. Altbach. , Patricia J. Gumport. , Robert O. Berdahl. American Higher Education in the Twenty-First Century: Social, Political and Economic Challenges. Baltimore: Johns Hopkins University Press, 2011: 53-54, 61.

[371] Ronald Barnett. Knowledge, Higher Education and Society: A Postmodern Problem [J]. Oxford Review of Education, 1993, 19 (1): 33-46.

[372] Ronald Barnett. Power, Enlightment and Quality Evaluation [J]. European Journal of Education, 1994, 29 (2): 165-179.

[373] Ronald Barnett. Realizing the University in an Age of Supercomplexity [M]. Philadelphia: Society for Research into Higher Education & Open University Press, 2000: 1.

[374] Ronit Bogler. Public Loss of Confidence in the U. S. Government: Implications for Higher Education [R]. Atlanta: Annual Meeting of the American Educational Research Association, 1993.

[375] Roy Bhaskar. Dialectic: The Pulse of Freedom [M]. London: Verso, 1993: 125.

[376] Sandy Baum. The Student Aid System: An Overview [M] //Helen F. Ladd., Edward B. Fiske. Handbook of Research in Education Finance and Policy. New York: Routledge, 2008: 712.

[377] Scott Jaschik., Doug Lederman. The 2014 Inside Higher Ed Survey of College and University Chief Academic Officers [R]. Washington, DC: Gallup, 2014.

[378] Scott London. Higher Education for the Public Good: A Report from the National Leadership Dialogues [R]. Ann Arbor: National Forum on Higher Education for the Public Good, 2003.

[379] SECFHE. A Test of Leadership: Charting the Future of U. S. Higher Education [R]. Washington, DC: Secretary of Education's Commission on the Future of Higher Education, 2006.

[380] Seymour Martin Lipset. Political Man: The Social Bases of Politics [M]. New York: Doubleday & Company, 1960: 81.

[381] Seymour Martin Lipset. The American University——1964-1974: From Activism to Austerity [M] //Paul Seabury. Universities in the Western World. New York: Free Press, 1975: 154-155.

[382] Seymour Martin Lipset., William Schneider. The Decline of Confidence in American Institutions [J]. Political Science Quarterly, 1983, 98 (3): 379-402.

[383] Seymour Martin Lipset., William Schneider. The Confidence Gap during the Reagan Years, 1981-1987 [J]. Political Science Quarterly, 1987, 102 (1): 1-23.

[384] SHEEO (State Higher Education Executive Officers). Focus on Assessment of Student Learning [J]. NETWORK NEWS, 2002, 21 (1): 2-9.

[385] Sherman Dorn. Accountability Frankenstein: Understanding and Taming the Monster [M]. North Carolina: Information Age Publishing, 2007: xi-xv.

[386] Stephen K. Bailey. The Limits of Accountability [R]. New York: Regents Trustees' Conference, 1973.

[387] Stephen Klein., Roger Benjamin., Richard Shavelson., Roger Bolus. The Collegiate Learning Assessment: Facts and Fantasies [J]. Evaluation Review, 2007, 31 (5): 415-439.

[388] Steve Farkas. Hiring and Higher Education: Business Executives Talk about the Costs and Benefits of College [R]. Brooklyn: Public Agenda, 2011.

[389] Stewart Ranson. Public Accountability in the Age of Neo-Liberal Governance [J]. Journal of Educational Policy, 2003, 18 (5): 459-480.

[390] T. Dary Erwin. Standardized Testing and Accountability: Finding the Way and the Will [M] //Joseph C. Burke and Associates. Achieving Accountability in Higher Education: Balancing Public, Academic and Market Demands. San Francisco: Jossey-Bass, 2005:

128, 130.

[391] T. R. McConnell. Faculty Interests in Change and Power Conflicts [J]. AAUP Bulletin, 1969, 55: 342-352.

[392] T. R. McConnell. Accountability and Autonomy [J]. The Journal of Higher Education, 1971a, 42 (6): 446-463.

[393] T. R. McConnell. Accountability and Autonomy [R]. Grandview: American Association for Higher Education, 1971b.

[394] T. Z. Lavine. Karl Mannheim and Contemporary Functionalism [J]. Philosophy and Phenomenological Research, 1965, 25 (4): 560-571.

[395] Talcott Parsons. Remarks on Education and the Professions [J]. International Journal of Ethics, 1937, 47 (3): 365-369.

[396] Talcott Parsons. The Professions and Social Structure [J]. Social Forces, 1939, 17 (4): 457-467.

[397] Talcott Parsons. Social Classes and Class Conflict in the Light of Recent Sociological Theory [J]. The American Economic Review, 1949, 39 (3): 16-26.

[398] Talcott Parsons. The Social System [M]. New York: Free Press, 1951: 10-11, 480-535.

[399] Talcott Parsons. Essays in Sociological Theory [M]. New York: Free Press, 1954: 238-274.

[400] Talcott Parsons. Structure and Process in Modern Societies [M]. New York: Free Press, 1960: 284-289.

[401] Talcott Parsons. On the Concept of Political Power [J]. Proceedings of the American Philosophical Society, 1963a, 107 (3): 232-262.

[402] Talcott Parsons. On the Concept of Influence [J]. The Public Opinion Quarterly, 1963b, 27 (1): 37-62.

[403] Talcott Parsons. Social Change and Medical Organization in the United States: A Sociological Perspective [J]. Annals of the American Academy of Political and Social Science, 1963c, 346: 21-33.

[404] Talcott Parsons. Evolutionary Universals in Society [J]. American Sociological Review, 1964a, 29 (3): 339-357.

[405] Talcott Parsons. Some Reflections on the Place of Force in Social Process [M] //Harry Eckstein. Internal War: Problems and Approaches. New York: Free Press of Glencoe, 1964b: 33-70.

[406] Talcott Parsons. Unity and Diversity in the Modern Intellectual Disciplines: The Role of the Social Sciences [J]. Daedalus, 1965, 94 (1): 39-65.

[407] Talcott Parsons. Societies: Evolutionary and Comparative Perspectives [M]. Englewood Cliffs: Prentice-Hall, 1966: 8-9, 21-24.

[408] Talcott Parsons. Sociological Theory and Modern Society [M]. New York: Free Press, 1967a.

[409] Talcott Parsons. The Nature of American Pluralism [M] //Theodor R. Sizer. Religion and Public Education. Boston: Houghton Mifflin Company, 1967b: 249-261.

[410] Talcott Parsons. On the Concept of Value-Commitments [J]. Sociological Inquiry, 1968, 38 (2): 135-160.

[411] Talcott Parsons. Research with Human Subjects and the "Professional Complex" [J]. Daedalus, 1969a, 98 (2): 325-360.

[412] Talcott Parsons. The Academic System: A Sociologist's View [M] //Daniel Bell., Irving Kristol. Confrontation: The Student Rebellion and the Universities. New York: Basic Books, 1969b: 159-162.

[413] Talcott Parsons. Equality and Inequality in Modern Society or Social Stratification Revisited [J]. Sociological Inquiry, 1970a, 40 (2): 13-72.

[414] Talcott Parsons. On Building Social System Theory: A Personal History [J]. Daedalus, 1970b, 99 (4): 826-881.

[415] Talcott Parsons. The System of Modern Societies [M]. Englewood Cliffs: Prentice-Hall, 1971a: 26-28.

[416] Talcott Parsons. Higher Education as a Theoretical Focus [M] //Herman Turk., Richard L. Simpson. Institutions and Social Exchange: The Sociologies of Talcott Parsons & George C. Homans. New York: The Bobbs-Merrill Company, 1971b: 242-246.

[417] Talcott Parsons. The Strange Case of Academic Organization [J]. The Journal of Higher Education, 1971c, 42 (6): 486-495.

[418] Talcott Parsons. Stability and Change in the American University [J]. Daedalus, 1974, 103 (4): 269-277.

[419] Talcott Parsons. The Present Status of "Structural - Functional" Theory in Sociology [M] //Lewis A. Coser. The Idea of Social Structure: Papers in Honor of Robert K. Merton. New York: Harcourt Brace Jovanovich, 1975: 67-71.

[420] Talcott Parsons. Social Science: The Public Disenchantment (Continued) [J]. American Scholar, 1976, 45 (4): 580-581.

[421] Talcott Parsons. The Evolution of Societies [M]. Englewood Cliffs: Prentice-Hall, 1977a.

[422] Talcott Parsons. Social Systems and the Evolution of Action Theory [M]. New York: Free Press, 1977b: 208-209.

[423] Talcott Parsons. Action Theory and the Human Condition [M]. New York: Free Press, 1978: 102, 106.

[424] Talcott Parsons. Some Considerations on the Theory of Social Change [M] //Leon H. Mayhew. Talcott Parsons on Institutions and Social Evolution: Selected Writings. Chicago: University of Chicago Press, 1982: 255-276.

[425] Talcott Parsons. Academic Freedom [M] //Uta Gerhardt. Talcott Parsons on National

Socialism. New York: Aldine De Gruyter, 1993: 85-99.

[426] Talcott Parsons. The "Crisis in Higher Education" [M] //Giuseppe Sciortino. American Society: A Theory of the Societal Community. Boulder: Paradigm Publishers, 2007: 35-41.

[427] Talcott Parsons. , Edward A. Shils. , Gardon W. Allport. , Clyde Kluckhohn. , Henry A. Murray. , Robert R. Sears. , Richard C. Sheldon. , Samuel A. Stouffer. , Edward C. Tolman. Some Fundamental Categories of the Theory of Action: A General Statement [M] //Talcott Parsons. , Edward A. Shils. Toward a General Theory of Action. Cambridge: Harvard University Press, 1951: 16.

[428] Talcott Parsons. , Gerald M. Platt. Considerations on the American Academic System [J]. Minerva, 1968a, 6 (4): 497-523.

[429] Talcott Parsons. , Gerald M. Platt. The American Academic Profession: A Pilot Study [M]. NSF Library File, unpublished, 1968b.

[430] Talcott Parsons. , Gerald M. Platt. Age, Social Structure and Socialization in Higher Education [J]. Sociology of Education, 1970, 43 (1): 1-37.

[431] Talcott Parsons. , Gerald M. Platt. The American University [M]. Cambridge: Harvard University Press, 1973: 33, 37, 38, 40-45, 55, 92, 342-343, 426, 428.

[432] Talcott Parsons. , Gerald M. Platt. American Values and American Society [M] //Leon H. Mayhew. Talcott Parsons on Institutions and Social Evolution: Selected Writings. Chicago: University of Chicago Press, 1982: 327-329.

[433] Talcott Parsons. , Neil J. Smelser. Economy and Society: A Study in the Integration of Economic and Social Theory [M]. London: Routledge & Kegan Paul, 1984: 68-84.

[434] Tero Erkkila. Governance and Accountability: A Shift in Conceptualisation [R]. Ljubljana: Annual Conference of European Group of Public Administration, 2004.

[435] Terry W. Hartle. , Fred J. Galloway. Federal Guidance for a Changing National Agenda [M] //Marvin W. Peterson. , David D. Dill. , Lisa A. Mets and Associates. Planning and Management for a Changing Environment: A Handbook on Redesigning Postsecondary Institutions. San Francisco: Jossey-Bass Publishers, 1997: 35, 42-43.

[436] Thomas B. Hoffer. Accountability in Education [M] //Maureen T. Hallinan. Handbook of the Sociology of Education. New York: Kluwer Academic, 2000: 530, 534.

[437] Thomas Schillemans. Accountability in the Shadow of Hierarchy: The Horizontal Accountability of Agencies [J]. Public Organiz Rev, 2008, (8): 175-194.

[438] Thomas Schillemans. , Mark Bovens. The Challenge of Multiple Accountability: Does Redudancy Lead to Overload? [M] //Melvin J. Dubnick. , H. George Frederickson. Accountable Governance: Problems and Promises. New York: M. E. Sharpe, 2011: 17-19.

[439] Tony Becher. , Maurice Kogan. Process and Structure in Higher Education [M]. New York: Routledge, 1992: 168.

[440] Travis Reindl. , Ryan Reyna. From Information to Action: Revamping Higher Education Accountability Systems [R]. Washington, DC: National Governors Association, 2011.

[441] Victor M. Lidz. Introduction [M] //Victor M. Lidz. Talcott Parsons. Farnham: Ashgate Publishing, 2011: li-lii.

[442] W. Richard Scott. Higher Education in America: Multiple Field Perspectives [M] //Michael W. Kirst. , Mitchell L. Stevens. Remaking College: The Changing Ecology of Higher Education. California: Stanford University Press, 2015: 20.

[443] William F. Massy. Productivity Issues in Higher Education [M] //William F. Massy. Resource Allocation in Higher Education. Ann Arbor: University of Michigan Press, 1996: 80-85.

[444] William F. Massy. Honoring the Trust: Quality and Cost Containment in Higher Education [M]. Bolton: Anker Publishing, 2003: 4.

[445] William F. Massy. Cost and Pricing in Higher Education [M] //Helen F. Ladd. , Edward B. Fiske. Handbook of Research in Education Finance and Policy. New York: Routledge, 2008: 671.

[446] William F. Massy. Managerial and Political Strategies for Handling Accountability [M] // Bjorn Stensaker. , Lee Harvey. Accountability in Higher Education: Global Perspectives on Trust and Power. New York: Routledge, 2011: 232-237.

[447] William L. Stringer. , Alisa F. Cunningham. Cost, Price and Public Policy: Peering into the Higher Education Black Box [R]. Washington, DC: Institute for Higher Education Policy, 1999.

[448] William Mitchell. Sociological Analysis and Politics: The Theories of Talcott Parsons [M]. Englewood Cliffs: Prentice-Hall, 1967: 10-11.

[449] William Trombley. The Rising Price of Higher Education [R]. California: National Center for Public Policy and Higher Education, 2003.

[450] William Zumeta. Public University Accountability to the State in the Late Twentieth Century: Time for a Rethinking? [J]. Policy Studies Review, 1998, 15 (4): 5-22.

[451] William Zumeta. Accountability: Challenges for Higher Education [R]. Washington, DC: National Education Association, 2001.

[452] World Bank. State-Society Synergy for Accountability: Lessons for the World Bank [R]. Washington, DC: World Bank, 2004.

[453] Zapico-Goni Eduardo. Adapting Evaluation and Accountability Systems into Public Management Contexts [M] //Marie - Louise Bemelmans - Videc. , Jeremy Lonsdale. , Burt Perrin. Making Accountability Work: Dilemmas for Evaluation and for Audit. New Brunswick: Transaction Publishers, 2007: 218-219.